# Word 2013

## Schritt für Schritt erklärt

von

Robert Klaßen

# Liebe Leserin, lieber Leser,

wenn es ums Schreiben, Überarbeiten und Gestalten kürzerer oder längerer, privater oder beruflicher Texte geht, ist Word für viele Menschen das Mittel der Wahl. Doch die wenigsten kennen sich mit dem Textverarbeitungsprogramm in seiner Gänze aus und können alle Funktionen sicher bedienen – geschweige denn wissen sie, für wie viele Aufgaben sie Word überhaupt nutzen können.

Vielleicht geht es Ihnen ja ähnlich. Doch eins kann ich Ihnen versichern: Sie müssen keinen dicken Wälzer durcharbeiten, um mit Word zurechtzukommen. Aber Sie sollen auch nicht daran verzweifeln, die Seiten Ihres Dokuments zu gestalten, Formatvorlagen zu benutzen, Fußnoten einzufügen, Tabellen anzulegen oder einen Serienbrief zu drucken. Robert Klaßen zeigt Ihnen in dieser handlichen Bedienungsanleitung alles, was mit Word möglich ist. Dank kurzer Anleitungen, anschaulicher Abbildungen sowie Hintergrundwissen und Tipps in Form von Exkursen und Kästen finden Sie sich jederzeit schnell im Programm zurecht. Vorbei sind die Zeiten des langen Suchens – schlagen Sie die Lösung einfach in diesem Buch nach!

Dieses Buch wurde mit größter Sorgfalt geschrieben und hergestellt. Sollten Sie dennoch einmal Fehler finden oder inhaltliche Anregungen haben, freue ich mich, wenn Sie mit mir in Kontakt treten. Für konstruktive Kritik bin ich dabei ebenso offen wie für lobende Worte. Doch zunächst einmal wünsche ich Ihnen viel Freude beim Lesen!

**Ihre Maike Lübbers**
Lektorat Vierfarben

maike.luebbers@vierfarben.de

Sie haben Fragen, Wünsche oder Anregungen zum Buch?
Gerne sind wir für Sie da:

Anmerkungen zum Inhalt des Buches: *maike.luebbers@vierfarben.de*
Bestellungen und Reklamationen: *service@vierfarben.de*
Rezensions- und Schulungsexemplare: *thomas.losch@vierfarben.de*

An diesem Buch haben viele mitgewirkt, insbesondere:
**Lektorat** Maike Lübbers
**Korrektorat** Alexandra Müller, Olfen
**Herstellung** Vera Brauner
**Einbandgestaltung** Daniel Kratzke
**Coverentwurf** Daniel Kratzke
**Coverfoto** iStockphoto: 16602929 © laflor
**Layout** Vera Brauner
**Satz** Markus Miller, München
**Druck** aprinta, Wemding

Gesetzt wurde dieses Buch aus der TheSans (9,5 pt/13 pt) in Adobe InDesign CS 6. Und gedruckt wurde es auf mattgestrichenem Bilderdruckpapier (115 g/m²).

Hergestellt in Deutschland.

Bibliografische Information der Deutschen Nationalbibliothek
Die Deutsche Nationalbibliothek verzeichnet diese Publikation in der Deutschen National-bibliografie; detaillierte bibliografische Daten sind im Internet über http://dnb.d-nb.de abrufbar.

**ISBN 978-3-8421-0089-3**

1. Auflage 2013
© Vierfarben, Bonn 2013
Vierfarben ist ein Verlag der Galileo Press GmbH
Rheinwerkallee 4, D-53227 Bonn
www.vierfarben.de

Der Verlagsname Vierfarben spielt an auf den Vierfarbdruck, eine Technik zur Erstellung farbiger Bücher. Der Name steht für die Kunst, die Dinge einfach zu machen, um aus dem Einfachen das Ganze lebendig zur Anschauung zu bringen.

## Inhalt

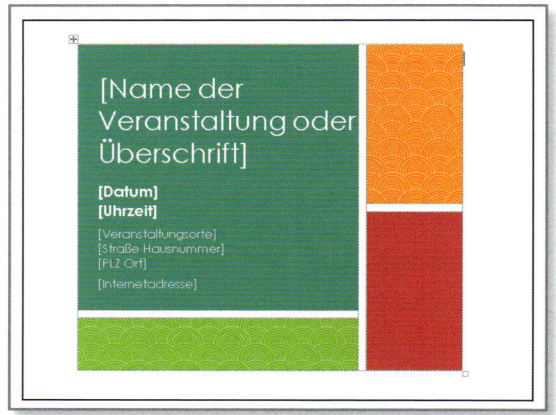

## 3 Den Text gestalten ................................ 77

## 4  Das Seitenlayout ...............................

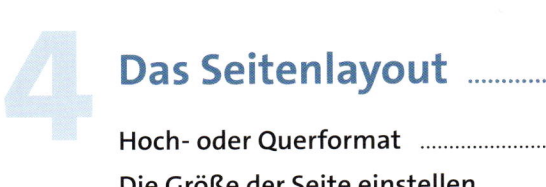

## 5   Nummerierung und Aufzählung

## 6 Verzeichnisse ......................................................... 163

## 7 Tabellen ................................................................. 183

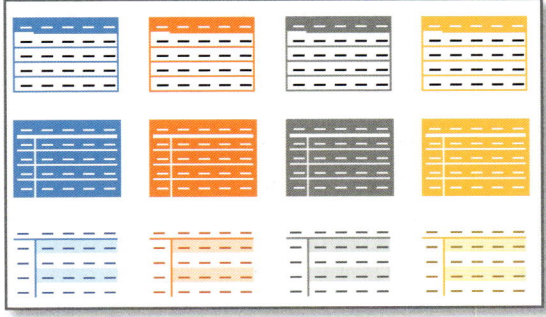

# Bilder, Grafiken und Videos einfügen

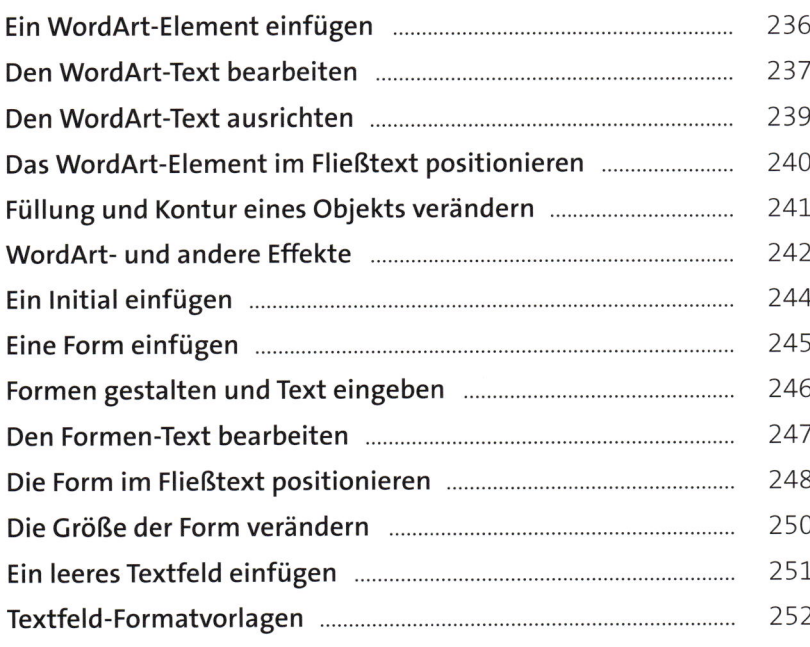

# 10 Diagramme und Organigramme ............ 255

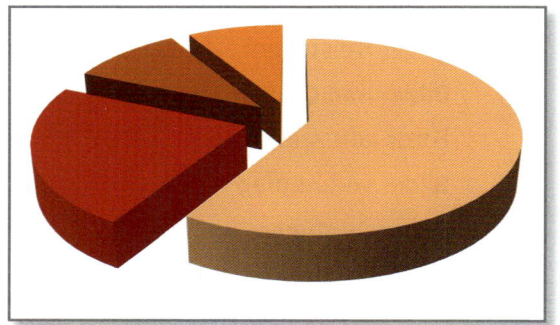

# 11 Drucken, Exportieren und Freigeben ... 275

## 12    Im Team arbeiten ........................................... 303

## 13 Tipps für die tägliche Arbeit ......................... 321

# 1

# Herzlich willkommen

Dieses Buch ist als Handbuch angelegt, in dem Sie alle Themen nachschlagen können, die sich aus der Arbeit mit Word ergeben. Es besteht hauptsächlich aus praktischen Schritt-für-Schritt-Anleitungen mit passenden Abbildungen, die – wo nötig – mit Verweisziffern versehen sind, damit Sie immer genau wissen, wo Sie einen Befehl oder eine Funktion finden. Neben den kurzen Anleitungen gibt es (meist zu Beginn eines Themas) immer wieder Übersichtsseiten, die Ihnen eine ganze Registerkarte oder ein ganzes Menü im Überblick zeigen, damit Sie sich zunächst orientieren können, bevor es ins Detail geht. Das dritte wichtige Element sind längere Exkurse, in denen komplexere Zusammenhänge erklärt oder weiterführende Informationen oder Empfehlungen untergebracht werden.

Kapitel 1 dient zum einen dem Einstieg in die Arbeit mit diesem Buch, zum anderen und vorrangig aber natürlich dem Einstieg in den Umgang mit Word 2013. Es wird gezeigt, wie Sie das Textverarbeitungsprogramm Word starten – auch über die neue Kacheloberfläche von Windows 8 – und wie Sie sich auf der Arbeitsoberfläche zurechtfinden. Darüber hinaus lernen Sie die wichtigsten Programmelemente kennen, u. a. Dialoge und Kontextmenüs, und erfahren etwas über praktische Einstellungen, z. B. wie Sie das Menüband ein- und ausblenden können, um mehr Platz für das Dokument zu schaffen.

## Vorwort

Hallo, lieber Word-Interessent, Word-Einsteiger, Word-Nutzer,

darf ich mich kurz vorstellen? Mein Name ist Robert Klaßen – ich bin Mediendesigner und beschäftige mich seit vielen Jahren mit digitaler Bildbearbeitung, Videoschnitt und natürlich mit Office-Programmen. Mittlerweile habe ich für Galileo Press bereits mehr als 40 Bücher und Video-Trainings geschrieben und aufgezeichnet, und es macht mir noch immer riesigen Spaß.

Wenn ich schreibe, möchte ich zu keiner Zeit in Routine verfallen, sondern stets in Erinnerung behalten, wie ich selbst einmal angefangen habe: mit WordPerfect für DOS. Damals gab es noch keine nennenswerte Literatur zum Thema Textverarbeitung. Nach einiger Zeit verzweifelten Selbststudiums war ich bereit, mich geschlagen zu geben. Ich beschloss, den Computer in den Keller zu tragen und mit der dort erst kürzlich eingelagerten Schreibmaschine sowie einem fröhlichen Lied auf den Lippen wieder emporzusteigen. Glücklicherweise habe ich das jedoch nicht getan, sondern damit begonnen, wichtige Informationen und Lösungen aufzuschreiben – immer mehr und mehr. Hätte ich das nicht gemacht, wäre mein Leben sicher anders verlaufen.

Während ich mein erstes Buch zu Word schrieb (Sie halten es gerade in Händen), dachte ich oft und gerne an die damaligen Ereignisse zurück. Sie ließen mich acht darauf geben, Inhalte so zu beschreiben, wie ich sie mir damals gewünscht hätte – klar, verständlich und nachvollziehbar. Nicht zuletzt auch deswegen hoffe ich, dass Ihnen dieses Buch einen leichten, unterhaltsamen und dennoch praxisnahen Überblick über die Textverarbeitung und Layoutgestaltung mit Word geben wird. Dieses Buch richtet sich nicht nur an Word-Einsteiger, auch dem bereits erfahrenen Benutzer kann es sehr nützlich sein. Nutzen Sie es als Ratgeber, als Anleitung und zum Nachschlagen. Immer wenn Sie sich fragen »Wie war das denn noch gleich?« (und das wird erfahrungsgemäß noch häufig vorkommen), können Sie einfach in diesem Buch nachschauen.

Jetzt aber genug der Vorrede. Ich wünsche Ihnen viel Spaß und vor allem einen raschen Lernerfolg mit Word 2013!

Herzlichst

**Ihr Robert Klaßen**

# Einige Informationen vorab

Sicherlich wollen Sie keine Zeit verlieren und gleich einsteigen. Immerhin wartet mit Word 2013 ein echtes Schwergewicht in Sachen Computerarbeit auf Sie. Dennoch möchte ich kurz einige technische Dinge ansprechen, die den Umgang mit diesem Buch betreffen. Wenn Sie diese Informationen verinnerlicht haben, wird Ihnen die Arbeit mit dieser Lektüre sehr viel leichter von der Hand gehen.

Einige Begriffe werden Ihnen immer wieder begegnen. Diese möchte ich hier kurz alphabetisch auflisten:

- **Checkbox** – Ankreuzkästchen (Eine oder mehrere Optionen können durch Klick aktiviert und deaktiviert werden.)

- **Drag & Drop** – Ziehen und Fallenlassen (ein Objekt anklicken, die Maustaste gedrückt halten, Maus verschieben, Maustaste loslassen)

- **Eingabefeld** – Box zur Eingabe von Daten, Zahlen etc. (meist per Tastatur)

- **Icon** – Symbol-Schaltfläche (z. B. Word-Dokumente, die sich durch Doppelklick öffnen lassen)

- **Kontextmenü** – ein Untermenü, das mit einem Rechtsklick geöffnet wird und das – je nachdem, wo der Rechtsklick stattgefunden hat – unterschiedliche Befehle umfasst

- **Link** – Auch *Hyperlink* genannt. Ein Textelement, das als Schaltfläche fungiert. Mit einem Klick auf diesen Text gelangt man zu einer bestimmten Stelle im Dokument, zu einer Internetseite o. Ä.

- **Popup-Menü** – Nach dem Klick auf eine Schaltfläche werden in einem Aufklappmenü weitere Schaltflächen zugänglich.

- **Pulldown-Menü** – siehe *Popup-Menü*

- **QuickInfo** – erklärende Hinweistafel (kommt durch Verweilen mit der Maus auf einer Schaltfläche o. Ä. zum Vorschein)

- **Radio-Button** – Optionsschaltfläche (Im Verbund mit mehreren Optionen ist immer nur eine davon anwählbar.)

- **Schaltfläche** – Auch *Button* genannt. Wird per Mausklick aktiviert.

- **Shortcut** – Tastaturbefehl, auch *Tastenkürzel* oder *Tastenkombination* genannt ([Alt] + [F4] bedeutet z. B.: zuerst [Alt] drücken und gedrückt halten, danach kurz auf [F4] tippen.)

- **Steuerelement** – jedes Element, mit dem sich eine Aktion ausführen oder ein Wert an die App bzw. an das Programm übergeben lässt (also auch Schaltflächen, Checkboxen etc.)

## Word starten und beenden

### Das Programm öffnen

Um mit Word 2013 arbeiten zu können, müssen Sie die Anwendung zunächst einmal öffnen. Na klar. Aber dazu gibt es verschiedene Möglichkeiten. Entscheiden Sie, welche Ihnen am effektivsten erscheint:

1. Nachdem Word (oder Office) 2013 installiert worden ist, finden Sie unter Windows 8 eine Kachel ❶ auf dem Startbildschirm. Ein Klick darauf reicht, um die Anwendung zu starten. (Wer mit Windows 7 oder einer neueren Version arbeitet, findet den Programmeintrag auch im Startmenü.)

2. Auf dem Desktop (den Sie unter Windows 8 mit dem Tastenkürzel ⊞ + D erreichen) sehen Sie eine Verknüpfung ❷, die zu Word verzweigt. Platzieren Sie einen Doppelklick darauf, um die Anwendung (= App) zu starten.

**Word beenden**

Um die Anwendung zu schließen, klicken Sie auf die kleine Kreuz-Schaltfläche oben rechts. Sollten Sie Arbeiten am Dokument vorgenommen haben, die noch nicht gespeichert sind, fragt Word nach, ob das Dokument gespeichert werden soll oder nicht. Übrigens lässt sich die Anwendung auch mit dem Tastaturkürzel Alt + F4 beenden.

**Verknüpfung anlegen**

Sollte sich auf Ihrem Desktop keine Verknüpfung zeigen, legen Sie diese an, indem Sie mit der rechten Maustaste auf eine freie Stelle des Desktops klicken. Zeigen Sie auf **Neu**, und klicken Sie anschließend auf **Verknüpfung**. Danach klicken Sie auf die Schaltfläche **Durchsuchen** und wählen den folgenden Pfad aus: *Computer\[Laufwerksbuchstabe]\Programme\Microsoft Office\Office15*. Halten Sie nach dem Eintrag **WINWORD** Ausschau, und klicken Sie darauf. Bestätigen Sie mit **OK**, und lassen Sie einen Klick auf **Weiter** folgen. Jetzt können Sie der Verknüpfung, sofern gewünscht, noch einen anderen Namen geben (im Eingabefeld), und zum Schluss klicken Sie auf **Fertig stellen**.

3. Nun gibt es aber noch weitere Möglichkeiten. Sollten Sie bereits ein Word-Dokument ❸ auf Ihrem Rechner gespeichert haben, lässt es sich mit einem Doppelklick öffnen, wodurch Sie gleichzeitig das Programm Word 2013 aufrufen.

4. Bei Dokumenten, die in anderen Apps erzeugt worden sind (z. B. WordPad oder Editor), hätte der Doppelklick zur Folge, dass diese auch in der jeweiligen Software bereitgestellt würden. Um das zu umgehen, klicken Sie zunächst mit rechts auf das Icon des Dokuments, zeigen auf **Öffnen mit** und entscheiden sich für **Standardprogramm auswählen** ❹. Danach klicken Sie auf **Weitere Optionen** und markieren zuletzt den Eintrag **Word**.

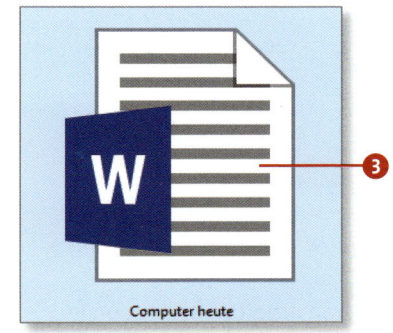

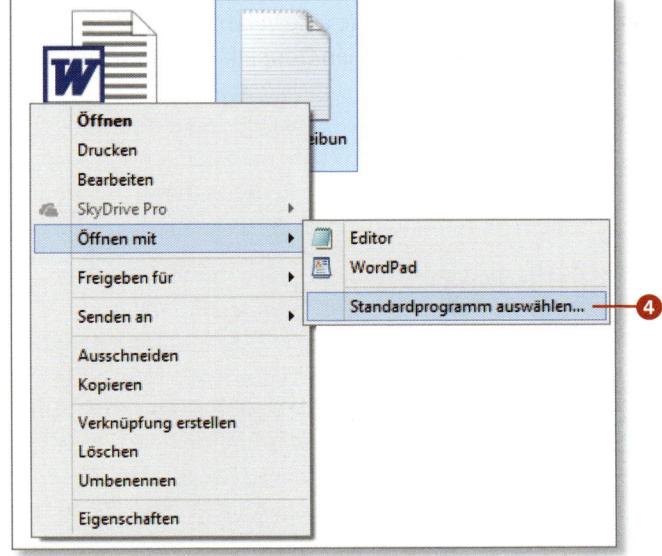

### ℹ Speicheroptionen

Wenn Sie bei der Nachfrage die Schaltfläche **Speichern** anklicken und das Dokument noch nicht gespeichert war, werden Sie zum Dialog **Speichern unter** weitergeleitet. Hier müssen Sie einen Speicherort angeben und anschließend auf **Speichern** klicken. Dieser Schritt entfällt ab dem ersten »Nachspeichern«. **Nicht speichern** schließt Word und verwirft alle Änderungen am Dokument. Mit **Abbrechen** (oder indem Sie ⏎Esc⏎ drücken) wird der Vorgang abgebrochen. Es wird weder gespeichert, noch wird die App beendet.

## Was ist neu in Word 2013?

Word gibt es schon seit den 80er-Jahren. In der Zwischenzeit sind längst nicht alle neuen Features von der großen Word-Fangemeinde klaglos angenommen worden. Und so ist es auch diesmal wieder. Am häufigsten wird das Installations- und Registrierungs-Prozedere bemängelt. So wird Word (als Bestandteil von Office) i. d. R. nur noch als Product Key geliefert, die Software selbst muss erst einmal von der Microsoft-Seite heruntergeladen werden. Ohne Microsoft-Konto geht gar nichts. Dies ist ein Trend, der sich in der Softwarebranche bedauerlicherweise immer weiter verbreitet.

Ist Word (oder Office) erst einmal installiert, verfliegt der Ärger dann aber oft schnell. Am augenfälligsten sind die Neuerungen im integrativen Bereich. Ließen sich frühere Softwareversionen nur am PC betreiben, können jetzt auch unterschiedliche Endgeräte benutzt werden. So ist es z. B. möglich, ein Dokument auf dem PC zu erstellen, aber in der Cloud (also online) zu speichern, um auch von unterwegs darauf zuzugreifen. Mithilfe von Web Apps sind sogar Änderungen am Dokument per Tablet oder Smartphone möglich. Auch in Sachen Teamarbeit ist viel geschehen. So können heute mehrere Anwender gleichzeitig an einem einzelnen Dokument arbeiten.

Auch was die Oberfläche betrifft, gibt es einige interessante Neuerungen. So lässt sich z. B. der sogenannte *Fingereingabemodus* aktivieren, der die »mauslose« Bedienung (z. B. am Tablet) ermöglicht (klicken Sie dazu auf den Pfeil rechts neben der Symbolleiste für den Schnellzugriff, und wählen Sie **Fingereingabe-/Mausmodus** im Menü). Dabei werden die Schaltflächen allerdings lediglich weiter auseinandergestellt. Eine weitere interessante Funktion ist diese: Nach dem Öffnen eines Dokuments erscheint unten rechts eine Sprechblase namens **Willkommen zurück!**, mit deren Hilfe Sie schnell zur zuletzt bearbeiteten Stelle im Dokument zurückkehren können. Diese Funktion ist zwar nicht wirklich neu, taucht aber erstmals von selbst auf.

Neu ist auch der sogenannte *Lesemodus* (interessant für Tablets), mit dem es auch möglich ist, Bilder, Grafiken und Tabellen per Doppelklick zu vergrößern. Am Rande sei noch erwähnt, dass die Funktionen zum Umfließen von Bildern mit Text stark optimiert worden sind und dass sich nun innerhalb von Kommentaren eine Art Chat realisieren lässt (Kommentare erneut kommentieren). Ein besonderes Highlight ist aber, dass sich mit Word 2013 PDF-Dokumente öffnen und bearbeiten lassen. Das ist ein echter Zugewinn.

# Wo finde ich was in Word 2013?

## Die Programmoberfläche und ihre Elemente

Nachdem Word 2013 geöffnet worden ist, erhalten Sie zunächst einen recht ernüchternden Ausblick auf die Textverarbeitungssoftware. Alles ist Grau in Grau und wenig spektakulär. Doch das ändert sich noch – versprochen. Wichtig ist, dass Sie zunächst einmal die einzelnen Steuerelemente und Arbeitsbereiche kennenlernen. Im Folgenden stelle ich Ihnen die wichtigsten Elemente vor.

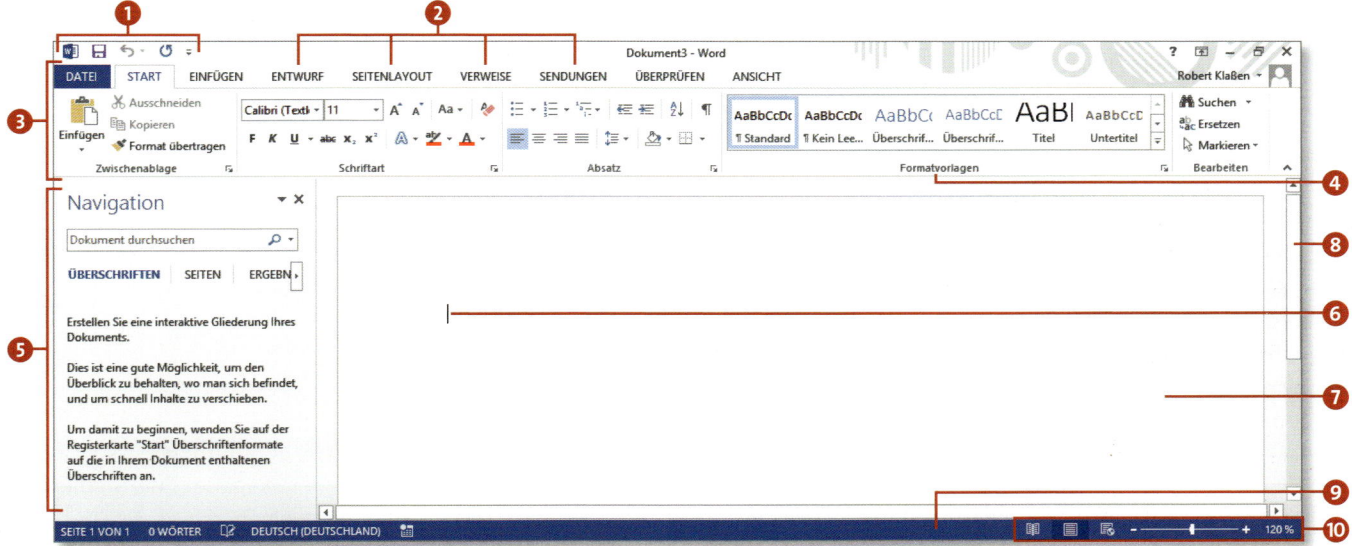

❶ **Symbolleiste für den Schnellzugriff** – Hinzufügbare Befehle können hier schnell per Mausklick ausgeführt werden.

❷ **Registerkarten** – Damit werden die unterschiedlichen Bereiche des Menübands aktiviert.

❸ **Menüband** – Inhalt der Register, unterteilt in Gruppen (auch *Segmente* oder *Bereiche* genannt)

❹ **Gruppen** – hier: die Gruppe **Formatvorlagen**

❺ **Seitenleiste** – zusätzliche Arbeitsbereiche, hier: **Navigation**

❻ **Einfügemarke** – Zeigt die Schreibposition an (auch *Cursor* genannt).

❼ **Dokumentbereich** – Hier befindet sich Ihr (derzeit noch leeres) Word-Dokument.

❽ **Scrollleiste** – Indem Sie den Balken verschieben, können Sie die Inhaltsansicht des Dokuments verändern.

❾ **Statusleiste** – Hier finden Sie Informationen über Seiten, Anzahl Wörter, verwendete Sprache u. Ä.

❿ **Ansicht und Skalierung** – Schaltflächen zum Wechseln der Ansicht (Lesemodus, Seitenlayout, Weblayout) sowie zur Dokumentskalierung (Zoom)

## Die verschiedenen Registerkarten

Die Inhalte des Menübands sind abhängig von der gewählten Regis-terkarte. Wenn Sie z. B. das Register **Start** aktiviert haben, befinden sich darin ganz andere Gruppen und Schaltflächen als im Register

**Überprüfen**. Zwar sind die Inhalte der einzelnen Registerkarten auf den ersten Blick recht willkürlich, jedoch kristallisiert sich im Großen und Ganzen die im Folgenden beschriebene Ordnung heraus.

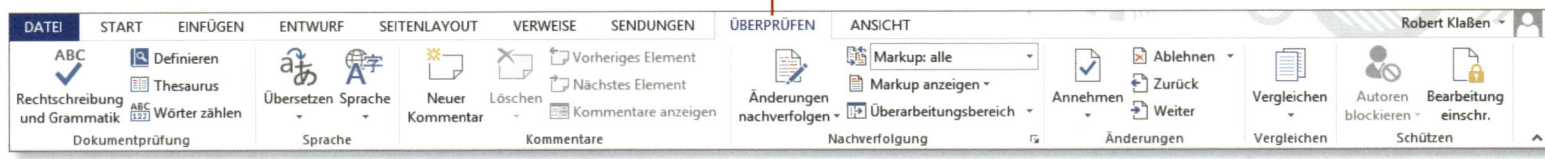

❶ **Datei:** Hiermit geht es in die Backstage-Ansicht, in der sich Dokumente u. a. speichern, drucken, freigeben und exportieren lassen. Außerdem stellen Sie damit die Kontodaten sowie die Word-Optionen ein.

❷ **Start:** Auf dieser Registerkarte werden hauptsächlich Schriftattri-bute wie Schriftart und Absatzeinstellungen, aber auch Format-vorlagen angeboten.

❸ **Einfügen:** Fügen Sie Tabellen, Bilder, Grafiken, Formen und Links, aber auch Kopf- und Fußzeilen in Ihr Dokument ein.

❹ **Entwurf:** Verwenden Sie verschiedene Designs und Formatierun-gen, und verändern Sie die Dokumentseiten optisch.

❺ **Seitenlayout:** Statten Sie das Dokument mit Seitenrändern, Spalten und Umbrüchen aus, und ändern Sie die Ausrichtung (Hoch- oder Querformat).

❻ **Verweise:** Halten Sie das Dokument übersichtlich, indem Sie Inhaltsverzeichnisse, Suchwort-Register, Fuß- und Endnoten einfügen oder auf Zitate verweisen.

❼ **Sendungen:** Auf dieser Registerkarte werden Möglichkeiten zur Erstellung von Serienbriefen, Rundmails, Briefumschlägen und Etiketten angeboten.

❽ **Überprüfen:** Durchforsten Sie das Dokument nach Grammatik- und Rechtschreibfehlern, oder fügen Sie Kommentare ein, um mit Kollegen, die ebenfalls an dem Dokument arbeiten, Informa-tionen auszutauschen. Außerdem lassen sich Änderungen nach-verfolgen und mehrere Dokumente miteinander vergleichen.

❾ **Ansicht:** Hier wird u. a. eingestellt, auf welche Art das Dokument angezeigt wird und welche zusätzlichen Elemente auf der Word-Arbeitsoberfläche zu sehen sein sollen.

## Die Statusleiste

Die Fußleiste der Anwendung ist die sogenannte *Statusleiste*. Sie zeigt auf der linken Seite Infos zum Dokument ❶ und auf der rechten Seite Steuerelemente ❷ zur Skalierung (Vergrößerung und Verkleinerung) der Dokumentansicht. Links daneben befinden sich weitere kleine Ansicht-Schaltflächen ❸: **Lesemodus**, **Seitenlayout** und **Weblayout** (von links nach rechts).

Welche Elemente in der Statusleiste angezeigt werden, lässt sich individuell festlegen. Klicken Sie dazu mit rechts auf eine beliebige Stelle der Leiste, und schauen Sie sich das Kontextmenü an. Sämt-

liche Einträge, denen ein Häkchen ❹ vorangestellt ist, werden derzeit angezeigt. Klicken Sie (diesmal mit der linken Maustaste) auf einen nicht angehakten Eintrag, wird das Häkchen aktiv und das entsprechende Element wird der Leiste hinzugefügt. Ebenso lassen sich die Elemente auch wieder entfernen. Im Gegensatz zu standardmäßigen Kontextmenüs bleibt dieses Menü nach der Wahl eines Elements geöffnet. So können schnell noch weitere Optionen integriert werden. Wenn Sie es schließen wollen, klicken Sie an eine Stelle außerhalb des Menüs.

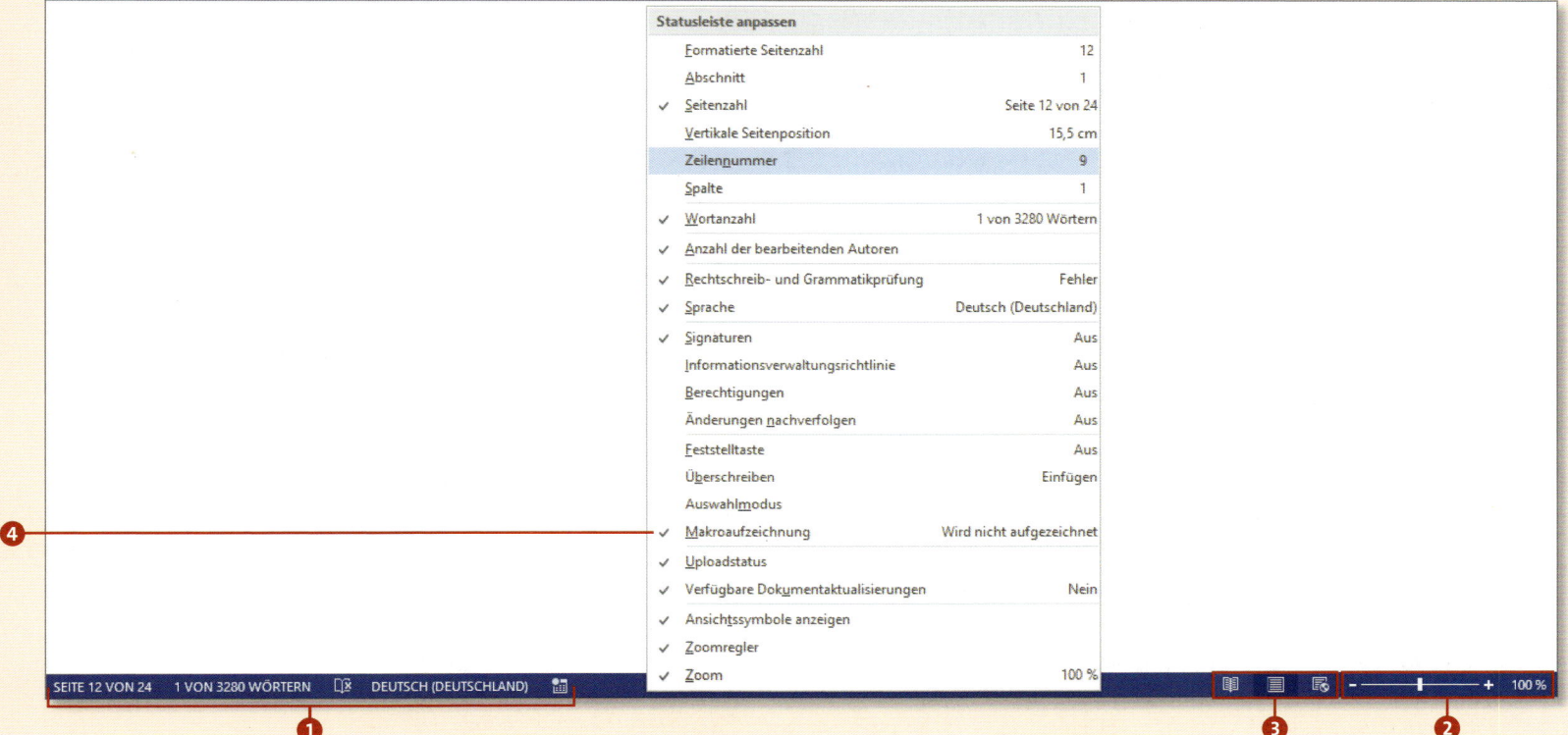

## Das Menüband

Das Menüband ist eine Zusammenstellung von Befehlsschaltflächen, die sich direkt unterhalb der Registerkarten (**Start**, **Einfügen**, **Entwurf** etc.) befinden. Der Inhalt des Menübands variiert je nach der ausgewählten Registerkarte. Leider zeigt sich das Menüband nicht immer gleich, sondern variiert je nach der zur Verfügung stehenden Bildschirmgröße und -auflösung. Je kleiner die Anzeigefläche ist, desto weniger Steuerelemente sind sichtbar.

Wenn das Menüband nicht in seiner gesamten Größe präsentiert werden kann, erscheint ein Balken ❶. Ein Mausklick darauf ver-

schiebt den Inhalt des Menübands so weit, dass auch die anderen Gruppen und Schaltflächen erreicht werden können.

Falls nicht genügend Platz für einzelne Steuerelemente bereitsteht, werden diese ausgeblendet. Möglicherweise werden am Ende nur noch die Namen der einzelnen Gruppen angezeigt ❷. Klicken Sie darauf, werden die verborgenen Schaltflächen wieder sichtbar. Weitere Hinweise zum Menüband finden Sie auf der nächsten Seite. Bitte lesen Sie auch die Ausführungen im Abschnitt »Das Menüband anpassen« ab Seite 324.

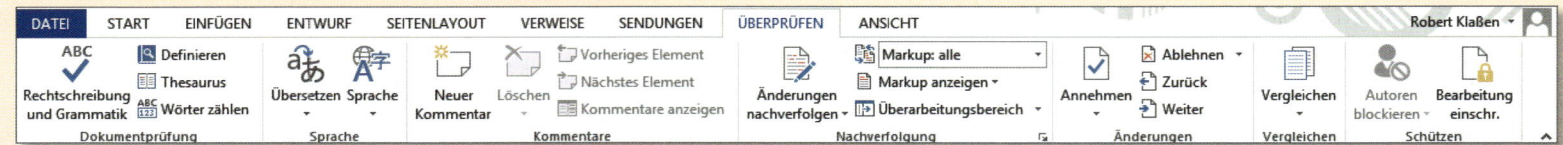

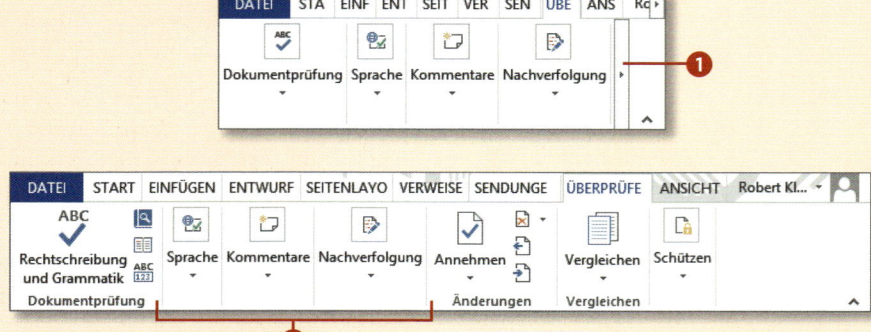

# Das Menüband ein- und ausblenden

Das Menüband ist optimal angeordnet, wenn man schnell auf die einzelnen Schaltflächen zugreifen möchte. Allerdings ist Platz immer ein kostbares Gut – vor allem, wenn es um die Seitengestaltung eines Word-Dokuments geht. Sie können das Menüband deshalb vorübergehend verschwinden lassen.

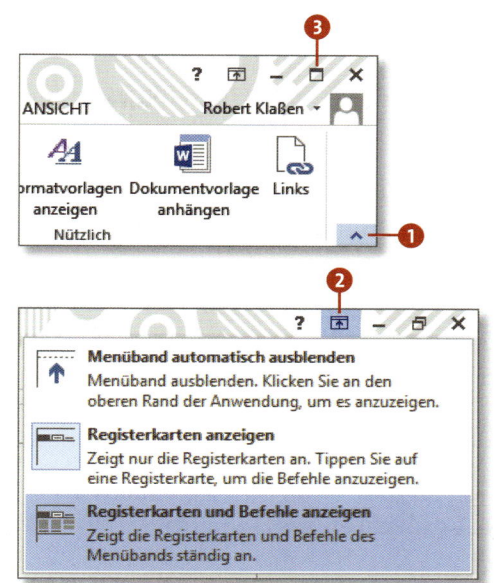

1. Klicken Sie auf die kleine Schaltfläche ❶, um das Menüband kurzerhand verschwinden zu lassen. Sich nur noch die Registerkartennamen anzeigen zu lassen funktioniert auch mit ⌨Strg + ⌨F1.

2. Das Menüband wird wieder eingeblendet, sobald Sie auf ein Register klicken (z. B. **Start**, **Einfügen** etc.), und Sie können einen Befehl auswählen. Es blendet sich dann automatisch wieder aus, sobald Sie einen Mausklick an einer Position jenseits des Menübands oder des Registerbereichs ausführen.

3. Wenn Sie das Menüband dauerhaft zurückholen möchten, klicken Sie auf die Schaltfläche **Menüband-Anzeigeoptionen** ❷ und wählen anschließend den Menübefehl **Registerkarten und Befehle anzeigen**.

## Den Touch-Modus einschalten

Falls Sie mit einem Windows-Tablet oder mit einem für Fingereingaben geeigneten Monitor arbeiten, sollten Sie auf den kleinen Pfeil neben der Statusleiste für den Schnellzugriff oben links klicken. Im Menü finden Sie den Eintrag **Fingereingabe-/Mausmodus**. Ein Klick darauf vergrößert die Schaltflächen und Klickflächen, sodass die Bedienung einfacher wird. Zurück zum Mausmodus gelangen Sie, indem Sie den Vorgang wiederholen.

## Ansicht maximieren

Um das Arbeitsfenster von Word größtmöglich darzustellen, klicken Sie entweder auf **Maximieren** ❸ oder klicken mit der Maus auf eine schaltflächenfreie Position oberhalb der Register (z. B. auf den Dokumentnamen) und halten die Maustaste gedrückt. Ziehen Sie das Fenster dann an den oberen Bildrand. Sobald sich ein transparenter Rahmen zeigt, lassen Sie los. Jetzt ist das Fenster maximiert. Ziehen Sie es auf die gleiche Weise wieder nach unten, um die Maximierung aufzuheben. Das Fenster kann auch (sofern es sich nicht im Maximieren-Modus befindet) an allen vier Seitenrändern per Drag & Drop (durch Verschieben der Maus mit gedrückter linker Maustaste) in Form gezogen werden.

## Zwischen Arbeitsfenstern wechseln

Grundsätzlich können Sie innerhalb des Arbeitsfensters nur an *einem* Dokument arbeiten. Dennoch dürfen Sie mehrere Word-Dokumente öffnen und zwischen den einzelnen Dokumenten hin- und herspringen. Das geschieht mithilfe mehrerer Arbeitsfenster. Selbst das Kopieren und Einfügen über die Zwischenablage (siehe die Seiten 69 und 70) ist auch dokument- und fensterübergreifend gestattet. Allerdings verliert man bei zahlreichen geöffneten Dokumenten schnell die Übersicht. So wechseln Sie die Ansichten:

■ **Zwischen mehreren geöffneten und nicht maximierten Fenstern wechseln:** Klicken Sie auf den Kopf ❶ des Fensters mit dem Dokument, das als Nächstes bearbeitet werden soll. Wenn Sie die Maustaste auf dem Kopf des Fensters gedrückt halten, können Sie es auf dem Bildschirm verschieben.

■ **Von einem Dokument aus auf ein anderes zugreifen:** Öffnen Sie das Register **Ansicht** ❷, und klicken Sie auf die Schaltfläche **Fenster wechseln** ❸. Das derzeit aktive Fenster ist im Menü mit einem Häkchen versehen. Wechseln Sie nun per Mausklick zu einem anderen geöffneten Dokumentfenster.

■ **Per Tastendruck zwischen den Dokumenten hin- und herspringen:** Wechseln Sie zwischen den Fenstern, indem Sie die Taste Alt gedrückt halten und zusätzlich ⇆ drücken. Daraufhin zeigt sich eine Leiste mit allen derzeit geöffneten Dokumenten. Mit jedem weiteren kurzen Druck auf ⇆ (Alt weiterhin festhalten!) springen Sie nun ein Fenster-Symbol weiter (weißer Rahmen ❹). Sobald Sie das richtige Dokument gefunden haben, lassen Sie auch die Alt-Taste wieder los.

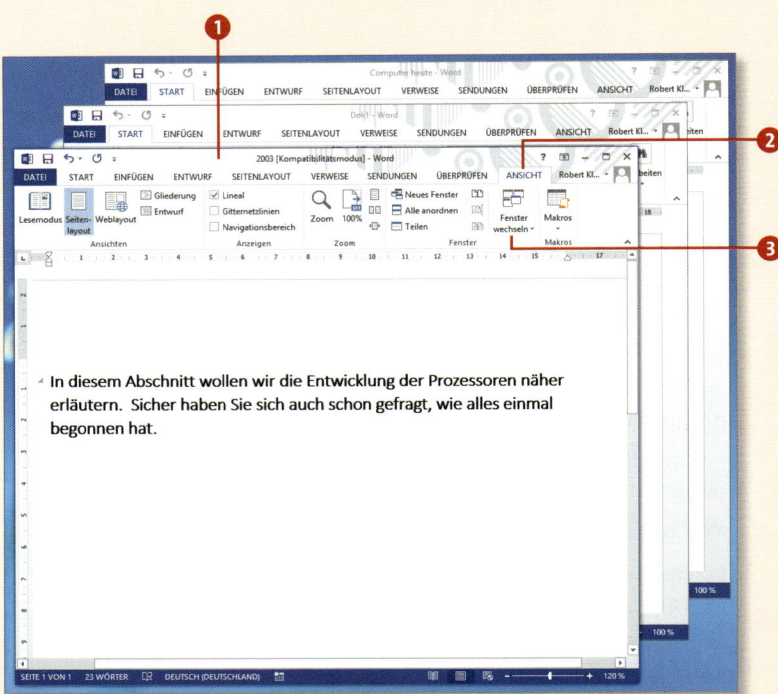

*Die Fenster liegen übereinander.*

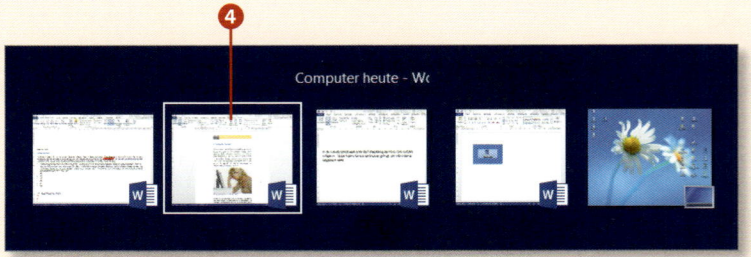

*Schneller Wechsel mit zwei Tasten*

## Kontextmenüs verwenden

Kontextmenüs sind Tafeln mit mehreren Befehlsoptionen, die abhängig von der Position sind, an der sie aktiviert werden. Öffnen Sie ein Kontextmenü z. B. auf dem Kopf einer Anwendung 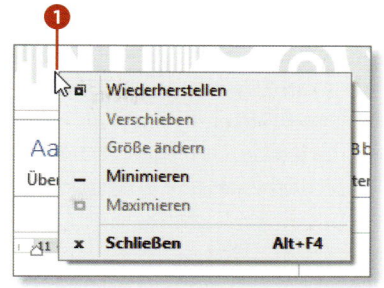, werden ganz andere Befehle gelistet, als wenn Sie Text im Dokument anklicken.

1. Kontextmenüs werden grundsätzlich mithilfe der rechten Maustaste geöffnet. Platzieren Sie doch einmal einen Rechtsklick auf eine beliebige Stelle des Dokuments.

2. Nun wird Ihnen eine Liste mit Befehlen angeboten. Klicken Sie mit der linken Maustaste auf die gewünschte Aktion (hier: **Neuer Kommentar** ❷). In Word finden Sie zusätzlich eine weitere Leiste – die *Mini-Symbolleiste* ❸, mit der sich Text auszeichnen und auf Formatvorlagen zugreifen lässt (siehe dazu Kapitel 3, »Den Text gestalten«, ab Seite 77).

3. Nach Anwahl einer Aktion wird das Kontextmenü automatisch wieder geschlossen. Wollen Sie es schließen, ohne eine Aktion auszuführen, klicken Sie an eine beliebige Stelle jenseits des Menüs.

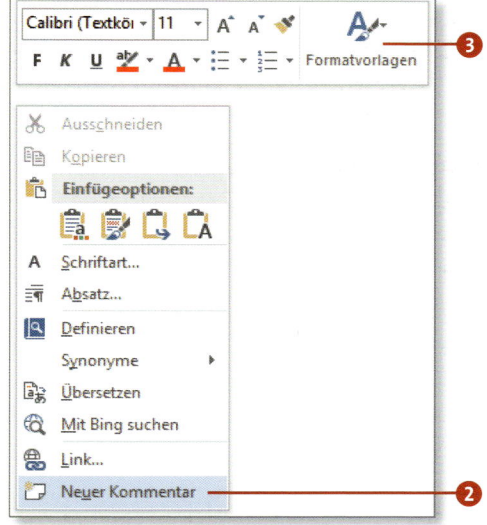

**Kontextmenü mithilfe der Tastatur öffnen**

Anstelle eines Rechtsklicks können Sie auch die Taste [≡] auf Ihrer Tastatur drücken. Die Taste befindet sich i. d. R. zwei oder drei Tasten rechts neben der Leertaste. In Word öffnen Sie damit allerdings immer nur die Tafel. Die Mini-Symbolleiste bleibt geschlossen.

# Dialoge

Dialoge sind Bereiche einer Software, mit denen der Anwender in direkten Kontakt mit der Software treten kann. Wenn Sie z. B. eine Farbe auswählen wollen, tun Sie das oftmals mithilfe eines Dialogs. Dialoge erscheinen auf unterschiedliche Art und Weise. Die einen verbergen sich hinter einer entsprechenden Schaltfläche, andere gehen von alleine auf (z. B. Hinweistafeln). Die Inhalte eines Dialogfelds können aus Steuerelementen zur Einstellung bestehen, aber auch Hinweise, Warnungen oder Dokumentationen sein, die dann meist nur mit einer Schaltfläche bestätigt werden müssen.

*Der Dialog zur Bestimmung der Schriftfarbe öffnet sich, wenn Sie auf das kleine Dreieck ❶ an der Schaltfläche klicken (Register »Start«, Gruppe »Schriftart«).*

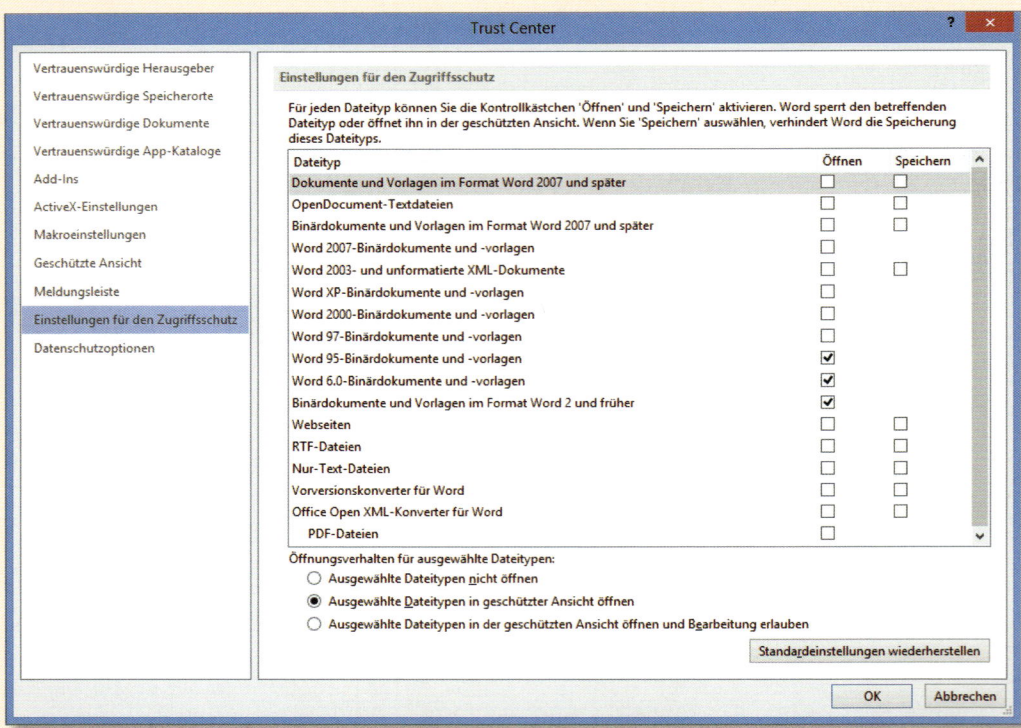

*In diesem Dialog lassen sich verschiedene Optionen per Checkbox (Ankreuzkästchen) an- oder abwählen.*

Im Folgenden werden Sie zahlreichen Dialogen begegnen. Deswegen sollten Sie auch ihre anderen namentlichen Entsprechungen kennen. Ein Dialog wird nämlich oft auch *Menü*, *Folgemenü*, *(Dialog-)Fenster*, *Pop-up*, *Pulldown-Menü* oder *Dropdown-Menü* genannt.

Welche Einstellungen der jeweilige Dialog zur Verfügung stellt, ist meist fest vorgegeben. Das bedeutet: Sie können mit der Anwendung nur insoweit kommunizieren, wie es die Steuerelemente des Dialogs vorsehen. Genau genommen, sind Sie also nur noch bedingt »Chef im Ring«.

Sollten Sie beispielsweise eine falsche Eingabe machen, erscheint oft ein Warndialog, der mit einem Klick auf »OK« geschlossen werden kann.

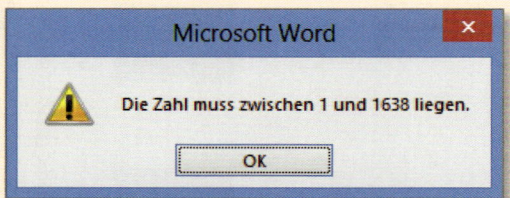

Auch der standardmäßig auf der linken Seite befindliche Navigationsbereich ist ein Dialog. Dieser hier verfügt über Optionsschaltflächen ❷, ein Eingabefeld ❸ für die Suche sowie ein weiteres Untermenü ❹.

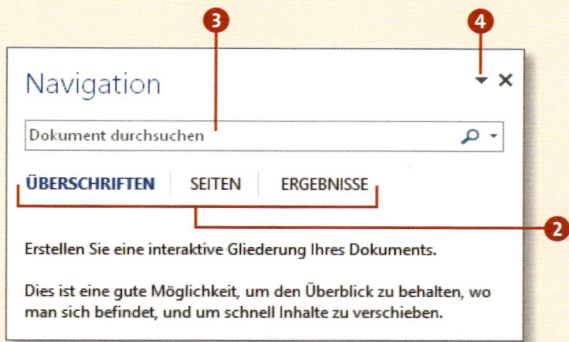

Wenn Sie auf den Pfeil für das Untermenü klicken, erreichen Sie weitere Optionen für den Umgang mit dem Navigationsbereich.

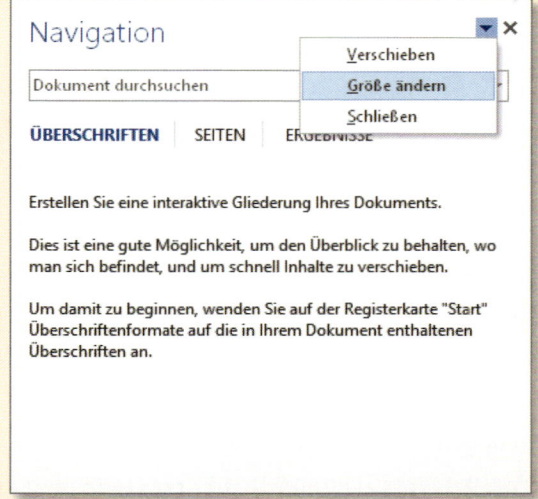

## Die Word-Hilfe benutzen

Natürlich haben Sie sich dieses schicke Buch gekauft, um Word auf komfortable Weise zu erlernen. Allerdings kann hier aus Platzgründen nicht alles drinstehen, was es je über Word zu sagen gäbe. Benötigen Sie weiterführende Infos, schauen Sie doch einmal in der Word-Hilfe nach.

1. Haben Sie schon das kleine blaue Fragezeichen ❶ oben rechts im Programmfenster gesehen? Klicken Sie darauf, gelangen Sie in die Word-Hilfe.

2. Die Alternative zu Schritt 1 ist das Drücken der F1 -Taste. Auch diese Option bringt den Hilfe-Dialog hervor.

3. Das Hilfe-Fenster ist in drei wesentliche Segmente unterteilt. Ganz oben finden Sie verschiedene Steuerelemente. Die Schaltfläche mit dem Haus ❷ gestattet jederzeit die Rückkehr zu dieser Hauptseite der Hilfe. Mit den Icons rechts daneben können Sie die aktuell angezeigte Hilfe ausdrucken ❸ und die Schriftgröße verändern ❹. Darunter befinden sich diverse themenorientierte Links ❺ und Schaltflächen ❻.

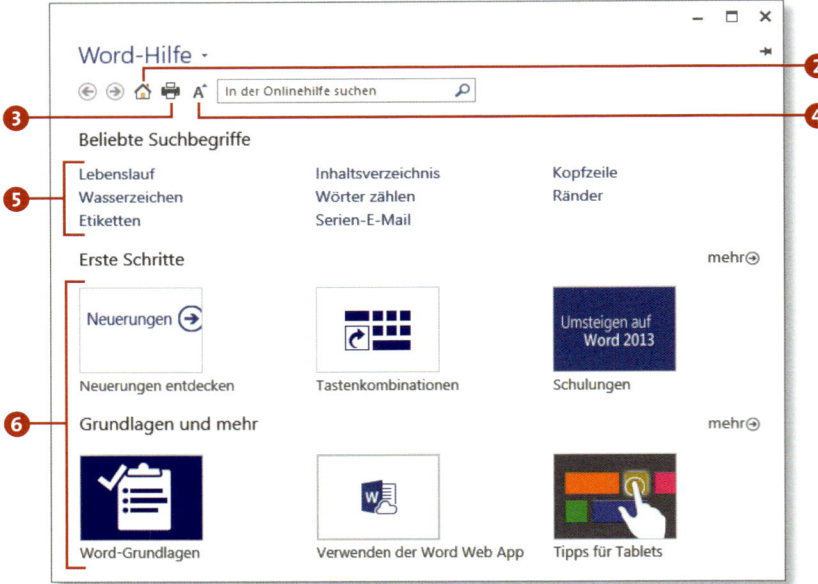

**Word-Hilfe geöffnet lassen**

Viele Dialoge (z. B. Warnhinweise) verhindern die Weiterarbeit in Word, solange sie noch geöffnet sind. Auf die Hilfe trifft das erfreulicherweise nicht zu. Lassen Sie, falls gewünscht, das Fenster geöffnet, und arbeiten Sie weiter in Word. Wenn Sie die Hilfe erneut benötigen, klicken Sie entweder auf das Icon in der Taskleiste oder drücken F1 .

4. In den allermeisten Fällen werden Sie nach einem bestimmten Thema oder einer Arbeitsanweisung suchen. In diesem Fall sollten Sie die Stichwortsuche verwenden. Klicken Sie in das Eingabefeld ❼, und tragen Sie den Suchbegriff ein (z. B. »format-vorlagen«). Die Groß- und Kleinschreibung dürfen Sie getrost ignorieren.

5. Nachdem das erledigt ist, setzen Sie entweder einen Mausklick auf das Lupen-Symbol ❽ oder drücken die ⏎-Taste. Das stößt die Suche an.

6. Daraufhin werden die Suchergebnisse aufgelistet. Prüfen Sie anhand der blau eingefärbten Überschriften, ob das Ergebnis zu Ihrer Suche passt, und klicken Sie anschließend darauf ❾. Jetzt wird das Gesuchte angezeigt ❿.

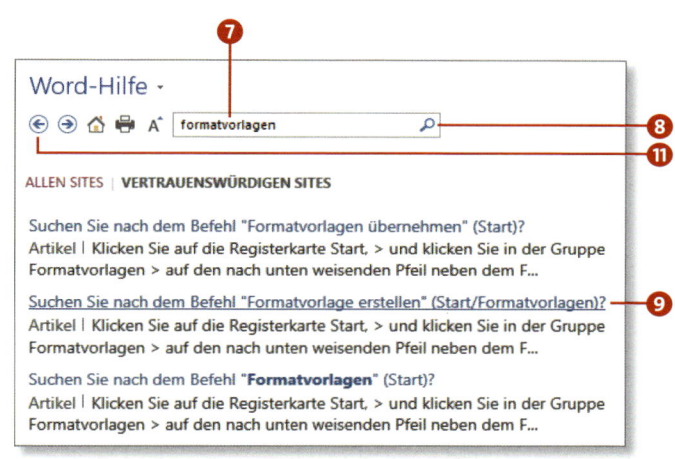

> **ℹ Vor- und zurückspringen**
>
> Möglicherweise stellen Sie erst bei der Ergebnisanzeige fest, dass die Erklärungen doch nicht das beinhalten, was Sie eigentlich gesucht hatten. Klicken Sie in diesem Fall auf den nach links weisenden Pfeil (⓫ in Bild 1 auf dieser Seite). Damit gelangen Sie eine Seite zurück und können dort einen anderen Eintrag auswählen.

> **ℹ Die Word-Hilfe schließen**
>
> Beenden Sie die Word-Hilfe, indem Sie oben rechts auf die kleine Kreuz-Schaltfläche klicken oder [Alt] + [F4] drücken.

# 2 Dokumente erstellen und bearbeiten

In diesem Kapitel wollen wir uns mit den Grundlagen der Arbeit mit Word-Dokumenten beschäftigen. Sie erfahren, wie eine Datei erstellt und gespeichert wird. Außerdem wird erläutert, was bei der Verwendung von Word-Dokumenten älterer Versionen zu berücksichtigen ist. Zudem lernen Sie wichtige Anzeigeoptionen kennen und erfahren, auf welche Art und Weise sich Word-Dokumente darstellen lassen: Während sich die eine Darstellung vielleicht besser zum Bearbeiten nutzen lässt, fördert eine andere Ansicht den Lesefluss.

Wussten Sie schon, dass sich neben normalem Text auch Sonderzeichen und Symbole eingeben lassen? Dem Einsteiger erschließt sich leider nicht auf den ersten Blick, wie dies funktioniert. In diesem Kapitel wird es jedoch ohne große Umschweife erklärt. Auch in Sachen Korrekturfunktionen und Silbentrennung ist dieses Kapitel für Sie allererste Wahl. Am Ende lernen Sie noch verschiedene Möglichkeiten kennen, schnell durch ein Word-Dokument zu navigieren.

## In diesem Kapitel

- Ein Word-Dokument anlegen
- Zuletzt verwendete Dokumente öffnen
- Ein Word-Dokument speichern
- Speichern auf dem SkyDrive
- Auf SkyDrive-Daten zugreifen
- Das Word-Dokument wieder schließen
- Die Anzeige anpassen
- Zoomen
- Text eingeben
- Sonderzeichen und Symbole
- Text nach der Eingabe korrigieren
- Silbentrennung
- Rechtschreibung und Grammatik
- Mit anderen Sprachen arbeiten
- Den Thesaurus nutzen
- Textpassagen übersetzen lassen
- Wörter und Zeichen zählen
- Suchen und Ersetzen
- Text kopieren, ausschneiden, einfügen
- Im Dokument navigieren
- Textmarken setzen

## Ein Word-Dokument anlegen

Bevor Sie einen Text in Word erzeugen können, müssen Sie zunächst einmal ein neues Dokument anlegen. Die Anwendung stellt zu diesem Zweck verschiedene Optionen zur Verfügung. So lässt sich ein neues Dokument z. B. direkt in Word, aber auch außerhalb der Anwendung erzeugen.

1. Die vielleicht gängigste Methode ist diese: Starten Sie Word. Auf dem Begrüßungsbildschirm klicken Sie auf die Schaltfläche **Leeres Dokument** ❶. Daraufhin wird Ihnen ein einzelnes leeres Dokument zur Verfügung gestellt.

2. Es ist durchaus möglich, mit mehreren Word-Dokumenten zu arbeiten. Stellen Sie sich vor, Sie arbeiten bereits längere Zeit an einem vorhandenen Dokument und müssen nun eine andere Arbeit kurz dazwischenschieben. In diesem Fall öffnen Sie einfach ein weiteres Dokument. Klicken Sie auf **Datei** ❷.

3. Lassen Sie einen Mausklick auf den Eintrag **Neu** ❸ links in der Backstage-Ansicht folgen. Das sorgt dafür, dass der bereits in Schritt 1 erwähnte Dialog bereitgestellt wird. Auch hier muss noch auf **Leeres Dokument** geklickt werden.

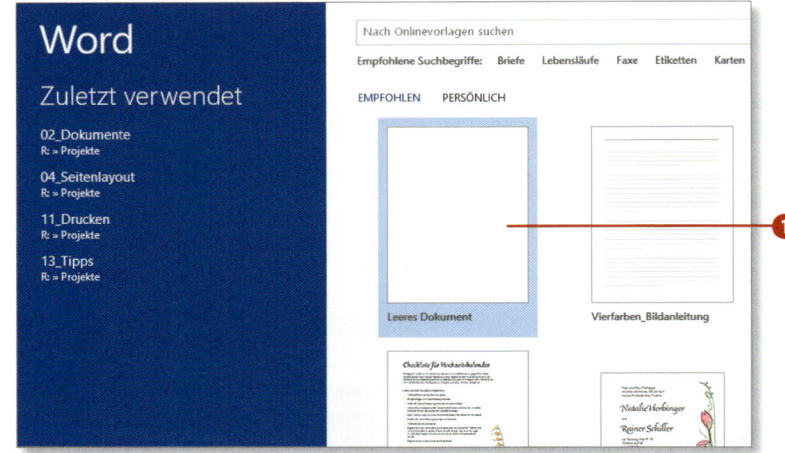

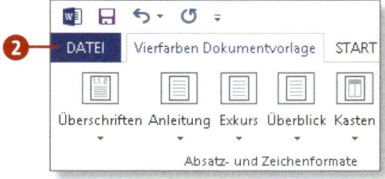

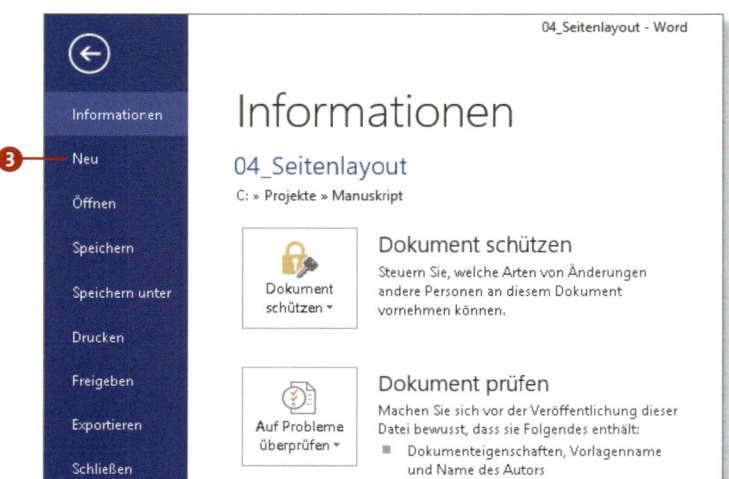

**i**

**Eine vorhandene Word-Datei öffnen**

Wenn Sie bereits eine Word-Datei erstellt und gespeichert haben, lässt sich diese mit einem Doppelklick auf das Datei-Symbol öffnen. Alternativ klicken Sie mit der rechten Maustaste auf das Symbol und wählen **Öffnen mit > Word** aus dem Menü.

**4.** Die Erstellung eines Word-Dokuments kann sogar außerhalb der Anwendung erfolgen, d. h., Word muss dazu nicht geöffnet sein! Das geht so: Begeben Sie sich zunächst in den Ordner, in dem das Word-Dokument erstellt werden soll. (Das kann auch der Desktop sein.)

**5.** Klicken Sie nun mit der rechten Maustaste auf eine freie Stelle. Zeigen Sie im Kontextmenü auf den Eintrag **Neu**. Das hat zur Folge, dass sich eine zweite Tafel öffnet. Fahren Sie mit dem Mauszeiger darüber, und klicken Sie auf **Microsoft Word-Dokument** ❹.

**6.** Das neue Dokument wird im in Schritt 5 ausgewählten Ordner angelegt ❺, und Sie können gleich mit der Eingabe des Dokumentnamens beginnen (siehe dazu auch den Abschnitt »Ein Word-Dokument speichern« auf Seite 37). Schließen Sie die Eingabe mit ⏎ ab. Auf dem Desktop sieht das ein bisschen anders aus ❻.

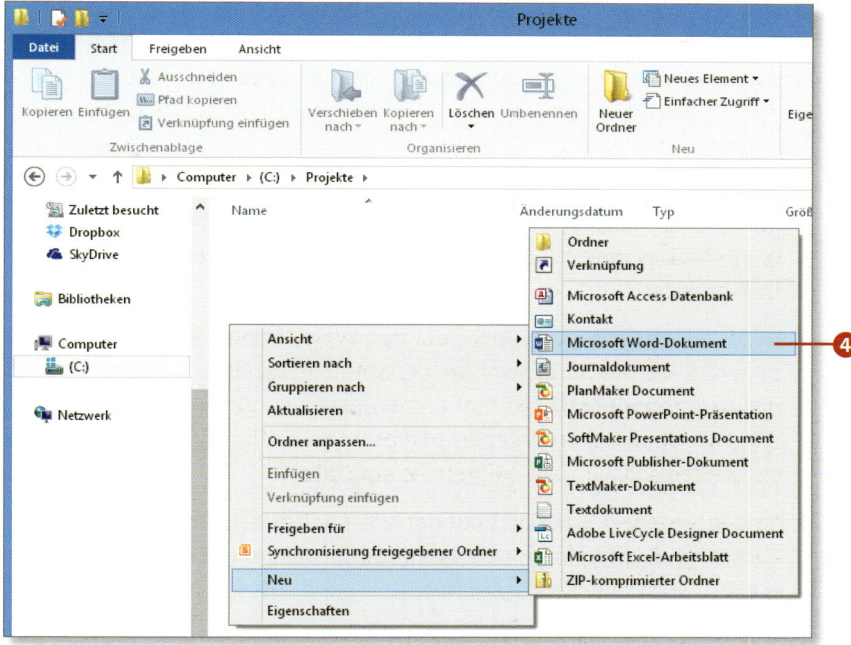

**i Kontextmenü**

Das Kontextmenü ist eine Zusammenstellung von Befehlen und stellt in Abhängigkeit davon, wo es aktiviert wurde, unterschiedliche Optionen bereit (eben passend zum Kontext). Ein Kontextmenü wird stets durch einen Klick mit der rechten Maustaste geöffnet.

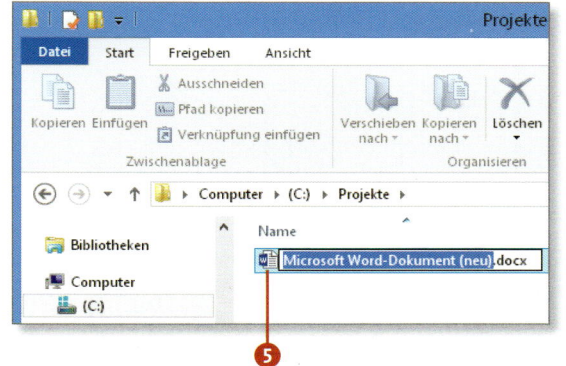

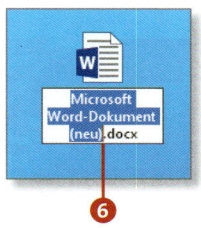

## Zuletzt verwendete Dokumente öffnen

Nachdem Sie ein Word-Dokument gespeichert haben (siehe den Abschnitt »Ein Word-Dokument speichern« auf Seite 37), müssen Sie natürlich auch in der Lage sein, es jederzeit wieder aufzurufen.

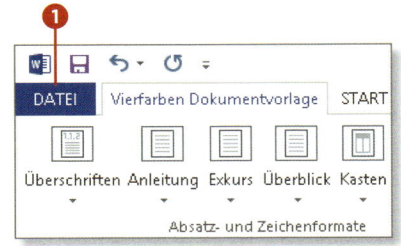

1. In der geöffneten Word-Anwendung können Sie direkt auf Ihre Dateien zugreifen, indem Sie auf die Registerkarte **Datei** ❶ klicken. Das aktuelle Dokument wird ausgeblendet, und Sie gelangen in die *Backstage-Ansicht*. Keine Sorge: Das Dokument bleibt im Hintergrund aktiv (siehe den Kasten »Zurück zum Dokument«).

2. In der linken Spalte klicken Sie auf den Befehl **Öffnen** ❷. Im zugehörigen Menü können Sie auf sämtliche Speicherorte und -medien zugreifen ❸.

3. In der Spalte ganz rechts werden standardmäßig die (25!) zuletzt bearbeiteten Dokumente aufgelistet ❹. Sollten Sie noch keine 25 Dokumente gespeichert haben, ist die Liste natürlich entsprechend kürzer. Mit einem Mausklick wählen Sie nun das Dokument aus, das geöffnet werden soll.

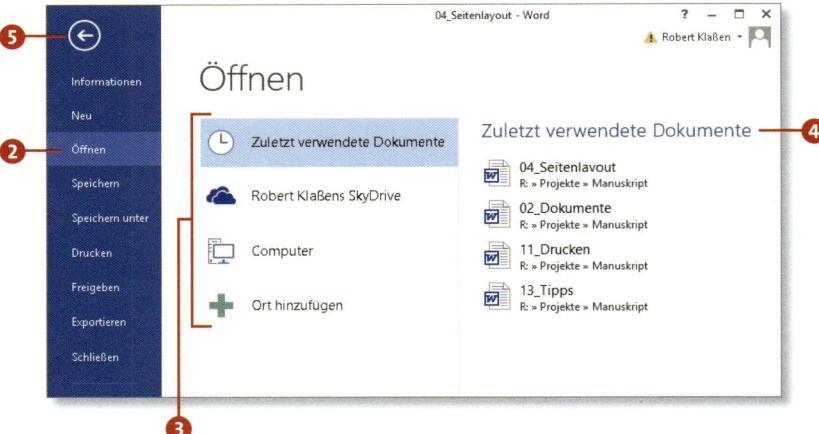

---

**Zurück zum Dokument**

Sicher ist Ihnen bereits der nach links weisende Pfeil in der oberen linken Ecke des Backstage-Bereichs aufgefallen ❺. Ein Klick darauf bewirkt, dass das aktuelle Fenster verlassen wird und Sie z. B. zum zuletzt bearbeiteten Dokument zurückkehren können.

**Dateinamen eingeben**

Da der Dateiname im gleichnamigen Feld bereits markiert ist, können Sie gleich damit beginnen, den Dokumentnamen über die Tastatur einzugeben. Zum Schluss drücken Sie die ↵-Taste oder klicken auf **Speichern**. Wenn Sie keinen Namen angeben, bekommt das Dokument entweder einen Namen wie *Dok1*, oder es werden die ersten Wörter des im Dokument enthaltenen Textes als Name eingesetzt.

# Ein Word-Dokument speichern

Auch zum Speichern stellt Word eine Fülle von Möglichkeiten zur Verfügung. Hier muss allerdings zunächst einmal zwischen **Speichern** und **Speichern unter** unterschieden werden. Letzteres kommt nämlich immer dann zum Zuge, wenn mehrere Versionen eines Dokuments unabhängig voneinander archiviert werden sollen.

1. Um die beiden Speicheroptionen zu erreichen, klicken Sie oben links auf **Datei** (siehe Schritt 1 auf Seite 36). In der linken Spalte wählen Sie nun den für Sie relevanten Eintrag: **Speichern unter** ❶ nehmen Sie immer dann, wenn ein neues Dokument gespeichert werden muss. Zum Nachspeichern eines vorhandenen Dokuments reicht **Speichern** ❷. Wenn Sie auf **Speichern** klicken, dem Dokument aber noch kein Speicherort zugewiesen wurde, wird automatisch das Menü **Speichern unter** geöffnet.

2. Im Menü **Speichern unter** legen Sie nun in der mittleren Spalte den Speicherort fest. Wenn Sie die Festplatte benutzen wollen, klicken Sie hier also auf **Computer** ❸ und dann auf **Durchsuchen** ❹.

3. Im Dialog **Speichern unter** wählen Sie einen Ordner aus ❺ und vergeben einen Namen für das Dokument ❻. Wenn Sie auf **Speichern** ❼ klicken, wird es im ausgewählten Ordner abgelegt.

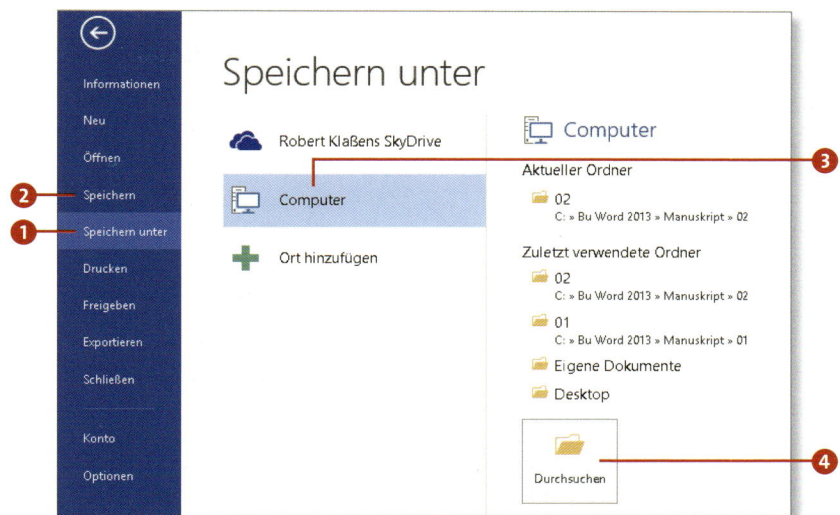

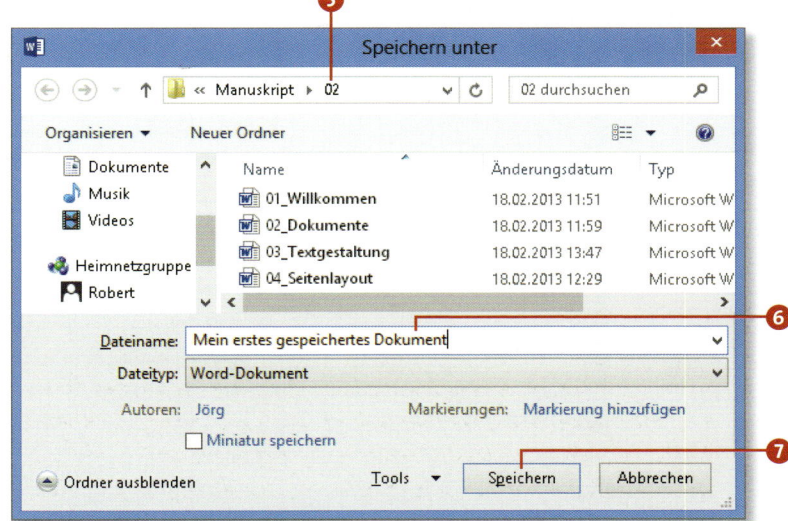

**Dateiendungen anzeigen lassen**

Standardmäßig werden die Dateiendungen nicht angezeigt. Sie können das in den Systemeinstellungen ändern (zum Aufrufen auf dem Startbildschirm »sys« eingeben und ⏎ drücken). Stellen Sie oben rechts die Anzeige **Symbole** ein, und klicken Sie auf **Ordneroptionen**. Im zugehörigen Dialog wählen Sie das Register **Ansicht** und deaktivieren in der Liste **Erweiterte Einstellungen** das Häkchen vor **Erweiterungen bei bekannten Dateitypen ausblenden**. Bestätigen Sie mit **OK**.

## Speicheroptionen

Auf Seite 37 haben Sie erfahren, wie sich ein Word-Dokument auf herkömmliche Weise speichern lässt. Die dort beschriebene Methode ist jedoch nur dann praktikabel, wenn Sie ein Dokument anlegen bzw. wenn Sie es zum ersten Mal speichern wollen. Ansonsten wäre es natürlich sehr unpraktisch, jedes Mal dieses Prozedere durchlaufen zu müssen. Und deshalb gibt es ein paar Tricks:

- Sie können den Dialog **Speichern unter** schneller öffnen, indem Sie die Taste F12 drücken.

- Von Zeit zu Zeit werden Sie den Wunsch verspüren, das vorhandene Word-Dokument nachzuspeichern. Das sollten Sie im Übrigen sowieso immer dann tun, wenn Sie einen wichtigen Schritt inner-

halb Ihrer Arbeit abgeschlossen haben. Drücken Sie dazu einfach die Tastenkombination Strg + S, oder klicken Sie auf das kleine Disketten-Symbol in der Symbolleiste für den Schnellzugriff. Auf diese Art wird kein Speichern-Dialog zur Verfügung gestellt, sondern alle Änderungen werden einfach in dem Dokument gespeichert, das bereits besteht (es wird sozusagen überspeichert).

Über **Datei > Optionen > Speichern** können Sie unterschiedliche Speicheroptionen festlegen, z. B. in welchem Format die Dateien standardmäßig abgelegt werden sollen ❶, ob Sie zur Sicherheit eine automatische Speicherung wünschen (**AutoWiederherstellen**) ❷ oder welcher Standardspeicherort für Ihre Dateien und Vorlagen genutzt wird ❸.

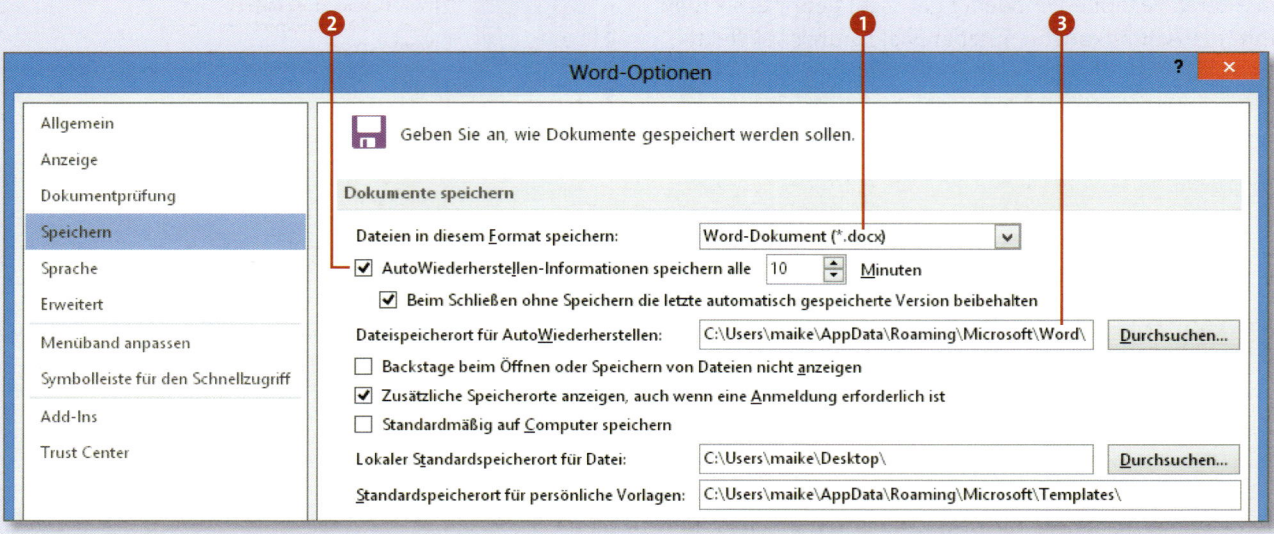

## Dateiformate und Kompatibilität

Standardmäßig speichert Word die Arbeit als klassisches Word-Dokument mit der Dateiendung .docx ❶. Sie sollten dieses Format am besten immer verwenden, weil es das hauseigene Speicherformat von Word ist, das darüber hinaus sämtliche Optionen unterstützt, die in Word 2013 integriert sind. Lediglich ältere Versionen verwenden noch das mittlerweile in die Jahre gekommene DOC-Format. Einzige Ausnahme: Sie möchten das Dokument an jemanden weitergeben, der zwar über Word verfügt, nicht jedoch über eine Version, die bereits mit dem DOCX-Format umgehen kann (vor Word 2007). Sie können mit der aktuellsten Version von Word zwar Dokumente öffnen, die in Word-Vorgänger-Versionen angelegt wurden und die Dateiendung .doc haben. Auch das Überarbeiten und Speichern ist in diesem Format problemlos möglich. Ihre DOCX-Dokumente können allerdings mit älteren Versionen entweder gar nicht geöffnet werden oder sind nur mit Einschränkungen nutzbar (viele grafische Effekte können dann z. B. nicht dargestellt werden). Wenn Sie sichergehen wollen, dass Ihr Gegenüber etwas mit Ihrer Datei anfangen kann, wählen Sie beim Speichern aus, ob Sie das Dokument als Word 97-2003-Dokument mit der Endung .doc speichern wollen ❷.

Ein anderes Problem bei der Weitergabe von Word-Dokumenten besteht darin, dass die Seiten beim Empfänger nicht immer so aussehen wie auf Ihrem Rechner. Zum Beispiel können die verwendeten Schriftarten nur dann richtig angezeigt werden, wenn sie auch auf dem anderen Rechner installiert sind. Ansonsten wird eine Ersatzschriftart benutzt, was die Erscheinung des Dokuments beeinträchtigen kann. Hier schafft die Ausgabe als PDF Abhilfe. Dabei können Sie nahezu sicher sein, dass der Empfänger alles genau so sieht, wie Sie es vorbereitet haben. Außerdem sind PDFs in der Regel kleiner und lassen sich prima per E-Mail verschicken. Einziger Nachteil: In älteren Word-Versionen können PDFs nicht bearbeitet werden (siehe dazu auch den Kasten »PDFs bearbeiten« auf Seite 301 in Kapitel 11).

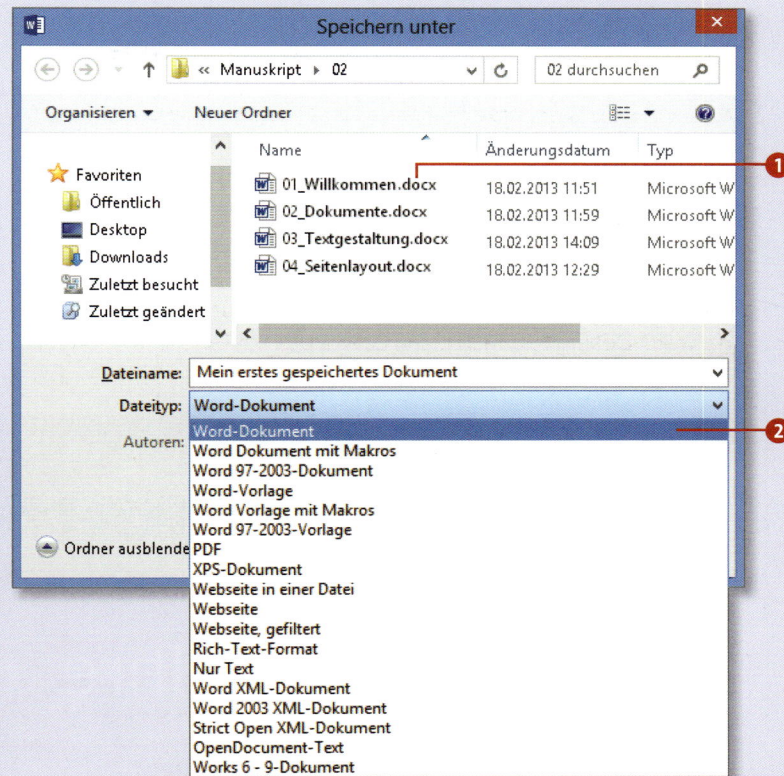

Im Dialog »Speichern unter« werden viele verschiedene Formate zur Verfügung gestellt.

## SkyDrive

SkyDrive ist ein von Microsoft zur Verfügung gestellter privater Onlinespeicherplatz. Diese Art von Onlinespeicherplatz, der auch *Cloud* (engl. »Wolke«) genannt wird, ist im Prinzip nichts anderes als eine virtuelle Festplatte, auf der sich alles speichern lässt, was nicht nur zu Hause, sondern auch unterwegs oder von anderen genutzt werden soll. Ihr SkyDrive-Speicherplatz ist 7 GB groß (Stand: Juli 2013) und für Office- oder Windows-8-Nutzer kostenlos. Legen Sie nach Belieben Dokumente (auch Word-Dateien), Fotos und vieles mehr dort ab. Die Übertragung nach SkyDrive erfolgt SSL-verschlüsselt und kennwortgeschützt (siehe dazu auch den Abschnitt »Speichern auf dem SkyDrive« auf Seite 41).

Um Dokumente lesen zu können, ist noch nicht einmal ein Rechner mit installiertem Office erforderlich. Auch vom Tablet, Notebook, Handy und sogar von einem Mac aus ist der Zugriff möglich. SkyDrive ist bereits in Windows 8, Windows RT und Office 2013 enthalten. Wer nicht entsprechend ausgerüstet ist und die Cloud dennoch nutzen möchte, kann die Software auch kostenlos herunterladen (*http://windows.microsoft.com/de-DE/skydrive/download*). Weitere Informationen zu SkyDrive finden Sie unter *http://www.windowslive.de/skydrive/*.

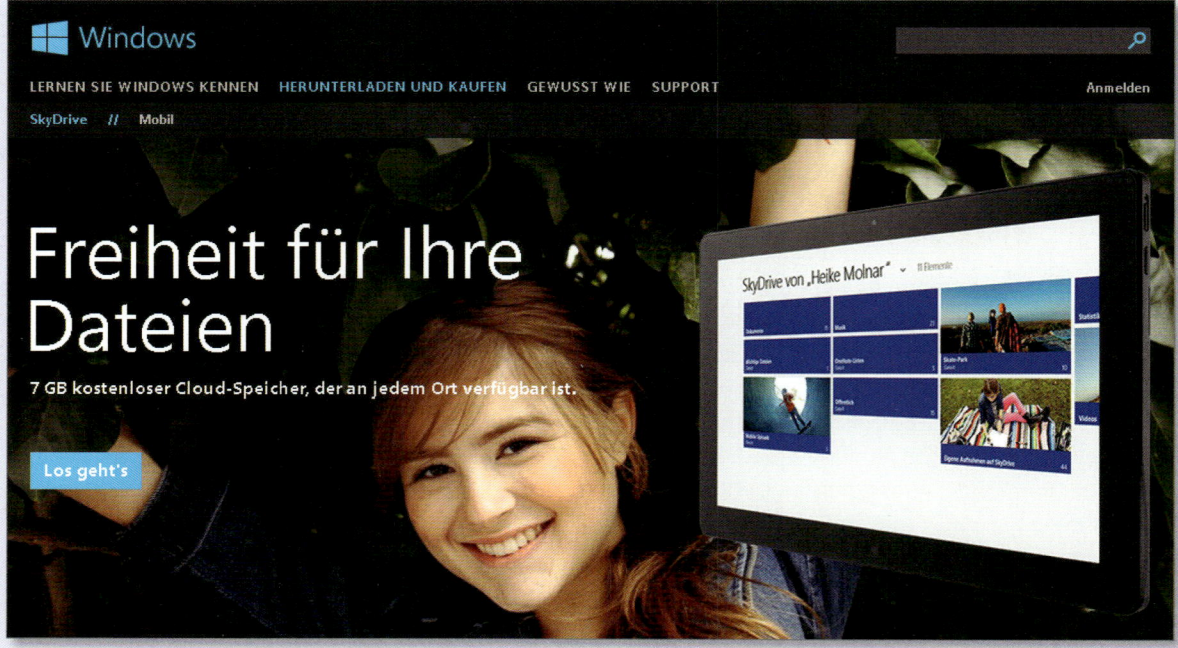

*SkyDrive ist Ihre virtuelle Festplatte für unterwegs.*

## Speichern auf dem SkyDrive

Um ein Dokument auf SkyDrive zu speichern, gehen Sie zunächst so vor wie beim normalen Speichern:

1. Klicken Sie auf **Datei > Speichern unter** ❶.

2. In der mittleren Spalte entscheiden Sie sich für **[Benutzername]s SkyDrive** ❷. Danach klicken Sie rechts auf **Durchsuchen** ❸.

3. Vergeben Sie im nächsten Dialog einen Namen für die Datei, wählen Sie ggf. einen Ordner aus, und klicken Sie auf **Speichern**.

Die Datei wird auf dem SkyDrive gespeichert, also dort wie in einem herkömmlichen Ordner abgelegt.

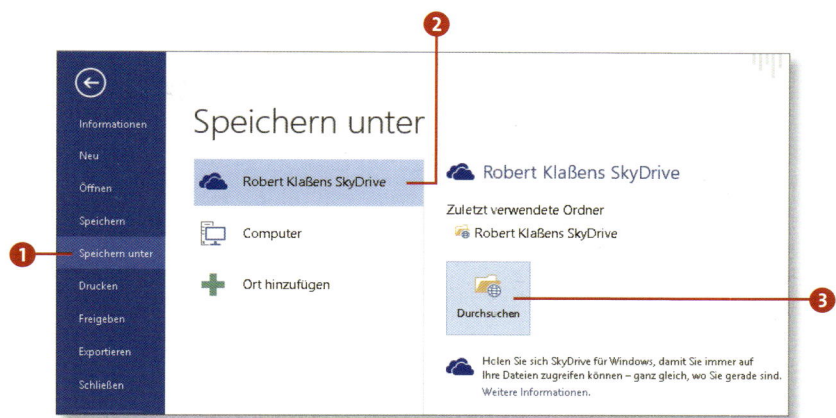

## Auf SkyDrive-Daten zugreifen

Und so greifen Sie auf SkyDrive zu:

1. Tippen Sie auf dem Windows-8-Startbildschirm »skydrive« ein, und drücken Sie [↵].

2. Wenn Sie an Ihrem eigenen Rechner sitzen und mit Ihrem Benutzerkonto angemeldet sind, werden Sie nun sofort mit SkyDrive verbunden. Wenn nicht, müssen Sie Ihr zuvor in Windows 8 eingerichtetes Benutzerkennwort eingeben.

3. Öffnen Sie das benötigte Dokument mit einem Mausklick ❹. Ein Rechtsklick in der Leiste unten blendet weitere Optionen ein.

### Speicherort wählen

Word geht stets von SkyDrive als Speicherort aus. Wenn Sie SkyDrive nicht nutzen wollen, müssen Sie die PC-Festplatte extra wählen. Doch Word ist »lernfähig« und schlägt dann nach wenigen Malen die Festplatte als Speicherort vor.

## Das Word-Dokument wieder schließen

Die Arbeit ist erledigt, und Sie wollen den wohlverdienten Feierabend genießen? Dann schließen Sie Ihr Dokument und Word.

1. Sie ahnen es: Auch für das Schließen gibt es verschiedene Wege. Am einfachsten ist es, das Dokument mithilfe der **Schließen**-Schaltfläche ❶ zu beenden. Man sollte meinen, damit würde die komplette Word-Anwendung geschlossen. Das ist jedoch nicht der Fall. Vielmehr schließen Sie nur das aktuell aufgerufene Dokument.

2. Wenn bereits alle Änderungen gespeichert sind, wird das Dokument kommentarlos geschlossen. Anders ist es, wenn seit dem letzten Speichern noch Arbeiten erfolgt sind: Dann öffnet sich ein kleiner Dialog. Mit einem Klick auf **Speichern** ❷ wird vor dem Schließen alles gesichert. Klicken Sie auf **Nicht speichern** ❸, werden die Änderungen verworfen, und das Dokument wird geschlossen. Mit **Abbrechen** ❹ werden weder Änderungen gespeichert noch die Datei geschlossen; Sie gelangen einfach zum Dokument zurück.

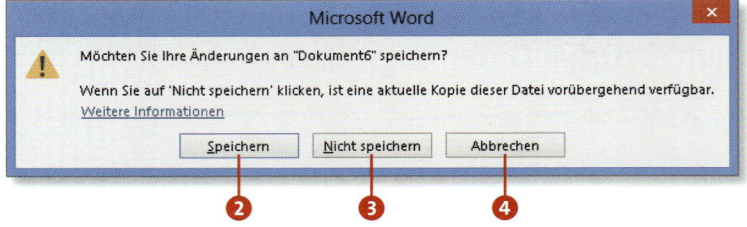

3. Sie wollen die Dokumente noch schneller schließen? Drücken Sie ⌈Alt⌉ + ⌈F4⌉. Auch hier prüft die Anwendung vorab, ob alles gespeichert ist (siehe Schritt 2).

### Speichern

Wie Sie ein Word-Dokument ordnungsgemäß in einem von Ihnen gewählten Ordner sichern, erfahren Sie im Abschnitt »Ein Word-Dokument speichern« auf Seite 37. In den Exkursen »Speicheroptionen« und »Dateiformate und Kompatibilität« ab Seite 38 lesen Sie außerdem mehr zur Wahl des Dateiformats und anderen Möglichkeiten beim Speichern von Dateien.

### Zwischen Dokumenten navigieren

Es sind mehrere Dokumente geöffnet, zwischen denen Sie wechseln wollen? Dann können Sie zum einen über das Register **Ansicht** gehen, dort in der Gruppe **Fenster** auf **Fenster wechseln** klicken und einen der zur Verfügung stehenden Untereinträge aussuchen. Einfacher ist es jedoch, wenn Sie ⌈Alt⌉ gedrückt halten und so oft auf ⌈⇆⌉ tippen, bis das gewünschte Dokument vorne steht.

# Die Anzeige anpassen

## Die Registerkarte »Ansicht«

Mithilfe der Registerkarte **Ansicht** haben Sie die Möglichkeit, die Darstellung der Word-Dokumente auf Ihrem Monitor zu steuern. Hier finden Sie nicht nur Schaltflächen für unterschiedliche Darstellungsformen (Layouts), sondern können u. a. auch die Größe und Anordnung der einzelnen Dokumentfenster steuern.

Je nachdem, an welcher Art von Dokument Sie arbeiten, können Sie die Ansicht also passend einstellen und verschiedene Hilfsmittel wie Lineale und Zoom nutzen.

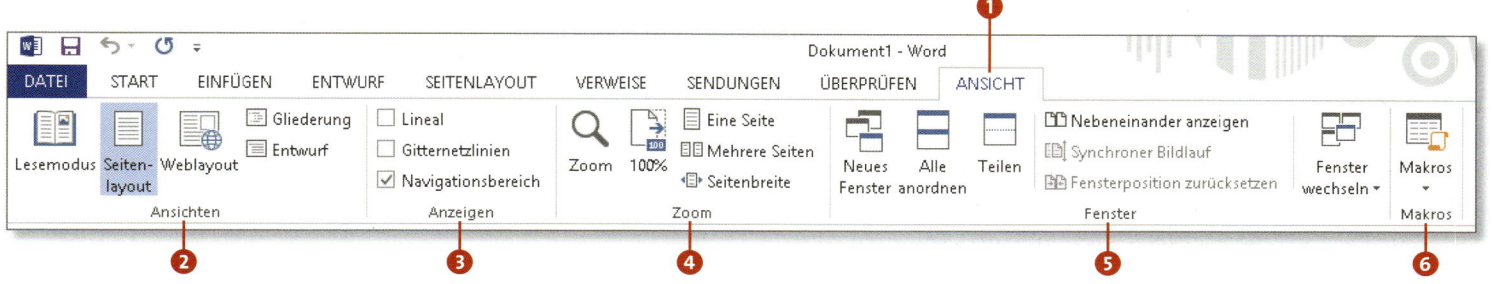

❶ Um das Menü zugänglich zu machen, klicken Sie auf das Register **Ansicht**.

❷ In der Gruppe **Ansichten** stehen verschiedene Layouts für das Arbeitsfenster zur Verfügung.

❸ Verschiedene Anzeigeoptionen, z. B. die Lineale oder Hilfslinien, können in der Gruppe **Anzeigen** aktiviert werden.

❹ In der Gruppe **Zoom** lässt sich die Dokumentansicht vergrößern und verkleinern. Außerdem können die Seiten des Dokuments bei Bedarf nebeneinander angezeigt werden.

❺ Die Anordnung der einzelnen Dokumentfenster können Sie in der Gruppe **Fenster** definieren.

❻ Wer mit sogenannten *Makros* arbeitet (interne Word-Befehle zur Definition von wiederkehrenden Aufgaben), kann den entsprechenden Arbeitsbereich mit einem Klick auf die Schaltfläche **Makros** zugänglich machen.

## Anzeigeoptionen

In diesem Abschnitt sehen wir uns die unterschiedlichen Optionen der Registerkarte **Ansicht** an. Die verschiedenen Layouts (z. B. Lesemodus, Seitenlayout etc.) werden ab Seite 46 noch genauer besprochen.

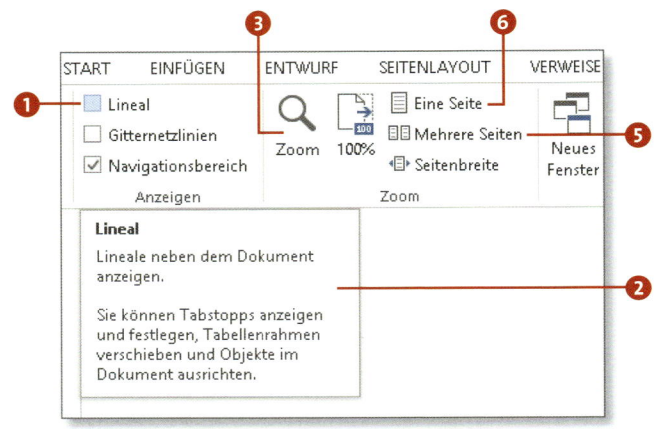

1. In der Gruppe **Anzeigen** finden Sie verschiedene Checkboxen (Ankreuzkästchen), die per Mausklick aktiviert und deaktiviert werden können. Auf die Art können Sie z. B. ein Lineal einblenden ❶, das bei der Gestaltung der Seitenränder und Tabulatoren hilfreich ist. Wenn Sie nicht genau wissen, welche Funktion das jeweilige Steuerelement hat, verweilen Sie einen kurzen Moment mit der Maus darauf. Eine Infotafel (*QuickInfo*) ❷ gibt Aufschluss.

2. Ein Klick auf die Schaltfläche **Zoom** ❸ öffnet ein Dialogfenster, mit dessen Hilfe Sie die Ansicht des Dokuments vergrößern oder verkleinern können ❹.

3. Andere Steuerelemente können nicht einfach ein- oder ausgeschaltet werden, sondern müssen explizit ausgewählt werden. Wenn Sie auf **Mehrere Seiten** ❺ klicken, können Sie mehrere Seiten des Dokuments nebeneinander betrachten. Wenn Sie wieder zurückwollen, klicken Sie auf **Eine Seite** ❻.

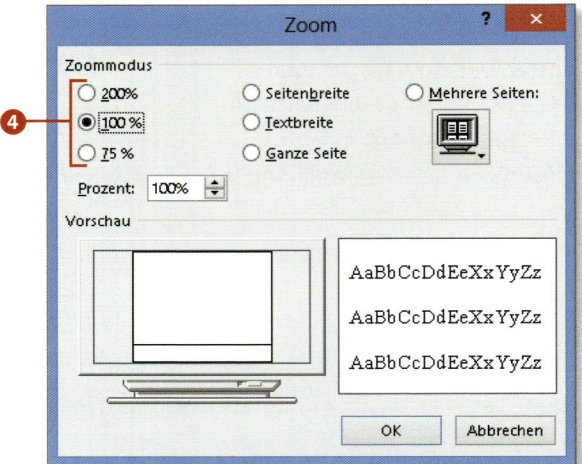

### Komfortabel zoomen

Zwar finden Sie in der Gruppe **Ansicht** verschiedene Zoom-Optionen, jedoch ist zu empfehlen, den Schieberegler unten rechts am Rand des Word-Dokuments zu benutzen. Dieser lässt sich mit gedrückter Maustaste nach links oder rechts bewegen, was zur Folge hat, dass das Dokument größer oder kleiner angezeigt wird. Die beiden nebenstehenden Tasten (Plus und Minus) erlauben es Ihnen, schrittweise zu skalieren.

4. In der Gruppe **Fenster** ist vor allem die linke Schaltfläche **Neues Fenster** ❼ sehr interessant. Wenn Sie daraufklicken, wird das Dokument, an dem Sie gerade arbeiten, noch ein zweites Mal in einem separaten Fenster geöffnet. So besteht die Möglichkeit, an unterschiedlichen Stellen innerhalb eines einzelnen Dokuments zu arbeiten.

5. Auch **Alle anordnen** ❽ ist eine ausgesprochen nützliche Funktion. Klicken Sie auf die Schaltfläche, werden alle geöffneten Dokumente übereinander angeordnet. Wollen Sie nun ein Dokument formatfüllend auf dem Bildschirm sehen, um daran arbeiten zu können, reicht ein Doppelklick auf dessen Kopfleiste ❾. Nützlich, oder?

6. Klicken Sie auf **Fenster wechseln** ❿, um eine Liste aller geöffneten Dokumente zugänglich zu machen. Mit einem Klick auf den entsprechenden Eintrag springen Sie zum gewünschten Dokument.

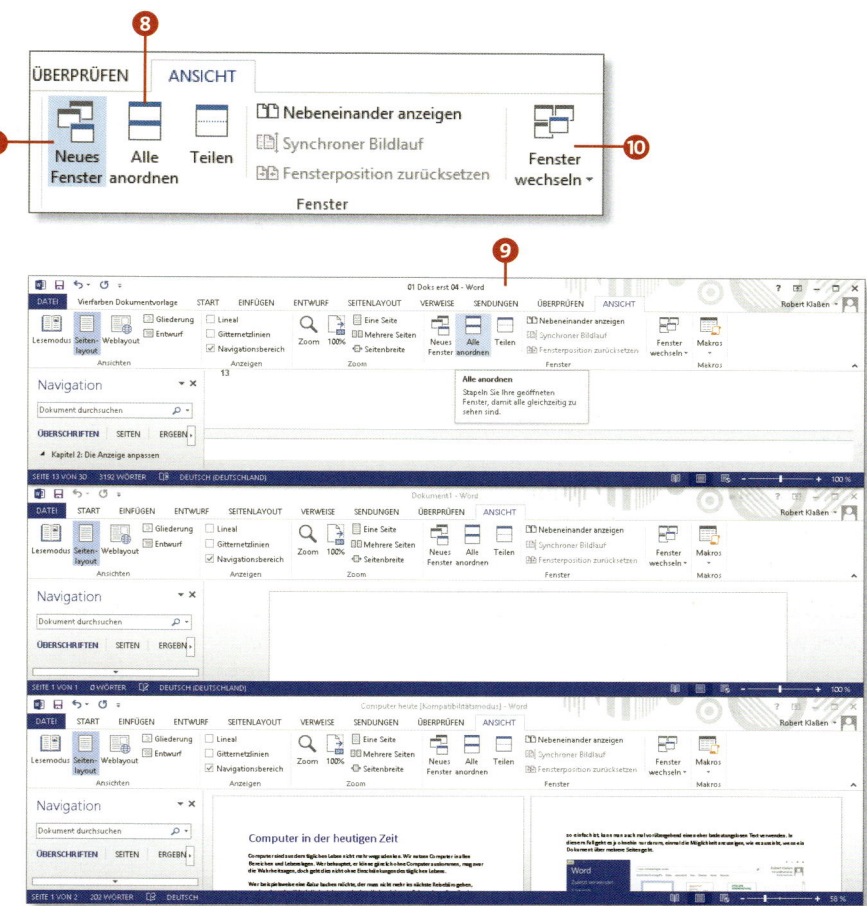

## Kompatibilitätsmodus

Der Hinweis **[Kompatibilitätsmodus]** neben dem Dateinamen in der Kopfleiste besagt, dass das Dokument nicht im standardmäßigen Word-Format (*.docx*) vorliegt. Sinnvollerweise speichern Sie derartige Dokumente nach dem Öffnen mit dem Dateityp **Word-Dokument** neu ab (siehe dazu den Abschnitt »Dateiformate und Kompatibilität« auf Seite 39).

## Zwischen Dokumenten wechseln

Sie können ebenfalls komfortabel zwischen den Dokumenten hin- und herspringen, indem Sie mit der Maus auf das Word-Symbol in der Taskleiste zeigen. Das hat zur Folge, dass für jedes Dokument ein Miniaturfenster angezeigt wird. Ein Klick auf das jeweilige Fenster führt Sie zum zugehörigen Dokument.

## Die Ansicht »Seitenlayout«

Die Ansicht **Seitenlayout** kann mit Fug und Recht als Standard bezeichnet werden, wenn es um die normale Texterstellung in Word geht. In dieser Ansicht sieht man das Dokument so, wie es später auch im Druck aussehen wird.

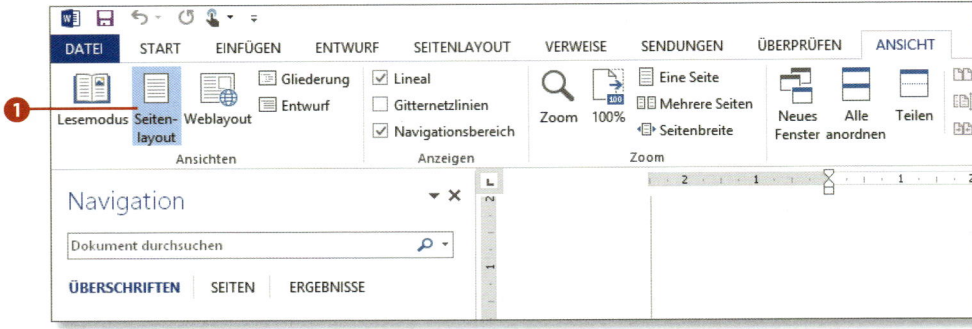

1. Dass dieses Layout aktiv ist, wird dadurch angezeigt, dass die entsprechende Schaltfläche ❶ (in der Gruppe **Ansichten** der Registerkarte **Ansicht**) blau hinterlegt ist. Sollte das nicht der Fall sein, setzen Sie einen Mausklick darauf.

2. Wenn die Schaltfläche nicht sichtbar ist (weil Sie z. B. gerade den Lesemodus aktiviert haben), Sie aber zum Seitenlayout zurückkehren wollen, klicken Sie stattdessen auf die Schaltfläche **Seitenlayout** ❷ unten rechts in der Fußleiste.

**Dokumentgebundene Ansicht**

Wenn Sie ein Word-Dokument von einer anderen Person übernehmen, wird automatisch die Ansicht gezeigt, die zuletzt verwendet worden ist. Falls Sie es also z. B. gewohnt sind, Dokumente im Seitenlayout zu betrachten, müssen Sie hier möglicherweise zunächst umschalten.

**Nicht verwechseln!**

Die Ansicht **Seitenlayout** hat nichts mit dem Register **Seitenlayout** zu tun! Dort sind nämlich die Befehle für das Layout des eigentlichen Dokuments (und nicht die Ansicht) zu finden.

## Die Ansicht »Entwurf«

Auf den ersten Blick unterscheidet sich die Ansicht **Entwurf** nicht sonderlich von der Ansicht **Seitenlayout**. Allerdings werden in dieser Ansicht Elemente wie Bilder, Kopf- und Fußzeilen nicht angezeigt. Die Entwurfsansicht ist immer dann bedeutsam, wenn es darum geht, Text zu kontrollieren bzw. schnell zu bearbeiten.

1. Wechseln Sie in den Entwurfsmodus, indem Sie zunächst die Registerkarte **Ansicht** mit einem Klick auf ihr Register ❶ nach vorne holen. Danach klicken Sie auf die Schaltfläche **Entwurf** ❷.

2. An Positionen, an denen sich im Dokument Bilder befinden, werden in der Entwurfsansicht nun weiße Flächen angezeigt ❸. Dadurch, dass die Grafiken nicht auf dem Monitor aufgebaut werden müssen, ist die Navigation durch das Dokument wesentlich schneller.

3. Kehren Sie zur Standardansicht **Seitenlayout** zurück, indem Sie auf die gleichnamige Schaltfläche ❹ auf dem Register **Ansicht** oder auf die mittlere der drei Schaltflächen ❺ unten rechts neben dem Zoom-Regler klicken.

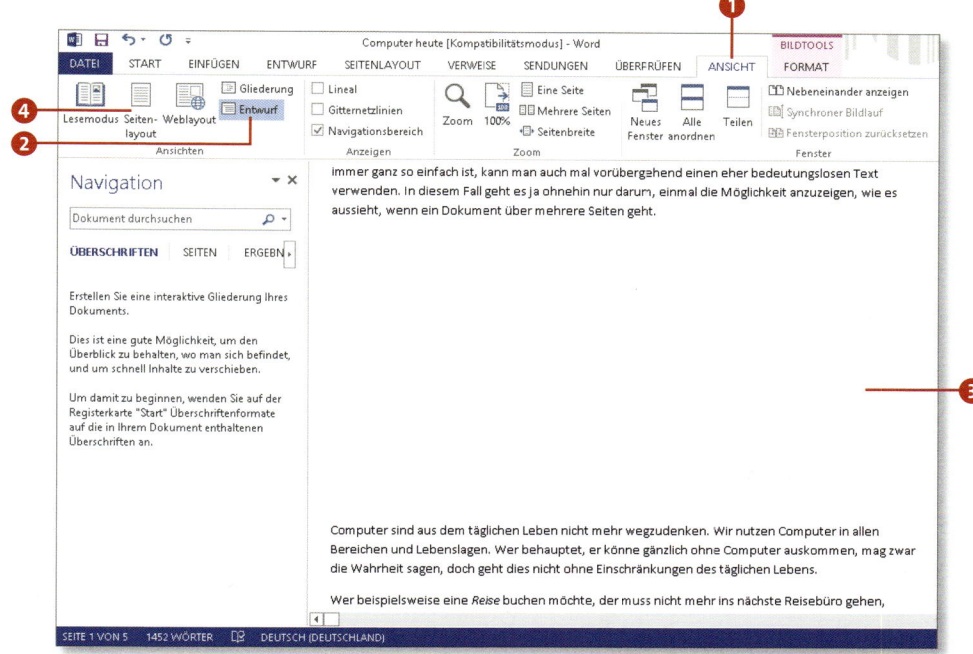

### ✚✚ Entwurfsansicht schnell aktivieren

Mögen Sie Tastenkombinationen? Dann dürfte Sie interessieren, dass sich die Entwurfsansicht jederzeit aktivieren lässt, indem Sie [Alt] gedrückt halten und anschließend nacheinander die Tasten [F] + [U] drücken.

### ⬛ Seitenumbruch

Dass eine neue Seite beginnt, ist in der Entwurfsansicht wesentlich schlechter auszumachen als im Seitenlayout-Modus. Im Entwurf ist lediglich eine unscheinbare gepunktete Linie zu sehen.

## Die Ansicht »Gliederung«

Die Gliederungsansicht offenbart den Blick auf die eigentliche Struktur des Dokuments, also auf zusammengehörende Bereiche und Abschnitte (*Ebenen*). Die Gliederungsansicht eignet sich einerseits dazu, Dokumentstrukturen aufzubauen. Andererseits lassen sich umfangreiche Dokumente komfortabel nachbearbeiten, wenn es z. B. erforderlich wird, ganze Textblöcke zu verschieben oder zu sortieren.

1. Aktivieren Sie die Gliederungsansicht, indem Sie auf der Registerkarte **Ansicht** in der Gruppe **Ansichten** auf **Gliederung** ❶ klicken.

2. Sie möchten zusammengehörige Textblöcke sortieren? Dann klicken Sie auf das vorangestellte Plus-Symbol ❷, halten die Maustaste gedrückt und ziehen den Block an die gewünschte Stelle. Dort lassen Sie die Maustaste los. Sämtliche Elemente, die zu diesem Block gehören, werden automatisch mit verschoben.

3. Verlassen Sie die Gliederungsansicht, indem Sie auf **Gliederungsansicht schließen** ❸ klicken.

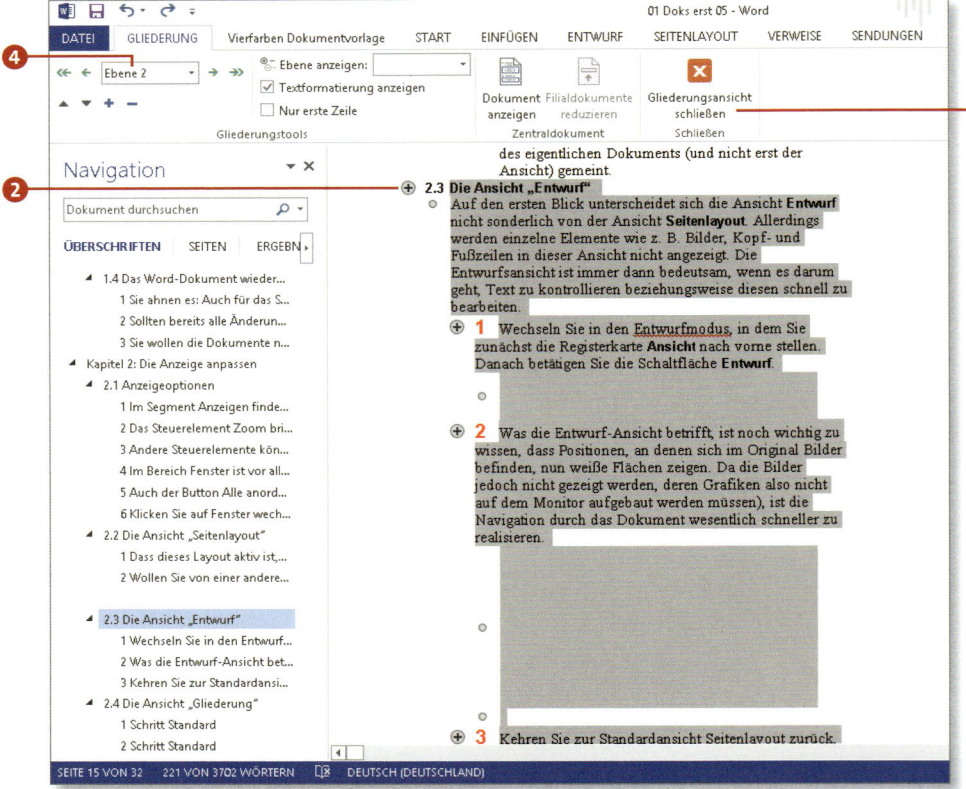

**ℹ Struktur verändern**

Eine weitere Stärke der Gliederungsansicht besteht darin, Hierarchien zu verändern. So lässt sich z. B. ein Block der Ebene 2 ganz leicht in einen Block der Ebene 3 konvertieren. Dazu benutzen Sie das kleine Pulldown-Menü ❹ oben links im Menüband.

## Der Lesemodus

Der Lesemodus soll, wie der Name schon vermuten lässt, dem Leser eine komfortable Möglichkeit an die Hand geben, das Dokument zu lesen. Diese Ansicht eignet sich auch prima für die Schlusskontrolle.

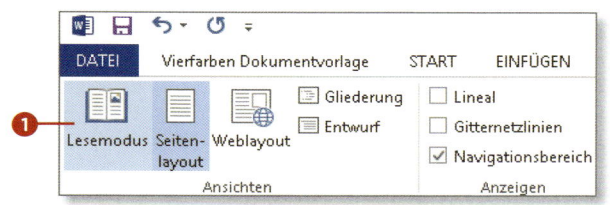

1. Zur Aktivierung des Lesemodus klicken Sie auf die gleichnamige Schaltfläche ❶ in der Gruppe **Ansichten** auf der Registerkarte **Ansicht**. Alternativ klicken Sie auf die kleine Schaltfläche ❷ in der Fußleiste der Anwendung.

2. Navigieren Sie komfortabel durch die Seiten, indem Sie eine Seite zurück- ❸ oder eine Seite vorspringen ❹. Das geht auch mit ← und → auf der Tastatur. Ein Doppelklick auf ein Foto bewirkt, dass dieses vergrößert dargestellt wird. (Mit einem Klick auf die neben dem Foto erscheinende Lupe lässt sich das Foto dann sogar noch weiter vergrößern.)

3. Um den Lesemodus zu beenden, klicken Sie entweder auf die kleine **Seitenlayout**-Schaltfläche ❺ im Fuß der Anwendung oder drücken Esc auf Ihrer Tastatur.

### Menüs benutzen

In der linken oberen Ecke des Lesemodus-Fensters finden Sie drei Registerkarten. Mit **Datei** ❻ gelangen Sie in die Backstage-Ansicht (zum Speichern u. Ä.), während sich mit **Extras** ❼ Suchfunktionen aktivieren lassen. Ein Klick auf die Registerkarte **Ansicht** ❽ öffnet ein Menü mit Einstellungen, die die Darstellung des Dokuments betreffen.

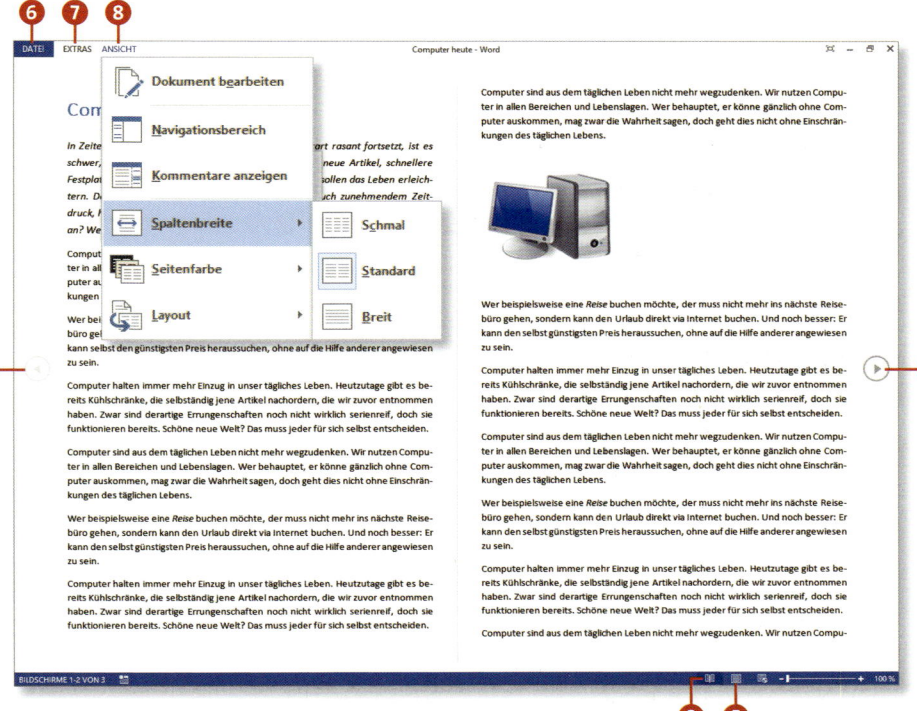

## Weblayout

Wussten Sie, dass sich mit Word auch Webseiten und Onlinedokumente erzeugen lassen? Damit Sie schnell sehen können, wie ein solches Dokument später im Internet aussehen wird, wurde die Ansicht **Weblayout** integriert. Sollten Sie ein entsprechendes Dokument erzeugen wollen, empfiehlt es sich, in dieser Ansicht zu arbeiten.

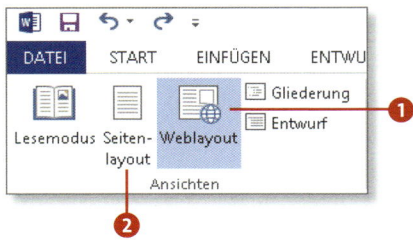

1. Aktivieren Sie die Ansicht **Weblayout** durch einen Klick auf die gleichnamige Schaltfläche ❶ in der Gruppe **Ansichten** auf der Registerkarte **Ansicht**.

2. Eine Besonderheit der **Weblayout**-Ansicht besteht darin, dass sich der Text automatisch an die zur Verfügung stehende Fenstergröße anpasst. Sie können das selbst einmal prüfen, indem Sie nach der Aktivierung des Weblayouts den Navigationsbereich auf der linken Seite ausblenden und wieder aktivieren. Sie werden feststellen, dass sich der Textumbruch Ihres Dokuments entsprechend ändert.

3. Verlassen Sie die **Weblayout**-Ansicht, indem Sie zur Ansicht **Seitenlayout** ❷ wechseln.

### Computer heute

In Zeiten, in denen sich die Computerentwicklung derart rasant fortsetzt, ist es schwer, auf dem Laufenden zu bleiben. Immer wieder neue Artikel, schnellere Festplatten, bessere Geräte und leistungsfähigere Chips sollen das Leben erleichtern. Doch tun sie das wirklich? Zugleich spüren wir auch zunehmendem Zeitdruck, höhere Anforderungen und weniger Freizeit. Was tun wir uns da eigentlich an? Welche Auswirkungen hat Computerarbeit auf unsere Gesundheit?

Computer sind aus dem täglichen Leben nicht mehr wegzudenken. Wir nutzen Computer in allen Bereichen und Lebenslagen. Wer behauptet, er könne gänzlich ohne Computer auskommen, mag zwar die Wahrheit sagen, doch geht dies nicht ohne Einschränkungen des täglichen Lebens.

Wer beispielsweise eine *Reise* buchen möchte, der muss nicht mehr ins nächste Reisebüro gehen, sondern kann den Urlaub direkt via Internet buchen. Und noch besser: Er kann selbst den günstigsten Preis heraussuchen, ohne auf die Hilfe anderer angewiesen zu sein.

Computer halten immer mehr Einzug in unser tägliches Leben. Heutzutage gibt es bereits Kühlschränke, die selbständig jene Artikel nachordern, die wir zuvor entnommen haben. Zwar sind derartige Errungenschaften noch nicht wirklich serienreif, doch sie funktionieren bereits. Schöne neue Welt? Das muss jeder für sich selbst entscheiden.

690 WÖRTER    DEUTSCH

---

**Navigationsleiste vorübergehend deaktivieren**

Deaktivieren Sie den Navigationsbereich, indem Sie darin oben rechts auf die kleine Kreuz-Schaltfläche klicken. Sie bekommen die Leiste zurück, indem Sie die Checkbox **Navigationsbereich** in der Gruppe **Anzeigen** auf der Registerkarte **Ansicht** aktivieren.

## Zoomen

Die Darstellungsgröße eines Dokuments ist während der Arbeit sehr wichtig. Häufig ist es sinnvoll, das Dokument etwas größer darzustellen (»hineinzoomen«), um die Schrift besser lesen oder Details eines Bildes besser erkennen zu können. Geht es hingegen um die optische Gestaltung einer Seite, ist es besser, die Ansicht zu verkleinern (»herauszoomen«), damit man das gesamte Blatt sehen kann.

1. In der Gruppe **Zoom** ❶ der Registerkarte **Ansicht** gibt es verschiedene Möglichkeiten zur Vergrößerung der Darstellung einer Seite (siehe dazu auch den Abschnitt »Anzeigeoptionen« ab Seite 44).

2. Wesentlich komfortabler ist es jedoch, den Schieberegler ❷ rechts unten in der Statusleiste der Anwendung zu nutzen. Klicken Sie darauf, und halten Sie die Maustaste gedrückt. Verschieben Sie den Balken nach links, wird die Ansicht verkleinert, nach rechts wird sie vergrößert. Anschließend lassen Sie die Maustaste los. Welcher Zoom-Faktor erreicht ist, lässt sich daneben ablesen ❸.

3. In 10 %-Schritten können Sie zoomen, indem Sie die Minus- ❹ oder Plus-Schaltflächen ❺ anklicken.

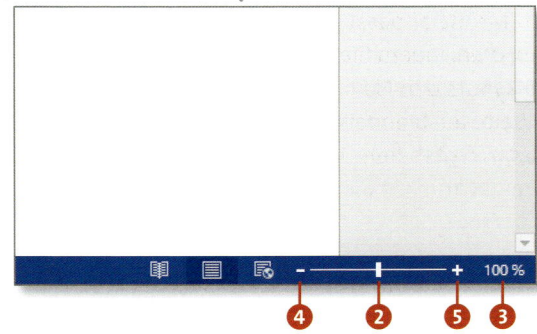

### Zu 100 % zurückkehren

Um wieder die Ansicht **100 %** einzustellen, können Sie natürlich den Schieberegler bzw. die erwähnten Schaltflächen benutzen. Schneller geht es jedoch, wenn Sie auf der Registerkarte **Ansicht** in der Gruppe **Zoom** auf die Schaltfläche **100 %** klicken.

### Individuell zoomen

Klicken Sie im Menüband in der Gruppe **Zoom** auf die Schaltfläche **Zoom**, oder setzen Sie einen Mausklick auf die Prozentzahl unten rechts in der Statusleiste (❸). In beiden Fällen öffnet sich ein Dialog, der weitere interessante Möglichkeiten zum Vergrößern und Verkleinern von Dokumenten bereithält.

## Text eingeben

Mit Fug und Recht kann die Eingabe von Text (zumindest bei der Verwendung eines Textverarbeitungsprogramms wie Word) als der wichtigste und umfassendste Arbeitsschritt bezeichnet werden.

1. Falls noch nicht geschehen, erzeugen Sie zunächst ein neues Word-Dokument. Dazu klicken Sie oben links auf **Datei** und dann auf **Neu** ❶ > **Leeres Dokument** ❷.

2. Ziemlich weit oben links innerhalb des Dokuments blinkt die sogenannte *Einfügemarke* (auch *Cursor* genannt). Sie zeigt die Position an, an der sich Text einfügen lässt, und wandert während der Eingabe stets mit ❸. Geben Sie nun also den gewünschten Text über die Tastatur ein. Halten Sie dabei ⇧ gedrückt, wenn Sie Großbuchstaben schreiben wollen.

3. Wenn Sie weiterschreiben, werden Sie feststellen, dass Word automatisch für den sogenannten *Zeilenumbruch* sorgt. Das bedeutet, dass der Text am Ende einer Zeile automatisch in der nächsten Zeile weiterläuft. Wenn Sie das manuell herbeiführen und einen Absatz erzeugen wollen, drücken Sie ⏎ (ggf. zweimal hintereinander, um eine Leerzeile zu erreichen).

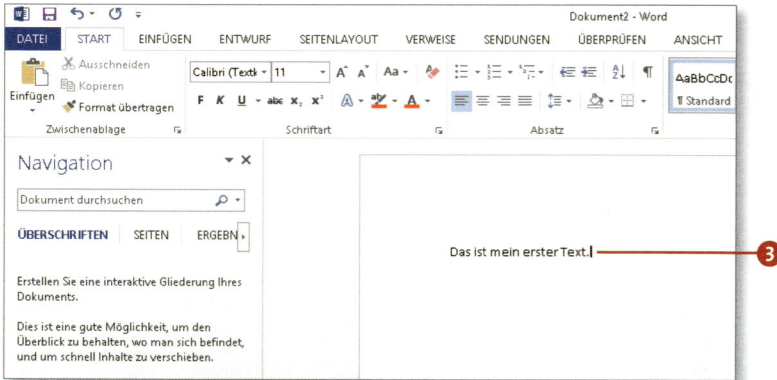

**Durch das Dokument navigieren**

Mit den Tasten ↑, ↓, → und ← lässt sich prima durch das Dokument navigieren. Falls Sie z. B. ein Wort vergessen haben, können Sie die Einfügemarke so dort platzieren, wo das fehlende Wort integriert werden soll.

## Sonderzeichen und Symbole

Eine herkömmliche Tastatur bringt von Haus aus eine Fülle von Buchstaben und Zeichen für den täglichen Gebrauch mit – jedoch leider nicht alle. Benötigen Sie ein Sonderzeichen, das Sie nicht auf Ihrer Tastatur finden, können Sie auf programminterne Symbole zurückgreifen.

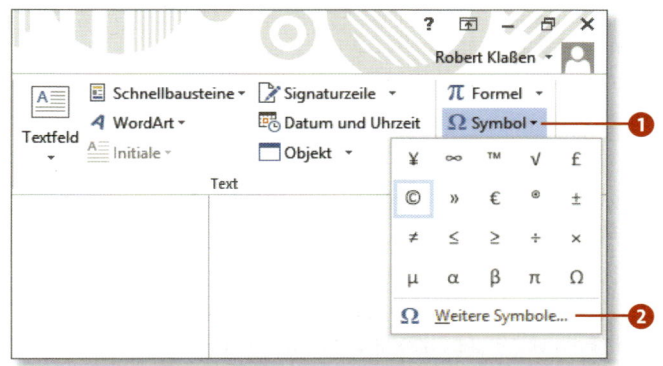

1. Halten Sie zunächst auf der Tastatur Ausschau nach dem gesuchten Zeichen. Ein Symbol, das Sie z. B. oberhalb der Ziffer auf einer Taste finden, können Sie einfügen, indem Sie ⇧ zusammen mit der entsprechenden Taste drücken (z. B. die Anführungszeichen oberhalb der 2).

2. Wenn Sie das Zeichen vergeblich auf der Tastatur gesucht haben, wechseln Sie zum Register **Einfügen** und klicken dort auf die Schaltfläche **Symbol** ❶. Ist das betreffende Symbol im Menü aufgeführt? Dann klicken Sie darauf.

3. Wenn nicht, klicken Sie auf **Weitere Symbole** ❷. Daraufhin wird eine Palette zur Verfügung gestellt. Hier können Sie unterschiedliche Schriftsätze ❸ und Symbole auswählen. Um ein Zeichen in den Text einzufügen (an der Position der Einfügemarke), klicken Sie doppelt darauf ❹.

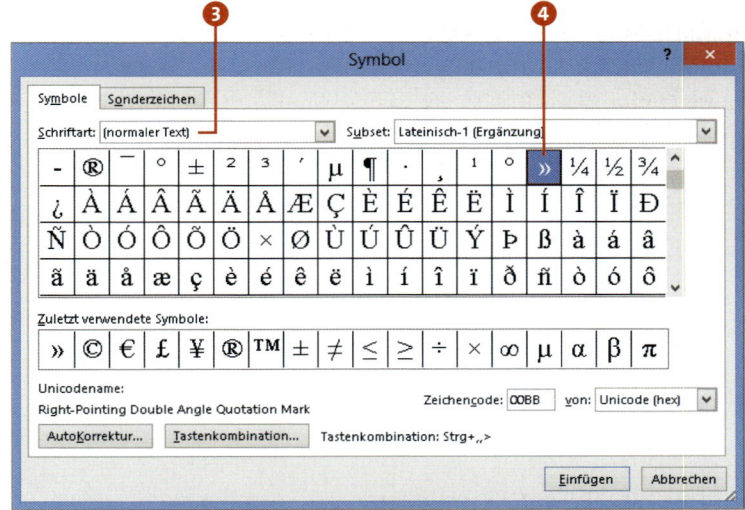

---

**ℹ @ und € (Tastaturbelegung)**

Einzelne Zeichen wie z. B. @ oder €, die in der Regel unten rechts auf einer Taste stehen, lassen sich nicht unter Zuhilfenahme von ⇧ einfügen. Wollen Sie ein solches Zeichen produzieren, müssen Sie AltGr (rechts neben der Leertaste) gedrückt halten, während Sie die Taste Q oder E drücken.

## Text nach der Eingabe korrigieren

Auch für geübte Schreiber ist die viel zitierte Null-Fehler-Quote reine Theorie. Patzer bei der Texteingabe sind unumgänglich, wenngleich sie sich mit der Zeit auf ein Minimum reduzieren werden. Fehlerhafte Eingaben lassen sich aber leicht korrigieren.

1. Falls ein Buchstabe innerhalb eines Wortes falsch ist, klicken Sie hinter diesen Buchstaben (die Einfügemarke wird dort platziert ❶) und drücken ⟨←⟩. Das Zeichen links neben der Einfügemarke wird gelöscht.

2. Wollen Sie ein ganzes Wort bearbeiten oder löschen, setzen Sie einen Doppelklick auf dieses Wort. Es wird daraufhin markiert ❷. Wenn Sie das Wort einfach nur herauslöschen wollen, reicht es, jetzt wieder ⟨←⟩ zu drücken.

3. Falls an der markierten Stelle ein anderes Wort oder mehrere neue Wörter eingesetzt werden sollen, beginnen Sie nach der Markierung des Wortes einfach direkt mit der Neueingabe über die Tastatur ❸.

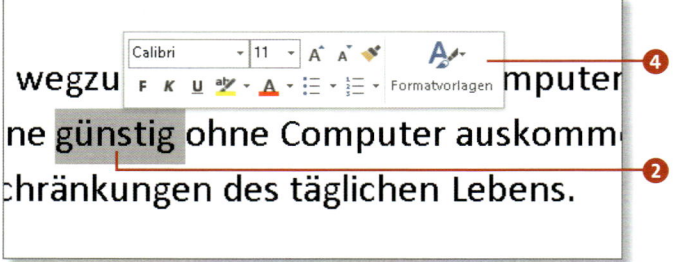

### Mini-Symbolleiste

Sobald Text markiert worden ist, erscheint eine kleine Palette ❹, die sogenannte *Mini-Symbolleiste*, mit Funktionen zum Auszeichnen bzw. zur Gestaltung des markierten Textes. So müssen Sie nicht erst die Registerkarte **Start** aufrufen, um Ihren Text schnell zu gestalten (siehe dazu auch Kapitel 3, »Den Text gestalten«, ab Seite 77). Sie verschwindet, sobald Sie die Maus bewegen.

4. Auch Zeichen rechts neben der Einfügemarke können entfernt werden ❺. Dazu wird die Taste `Entf` verwendet. Beginnen Sie anschließend mit der Neueingabe, um z. B. den Anfang eines Wortes zu ändern (hier wurde aus »Beschränkungen« das Wort »Einschränkungen« gemacht, wozu ja nicht der gesamte Begriff neu geschrieben werden muss ❻).

5. Sollten Sie anstelle eines einzelnen Wortes einen ganzen Absatz korrigieren wollen, führen Sie irgendwo in diesem Absatz einen Dreifachklick aus. Der Absatz wird daraufhin komplett markiert ❼.

6. Die Markierung muss natürlich nicht auf ein einzelnes Wort oder einen Absatz beschränkt werden. Markieren Sie beliebig viele Zeichen, indem Sie `⇧` gedrückt halten und anschließend `←` oder `→` benutzen. Alternativ »überfahren« Sie den gewünschten Text, während Sie die Maustaste gedrückt halten.

Leben nicht mehr wegzudenken. W
behauptet, er könne gänzlich ohne
es nicht ohne |schränkungen des täg
❺

Leben nicht mehr wegzudenken. W
behauptet, er könne gänzlich ohne
es nicht ohne Einschränkungen des
❻

## Computer in der heutigen Zeit

Computer sind aus dem täglichen Leben nicht mehr wegzudenken. Wir nutzen Computer in allen Bereichen und Lebenslagen. Wer behauptet, er könne gänzlich ohne Computer auskommen, mag zwar die Wahrheit sagen, doch geht dies nicht ohne Einschränk

Wer beispielsweise eine *Reise* buchen möchte, der muss nicht mehr ins nächste Reisebüro gehen, sondern kann den Urlaub direkt via Internet buchen. Und noch besser: Er kann selbst den günstigsten Preis heraussuchen, ohne auf die Hilfe anderer angewiesen zu sein.
❼

Computer halten immer mehr Einzug in unser tägliches Leben. Heutzutage gibt es bereits Kühlschränke, die selbständig jene Artikel nachordern, die wir zuvor entnommen haben. Zwar sind derartige Errungenschaften noch nicht wirklich serienreif, doch sie funktionieren bereits. Schöne neue Welt? Das muss jeder für sich selbst entscheiden.

### ℹ️ Die Funktionen »Rückgängig machen« und »Wiederholen«

Nun kann es durchaus einmal passieren, dass ein Teilbereich fälschlicherweise gelöscht oder korrigiert worden ist. In diesem Fall lassen sich die zuletzt ausgeführten Schritte in umgekehrter Reihenfolge widerrufen, indem Sie (ggf. mehrfach) `Strg` + `Z` drücken. Und selbst ein zurückgenommener Schritt kann wiederhergestellt werden. Dazu verwenden Sie `Strg` + `Y`.

### Schnell mehrere Zeichen entfernen

Sollten Sie beabsichtigen, mehrere Zeichen schnell hintereinander zu löschen, halten Sie die Taste `←` oder `Entf` einfach gedrückt (siehe die Schritte 1 und 4). Genauso funktioniert auch das schnelle Markieren: Hier muss dann entsprechend `←` bzw. `→` länger gedrückt werden (siehe Schritt 6).

# Die Registerkarte »Überprüfen«

Die Registerkarte **Überprüfen** gibt dem Benutzer zahlreiche Möglich-keiten zur Kontrolle des Dokuments an die Hand. Mithilfe dieser Re-gisterkarte können Rechtschreibung und Grammatik auf komfortable Art und Weise überprüft werden. Das ist aber noch längst nicht alles. Auch bei der Übersetzung in andere Sprachen bzw. bei der Definition der einzelnen Begriffe ist die Anwendung behilflich. Hinzu kommt, dass durch das Register **Überprüfen** auch komfortable Möglichkeiten in Bezug auf die Zusammenarbeit mehrerer Autoren an einem Doku-ment bereitgestellt werden.

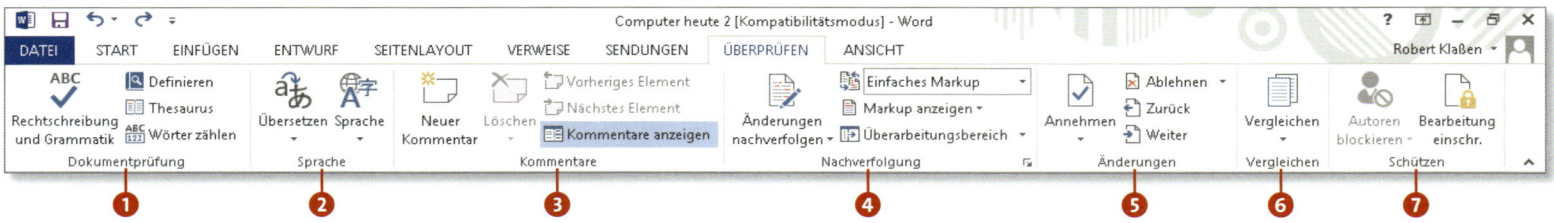

❶ **Dokumentprüfung:** Mit den Befehlen dieser Gruppe kann der Text auf Rechtschreibung und Grammatik hin geprüft werden. Zudem stehen Definitionshilfen sowie ein Wörterbuch zur Verfügung, und Sie können Wörter, Seiten, Absätze und Zeichen zählen.

❷ **Sprache:** Übersetzen Sie bestimmte Begriffe von einer Sprache in die andere. Alternativ können Spracheinstellungen und Korrek-turhilfen festgelegt werden.

❸ **Kommentare:** Fügen Sie dem Dokument Anmerkungen (soge-nannte *Markups*) hinzu.

❹ **Nachverfolgung:** Wenn mehrere Personen an einem Dokument arbeiten, können sich alle die Änderungen der jeweils anderen Personen anzeigen lassen.

❺ **Änderungen:** Im Zusammenhang mit der Nachverfolgung kön-nen vorgenommene Änderungen angenommen oder abgelehnt werden.

❻ **Vergleichen:** Lassen Sie sich die Unterschiede zwischen zwei Dokumenten anzeigen.

❼ **Schützen:** Hier legen Sie fest, ob und in welchem Umfang andere Autoren Änderungen am Dokument vornehmen dürfen.

# Silbentrennung

Word ist in der Lage, einzelne Wörter am Zeilenende automatisch zu trennen. Diese Funktion sollten Sie nutzen, damit der rechte Rand des Geschriebenen nicht zu unregelmäßig wird. Sie müssen die Silbentrennung jedoch manuell aktivieren, da sie nicht standardmäßig eingeschaltet ist.

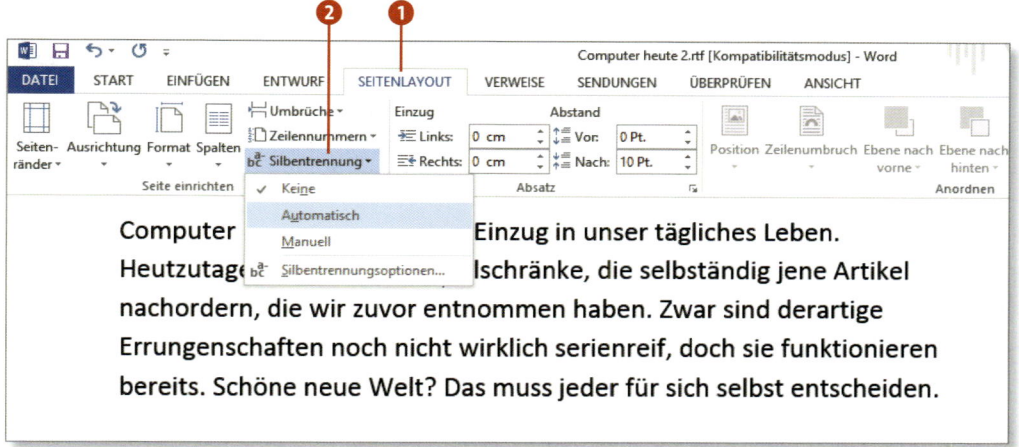

1. Vergleichen Sie doch bitte einmal die Länge der Zeilen in der nebenstehenden Abbildung. Dass sie sich so stark unterscheiden, sieht nicht besonders schön aus, oder? Aktivieren Sie die Silbentrennung, damit hier eine bessere Ausrichtung erfolgt.

2. Klicken Sie zunächst auf das Register **Seitenlayout** ❶. In der Gruppe **Seite einrichten** finden Sie die Schaltfläche **Silbentrennung** ❷. Führen Sie auch darauf einen Mausklick aus.

3. Daraufhin öffnet sich ein kleines Pulldown-Menü. Da standardmäßig **Keine** angewählt ist, muss hier zunächst auf **Automatisch** umgestellt werden. Sie werden feststellen, dass der Text automatisch neu ausgerichtet (umbrochen) wird.

4. Manuell dürfen Sie übrigens jederzeit trennen, indem Sie an der passenden Stelle einen Bindestrich (-) eingeben.

**Bedingte Trennungen**

Stellen Sie sich vor, Sie möchten erreichen, dass ein bestimmtes Wort (z. B. »Schieflage«) nicht willkürlich, sondern nur zwischen »Schief« und »lage« getrennt wird. Stellen Sie die Maus dazu an die gewünschte Trennposition, und geben Sie dort [Strg] + [-] ein. (Was dadurch geschieht, sehen Sie am besten, wenn Sie mit [Strg] + [⇧] + [+] die ansonsten unsichtbaren Steuerzeichen einblenden.) In der Praxis hat das folgende Auswirkung: Falls das Wort mal am Zeilenende steht, kann es nur an der gewünschten Position getrennt werden. Steht es nicht am Zeilenende, wird es auch nicht getrennt.

## Rechtschreibung und Grammatik

Word 2013 wartet mit einer ausgefeilten Rechtschreib- und Gram-
matikkorrektur auf. Das wäre kaum erwähnenswert, würde die
Anwendung nicht bereits während der Eingabe darauf achten, dass
alles passt. Nun möchte ich Sie nicht zu Fehlern animieren. Dennoch wäre es an dieser Stelle angebracht, etwas mit Absicht falsch
zu schreiben. Nur zu – Sie können es ja korrigieren.

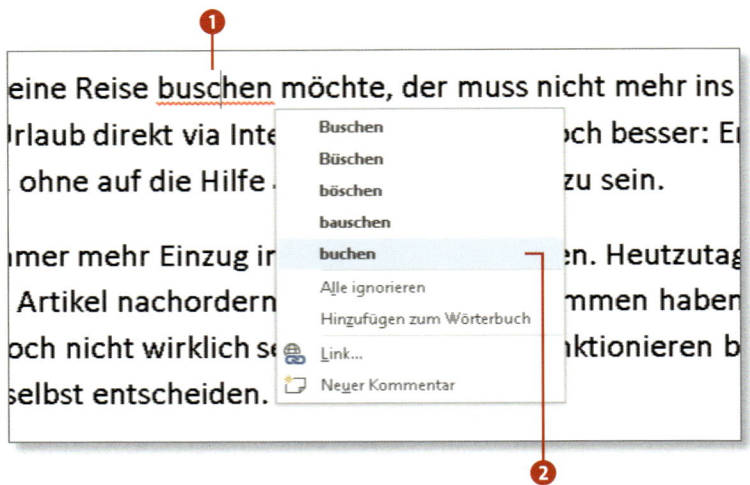

1. Hier wurde aus »eine Reise buchen« »eine Reise buschen« ❶
   gemacht. Sie sehen, dass der Fehler nicht einfach ignoriert wird.
   Vielmehr wird das falsche Wort rot unterstrichen. Sollte das
   nicht gleich geschehen, klicken Sie mit der Maus zunächst an
   eine beliebige Stelle.

2. Zwar korrigiert Word einige Fehler selbst (siehe dazu den Abschnitt »Optionen für Dokumentprüfung und AutoKorrektur« ab
   Seite 60), jedoch wird nicht alles geändert, was der Anwendung
   falsch erscheint. Wenn Sie eine rote Markierung sehen, können
   Sie das betreffende Wort manuell korrigieren, oder Sie klicken
   mit der rechten Maustaste darauf.

3. Im Kontextmenü, in dem einige Vorschläge für die korrekte
   Schreibweise gemacht werden, klicken Sie mit der linken Maus-
   taste auf den Begriff, der hier eigentlich stehen sollte ❷ (im
   Beispiel »buchen«). Der falsche Begriff wird durch diesen ersetzt.

---

**Kein passender Suchbegriff dabei?**

Es kann durchaus passieren, dass Word einmal kein geeignetes Wort in petto hat. In diesem Fall muss der Begriff manuell
korrigiert werden. Klicken Sie doppelt auf das falsche Wort,
um es zu markieren, und geben Sie es neu ein (siehe auch den
Abschnitt »Text nach der Eingabe korrigieren« ab Seite 54).

---

**Rechtschreibung per Dialog korrigieren**

Arbeiten Sie lieber in einer umfangreichen Dialogbox als mit
dem Kontextmenü? Nur zu. Klicken Sie auf das Wort (die Einfügemarke befindet sich nun zwischen den Buchstaben), und
drücken Sie F7. Daraufhin öffnet sich der Dialog **Rechtschreibung**, der zahlreiche weitere Optionen zur Verfügung stellt.

4. Rechtschreibfehler werden, wie Sie bereits gesehen haben, von Word mit einer roten Wellenlinie unterstrichen. Wird ein Bereich grün oder blau unterstrichen, liegt womöglich ein Grammatikfehler vor. Das sollten Sie aber genau prüfen, denn mit komplizierten Konstruktionen und verschachtelten Sätzen hat Word so seine Schwierigkeiten.

5. Wenn ein Wort von Word angeprangert wird, Sie es aber dennoch so belassen wollen (z. B. Eigennamen), klicken Sie einfach mit rechts darauf und wählen **Alle ignorieren** ❸. Fortan wird dieses Wort nicht mehr bemängelt.

6. Sie wollen nur einen Teil des Dokuments überprüfen? Dann markieren Sie diesen Teil und klicken auf der Registerkarte **Überprüfen** ganz links auf die Schaltfläche **Rechtschreibung und Grammatik**. Liegt kein Fehler vor, wird ein entsprechender Hinweis ausgegeben. Sie können dann auch den Rest des Dokuments prüfen lassen ❹.

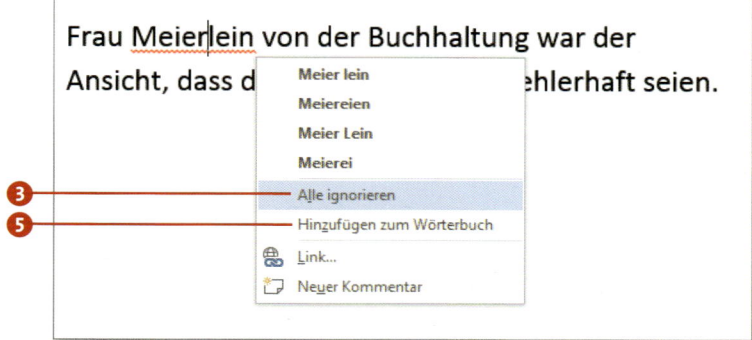

**Das Wörterbuch erweitern**

Sie dürfen nicht erwarten, dass Word sämtliche Fachbegriffe kennt. Benutzen Sie ein Wort, das die Anwendung nicht »draufhat«, wird der Begriff unterstrichen, obwohl er korrekt geschrieben ist. Ebenso verhält es sich oft mit Bezeichnungen aus anderen Sprachen. Solche Begriffe lassen sich jedoch ins Wörterbuch aufnehmen, indem Sie mit rechts daraufklicken und anschließend **Hinzufügen zum Wörterbuch** (❺ in Bild 2 auf dieser Seite) wählen.

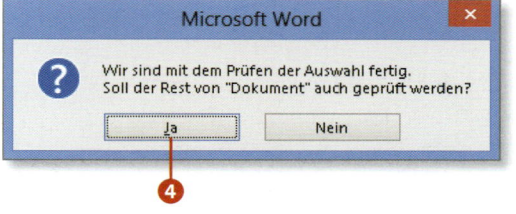

## Optionen für Dokumentprüfung und AutoKorrektur

Sicher haben Sie es längst bemerkt: Word hilft bei der Eingabe und korrigiert einzelne Fehler ganz automatisch. Welche Optionen bei der Rechtschreibprüfung angewandt werden, müssen Sie nicht Word überlassen. Bestimmen Sie lieber selbst, was Sie haben möchten und was nicht. In den Word-Optionen (zu erreichen über **Datei > Optionen > Dokumentprüfung 1**) können Sie u. a. festlegen, auf welche Art von Fehlern Word Sie hinweisen oder welche Rechtschreibregeln

es zugrunde legen soll **2**. Legen Sie die Optionen einfach durch die An- oder Abwahl der entsprechenden Checkboxen fest.

Um die AutoKorrektur-Optionen aufzurufen, klicken Sie auf die Schaltfläche **AutoKorrektur-Optionen 3**. Zur AutoKorrektur gehört z. B., dass zwei Großbuchstaben am Anfang eines Wortes automatisch durch die korrekte Schreibweise ersetzt werden.

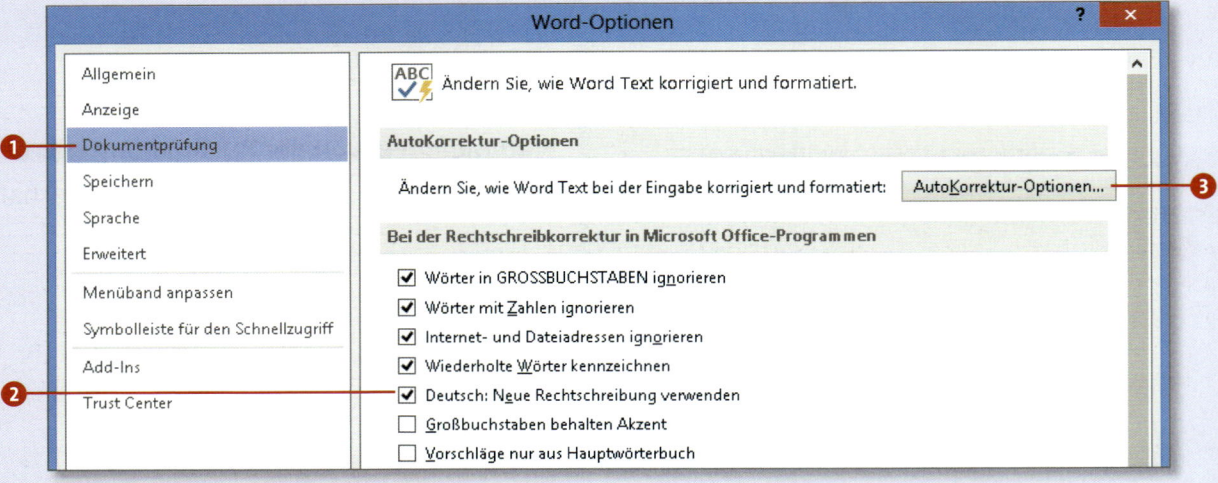

*Mit der An- und Abwahl der einzelnen Checkboxen legen Sie die Art der Dokumentprüfung fest.*

Sie können hier auch Ausnahmen definieren. Klicken Sie dazu auf die Schaltfläche **Ausnahmen** ❹ im Dialog **AutoKorrektur**.

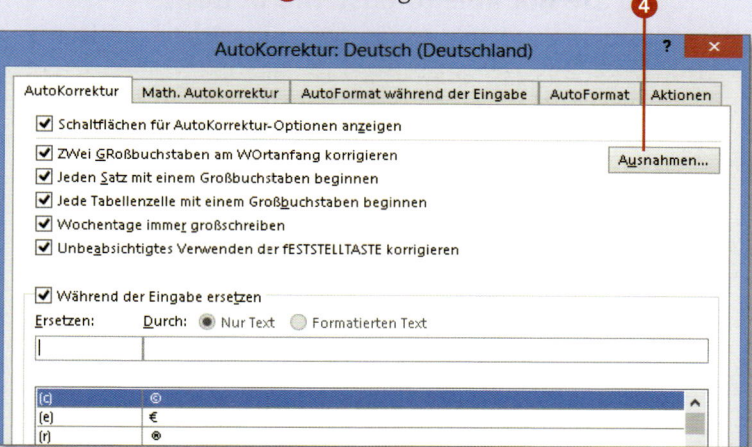

Im nächsten Fenster lässt sich nun festlegen, welche einzelnen Wörter nicht automatisch korrigiert werden sollen oder bei welchen Gelegenheiten es Ausnahmen gibt ❺ (z. B. können Sie hier angeben, dass nach dem Punkt einer Abkürzung wie z. B. anders als sonst nicht automatisch wieder groß begonnen wird).

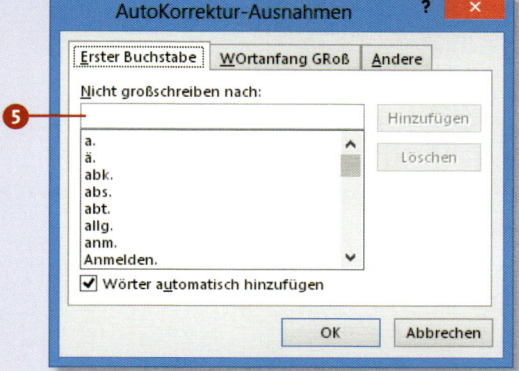

Interessant ist auch der untere Bereich im Dialog **AutoKorrektur**. Hier können Sie nämlich festlegen, welche Begriffe automatisch durch eine andere Zeichenfolge ersetzt werden sollen. Dazu ein Beispiel: Geben Sie »eur« in das Feld **Ersetzen** ❻ ein. Danach springen Sie mit ⇥ in das Feld **Durch** ❼. Drücken Sie AltGr + E, um hier das Euro-Zeichen einzugeben, und bestätigen Sie anschließend zweimal mit **OK**. Wenn Sie von nun an »eur« schreiben, wird dafür stets automatisch das Euro-Zeichen verwendet.

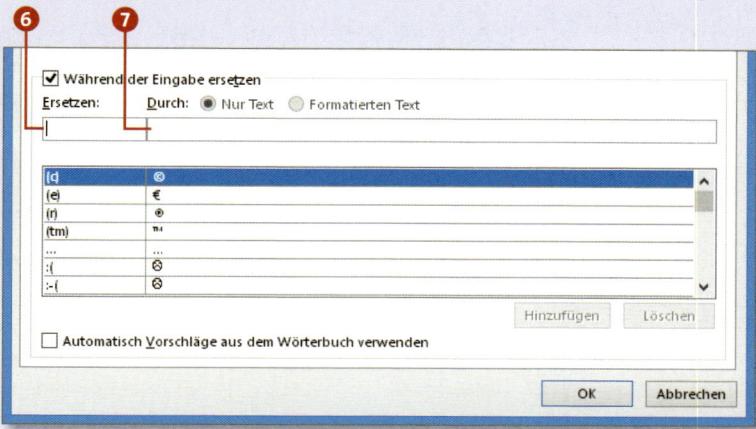

## Mit anderen Sprachen arbeiten

Sie halten es nicht für möglich, wie sprachbegabt Ihr Textverarbeitungsprogramm ist. Wer meint, Word verstünde nur Deutsch, ist auf dem Holzweg. Die Anwendung kann sogar Fremdsprachen erkennen.

1. Wenn neben Deutsch auch eine andere Sprache zur Anwendung kommt, markiert die Anwendung das Geschriebene zunächst als Fehler (rot). Spätestens jedoch nach einem Druck auf ⏎ erkennt die Anwendung, dass es sich, wie im Beispiel, um Englisch handelt. Die Markierungen verschwinden, und die erkannte Sprache wird in der Fußleiste der Anwendung präsentiert ❶.

2. Falls die Anwendung wider Erwarten doch einmal danebenliegt, klicken Sie einfach auf die Sprachangabe in der Fußleiste (siehe dazu auch den Kasten »Weitere Sprachen für die Dokumentprüfung«).

3. Im Dialog **Sprache**, der sich dann öffnet, werden zahllose weitere Sprachen zur Verfügung gestellt. Wählen Sie die gewünschte Sprache aus ❷, und bestätigen Sie die Wahl mit **OK** ❸.

**Weitere Sprachen für die Dokumentprüfung**

Weitere Spracheinstellungen finden Sie auf der Registerkarte **Überprüfen**. Klicken Sie dazu in der Gruppe **Sprache** auf **Sprache > Spracheinstellungen**. Die Kategorie **Sprache** ist links bereits ausgewählt. Im Bereich **Bearbeitungssprachen auswählen** werden alle für die Dokumentprüfung installierten Sprachsätze gelistet. Sollte die gewünschte Sprache nicht dabei sein, müssen Sie sie zunächst im Feld **[Weitere Bearbeitungssprachen hinzufügen]** auswählen und auf **Hinzufügen** klicken. Wenn in der Liste der Hinweis **Nicht installiert** steht, klicken Sie darauf. Möglicherweise muss der Sprachschatz online käuflich erworben werden.

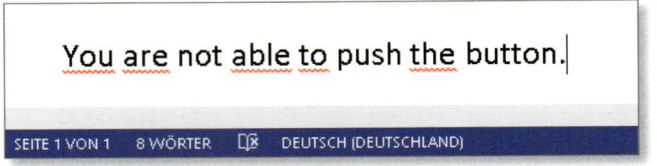

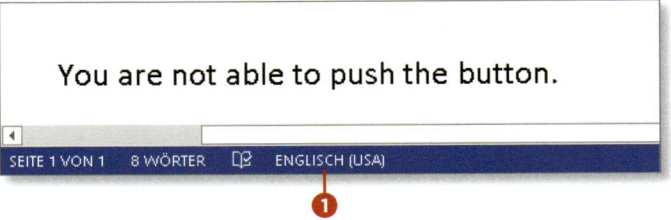

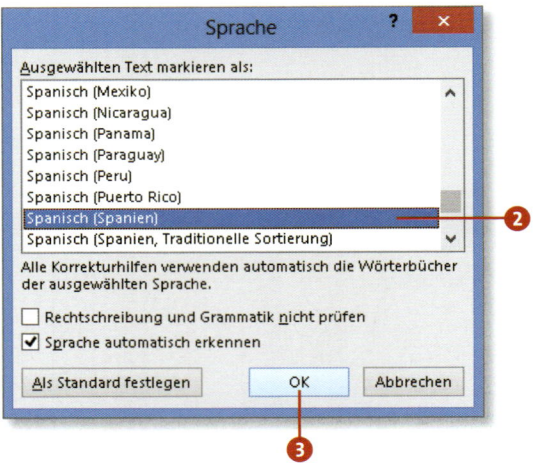

# Den Thesaurus nutzen

Der Thesaurus ist nicht, wie man vielleicht annehmen könnte, ein gigantisches Urzeit-Reptil, sondern ein interaktives Nachschlagewerk für alternative Begriffe, das Sie nutzen können, wenn Ihnen keine Variante eines sehr häufig vorkommenden Wortes mehr einfällt. Eine Vorstufe des Thesaurus finden Sie im Kontextmenü.

1.  Klicken Sie mit rechts auf ein Wort, zu dem Sie ein Synonym suchen (im Beispiel: »Artikel«). Im Kontextmenü klicken Sie auf **Synonyme** ❶. Sehen Sie einen geeigneten Begriff in der Liste der Vorschläge ❷? Dann klicken Sie ihn an.

2.  Wenn Sie nicht fündig werden, wählen Sie den untersten Eintrag **Thesaurus** ❸. Alternativ klicken Sie auf der Registerkarte **Überprüfen** in der Gruppe **Dokumentprüfung** auf **Thesaurus** ❹.

3.  An der rechten Seite des Dokuments wird daraufhin der Arbeitsbereich **Thesaurus** angezeigt. Hier taucht der gesuchte Begriff noch einmal auf, während darunter diverse Alternativen angeboten werden. Sollten Sie einen geeigneteren Begriff gefunden haben, zeigen Sie darauf, bis sich rechts ein kleines Dreieck zeigt ❺. Klicken Sie darauf und im Menü auf **Einfügen**.

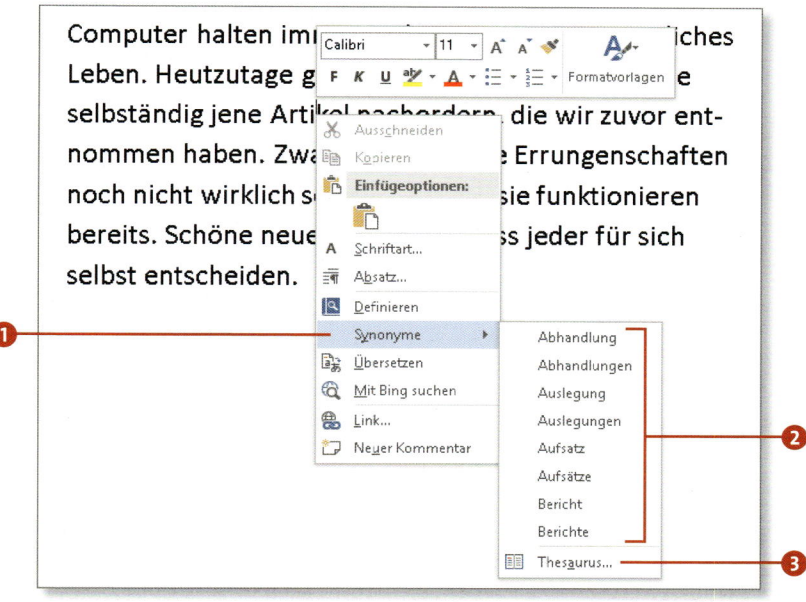

**i**

### Unterschiedliche Bedeutungen beachten!

Beachten Sie bei der Suche die kleinen Dreiecke ❻ vor den Einträgen. Diese sind ein Symbol dafür, dass dem jeweiligen Eintrag verschiedene Bedeutungen zukommen (hier: *Abhandlung*, *Absatz*, *Erzeugnis*). Da wir es im konkreten Fall nicht mit einem Artikel im Sinne eines Textes, sondern mit einer Ware zu tun haben, müssen Sie sich aus der Rubrik **Erzeugnis** bedienen. Erst dort finden Sie den Untereintrag *Erzeugnisse*. Die beiden anderen Substantive (*Abhandlung* und *Absatz*) können durch einen Klick auf das Dreieck »eingeklappt« werden.

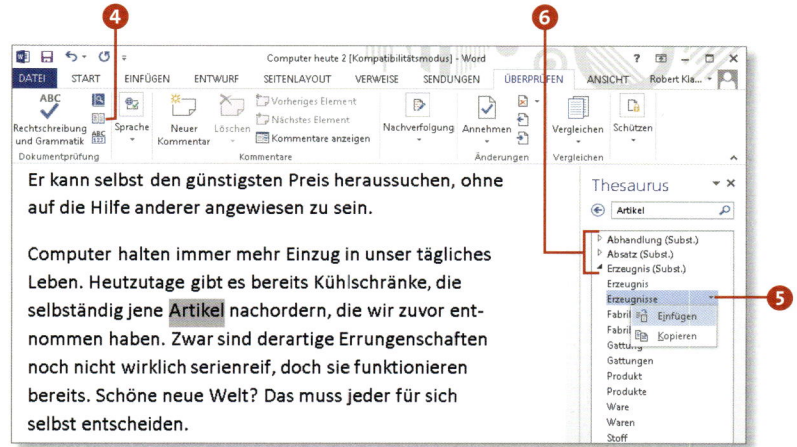

## Textpassagen übersetzen lassen

Mit Word 2013 lassen sich auf einfache Art und Weise einzelne Wörter oder auch kurze Sätze übersetzen. Sie müssen dazu noch nicht einmal das Menüband bemühen. Erledigen Sie die Übersetzung direkt im Dokument.

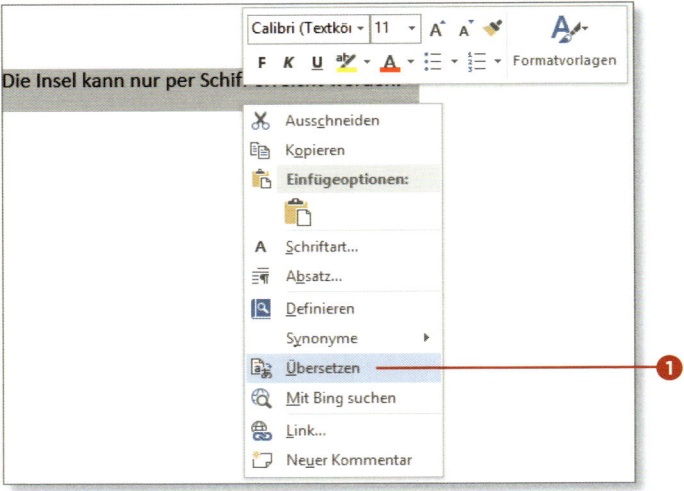

1. Möchten Sie ein einzelnes Wort übersetzen, klicken Sie es im Dokument an, während Sie Alt gedrückt halten. Um einen Satz übersetzen zu lassen, müssen Sie ihn vor dem Alt-Klick zunächst komplett markieren.

2. Alternativ zu Schritt 1 können Sie den Satz nach dem Markieren auch mit rechts anklicken und **Übersetzen** ❶ aus dem Kontextmenü wählen.

3. Das Ergebnis wird nun im Bereich **Recherchieren** angezeigt ❷ und kann mit einem Klick auf **Einfügen** ❸ direkt in das Dokument übernommen werden.

**Umfangreiche Texte übersetzen**

Wenn Sie in der Gruppe **Sprache** der Registerkarte **Überprüfen** auf **Übersetzen** klicken und sich im zugehörigen Menü für **Ausgewählten Text übersetzen** entscheiden, können Sie mithilfe des grünen Pfeils ❹ und durch die Bestätigung der anschließenden Kontrollabfrage einen kostenlosen Translator-Dienst von Microsoft mit der Übersetzung betrauen.

# Wörter und Zeichen zählen

Wenn Sie z. B. als Autor auf Honorarbasis oder als freier Journalist arbeiten, ist die Bezahlung pro Zeichen oder pro Wort gängig. Eine ordentliche Abrechnung setzt allerdings voraus, dass Sie exakt wissen, wie viele Zeichen oder Wörter im Artikel Verwendung gefunden haben.

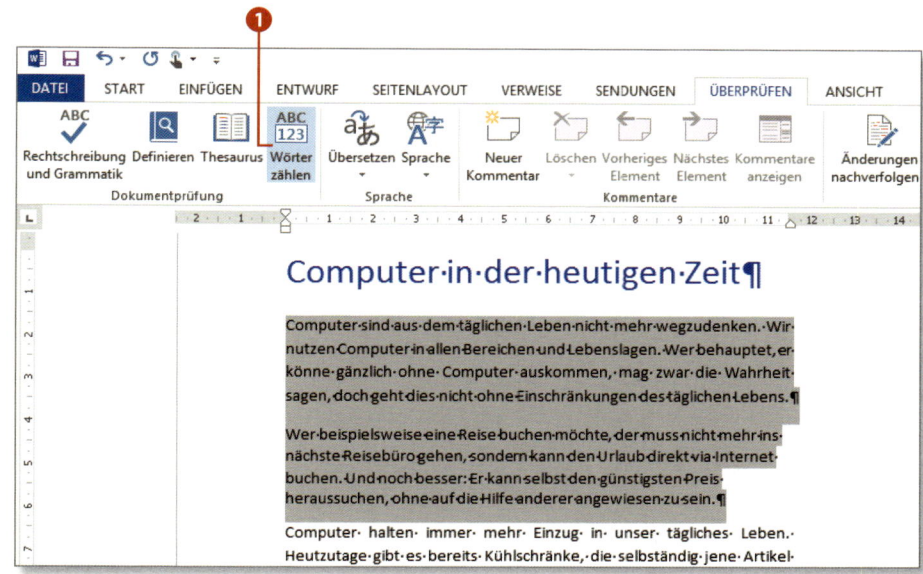

1. Zunächst einmal müssen Sie entscheiden, ob das gesamte Dokument oder nur ein bestimmter Abschnitt durchgezählt werden soll. Letzteres erreichen Sie, indem Sie den betreffenden Bereich markieren (z. B. einen einzelnen Absatz). Wenn Sie nichts markieren, wird das gesamte Dokument berücksichtigt.

2. Öffnen Sie die Registerkarte **Überprüfen**, und klicken Sie in der Gruppe **Dokumentprüfung** auf **Wörter zählen** ❶.

3. Daraufhin öffnet sich ein Fenster mit sämtlichen Informationen, die Sie benötigen. Beachten Sie, dass die Summe der Zeichen einmal mit und einmal ohne Leerzeichen angegeben wird ❷.

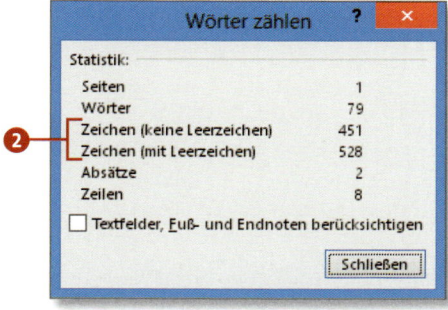

## Auf einen Blick

Natürlich zählt Word nicht nur auf Befehl nach. Wer lediglich wissen möchte, wie viele Seiten und Wörter sein Dokument umfasst, muss den Dialog **Wörter zählen** noch nicht einmal öffnen. Diese Informationen stehen nämlich auch unten links in der Fußleiste der Anwendung.

## Suchen und Ersetzen

Stellen Sie sich folgendes Szenario vor: Sie haben einen hundert-seitigen Artikel geschrieben, in dem unzählige Male das Wort »Rechner« vorkommt. Ihrem Auftraggeber gefällt dieses Wort aber überhaupt nicht, deshalb bittet er Sie, sämtliche Vorkommen von »Rechner« durch »Computer« zu ersetzen. Au Backe, das bedeutet Überstunden! Oder nicht?

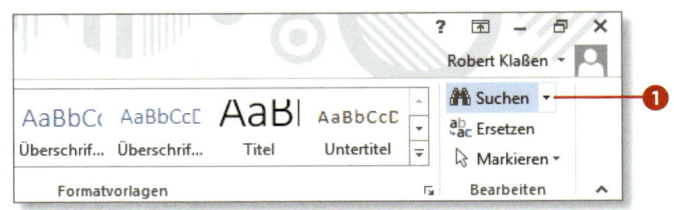

1. Klicken Sie auf der Registerkarte **Start** auf die kleine Schaltfläche **Suchen ❶** mit dem Feldstecher.

2. Auf der linken Seite erscheint (sofern es nicht bereits aktiv war) das Menü **Navigation**. Ganz oben finden Sie ein Eingabefeld ❷. Sobald Sie dort einen Suchbegriff eintragen, werden passende Ergebnisse im Text gelb markiert ❸ (das beginnt sofort mit der Eingabe des ersten Zeichens). Klein- und Großschreibung können Sie vernachlässigen.

3. Wenn der Begriff häufiger vorkommt, können Sie mit den Pfei-len ❹ unterhalb des Eingabefeldes von Fundstelle zu Fundstelle springen.

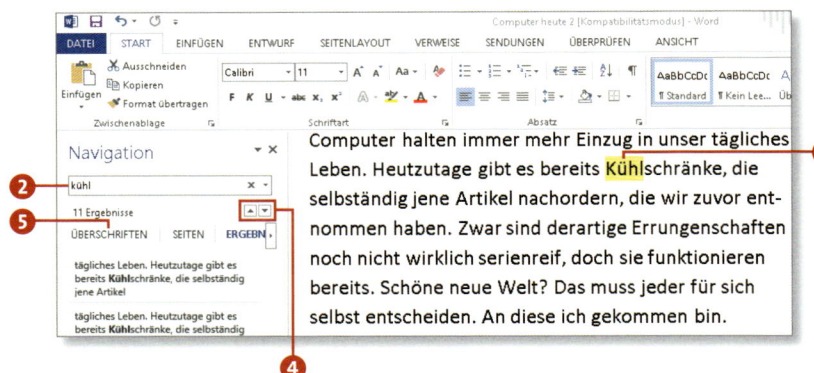

### Abschnitte und Seiten suchen

In der Navigationsleiste können Sie in der Rubrik **Überschriften ❺** per Klick auf die Überschriften ganz einfach von Abschnitt zu Abschnitt springen. Unter **Seiten** sehen Sie die Blätter Ihres Dokuments als Mi-niaturen, und der Bereich **Ergebnisse** listet alle Fundstellen mit ihrem unmittelbaren Kontext auf. In beiden Bereichen können Sie ebenfalls per Klick durch das Dokument navigieren.

### Suche schnell öffnen

Falls es einmal schnell gehen muss, erreichen Sie die Suche auch mithilfe der Tastenkombination `Strg` + `F`. (Sie können sich das gut merken, wenn Sie sich vergegenwärtigen, dass `F` für das englische Verb *find* oder eben für *finden* steht.)

4. Kommen wir zurück zu Ihrem Auftraggeber, der anstelle von »Rechner« lieber »Computer« hätte. Anstatt sich darüber zu ärgern, klicken Sie auf der Registerkarte **Start** auf **Ersetzen** ❻.

5. Das Dialogfenster **Suchen und Ersetzen** öffnet sich. Im Eingabefeld **Suchen nach** ❼ geben Sie nun den Begriff ein, den Sie ersetzen wollen, in unserem Beispiel also »Rechner«.

6. Wenn das erledigt ist, setzen Sie den Cursor mit ⇥ in das Eingabefeld **Ersetzen durch** ❽. Hier geben Sie dann das neue Wort ein (»Computer«). Bestätigen Sie das mit einem Klick auf **Alle ersetzen** ❾. Kurze Zeit später wird der Erfolg in einem Dialog mitgeteilt.

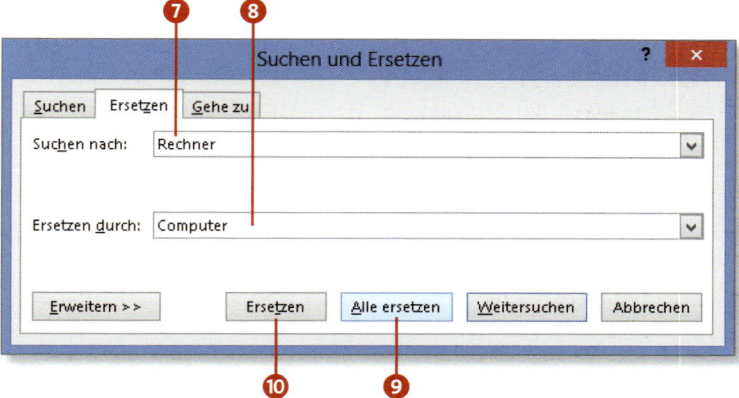

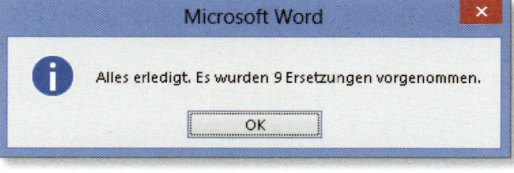

**Artikel beachten!**

In unserem Beispiel gibt es keine Probleme mit den vorangestellten Artikeln, da beide Begriffe maskulin sind (*der* Rechner, *der* Computer). Wenn Sie allerdings eine andere Bezeichnung verwenden (z. B. »Eingabegerät«), sind Grammatikfehler vorprogrammiert. Hier ist zu empfehlen, anstatt auf **Alle ersetzen** auf **Ersetzen** (❿ in Bild 2 auf dieser Seite) zu klicken und den Text jeweils manuell anzupassen.

# Text kopieren, ausschneiden, einfügen

## Text markieren

In umfangreichen Dokumenten werden Textabschnitte oft mehrfach benötigt. Nun ist es wenig sinnvoll, den gleichen Text mehrmals abzutippen. Wie Texte kopiert und eingefügt werden, erfahren Sie in diesem und den folgenden Workshops. Bevor Text verschoben werden kann, muss er markiert werden.

1. Möglichkeit 1: Klicken Sie in den Text, halten Sie die Maustaste gedrückt, und ziehen Sie die Maus seitlich über den zu markierenden Text. Soll sich die Markierung über mehr als eine Zeile erstrecken, ziehen Sie die Maus zusätzlich nach unten. Lassen Sie erst los, wenn der gewünschte Text komplett markiert ist.

2. Einzelne Wörter lassen sich markieren, indem Sie einen Doppelklick darauf ausführen. Mit einem Dreifachklick lässt sich im Übrigen ein ganzer Absatz markieren.

3. Markierte Bereiche werden wieder abgewählt, wenn Sie auf eine beliebige Stelle des Dokuments klicken.

## Mini-Symbolleiste

Sobald Text markiert worden ist, erscheint die Mini-Symbolleiste ❶ mit Funktionen zum Auszeichnen bzw. zur Gestaltung des markierten Textes. Beim Kopieren von Text hat sie keine Funktion, kann also getrost ignoriert werden. Sie verschwindet, sobald Sie die Maus bewegen.

## Zeichengenau markieren

Zum Markieren kann auch die Tastatur verwendet werden. Navigieren Sie mit den Tasten ↑, ↓, ← oder → oder per Mausklick zu der Position, an der mit der Markierung begonnen werden soll. Nun halten Sie ⇧ gedrückt und verwenden abermals die Pfeiltasten bzw. klicken an die Position hinter dem letzten zu markierenden Zeichen.

## Text verschieben, kopieren oder ausschneiden

In der Anleitung auf Seite 68 haben Sie erfahren, wie Text markiert wird. Dies ist grundsätzlich der erste Schritt, der beim Verschieben oder Ausschneiden nötig ist. Danach gehen Sie wie folgt vor:

1. Um den markierten Text an eine andere Stelle zu schieben, klicken Sie ihn noch einmal an (Maustaste nicht mehr loslassen!) und ziehen ihn anschließend mit der Maus an die gewünschte Position ❶. Dort angekommen, können Sie die Maustaste wieder loslassen. Der Text wird eingefügt ❷.

2. Sie möchten den Text nicht komplett verschieben, sondern ihn kopieren und an einer anderen Stelle einfügen? Dann halten Sie beim Ziehen zusätzlich Strg gedrückt.

3. Die dritte Möglichkeit: Nachdem Sie den Text markiert haben, klicken Sie auf der Registerkarte **Start** in der Gruppe **Zwischenablage** auf **Ausschneiden** ❸. (Soll der Text nicht ausgeschnitten, sondern kopiert werden, wählen Sie **Kopieren** ❹.)

**i Text wird neu umbrochen**

Wenn Sie Text an einer Stelle im Dokument einfügen, »rutscht« der nachfolgende Text mit. Er schmiegt sich nahtlos an den hinzugefügten Text an und wird passend neu umbrochen.

**i Einfügeoptionen**

Auch beim Kopieren von Text (Schritt 2) erscheint eine kleine Palette (❺ in Bild 2). Mit ihr können Sie bestimmen, ob der Text an die Formatierung angepasst werden soll, die im Zielabschnitt gerade gültig ist. (Weitere Infos zur Formatierung von Text finden Sie im Abschnitt »Text wieder einfügen« auf Seite 70 und im Exkurs »Einfügeoptionen« auf Seite 71.)

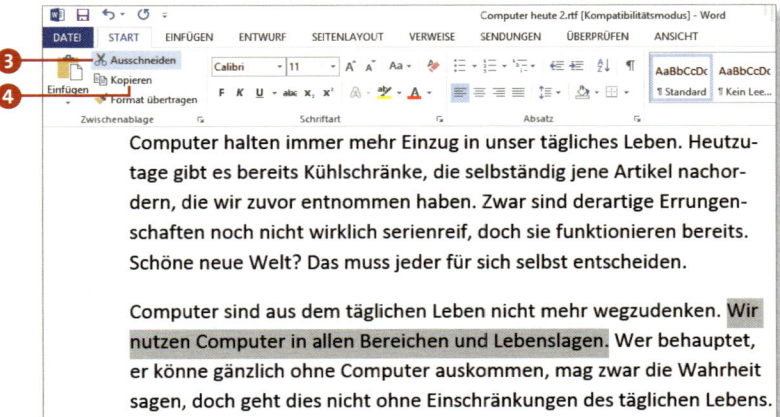

## Text wieder einfügen

Nachdem Text markiert und kopiert bzw. ausgeschnitten worden ist, lässt er sich auch bequem wieder im selben oder einem anderen Dokument einfügen.

1. Markieren Sie ein Stück Text, und klicken Sie auf der Registerkarte **Start** in der Gruppe **Zwischenablage** auf **Ausschneiden** ❶ oder **Kopieren** ❷, je nachdem, ob der Text an seiner ursprünglichen Stelle entfernt werden oder erhalten bleiben soll.

2. Jetzt müssen Sie die Einfügemarke per Mausklick an die Stelle bringen, an der der Text eingefügt werden soll. Beachten Sie, dass Text immer exakt an der Position eingefügt wird, an der sich die Einfügemarke befindet.

3. Zuletzt haben Sie nichts weiter zu tun, als in der Gruppe **Zwischenablage** der Registerkarte **Start** auf das Symbol (nicht auf den Pfeil) der Schaltfläche **Einfügen** ❸ zu klicken (siehe dazu auch den Kasten »Sofort einfügen«).

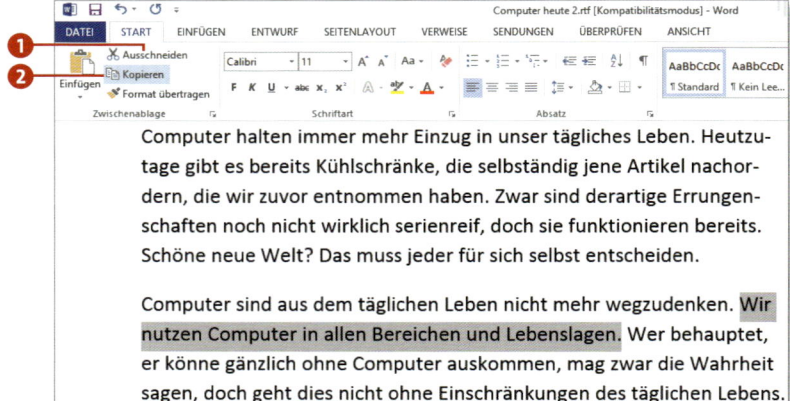

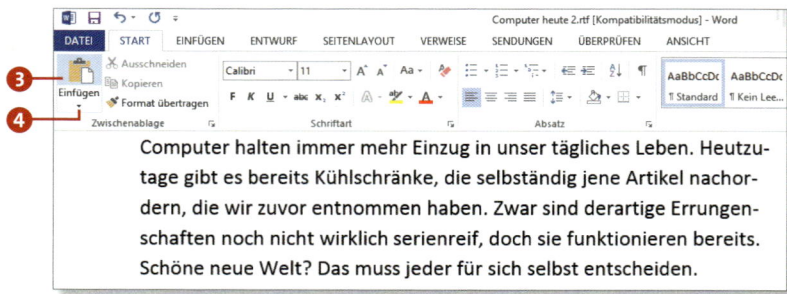

### Sofort einfügen

Die Einfügung findet nur dann umgehend statt, wenn Sie auf den oberen Teil der Schaltfläche **Einfügen**, also auf das kleine Symbol, bestehend aus Schreibbrett und Blatt, klicken. Wenn Sie auf die kleine schwarze Pfeilspitze ❹ klicken, werden zusätzliche Optionen bereitgestellt (siehe dazu den Abschnitt »Einfügeoptionen« auf Seite 71).

### Tastenkürzel für die Zwischenablage

Anstelle der Befehle in der Gruppe **Zwischenablage** können Sie auch Tastenkürzel nutzen. Zum Ausschneiden verwenden Sie `Strg` + `X`, während `Strg` + `C` zum Kopieren verwendet wird. Das Einfügen erledigen Sie mit `Strg` + `V`.

# Einfügeoptionen

Wie Sie ja bereits in Erfahrung gebracht haben, stellt Word zum Zeitpunkt der Einfügung verschiedene Optionen für selbige zur Verfügung. Dabei ist es vollkommen unerheblich, ob Sie die Einfügung per Drag & Drop (siehe Seite 69), über die Gruppe **Zwischenablage** der Registerkarte **Start** oder per Tastenkürzel (beides Seite 70) vornehmen. Die angebotenen Optionen sind immer dieselben ❶.

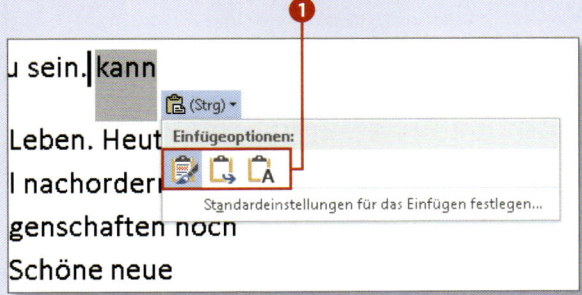

*Hier wird die Einfügung per Drag & Drop realisiert.*

Beim Einfügen über die Registerkarte müssen Sie lediglich darauf achten, dass Sie nicht auf das Symbol der Schaltfläche **Einfügen** klicken, sondern auf den unteren Teil mit dem Pfeil (anderenfalls wird der kopierte oder ausgeschnittene Text sofort eingefügt – ohne dass weitere Optionen angeboten werden).

❷ Beim Einfügen von Text muss auf den Pfeil der Schaltfläche geklickt werden, damit die Einfügeoptionen angezeigt werden.

❸ **Ursprüngliche Formatierung beibehalten:** Der einzufügende Text behält sein ursprüngliches Format bei.

❹ **Formatierung zusammenführen:** Der einzufügende Text übernimmt das Format, das im Zielabsatz Gültigkeit hat.

❺ **Nur den Text übernehmen:** Befinden sich z. B. Fotos in der Zwischenablage, werden diese bei der Einfügung ignoriert. Darüber hinaus gilt die Option **Formatierung zusammenführen**.

❻ **Inhalte einfügen:** Mit diesem Befehl wird ein zusätzlicher Dialog zur Verfügung gestellt, der weitere Einfügeoptionen bereithält.

❼ **Standardeinstellungen für das Einfügen festlegen:** Definieren Sie über diesen Menüeintrag, auf welche Weise Word Elemente der Zwischenablage standardmäßig einfügen soll.

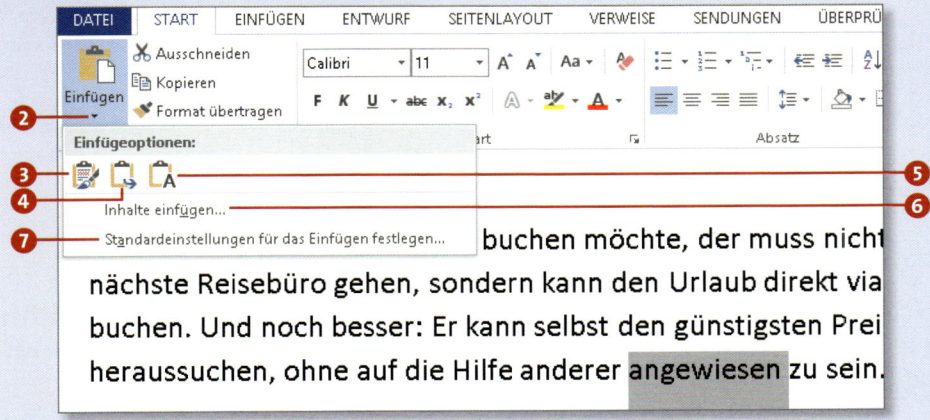

## Im Dokument navigieren

Je umfangreicher ein Dokument ist, desto schwieriger wird es, sich darin zurechtzufinden. An dieser Stelle wollen wir Ihnen einige Möglichkeiten vorstellen, die Ihnen die Navigation erleichtern.

1. Am rechten Rand des Dokuments finden Sie den sogenannten *Scrollbalken* ❶ (auch *Bildlaufleiste* genannt). Verschieben Sie ihn mit gedrückter Maustaste, um Stück für Stück durch das Dokument zu navigieren. Beachten Sie dabei auch die kleine QuickInfo ❷, die stets Auskunft über die Seitenzahl der aktuell angezeigten Seite gibt.

2. Etwas genauer lässt sich mit den Pfeiltasten Ihrer Tastatur navigieren. Klicken Sie in den Text, und bewegen Sie den Cursor anschließend mit ↑, ↓, → und ← in die gewünschte Richtung. Halten Sie die jeweilige Taste gedrückt, um die Geschwindigkeit der Navigation zu erhöhen.

3. Wenn Sie stark in das Dokument hineingezoomt haben, steht am unteren Rand auch eine horizontale Bildlaufleiste zur Verfügung ❸.

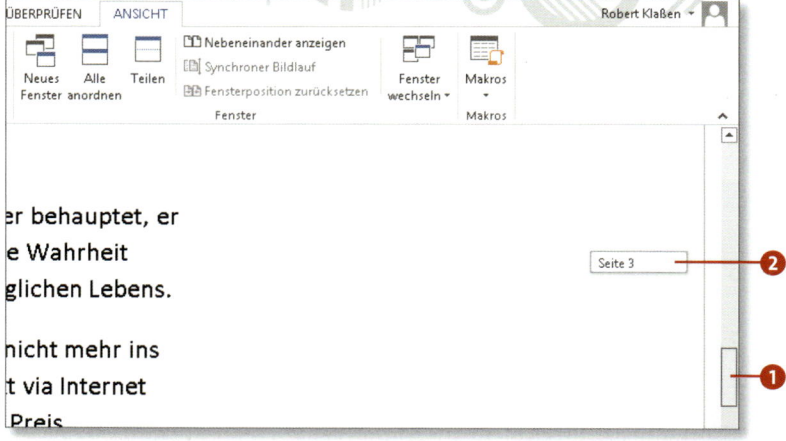

4. Achten Sie auch auf die kleinen Pfeile ❹, die sich jeweils an beiden Enden der horizontalen und vertikalen Bildlaufleiste befinden. Sie können (mehrfach) angeklickt werden, um durch das Dokument zu navigieren.

5. Neben den bereits erwähnten Pfeiltasten sind auch die Tasten ⌊Bild ↑⌋ und ⌊Bild ↓⌋ ❺ hilfreiche Navigationsmittel. Damit lassen sich sehr viel größere Bereiche überbrücken als mit den Pfeiltasten, Sie springen dann nämlich seitenweise durch das Dokument.

6. Mithilfe der Taste ⌊Pos1⌋ ❻ springen Sie an den Anfang einer Zeile, während mit ⌊Ende⌋ ❼ das Ende der Zeile erreicht wird. Halten Sie zusätzlich ⌊Strg⌋ gedrückt, geht es mit ⌊Pos1⌋ an den Anfang des Dokuments bzw. mit ⌊Ende⌋ zum Dokumentende.

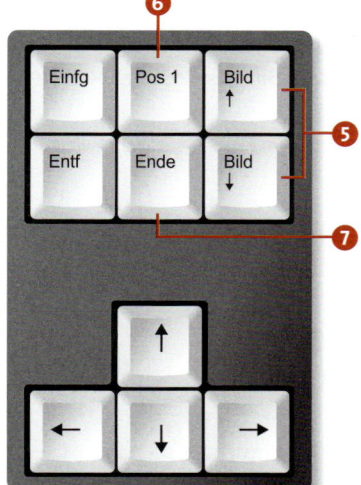

**ℹ Der Navigationsbereich**

Besonders interessant ist der *Navigationsbereich* (die Menüspalte links neben dem Text). Sie aktivieren ihn auf der Registerkarte **Ansicht** in der Gruppe **Anzeigen**, indem Sie die Checkbox per Klick mit einem Häkchen versehen (siehe dazu auch den Abschnitt »Suchen und Ersetzen« ab Seite 66). Wenn Sie im Navigationsbereich z. B. die Rubrik **Seiten** aufrufen, können Sie sich mit einem Mausklick auf eine Miniatur die zugehörige Seite im Hauptfenster anzeigen lassen.

## Textmarken setzen

*Textmarken* dienen u. a. dazu, markante oder z. B. später noch zu überarbeitende Stellen innerhalb eines Dokuments zu kennzeichnen. Nach diesen Textmarken können Sie dann ganz einfach suchen. Dies stellt eine weitere Hilfe in Sachen Navigation in umfangreichen Dokumenten dar.

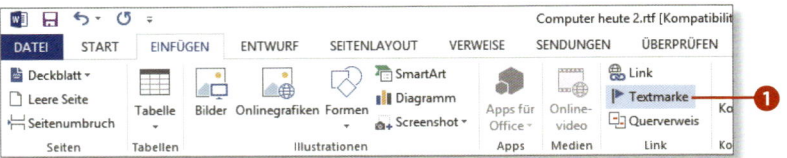

1. Als Erstes müssen Sie per Mausklick den Cursor an die Position setzen, an der eine Textmarke eingefügt werden soll. (Das kann jede beliebige Position sein, falls gewünscht, auch eine Stelle zwischen zwei Zeichen innerhalb eines Wortes.)

2. Rufen Sie jetzt die Registerkarte **Einfügen** auf, und klicken Sie in der Gruppe **Link** auf **Textmarke** ❶.

3. Daraufhin wird eine Dialogbox geöffnet. Das Eingabefeld **Textmarkenname** ❷ ist nun bereit, eine logische Bezeichnung für die Textmarke aufzunehmen. Bitte berücksichtigen Sie dabei, dass weder Leerzeichen noch Sonderzeichen verwendet werden dürfen. Wenn Sie mit der Eingabe fertig sind, klicken Sie auf **Hinzufügen** ❸.

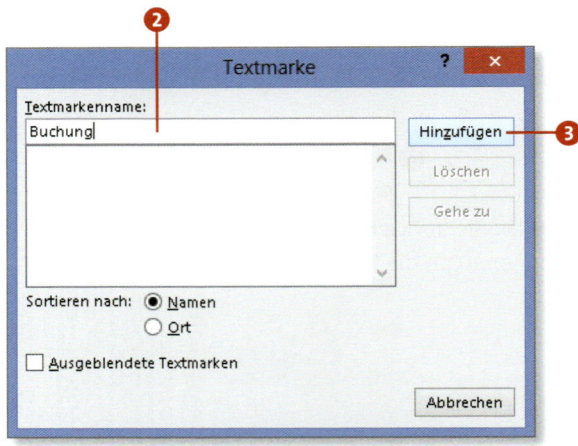

### Falsche Zeichen

Wenn die Schaltfläche **Hinzufügen** ausgegraut dargestellt wird und nicht anwählbar ist, ist das ein Indiz dafür, dass etwas mit dem Textmarkennamen nicht stimmt. Haben Sie eventuell doch ein Leerzeichen verwendet? Dann korrigieren Sie den Namen. Erst wenn der Begriff von Word verarbeitet werden kann, wird die Schaltfläche **Hinzufügen** aktiv.

### Mehrere Textmarkennamen

Falls Sie bisher nur einen Textmarkennamen vergeben haben, ist dieser im Bereich **Textmarkennamen eingeben** automatisch vorausgewählt. Wenn es schon mehrere Textmarkennamen gibt, müssen Sie auf die kleine Pfeilschaltfläche klicken und anschließend per Mausklick den gewünschten Namen aus der Liste aussuchen. Erst dann dürfen Sie auf **Gehe zu** klicken.

4. Nun sind Textmarken natürlich nur dann sinnvoll, wenn sie später wiedergefunden werden können. Öffnen Sie dazu die Registerkarte **Start**, und klicken Sie auf den Pfeil ❹ an der Schaltfläche **Suchen**. Im zugehörigen Pulldown-Menü klicken Sie auf **Gehe zu**.

5. Das Dialogfenster **Suchen und Ersetzen** öffnet sich mit der Registerkarte **Gehe zu** ❺. Im Menü **Gehe zu Element** ❻ müssen Sie nun per Mausklick zunächst einmal den Eintrag **Textmarke** selektieren. Daraufhin wird Ihnen auf der rechten Seite eine Liste der bisher vergebenen Textmarken angeboten (siehe dazu auch die Hinweise im Kasten »Mehrere Textmarkennamen« auf Seite 74). Wählen Sie den passenden Eintrag aus ❼.

6. Zum Schluss klicken Sie auf **Gehe zu** ❽. Der Cursor springt im Dokument dann genau an die Stelle, an der sich die gesuchte Textmarke befindet.

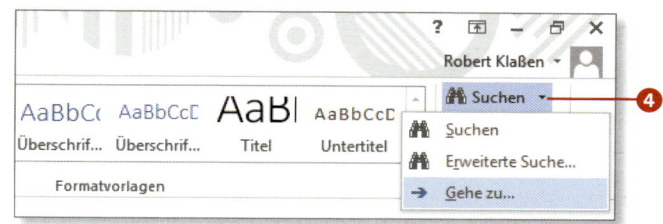

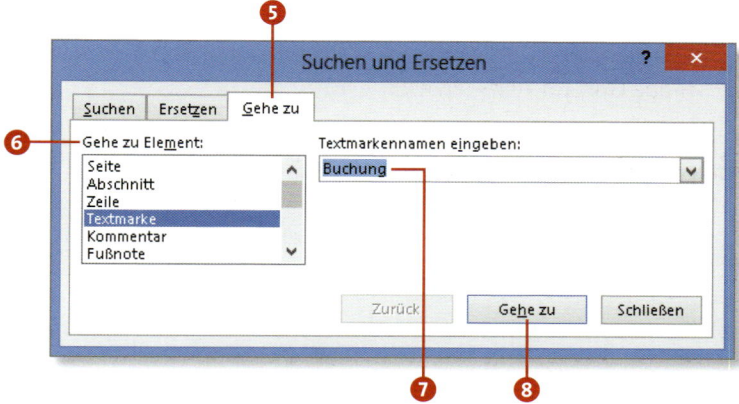

**Tastenkombination für »Gehe zu«**

Zugegeben, es ist schon etwas umständlich, Textmarken wie beschrieben zu suchen. Sollten Sie also öfter mit Textmarken arbeiten, empfiehlt es sich, künftig die Tastenkombination `Strg` + `G` zu benutzen. Damit wird der Dialog **Gehe zu** unverzüglich geöffnet.

# 3

# Den Text gestalten

In diesem Kapitel beschäftigen wir uns vor allem mit dem Aussehen von Text. Damit ist zum einen die optische Wirkung der Zeichen und Absätze gemeint. Zum Beispiel bei der Wahl der Farbe oder Schriftgröße ist der Gestalter nicht ganz so frei, wie man vielleicht meinen könnte. Die Lesbarkeit von Text sollte stets gewährleistet bleiben. Was zu tun ist, um Text zu färben, Zeichen zu vergrößern und vieles mehr, wird hier vertieft.

Aber auch die Hintergrundfarben des Dokuments, die Darstellung der Zeichen (z. B. fett, kursiv, höher oder tiefer gestellt) sowie das Hervorheben einzelner Textpassagen finden in diesem Kapitel Erwähnung. Und Sie kennen diese schönen Textmarker, mit denen Sie in leuchtenden und zugleich teiltransparenten Farben Textstellen markieren können. Man sollte es kaum glauben, aber diese stehen in Word ebenfalls zur Verfügung.

Am Schluss des Kapitels schauen wir uns Format- und Dokumentvorlagen an. Diese sind immer dann wichtig, wenn es darum geht, größere Textmengen oder vielleicht sogar ganze Dokumente möglichst zeitsparend und vor allem einheitlich zu formatieren und zu gestalten.

## In diesem Kapitel

- Schriftart, -größe und -farbe
- Texthervorhebungsfarbe
- Fett, kursiv, unterstrichen, hoch, tief
- Formate mit dem Pinsel übertragen
- Texteffekte nutzen
- Ligaturen
- Zeilen- und Absatzabstände
- Den Text ausrichten
- Einzüge
- Tabstopps
- Rahmen und Schattierung
- Formatvorlagen
- Eine Dokumentvorlage nutzen und Anpassungen speichern
- Schnellformatvorlagen
- Makros einsetzen
- Onlinevorlagen
- Steuerelemente verwenden
- Textbausteine
- AutoText
- Feldfunktionen

## Die Registerkarte »Start«

Einige Elemente der Registerkarte **Start** haben Sie ja bereits im vorangegangenen Kapitel kennengelernt. In diesem Abschnitt interessieren uns vor allem jene Bereiche, mit denen Text in irgendeiner Form verändert (sprich: anders dargestellt) werden kann. Die zu diesem Zweck bereitgestellten Steuerelemente haben die Aufgabe, Abschnitte zu gliedern, Schriftgrößen und Ausrichtungen zu ändern und Dokumente inhaltlich zu strukturieren.

❶ Ein Klick auf das Register **Start** bringt das zugehörige Menü zum Vorschein.

❷ **Schriftart:** Mit den Befehlen dieser Gruppe stellen Sie verschiedene Schriftarten, -größen, -farben, -ausrichtungen und Darstellungsformen für den Text Ihres Dokuments ein.

❸ **Absatz:** In dieser Gruppe kann ein Textabschnitt (*Absatz*) z. B. links- oder rechtsbündig, zentriert oder im sogenannten Blocksatz dargestellt werden. Zudem lassen sich hier Zeilenabstände bearbeiten sowie Aufzählungen und Nummerierungen generieren.

❹ **Formatvorlagen:** Formatvorlagen sind vordefinierte Gestaltungsmerkmale eines Textes, die einfach per Mausklick zugewiesen werden können. Der Anwender erspart sich dadurch das umständliche Auszeichnen einzelner Textteile.

## Weniger ist mehr!

Schauen Sie sich in aller Ruhe an, welche Möglichkeiten Word 2013 in Sachen Textauszeichnung und Gestaltung für Sie bereithält. Es macht Spaß, sie zu entdecken. Jedoch sind die meisten Anwender von den unzähligen Optionen derart begeistert, dass sie dazu neigen, regen Gebrauch davon zu machen. Und genau das ist kontraproduktiv. Denken Sie immer daran: Ihr Dokument muss lesbar bleiben!

Wir sind daran gewöhnt, Texte nicht buchstabenweise zu lesen, sondern anhand der Wortkonturen zu erfassen. Deshalb ist jede Auszeichnung und jede Veränderung innerhalb eines Textblocks irritierend. Wenn Sie zu viele Effekte verwenden (wie in diesem Beispiel), geht die Lesbarkeit verloren. Wenn Sie Text auszeichnen wollen, dann muss das auch sinnvoll sein. Grundsätzlich gilt die Devise: Weniger ist mehr!

Sehr geehrte Damen und **Herren,**

haben Sie vielen Dank für Ihre *telefonische* Bestellung vom gestrigen Tage. Gerne erledigen wir Ihren **Auftrag** umgehend. Für die Produktion der von Ihnen in **Auftrag** gegebenen *Produkte* werden wir circa **vier Wochen** benötigen. Wir möchten Sie gerne über den Fortgang der Bearbeitung auf dem Laufenden halten und werden uns deshalb VON ZEIT ZU ZEIT per E-Mail bei Ihnen melden.

Sollten Sie Fragen oder Anregungen haben, freuen wir uns auf Ihre **KONTAKTAUFNAHME.** Herr Peters, den Sie ja bereits kennengelernt haben, steht Ihnen während des gesamten Produktionsprozesses als Ansprechpartner zur Verfügung.

Mit freundlichen Grüßen

*Ein so gestalteter Text mag zwar schön bunt sein, glänzt jedoch nicht durch Lesbarkeit.*

## Zeichen- und Absatzformate

Die Veränderung einer Schrift in Bezug auf ihre Schriftart, Größe, Neigung, Farbe etc. wird als *Formatierung* bezeichnet. Wörtlich verstanden, geben Sie der Schrift damit ein gewisses Format. Grundsätzlich wird jedoch zwischen zwei Gattungen unterschieden:

1. Absatzformate
2. Zeichenformate

Wie der Name schon sagt, beziehen sich Zeichenformate auf einzelne Buchstaben, Zeichen oder Wörter, während Absatzformate auf einen gesamten Textblock (Absatz) angewandt werden. Diese Unterscheidung wird vor allem im Zusammenhang mit den Formatvorlagen wichtig (siehe Seite 104 ff.). Sie können es sich so merken: Einen einzelnen Buchstaben, ein Wort oder einen Satz(-teil) versehen Sie mit einem Zeichenformat ❶. Formatieren Sie jedoch einen ganzen Absatz (inklusive Absatzmarke! ❷), handelt es sich um ein Absatzformat. Dieses wird auch auf den nächsten Absatz übertragen, wenn Sie mithilfe von ⏎ eine Zeilenschaltung erzeugen. In beiden Fällen reicht es, wenn der Cursor im jeweiligen Wort oder Absatz steht (Sie müssen den Text nicht unbedingt markieren).

Innerhalb eines Absatzformats können ein oder mehrere Zeichenformate enthalten sein. Umgekehrt ist das nicht der Fall. Zeichenformate können keine Absatzformate sein. Schauen wir uns das Beispiel an, fällt Folgendes auf:

- Die Schriftfarbe des Absatzformats ist Schwarz.

- Der Absatz ist im Absatzformat *Blocksatz* ausgerichtet. Das bedeutet, dass sämtliche Zeilen (mit Ausnahme der letzten) gleich lang sind bzw. exakt auf derselben Höhe enden. (Ist das nicht der Fall, spricht man von *Flattersatz*, bei dem die Zeilen in der Regel unterschiedlich lang sind.)

- In den Wörtern »Auftrag« und »Produktion« ist die Schriftfarbe Rot als Zeichenformat vergeben worden.

- In den beiden genannten Wörtern ist auch der *Schriftschnitt* (also der Stil bzw. die Variation der Schrift) als Zeichenformat vergeben. Die Wörter sind kursiv gesetzt (die Buchstaben sozusagen schräg gestellt).

Sehr·geehrte·Damen·und·Herren,¶

haben·Sie·vielen·Dank·für·Ihre·telefonische·Bestellung·vom·gestrigen·Tage.· Gerne·erledigen·wir·Ihren·*Auftrag*·umgehend.·Für·die·*Produktion*·der·von· Ihnen·in·Auftrag·gegebenen·Produkte·werden·wir·circa·vier·Wochen· benötigen.·Wir·möchten·Sie·gerne·über·den·Fortgang·der·Bearbeitung·auf· dem·Laufenden·halten·und·werden·uns·deshalb·von·Zeit·zu·Zeit·per·E-Mail· bei·Ihnen·melden.¶ ❶

❷

Word 2013 bringt eine Fülle von Formatierungsoptionen mit, die Sie sowohl als Absatz- als auch als Zeichenformate verwenden können. Werfen Sie einen Blick auf die Gruppe **Schriftart** der Registerkarte **Start**. Mit ihren Befehlen können zuvor im Text markierte Zeichen formatiert werden. Dazu reicht oft ein Klick auf die Schaltfläche, z. B. auf **Unterstreichen** ❸. Wenn Sie auf das Dreieck an einer Schaltfläche klicken, z. B. bei **Schriftfarbe** ❹, wird ein Menü mit weiteren Optionen zugänglich gemacht.

In der Gruppe **Formatvorlagen** finden Sie vordefinierte Absatz- und Zeichenformate. Scrollen Sie durch die Liste, indem Sie die Pfeilschaltflächen ❺ nutzen oder die Liste komplett aufklappen ❻. Mit einem Klick auf den Pfeil in der rechten unteren Ecke der Gruppe ❼ wird das

Menü **Formatvorlagen** als separierte Spalte auf der rechten Seite des Dokuments geöffnet. Ein Klick auf die gewünschte Formatvorlage weist sie dem Text zu, den Sie zuvor markiert haben.

In diesem Zusammenhang ist auch interessant, dass Sie eigene Formatvorlagen anlegen können. Stellen Sie sich vor, Sie wollen die Schrift, ihre Größe, den Schriftschnitt sowie die Farbe individuell für Ihren Text anpassen. Es wäre es sehr umständlich, all dies an jeder Stelle des Textes neu einzustellen, an der dieses Format benötigt wird. Aus diesem Grund können Sie die gesamte Gestaltung in eine eigene Formatvorlage »packen« und diese bei Bedarf wie jede andere Formatvorlage mit einem einzigen Mausklick zuweisen (siehe dazu den Abschnitt »Neue Formatvorlagen erstellen« ab Seite 108).

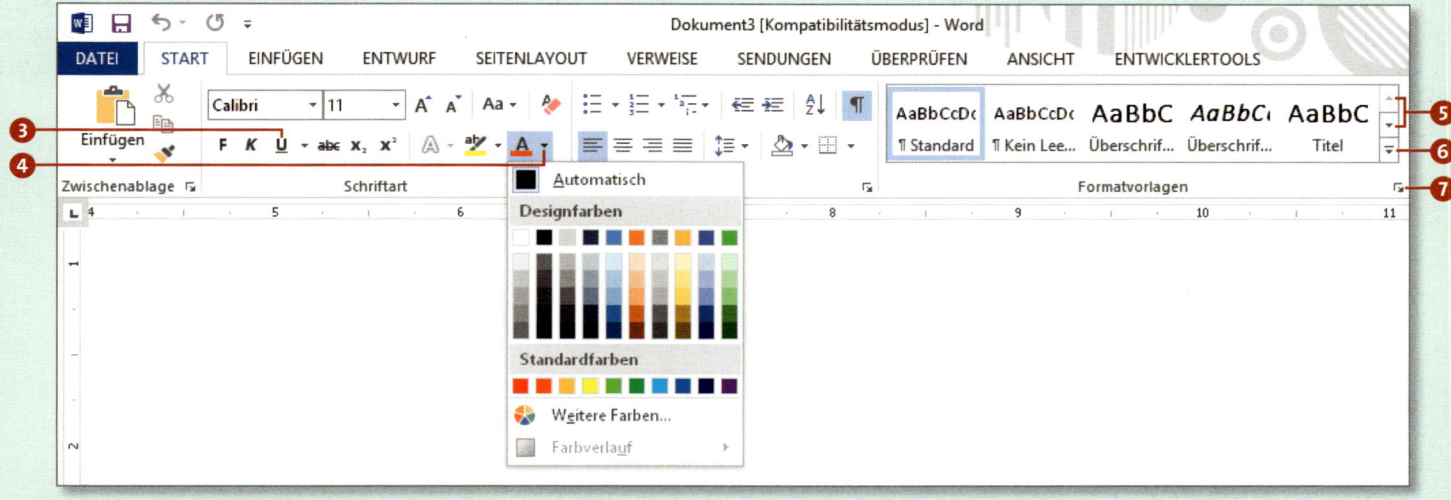

*Lernen Sie die Formatierungsoptionen kennen.*

## Schriftart

Die Schriftart ist im Kern nichts anderes als die Verwendung eines vordefinierten Zeichensatzes, der auf Ihrem Computer installiert ist. Jede Schrift hat ihr individuelles Aussehen und ihren eigenen Namen (z. B. Arial, Calibri, Cambria, Times etc.). Und so wird eine auf Ihrem Rechner vorhandene Schriftart auf den Text übertragen:

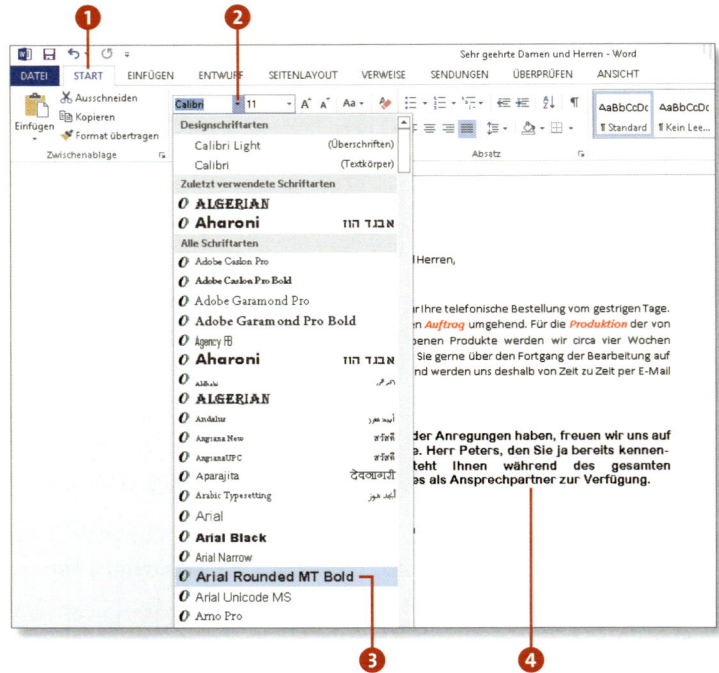

1. Markieren Sie einen beliebigen Textabschnitt innerhalb Ihres Dokuments, und rufen Sie die Registerkarte **Start** ❶ auf.

2. Klicken Sie in der Gruppe **Schriftart** auf das kleine Dreieck ❷ am Feld **Schriftart**, um sich die Standardschriften anzeigen zu lassen.

3. Wenn Sie mit der Maus auf eine Schriftart zeigen ❸, ohne sofort zu klicken, sehen Sie anhand der Live-Vorschau im Text, wie das Ganze aussehen wird ❹, und können kontrollieren, ob Ihnen die Schriftart zusagt.

4. Damit die Schriftart letztlich zugewiesen werden kann, müssen Sie in der Liste daraufklicken.

 **Schriftschnitt**

Der Schriftschnitt ist der Stil bzw. die Variation einer Schrift. Diese Angabe ist oft Teil der Schriftenbezeichnung. Es gibt u. a. die Schnitte *Italic* (kursiv), *Bold* (fett) und *Bold Italic* (fett und kursiv). Der Schnitt kann auch manuell zugewiesen werden (siehe dazu den Abschnitt »Fett, kursiv, unterstrichen« ab Seite 86).

**Standardschriften**

Ihr Betriebssystem bringt von Haus aus jede Menge unterschiedlicher Schriftarten mit. Das sind die sogenannten *Standardschriften*. Weitere Schriftarten können hinzugefügt werden (z. B. durch Kauf oder Download oder indem Sie eine Software installieren, die ihre eigenen Schriftarten mitbringt).

## Schriftgröße

Mit der Schriftgröße (auch *Schriftgrad*) wird festgelegt, wie groß ein Text sein soll. Der Wert wird in *Punkt* (Pt.) angegeben. Da sich die Schriftgröße jedoch an der Schrift selbst orientiert, können mit der gleichen Schriftgröße angegebene Schriften unterschiedlich groß aussehen. In der nebenstehenden Abbildung haben wir es in beiden Fällen mit einer Größe von 11 Punkten zu tun (einmal in der Schrift Calibri ❶ und einmal in Arial Rounded ❷).

1. Markieren Sie den Text, der mit einer neuen Schriftgröße versehen werden soll. Anschließend klicken Sie auf das kleine Dreieck ❸ am Feld **Schriftgrad**.

2. Nun klicken Sie in der Liste auf die Größenangabe, die Ihnen zusagt, z. B. **24**. Wenn Sie auf den Wert zeigen, ohne zu klicken, können Sie vorab die Live-Vorschau im Text begutachten.

3. Sollte der gewünschte Wert in der Liste nicht enthalten sein, klicken Sie auf die Zahl im Feld **Schriftgrad**, damit sie markiert wird ❹, und legen die exakte Schriftgröße per Tastatureingabe fest. Dann drücken Sie ⏎ .

Haben Sie vielen Dank für Ihre telefonische Bestellung vom gestrigen Tage. Gerne erledigen wir Ihren Auftrag umgehend. Für die Produktion der von Ihnen in Auftrag gegebenen Produkte werden wir circa vier Wochen benötigen. Wir möchten Sie gerne über den Fortgang der Bearbeitung auf dem Laufenden halten und werden uns deshalb von Zeit zu Zeit per E-Mail bei Ihnen melden.

**Sollten Sie Fragen oder Anregungen haben, freuen wir uns auf Ihre Kontaktaufnahme. Herr Peters, den Sie ja bereits kennengelernt haben, steht Ihnen während des gesamten Produktionsprozesses als Ansprechpartner zur Verfügung.**

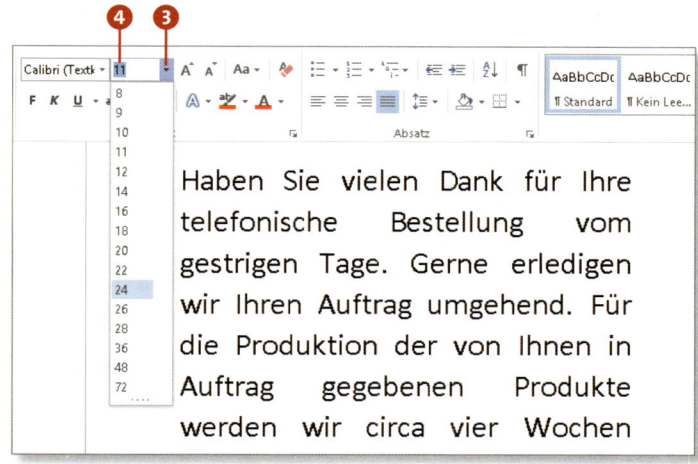

### Punkt

Das Maß *Punkt* (Pt.) bezeichnet die Kegelhöhe eines Buchstabens (der Begriff *Kegelhöhe* stammt aus dem Bleisatz). Da die Kegelhöhe jedoch nicht nur die Höhe des Buchstabens selbst, sondern auch die Freiräume oberhalb und unterhalb des Buchstabens definiert, wirken Zeichen unterschiedlicher Schriftarten bei ein und derselben Punktgröße unterschiedlich hoch.

## Schriftfarbe

Standardmäßig wird die Schrift in Word schwarz dargestellt. Das hat seinen Grund, denn Schwarz auf Weiß liest sich eben am besten. Dennoch ist es manchmal sinnvoll, einzelne Zeichen, Wörter oder Überschriften in einer anderen Farbe zu gestalten, damit sie sich optisch vom übrigen Text absetzen.

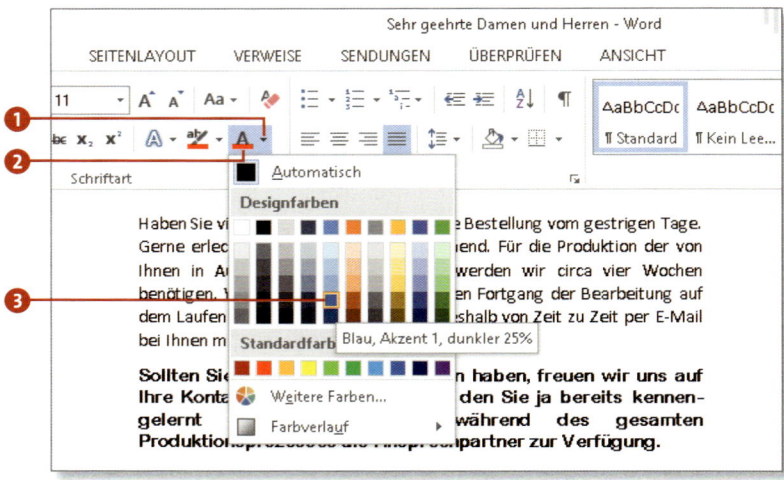

1. Markieren Sie den farblich zu ändernden Text, und öffnen Sie das Register **Start**.

2. Um eine Farbe zuweisen zu können, klicken Sie auf den Pfeil an der Schaltfläche **Schriftfarbe** ❶. Wählen Sie Rot aus der angebotenen Palette aus. Wie Sie sehen, übernimmt die Schaltfläche die zuletzt ausgewählte Farbe ❷, sodass Sie beim nächsten Mal einfach direkt auf die Schaltfläche klicken können, ohne erst das Menü öffnen zu müssen.

3. Möchten Sie eine andere Farbe? Dann stellen Sie diese neu ein, indem Sie erneut auf das kleine Dreieck an der Schaltfläche klicken und die neue Farbe per Mausklick zuweisen ❸.

**Die Mini-Symbolleiste**

Sicher ist es Ihnen längst aufgefallen: Wenn Sie einen Text markieren, erscheint eine kleine Palette, auch *Mini-Symbolleiste* genannt, die einige der Steuerelemente zur Verfügung stellt, die in der Gruppe **Schriftart** der Registerkarte **Start** zu finden sind. Auf diese Art lässt sich der markierte Text ohne Umwege gestalten.

**OpenType**

OpenType ist eine Weiterentwicklung herkömmlicher Schriftarten, die sich insbesondere durch typografische Besonderheiten auszeichnet. Zum Beispiel können zwei aufeinanderfolgende Buchstaben wie z. B. »f« und »i« zu einem Zeichen verschmelzen (siehe dazu auch den Abschnitt »Texteffekte nutzen« auf Seite 90). OpenType-Schriften sind hochwertiger als herkömmliche Schriftarten, u. a. weil sie sogar plattformübergreifend gleich aussehen (z. B. sowohl auf Windows-Rechnern als auch auf Macs).

# Texthervorhebungsfarbe

Besonders wichtige Textstellen werden häufig entsprechend markiert. Auf Papier besorgt das der leuchtende Textmarker, aber auch Word beherrscht diese Technik. Sie haben mehrere Möglichkeiten:

1. Stellen Sie zunächst die gewünschte Markierungsfarbe ein, indem Sie auf das kleine Dreieck an der Schaltfläche **Texthervorhebungsfarbe** ❶ klicken und die Farbe aus der Palette auswählen.

2. Markieren Sie den Text, und klicken Sie anschließend direkt auf die Schaltfläche, sofern Sie nur diese eine Stelle hervorheben wollen. (Sie können auch erst den Text markieren und dann eine neue Farbe auswählen, wie in Schritt 1 beschrieben.) Die Schaltfläche behält die zuletzt ausgewählte Farbe bei.

3. Sollen mehrere Textstellen direkt hintereinander ausgezeichnet werden? Dann klicken Sie, ohne Text zu markieren, auf die Schaltfläche **Texthervorhebungsfarbe**. Daraufhin mutiert der Cursor zu einem Textmarker ❷, den Sie mit gedrückter Maustaste über die zu markierenden Textstellen ziehen können. Wenn der Marker nicht mehr benötigt wird, klicken Sie abermals auf die Schaltfläche **Texthervorhebungsfarbe**.

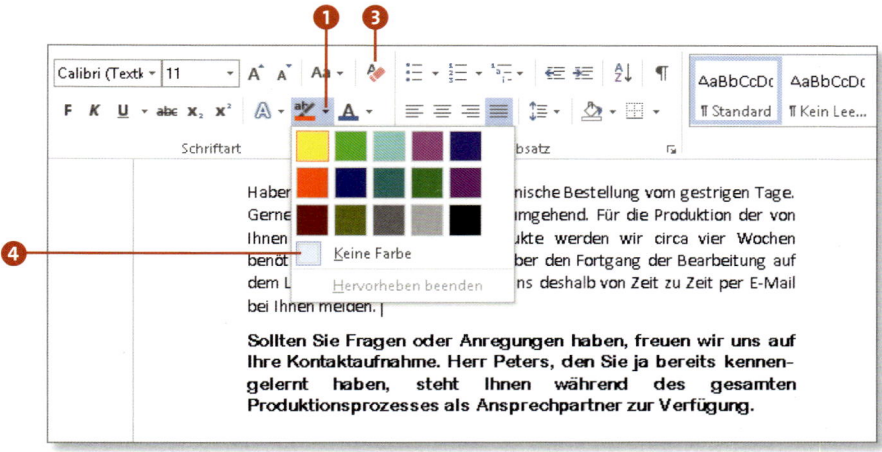

**Alle Formatierungen löschen**

Wenn Sie die Gestaltung eines Wortes oder eines Textabschnitts komplett zurücknehmen wollen, ohne alle Formatierungen einzeln wieder zu entfernen, markieren Sie den betreffenden Text und klicken auf die Schaltfläche **Alle Formatierungen löschen** ❸ oben rechts in der Gruppe **Schriftart**.

**Hervorhebung löschen**

Sie wollen eine vorhandene Markierung wieder entfernen? Dann gehen Sie vor, wie oben beschrieben, wählen im Menü der Schaltfläche **Texthervorhebungsfarbe** aber den Eintrag **Keine Farbe** ❹ aus.

## Fett, kursiv, unterstrichen

Text kann nicht nur mit einem Textmarker, sondern auch durch die Veränderung des Schriftschnittes hervorgehoben werden. Der Text ist dann entweder fett oder kursiv. Word beherrscht sogar das Unterstreichen – sogar in mehreren Varianten.

1. Markieren Sie zunächst den Text, den Sie auszeichnen wollen (in unserem Beispiel markieren wir das Wort »Fortgang«). Ein einzelnes Wort lässt sich per Doppelklick auswählen.

2. Sobald Sie Text markieren, öffnet sich die Mini-Symbolleiste, die Sie auch zum Formatieren nutzen können. Um das Wort zu fetten, klicken Sie darin auf **Fett ❶**. Alternativ klicken Sie auf die Schaltfläche **Fett ❷** auf der Registerkarte **Start**.

3. Um das markierte Wort kursiv zu setzen, müssen Sie entweder auf die Schaltfläche **Kursiv ❸** auf der Registerkarte **Start** klicken oder auf die Schaltfläche **Kursiv ❹** in der Mini-Symbolleiste.

4. Ein Teilbereich soll unterstrichen werden? Wenn Ihnen ein einfacher Strich reicht, klicken Sie auf **Unterstreichen (❺ oder ❻)**.

5. Für eine größere Auswahl klicken Sie auf das kleine Dreieck an der Schaltfläche ❼. Zeigen Sie im Menü auf die gewünschte Unterstreichung, begutachten Sie die Live-Vorschau ❽, und klicken Sie auf die Unterstreichung, wenn Sie sie übernehmen wollen.

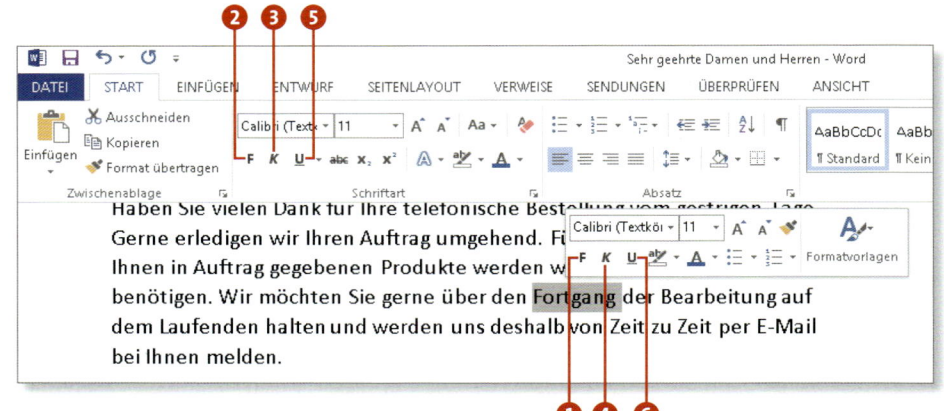

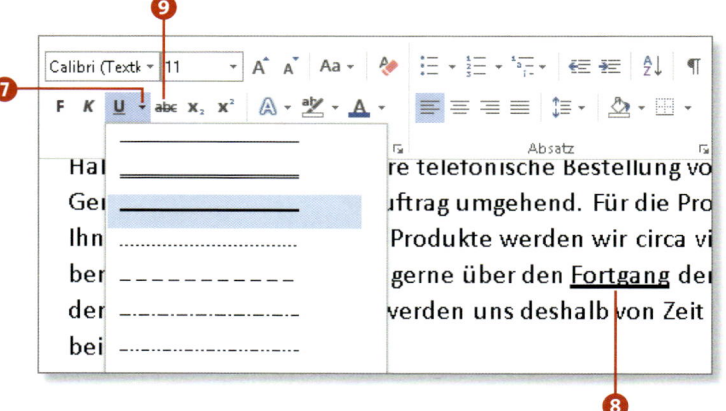

### ℹ️ Durchstreichen

Sie möchten dauerhaft sichtbar machen, welche Textstellen gestrichen bzw. durch neue ersetzt worden sind? Dann streichen Sie den relevanten Text kurzerhand durch, indem Sie ihn markieren und dann auf **Durchstreichen ❾** klicken.

6. Ganz unten im besagten Dropdown-Menü **Unterstreichen** sehen Sie den Eintrag **Unterstreichungsfarbe** ❿. Das bedeutet, dass Sie nicht nur schwarze Striche benutzen müssen, sondern eine passende Farbe für den Strich wählen können, und dass sich damit schwarzer Text auch z. B. rot unterstreichen lässt.

7. Die gewählte Form der Unterstreichung und ihre Farbe werden für die Schaltfläche **Unterstreichen** auf der Registerkarte **Start** übernommen, sodass Sie beim nächsten Mal einfach direkt auf die Schaltfläche klicken können, ohne erst das Menü öffnen zu müssen. Das gilt jedoch nicht für die Schaltfläche in der Mini-Symbolleiste.

8. Wer eine Fülle von Begriffen auszuzeichnen hat, kann sich auch die folgenden Tastaturkürzel einprägen, die jeweils zusammen mit ⌜Strg⌝ + ⌜⇧⌝ gedrückt werden müssen. Mit ⌜F⌝ fetten Sie den markierten Text, mit ⌜K⌝ setzen Sie ihn kursiv, und mit ⌜U⌝ unterstreichen Sie ihn.

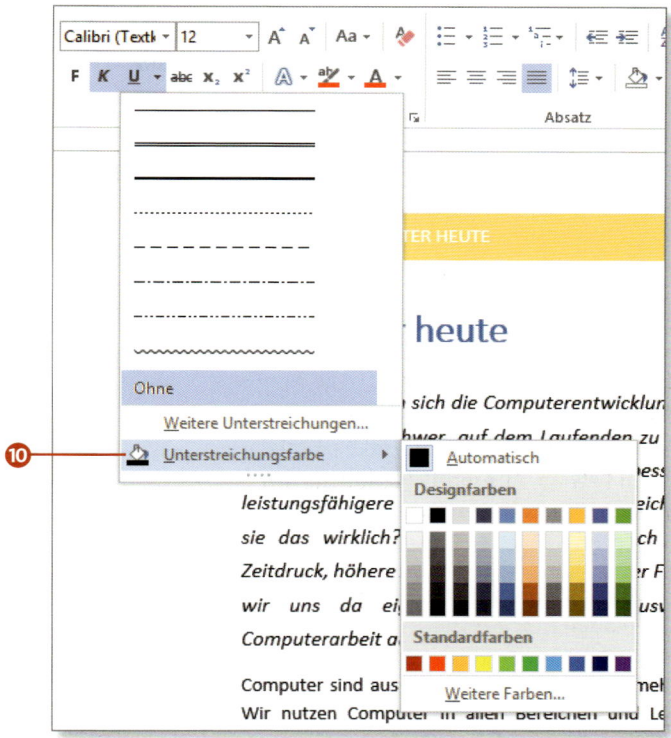

### Mehrere Objekte in einem Arbeitsgang auszeichnen

Sie wissen ja bereits, dass sich einzelne Wörter per Doppelklick markieren lassen. Wenn Sie zusätzlich ⌜Strg⌝ gedrückt halten, können Sie nacheinander mehrere Elemente markieren, die z. B. unterstrichen werden sollen. Wenn Sie damit fertig sind, klicken Sie auf die Schaltfläche zum Auszeichnen.

## Zeichen höher oder tiefer stellen

Zwar können Sie mithilfe der AutoKorrektur festlegen, bei der Eingabe welcher Zeichen gleich die richtige Darstellung erfolgt (damit z. B. die Eingabe von *(e)* ohne weiteres Eingreifen das Eurozeichen € ergibt; siehe dazu den Abschnitt »Optionen für Dokumentprüfung und AutoKorrektur« ab Seite 60). Beim Höher- oder Tieferstellen von Zeichen müssen Sie allerdings schon mal nachhelfen.

1. Zunächst muss das hoch- oder tiefzustellende Zeichen markiert werden ❶.

2. Danach klicken Sie in der Gruppe **Schriftart** der Registerkarte **Start** auf die Schaltfläche **Tiefgestellt** ❷, um das Zeichen tiefer zu stellen. Um es hochzustellen, z. B. bei Maß- oder Flächenangaben, klicken Sie auf **Hochgestellt** ❸.

3. Für Schnellschreiber noch ein Tipp: Sie können Zeichen auch mittels Tastaturbefehlen hoch- und tiefstellen. Nach der Markierung des betreffenden Zeichens drücken Sie zum Tiefstellen [Strg] + [#] und zum Hochstellen [Strg] + [+].

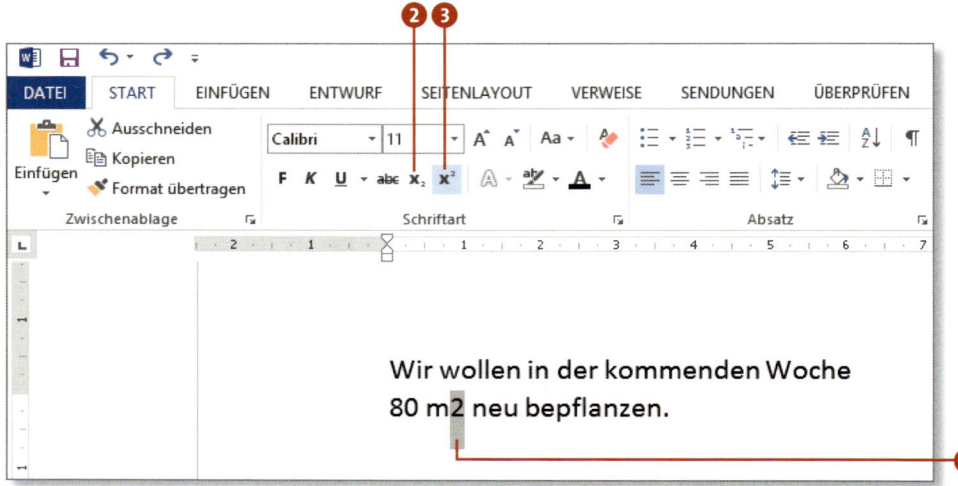

### Markierung nicht überschreiben!

Wie Sie sehen, bleiben die Textbereiche auch nach der Auszeichnung markiert. Wenn Sie anschließend direkt weiterschreiben, wird der markierte Bereich gelöscht. Bevor Sie also weiterarbeiten können, muss zunächst ein Mausklick an einer anderen Stelle des Dokuments erfolgen.

# Formate mit dem Pinsel übertragen

Wie sich Texte formatieren lassen, wissen Sie längst. Was aber, wenn einzelne oder mehrere Textabschnitte in der gleichen Form ausgezeichnet werden sollen? Dann wäre es ziemlich mühselig, sämtliche Attribute an jeder Stelle erneut festzulegen. Einfacher geht es mit dem Formatpinsel.

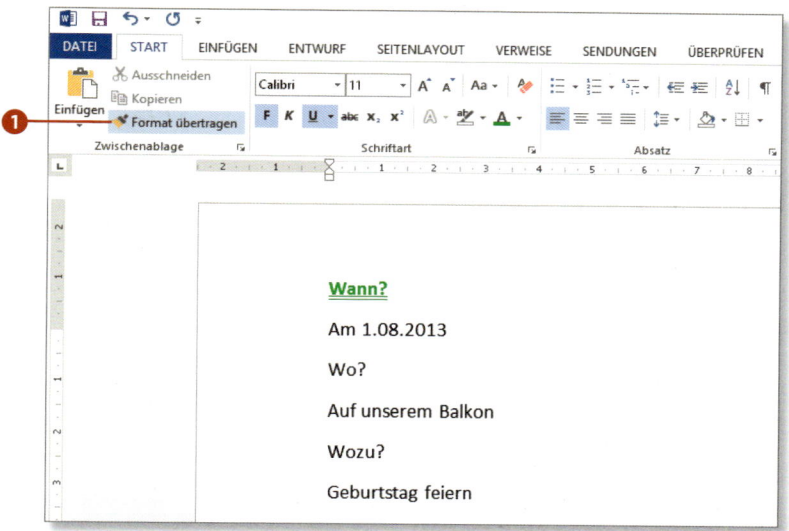

1. Bevor Sie ein bestehendes Format auf ein anderes übertragen können, müssen Sie dieses zunächst einmal markieren – und zwar direkt im Text. Handelt es sich um ein ganzes Wort, können Sie auch einfach den Cursor darin platzieren (auch bei Absatzformaten reicht die Positionierung des Cursors in dem Absatz, dessen Format übernommen werden soll).

2. Anschließend klicken Sie auf **Format übertragen** ❶ in der Gruppe **Zwischenablage** auf der Registerkarte **Start**. Wenn Sie einfach daraufklicken, kann das Format nur einmal übertragen werden. Wenn Sie doppelt auf die Schaltfläche **Format übertragen** klicken, bleibt sie so lange aktiv, bis Sie sie erneut anklicken oder eine andere Aktion ausführen, z. B. speichern. Solange die Schaltfläche aktiv ist, können Sie das in Schritt 1 ausgewählte Format auf beliebig viele Textstellen übertragen.

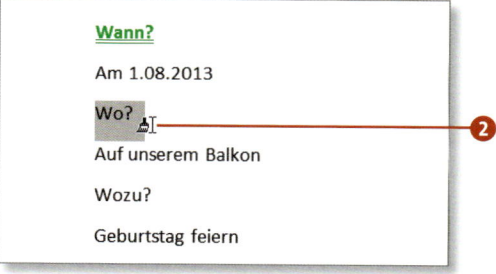

3. Um ein Format zu übertragen, klicken Sie mit dem Pinsel in den zu formatierenden Text oder ziehen ihn mit gedrückter Maustaste über den zu formatierenden Bereich ❷.

### Tastenkürzel für Formate

Zahlreiche Word-Funktionen (auch die Formatierungsoptionen) lassen sich auch über die Tastatur aktivieren. Wenn Sie das Kürzel einer bestimmten Funktion nicht kennen, zeigen Sie mit dem Mauszeiger auf die Schaltfläche o. Ä., ohne zu klicken. Der QuickInfo, die dann erscheint, können Sie entnehmen, mit welcher Kombination der Befehl aktiviert werden kann.

## Texteffekte nutzen

Neben den bereits bekannten Standardauszeichnungsmöglichkeiten verfügt Word 2013 über eine Fülle weiterer ansehnlicher Effekte. Diese lassen sich ganz einfach per Mausklick auf den markierten Text übertragen.

1. Der Text, den Sie mit Effekten versehen wollen, muss zunächst wie gewohnt markiert werden.

2. Anschließend klicken Sie auf der Registerkarte **Start** auf die Schaltfläche **Texteffekte und Typografie** ❶ (sie kann nur angeklickt werden, wenn Sie in einem Dokument mit dem Dateiformat DOCX arbeiten).

3. Im oberen Teil des Menüs können verschiedene Effektkombinationen direkt ausgewählt werden ❷. Sie weisen Sie mit einem Mausklick zu.

4. In der unteren Hälfte des Menüs sehen Sie weitere Effekte. Zeigen Sie z. B. auf den Eintrag **Spiegelung** ❸, dann öffnet sich ein detailliertes Menü. Auch diese Effekte setzen Sie per Mausklick ein.

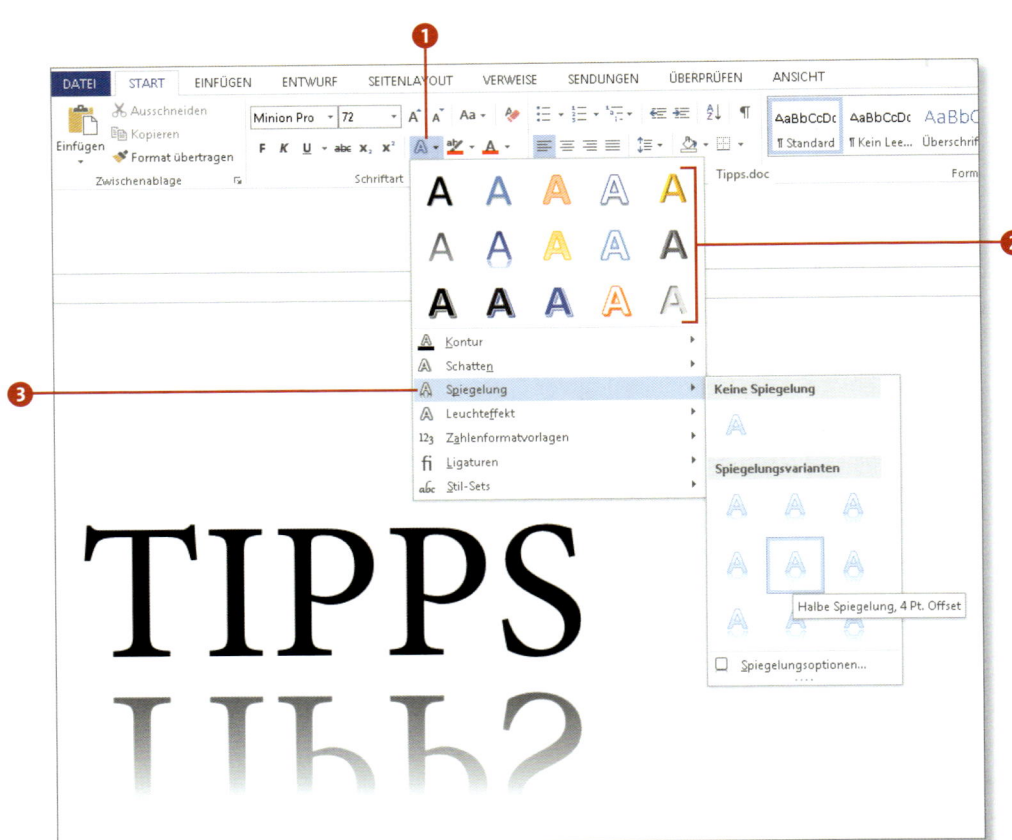

### Ausprobieren!

Auch für die Texteffekte gibt es eine Live-Vorschau. Das bedeutet, dass der Effekt im Text angezeigt wird, sobald sich die Maus über der entsprechenden Schaltfläche befindet (nicht klicken!). So können Sie schnell einschätzen, ob der jeweilige Effekt der richtige ist. Falls ja, wird er per Mausklick zugewiesen. Falls nicht, fahren Sie mit der Maus einfach auf eine andere Schaltfläche.

## Ligaturen

Eine Ligatur ist ein Buchstabenverbund, also zwei oder mehr aufeinanderfolgende Zeichen, die – typografisch gesprochen – zu einem einzelnen Zeichen verschmelzen. Ligaturen werden bei aufeinanderfolgenden Buchstaben mit Oberlängen verwendet, z. B. *f*, *i*, *l* oder *t*, damit es nicht zu unschönen Lücken zwischen diesen Buchstaben kommt. Sie können Ligaturen selbst erzeugen:

1. Markieren Sie das betreffende Wort, bzw. stellen Sie den Cursor hinein.

2. Klicken Sie auf der Registerkarte **Start** auf die Schaltfläche **Texteffekte und Typografie** ❶ (sie kann nur angeklickt werden, wenn Sie in einem Dokument mit dem Dateiformat DOCX arbeiten).

3. Wählen Sie **Ligaturen > Nur Standard** ❷ aus dem Menü. Der Effekt wird dann dort umgesetzt, wo es nötig ist (hier eben bei *f* und *i* ❸).

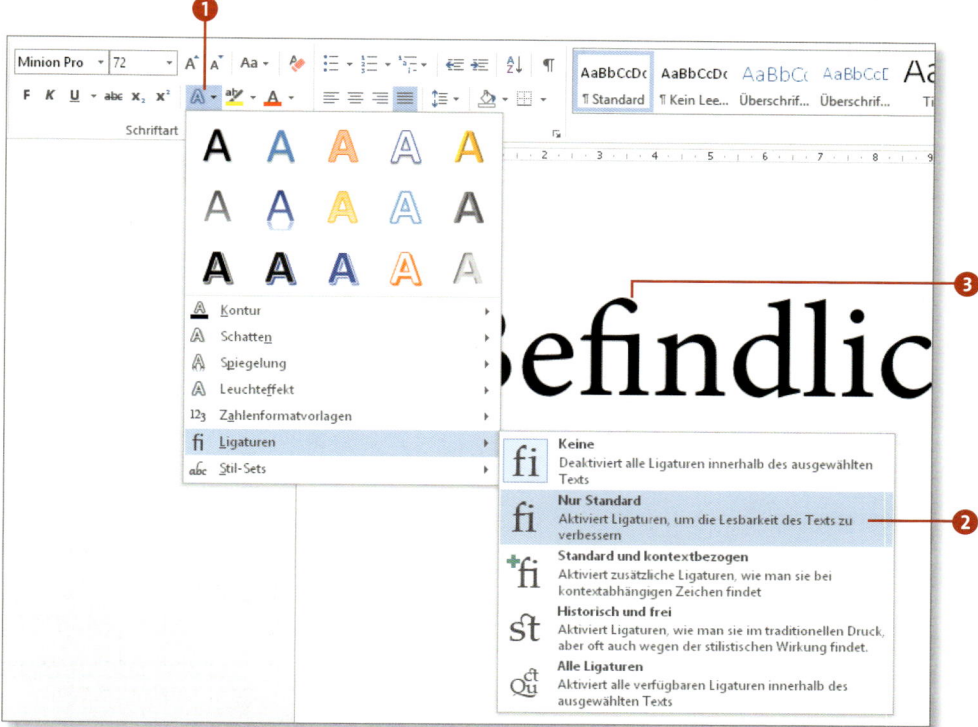

**Voraussetzungen**

Im Kasten »OpenType« auf Seite 84 haben wir bereits erklärt, was es mit OpenType-Schriften auf sich hat. Eine OpenType-Schrift ist die Voraussetzung für die Produktion einer Ligatur. Sie ist im Menü **Schriftart** an dem vorangestellten **O** zu erkennen (im Gegensatz zu **TT** für True-Type-Schriften).

## Zeilenabstände

In diesem Abschnitt erfahren Sie, wie sich die Abstände zwischen einzelnen Zeilen vergrößern oder verkleinern lassen. Sinnvollerweise werden besonders lange Zeilen mit größeren Zeilenzwischenräumen versehen. Das dient der besseren Lesbarkeit. Bei kürzeren Zeilen dürfen die Abstände geringer sein.

1. Setzen Sie die Einfügemarke (den Cursor) mit einem Klick oder mithilfe der Pfeiltasten in den zu verändernden Absatz.

2. Klicken Sie auf die Schaltfläche **Zeilen- und Absatzabstand** ❶ in der Gruppe **Absatz** auf der Registerkarte **Start**, und fahren Sie in der Liste nach unten.

3. Weitere Einstellungen finden Sie, wenn Sie auf den Eintrag **Zeilenabstandsoptionen** ❷ klicken. Im Dialog **Absatz** können die Parameter für den Zeilenabstand noch individueller festgelegt werden ❸.

**Markierung**

Das herkömmliche Markieren des Textes ist hier nicht erforderlich. Die angesprochenen Optionen wirken sich ohnehin auf den kompletten Absatz aus, wenn die Einfügemarke darin blinkt. Einzige Ausnahme: Wollen Sie mehrere Absätze formatieren, sollten diese zuvor allesamt markiert werden.

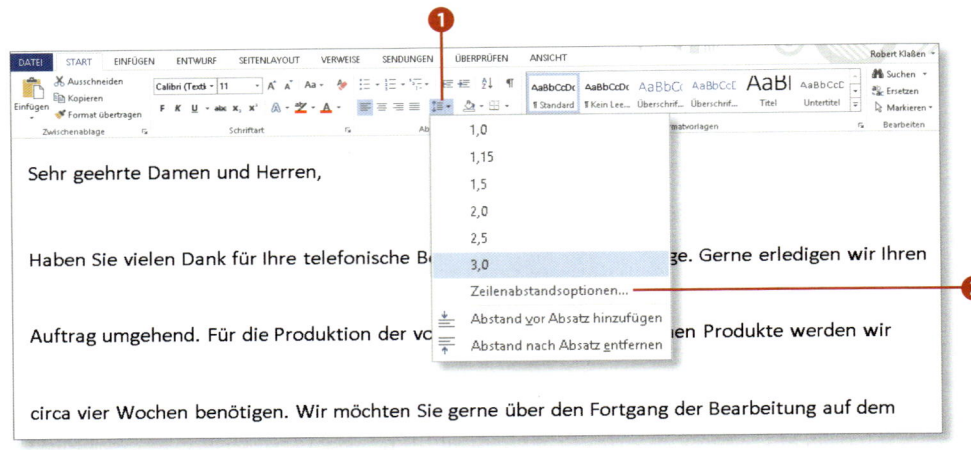

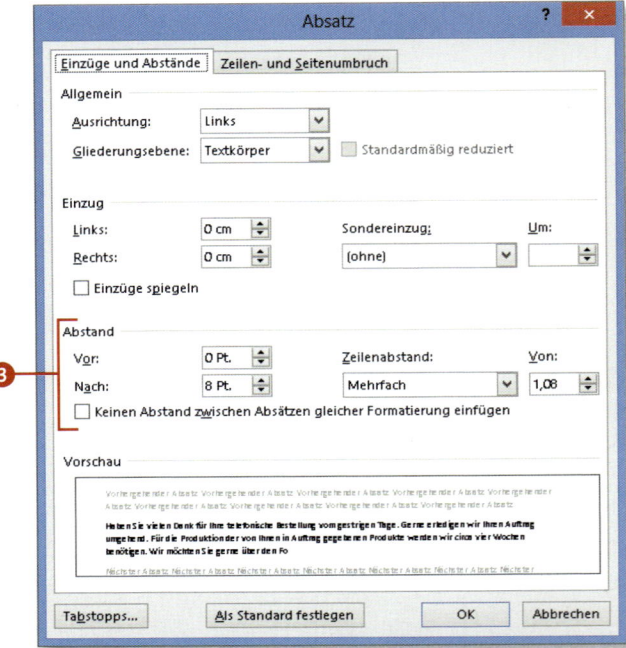

## Absatzabstände

Wer einzelne Absätze durch größere Zwischenräume optisch voneinander trennen möchte, hat dazu verschiedene Möglichkeiten.

1. Platzieren Sie den Cursor innerhalb des Textblocks, dessen Abstand zu anderen Absätzen verändert werden soll.

2. Innerhalb der Gruppe **Absatz** der Registerkarte **Start** klicken Sie
auf die Schaltfläche **Zeilen- und Absatzabstand** ❶. Im zugehörigen Menü wählen Sie **Zeilenabstandsoptionen**.

3. Im Dialog **Absatz** verändern Sie die Werte in den Feldern **Vor** und
**Nach** ❷ wunschgemäß und klicken dann auf **OK** ❸.

4. Alternativ öffnen Sie das Register **Entwurf** im Menüband und klicken dort in der Gruppe **Dokumentformatierung** auf die Schaltfläche **Absatzabstand**. Wählen Sie die gewünschte Einstellung
aus dem Menü.

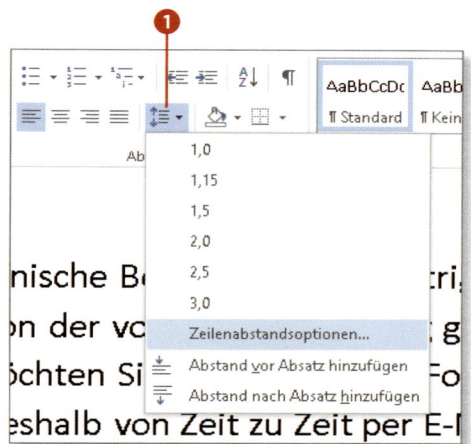

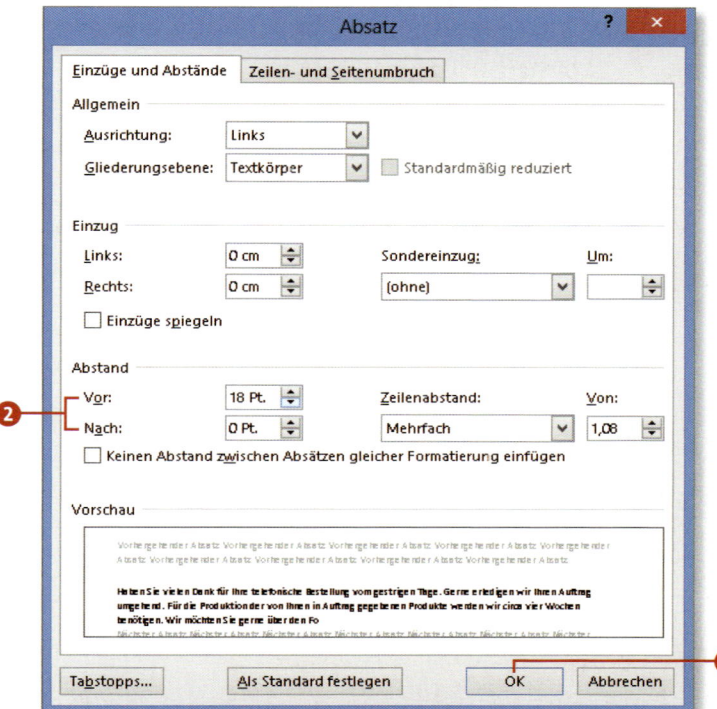

### ℹ Zeichenabstand

Während Zeilenabstände die Freiräume zwischen den Zeilen
bestimmen, werden die Abstände der einzelnen Buchstaben
zueinander als *Zeichenabstand* bezeichnet. Sie verändern ihn,
indem Sie auf der Registerkarte **Start** auf den kleinen Pfeil
unten rechts an der Gruppe **Schriftart** klicken. Öffnen Sie das
Register **Erweitert** des Dialogs **Schriftart**, und nehmen Sie die
gewünschten Änderungen im Feld **Abstand** vor.

## Den Text ausrichten

Die Höhe, auf der eine Zeile anfängt oder endet, ist keinesfalls in Stein gemeißelt. Die Ausrichtung eines Textblocks lässt sich wunschgemäß verändern.

1. Platzieren Sie die Einfügemarke in dem Textabschnitt, den es auszurichten gilt. Oder soll der Text des gesamten Dokuments ausgerichtet werden? Dann drücken Sie Strg + A , um alles zu markieren.

2. Klicken Sie auf die Schaltfläche **Linksbündig ausrichten** ❶, wenn der Anfang jeder Zeile am linken Rand auf einer Linie ausgerichtet sein soll ❷. Am rechten Rand enden die Zeilen dann nicht alle auf einer Höhe (*Flattersatz*).

3. Klicken Sie auf die Schaltfläche **Zentrieren** ❸, damit sämtliche Zeilen an der Mitte der Seite ausgerichtet werden ❹.

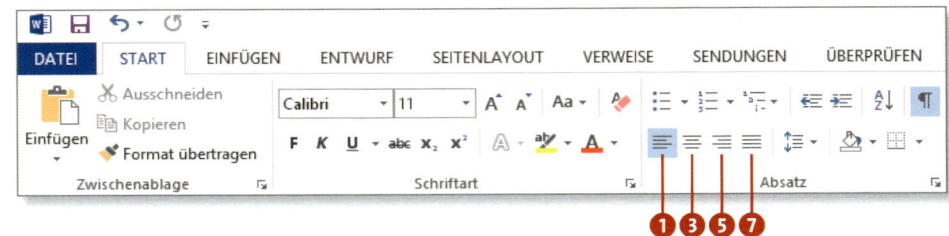

❷ — Haben Sie vielen Dank für Ihre telefonische Bestellung vom gestrigen Tage. Gerne erledigen wir Ihren Auftrag umgehend. Für die Produktion der von Ihnen in Auftrag gegebenen Produkte werden wir circa vier Wochen benötigen. Wir möchten Sie gerne über den Fortgang der Bearbeitung auf dem Laufenden halten und werden uns deshalb von Zeit zu Zeit per E-Mail bei Ihnen melden.

Haben Sie vielen Dank für Ihre telefonische Bestellung vom gestrigen Tage. Gerne erledigen wir Ihren Auftrag umgehend. Für die Produktion der von Ihnen in Auftrag gegebenen Produkte werden wir circa vier Wochen benötigen. Wir möchten Sie gerne über den Fortgang der Bearbeitung auf dem Laufenden halten und werden uns deshalb von Zeit zu Zeit per E-Mail bei Ihnen melden.

❹

### Tastenkürzel für die Ausrichtung

Wer schnell zahlreiche unterschiedliche Textbausteine formatieren möchte, sollte mit Tastaturbefehlen arbeiten. Die Ausrichtung des Textes erfolgt, indem Sie Strg gedrückt halten und eine der folgenden Tasten drücken: L für **Linksbündig**, E für **Zentrieren**, R für **Rechtsbündig** oder B für **Blocksatz**.

4. Klicken Sie auf **Rechtsbündig ausrichten** (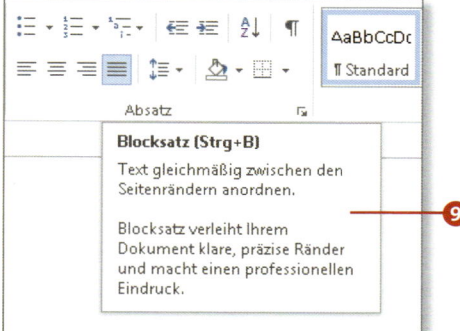5 in Bild 1 auf Seite 94), damit sämtliche Zeilen am rechten Seitenrand genau auf einer Höhe enden 6.

5. Mit **Blocksatz** (7 in Bild 1 auf Seite 94) erreichen Sie, dass alle Zeilen eines Absatzes mit Ausnahme der letzten links und rechts auf derselben Höhe beginnen und enden 8, sodass sie gleich lang aussehen. Um Lücken zu vermeiden, sollten Sie dabei mit der automatischen Silbentrennung arbeiten (siehe den Abschnitt »Silbentrennung« auf Seite 57).

6. Wenn Sie weitere Informationen benötigen, lassen Sie den Mauszeiger kurz auf einer Schaltfläche ruhen, ohne zu klicken. Dadurch wird eine kleine Hinweistafel (*QuickInfo*) sichtbar 9, die weitere Informationen zur Verfügung stellt.

Haben Sie vielen Dank für Ihre telefonische Bestellung vom gestrigen Tage. Gerne erledigen wir Ihren Auftrag umgehend. Für die Produktion der von Ihnen in Auftrag gegebenen Produkte werden wir circa vier Wochen benötigen. Wir möchten Sie gerne über den Fortgang der Bearbeitung auf dem Laufenden halten und werden uns deshalb von Zeit zu Zeit per E-Mail bei Ihnen melden. — 6

Haben Sie vielen Dank für Ihre telefonische Bestellung vom gestrigen Tage. Gerne erledigen wir Ihren Auftrag umgehend. Für die Produktion der von Ihnen in Auftrag gegebenen Produkte werden wir circa vier Wochen benötigen. Wir möchten Sie gerne über den Fortgang der Bearbeitung auf dem Laufenden halten und werden uns deshalb von Zeit zu Zeit per E-Mail bei Ihnen melden. — 8

**Blocksatz (Strg+B)**

Text gleichmäßig zwischen den Seitenrändern anordnen.

Blocksatz verleiht Ihrem Dokument klare, präzise Ränder und macht einen professionellen Eindruck.

— 9

### Der Text und seine Lesbarkeit

Bei der Wahl der Textausrichtung ist zu berücksichtigen, dass nicht jede Darstellungsform gleich gut lesbar ist. Der linksbündige Flattersatz bietet in der Regel die beste Lesbarkeit. Blocksatz ist nicht mehr so gut lesbar, macht aber optisch einen aufgeräumten Eindruck. Die beiden anderen Ausrichtungen sind in Bezug auf ihre Lesbarkeit am wenigsten geeignet, da wir daran gewöhnt sind, den Anfang einer Zeile stets an der gleichen Stelle zu erfassen.

## Einzüge vergrößern und verkleinern

Große Textmengen (*Fließtext*) werden in der Regel im linksbündigen Flattersatz oder im Blocksatz ausgerichtet. Um bestimmte Absätze thematisch besonders hervorzuheben oder sie in Bezug zum vorangegangenen Absatz zu präsentieren, können sie eingerückt werden.

1. Zunächst setzen Sie die Einfügemarke in den Block, dessen Einzug verändert werden soll (bzw. markieren die Absätze, die Sie einrücken wollen).

2. Wechseln Sie zur Registerkarte **Start** ❶, und klicken Sie auf **Einzug vergrößern** ❷, damit der linke Rand des Absatzes weiter nach rechts rückt (wie im Beispiel am mittleren Absatz zu sehen ❸).

3. Die Schaltfläche **Einzug verkleinern** ❹ wirkt sich nur auf zuvor bereits eingerückten Text aus. Damit kann der linke Rand des Absatzes wieder nach links zurückgeschoben werden.

4. Wenn Sie den linken Rand des Dokuments passgenau verschieben und vielleicht auch den rechten Rand einrücken möchten, klicken Sie auf den Pfeil an der Gruppe **Absatz** ❺.

ℹ **Das Lineal**

Wie Sie im Abschnitt »Einzüge mithilfe des Lineals platzieren« auf Seite 98 erfahren, können Einzüge auch über das Lineal am Kopf der Seite definiert werden. Um es sichtbar zu machen, muss auf der Registerkarte **Ansicht** in der Gruppe **Anzeigen** die Checkbox **Lineal** aktiviert werden.

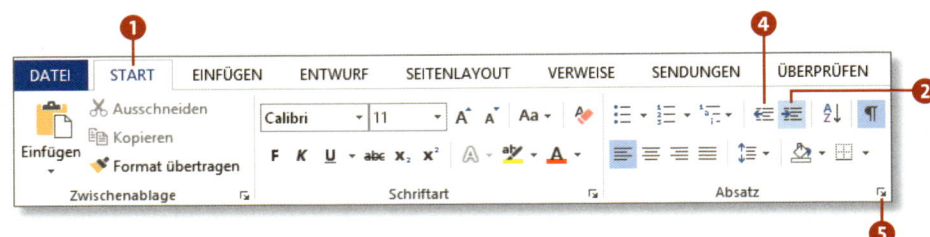

# Computer in der heutigen Zeit

Computer sind aus dem täglichen Leben nicht mehr wegzudenken. Wir nutzen Computer in allen Bereichen und Lebenslagen. Wer behauptet, er könne gänzlich ohne Computer auskommen, mag zwar die Wahrheit sagen, doch geht dies nicht ohne Einschränkungen des täglichen Lebens.

Wer beispielsweise eine *Reise* buchen möchte, der muss nicht mehr ins nächste Reisebüro gehen, sondern kann den Urlaub direkt via Internet buchen. Und noch besser: Er kann selbst den günstigsten Preis heraussuchen, ohne auf die Hilfe anderer angewiesen zu sein.

Computer halten immer mehr Einzug in unser tägliches Leben. Heutzutage gibt es bereits Kühlschränke, die selbständig jene Artikel nachordern, die wir zuvor entnommen haben. Zwar sind derartige Errungenschaften noch nicht wirklich serienreif, doch sie funktionieren bereits. Schöne neue Welt? Das muss jeder für sich selbst entscheiden.

5. Daraufhin wird der Dialog **Absatz** geöffnet, mit dessen Hilfe sich der Einzug über die Werte in den Feldern **Links** und **Rechts** ❻ fast stufenlos anpassen lässt.

6. Meist bietet es sich in diesem Zusammenhang an, gleich auch den Abstand vor und nach dem betreffenden Textblock zu vergrößern ❼. Wenn Sie alles eingestellt haben, klicken Sie ganz unten auf **OK** ❽.

7. Die Steuerelemente für Einzüge und Abstände, die Sie im Dialogfenster **Absatz** sehen, finden Sie auch in der Gruppe **Absatz** auf der Registerkarte **Seitenlayout** ❾.

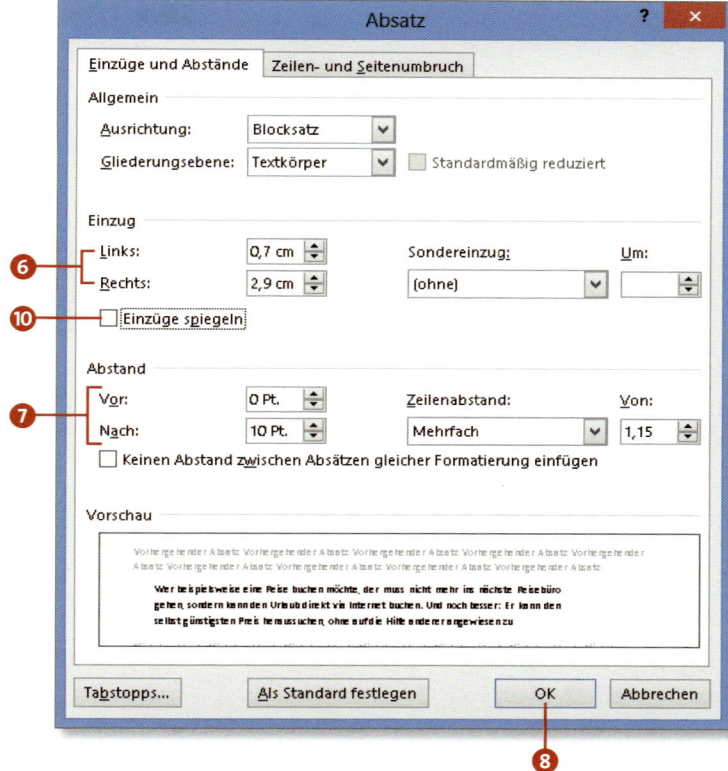

ℹ️ **Einzüge spiegeln**

Im Dialog **Absatz** finden Sie die Checkbox **Einzüge spiegeln** (❿ in Bild 1 auf dieser Seite). Wenn Sie sie aktivieren, werden aus den Feldern **Links** und **Rechts** die Steuerelemente **Innen** und **Außen**. Diese Funktion ist besonders bei der Gestaltung von Doppelseiten wichtig. Mit »Innen« ist dann der rechte Einzug auf einer linken bzw. der linke Einzug auf einer rechten Seite gemeint. So erhalten Sie ein optisch gleichmäßiges Bild bei den nebeneinanderliegenden Seiten, z. B. für ein Buch.

## Einzüge mithilfe des Lineals platzieren

Schauen wir uns an, wie Einzüge noch individueller platziert werden können, als auf Seite 96 f. beschrieben. Auf diese Weise sind Sie in Sachen Textgestaltung noch freier.

1. Damit sich Einzüge per Lineal setzen lassen, muss das Lineal zunächst einmal aktiviert werden. Siehe dazu den Kasten »Das Lineal« auf Seite 96.

2. Um den linken Einzug des Absatzes zu verändern, in dem die Einfügemarke steht (bzw. der Absätze, die Sie markiert haben), ziehen Sie das untere kleine Dreieck ❶ mit gedrückter Maustaste an die gewünschte Position. Den rechten Einzug legen Sie fest, indem Sie das Dreieck ❷ auf der rechten Seite verschieben.

3. Insbesondere beim Blocksatz wird gern der Einzug der ersten Zeile etwas nach rechts vergrößert, damit der Beginn des Absatzes schnell zu erkennen ist ❸. Dies erreichen Sie, indem Sie die obere Marke auf der linken Seite verschieben ❹.

4. Wie weit sich der gesamte Text nach links und rechts ausdehnen darf (Seitenränder), wird durch Ziehen an den grauen Begrenzungen links ❺ und rechts ❻ bestimmt.

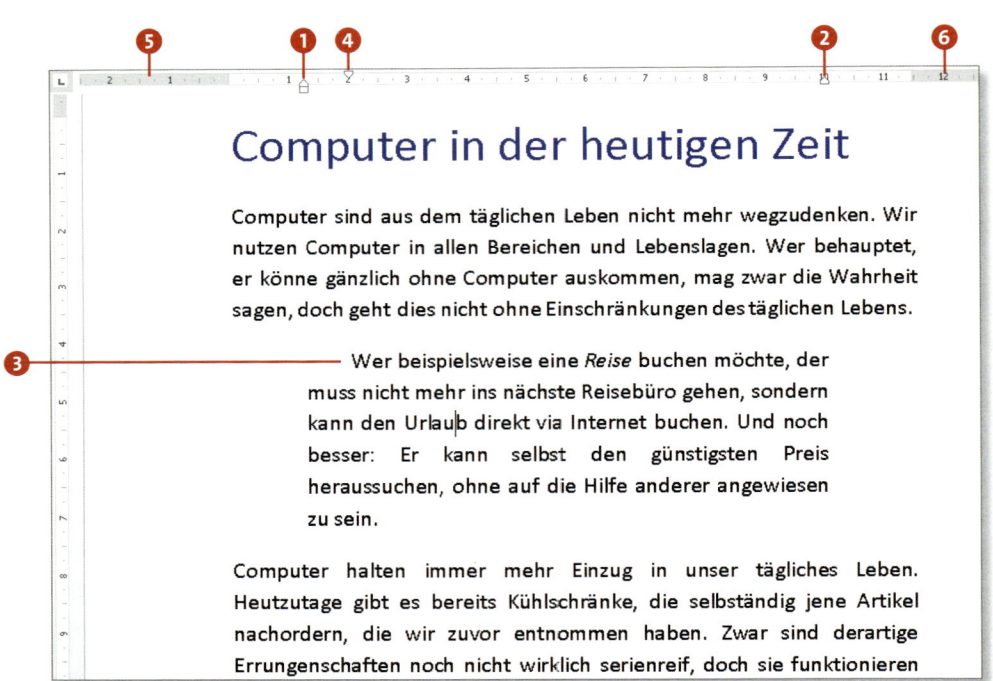

**Absätze jederzeit ändern**

Sollten Sie zu einem späteren Zeitpunkt feststellen, dass die Einzüge doch noch einmal geändert werden müssen, kann auch das mithilfe der Lineal-Steuerelemente erledigt werden. Einzige Voraussetzung: Sie müssen die Einfügemarke zunächst in den relevanten Absatz setzen.

# Tabstopps einfügen

In diesem Abschnitt erfahren Sie, wie sich sogenannte *Tabstopps* setzen lassen. Diese sind nicht
nur beim Einrücken, sondern z. B. auch bei der
Formatierung von Tabellen und Spalten sehr
wichtig, weil sich mit ihrer Hilfe feste Abstände
einrichten bzw. festgelegte Positionen im Text
»anspringen« lassen. Wenn Sie ein neues Dokument öffnen, sind auf dem Lineal noch keine
Tabstopps zu sehen.

1. In der Standardeinstellung, **Tabstopp links** ⌊ ,
   erzeugen Sie mit der Tabstopp-Schaltfläche ❶
   einen linksbündigen Tabstopp (siehe Schritt 2).
   Klicken Sie jeweils nacheinander darauf, um
   weitere Optionen zu erreichen: **zentriert** ⊥ ,
   **rechts** ⌟ , **dezimal** ⊥ , **Leiste-Tabstopp** ▮ ,
   **Erstzeileneinzug** ▽ und **Hängender Einzug** △ .

2. Danach klicken Sie im Lineal auf die Position,
   an der ein Tabstopp benötigt wird. (Im Beispiel
   haben wir zwei Dezimal-Tabstopps eingefügt:
   einen bei 4,5 cm ❷ und einen bei 7 cm ❸. Auf
   diese Weise können Sie Dezimalzahlen in einer
   Tabelle schön am Komma ausrichten.)

3. Indem Sie ⇥ drücken, springen Sie jeweils
   zum nächsten rechts von der Einfügemarke
   befindlichen Tabstopp.

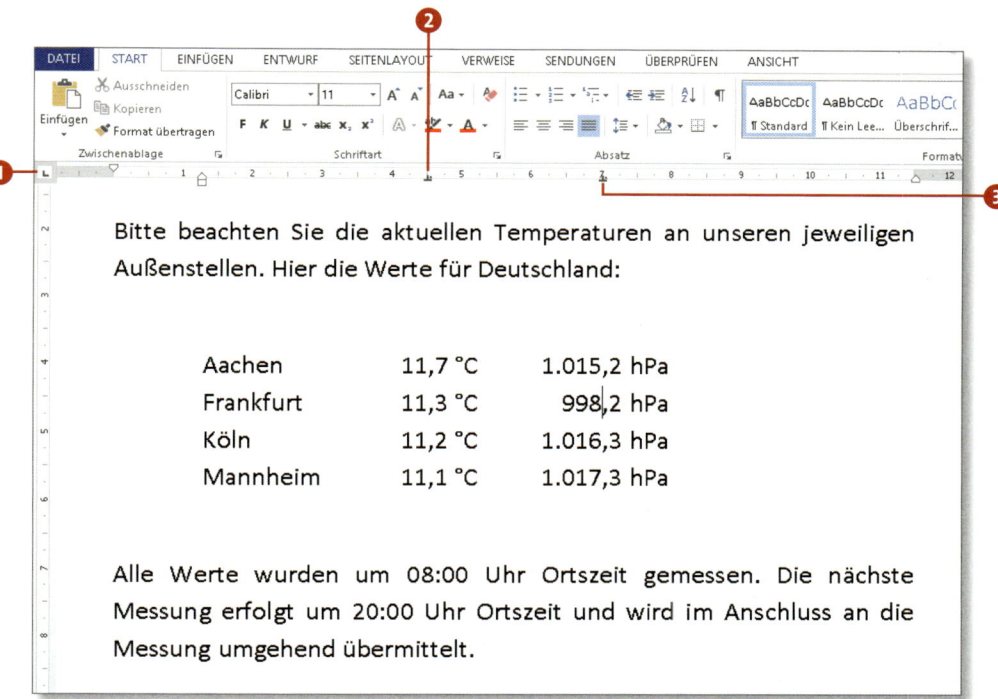

**Wofür werden die Tabstopps genutzt?**

Worin der Unterschied zwischen den einzelnen Tabstopps liegt und wofür Sie
sie jeweils nutzen, erfahren Sie im Exkurs »Die unterschiedlichen Tabstopps in
der Übersicht« auf Seite 100.

## Die unterschiedlichen Tabstopps in der Übersicht

Wie Sie in der Anleitung »Tabstopps einfügen« auf Seite 99 gesehen haben, gibt es viele verschiedene Tabstopps, die Sie zu unterschiedlichen Zwecken nutzen können. Wir wollen sie Ihnen im Folgenden genauer vorstellen.

- Wenn Sie z. B. einen linksbündigen Tabstopp setzen und diese Position mit ⇥ ansteuern, wird der eingegebene Text rechts von der Einfügemarke platziert.

- Ein zentrierter Einzug bewirkt, dass die Mitte des Textes als Orientierungspunkt herangezogen wird. Neu eingegebener Text wird zentriert.

- Bei einem rechtsbündigen Tabstopp wird der Text links von der Einfügemarke eingesetzt.

- Dezimal-Tabstopps sorgen z. B. innerhalb von Wertetabellen dafür, dass die Kommata (Dezimalstellen) sauber untereinander stehen, egal wie viele Zeichen davor und danach verwendet worden sind. Das bietet mehr Übersicht.

- Der Leiste-Tabstopp legt nicht die Ausrichtung des Textes fest, sondern mit ihm wird an der Position des Tabstopps ein kleiner senkrechter Strich eingefügt.

Die beiden nächsten Optionen sind keine Tabstopps im eigentlichen Sinne, sondern sogenannte *Einzugsmarken*. Sie haben folgende Wirkung:

- Mit der Option **Erstzeileneinzug** können Sie nur die erste Zeile eines Absatzes einrücken. Positionieren Sie die Marke auf der Höhe im Lineal, auf der die erste Zeile beginnen soll.

- Mit der Option **Hängender Einzug** können Sie hingegen alle Zeilen eines Absatzes bis auf die erste einrücken. Positionieren Sie die Marke auf der Höhe im Lineal, auf der alle Zeilen ab der zweiten Zeile beginnen sollen.

Die Änderungen gelten jeweils nur für den Absatz, in dem der Cursor aktuell steht; da es sich aber um ein Absatzformat handelt, kann diese Einstellung mithilfe der Schaltfläche **Format übertragen** in der Gruppe **Zwischenablage** auf andere Absätze übertragen werden (siehe dazu auch den Abschnitt »Formate mit dem Pinsel übertragen« auf Seite 89). Oder Sie markieren von vorneherein mehrere Absätze, bevor Sie einen Tabstopp zuweisen.

# Tabstopps bearbeiten

Sie können Tabstopps nicht nur auf die im Abschnitt »Tabstopps einfügen« auf Seite 99 beschriebene Weise anlegen. Wenn Sie es etwas genauer haben wollen oder vielleicht Füllzeichen brauchen, um Ihr Inhaltsverzeichnis übersichtlicher zu machen, können Sie den Dialog **Tabstopps** dafür nutzen. Die Einstellungen gelten immer für den Absatz, in dem der Cursor steht, bzw. für den markierten Bereich.

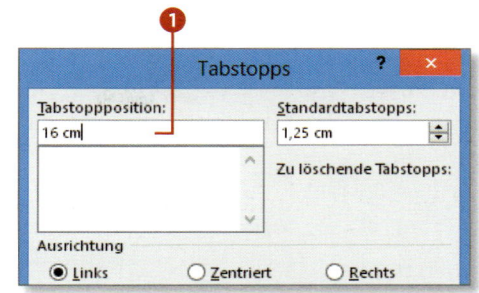

1. Um den Dialog **Tabstopps** zu öffnen, klicken Sie doppelt auf ein Tabstopp-Zeichen im Lineal. Alternativ klicken Sie auf den Pfeil unten rechts an der Gruppe **Absatz** (Registerkarte **Start**) und im zugehörigen Dialog dann auf die Schaltfläche **Tabstopps** unten links.

2. Im Dialog können Sie die Position des Tabstopps genau bestimmen, indem Sie im Feld **Tabstoppposition** ein Maß eingeben, z. B. »16 cm« ❶. Dann klicken Sie auf **Festlegen** ❷.

3. Der neue Tabstopp wurde übernommen. Wenn Sie ihn nun anklicken ❸, können Sie ihn weiterbearbeiten. Ändern Sie z. B. seine Ausrichtung ❹, oder versehen Sie seine Spanne mit Füllzeichen ❺. Klicken Sie dann wieder auf **Festlegen**.

4. Zum Schluss klicken Sie auf **OK**. Wenn Sie nun in dem Absatz, für den Sie den Tabstopp angelegt haben, die ⇥-Taste drücken, wird der Text dem Tabstopp entsprechend angepasst ❻.

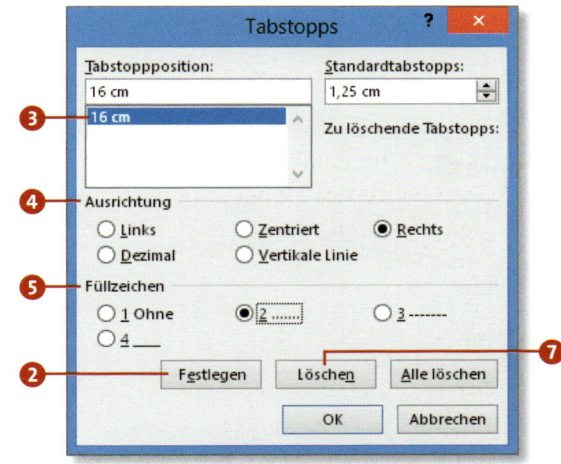

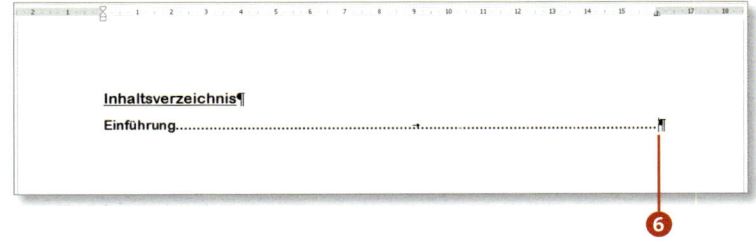

---

ℹ **Tabstopps löschen**

Um einen Tabstopp zu entfernen, klicken Sie ihn im Feld **Tabstoppposition** an, wählen dann **Löschen** ❼ und klicken zur Bestätigung auf **OK**.

# Rahmen und Schattierung

Es kommt vor, dass Texte und Abschnitts-
überschriften gut sichtbar herausge-
stellt werden sollen. Sie können z. B. mit
Rahmen und Schattierungen dafür sorgen,
dass das Wesentliche direkt ins Auge fällt.
So gestalten Sie z. B. eine Überschrift:

1. Zunächst markieren Sie den zu ändernden Text. Eine einzelne Überschrift
   (bzw. einen ganzen Absatz) können
   Sie mit einem Dreifachklick komplett
   auswählen.

2. Klicken Sie in der Gruppe **Absatz** der Registerkarte **Start** auf das kleine Dreieck
   an der Schaltfläche **Rahmen** ❶.

3. Im zugehörigen Menü wählen Sie jene
   Rahmenform aus, die Sie für geeignet
   halten, z. B. **Alle Rahmenlinien**.

4. Um den in Schritt 3 ausgewählten Rahmen erneut an einer anderen Position
   einzusetzen, reicht nun ein Klick auf die
   Schaltfläche **Rahmen**. (Sie übernimmt
   die zuvor ausgewählte Formatierung).

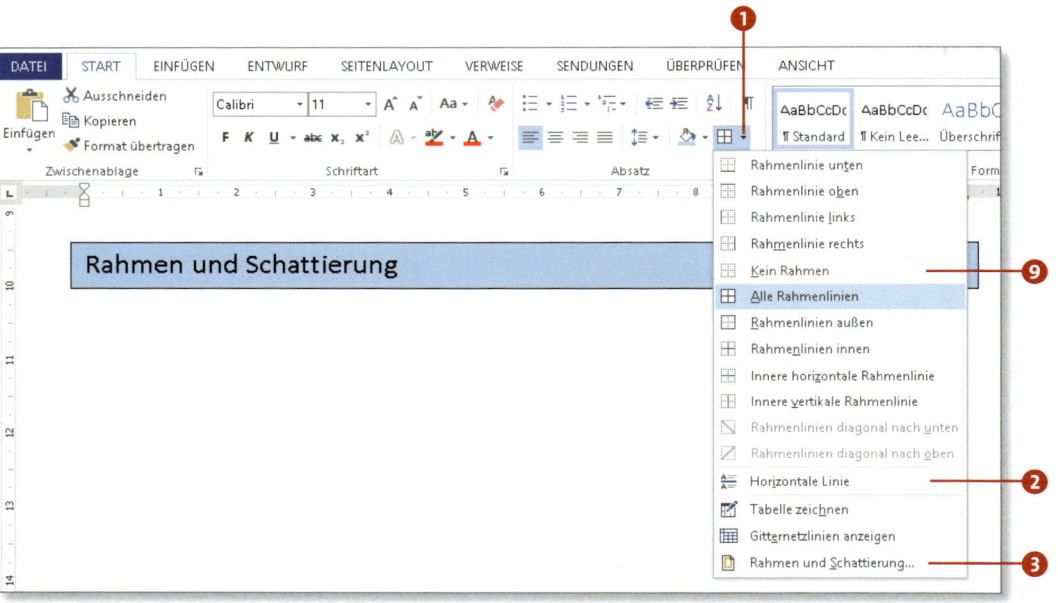

**Trennlinie einfügen**

Signalisieren Sie dem Leser unmissverständlich, an welcher Stelle des Textes das aktuelle Thema beendet ist. Dazu klicken Sie auf **Horizontale Linie** im Dropdown-Menü.
Die Linie wird nach dem Absatz eingefügt, in dem der Cursor steht. Ein anschließender
Doppelklick auf diese Linie öffnet einen Dialog, der weitere Einstellungen, die die Linie
betreffen, bereithält.

5. Für detailliertere Einstellungen der Rahmenlinien klicken Sie im Dropdown-Menü auf den
   untersten Eintrag, **Rahmen und Schattierung**
   (❸ auf Seite 102).

6. Der gleichnamige Dialog öffnet sich. Hier
   können Sie z. B. Breite ❹ und Farbe ❺ der Rah-
   menlinie selbst bestimmen oder anstelle der
   durchgezogenen Linie eine gepunktete oder
   gestrichelte Begrenzung nutzen ❻. Nehmen
   Sie sämtliche Einstellungen vor, und bestätigen Sie sie anschließend mit **OK** ❼.

7. Wenn Sie den ausgewählten Text farblich
   hinterlegen wollen, um ihn hervorzuheben,
   klicken Sie auf den Pfeil an der Schaltfläche
   **Schattierung** ❽ und wählen eine Farbe aus.
   Auch diese Schaltfläche »merkt« sich die zuletzt ausgewählte Einstellung.

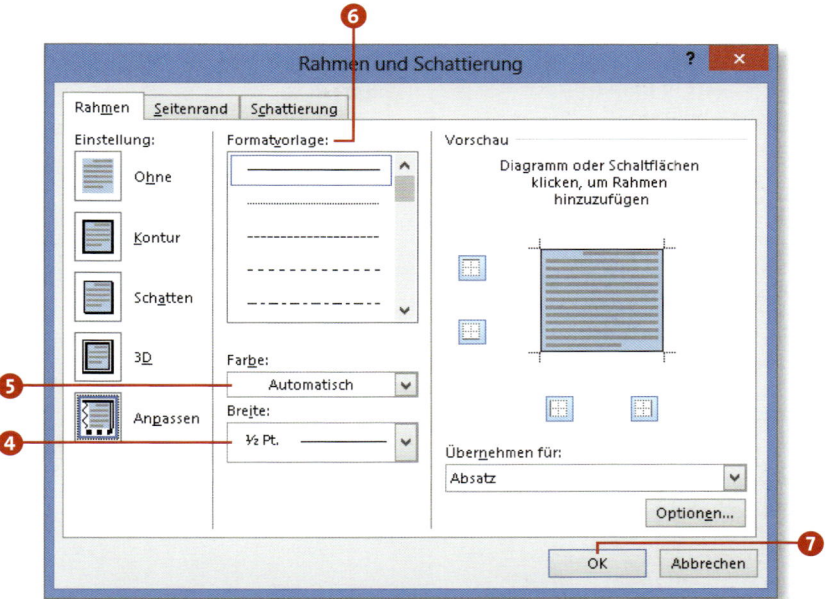

### Alle Formatierungen löschen

Stellen Sie sich vor, Sie haben mehrere unterschiedliche Formateinstellungen an einer
Überschrift vorgenommen und wollen diese
alle wieder entfernen. Sie könnten dazu zwar
jeweils auf **Kein Rahmen** (❾ auf Seite 102)
und **Keine Farbe** (❿ in Bild 2 auf dieser Seite)
klicken, aber schneller geht es mit der Schaltfläche **Alle Formatierungen löschen** ⓫.

## Eine Formatvorlage anwenden

Sicher haben Sie bereits entdeckt, dass auf der Registerkarte **Start** in der Gruppe **Formatvorlagen** zahlreiche vordefinierte Formatvorlagen auf ihren Einsatz warten. Hier erfahren Sie, wie sie zugewiesen werden.

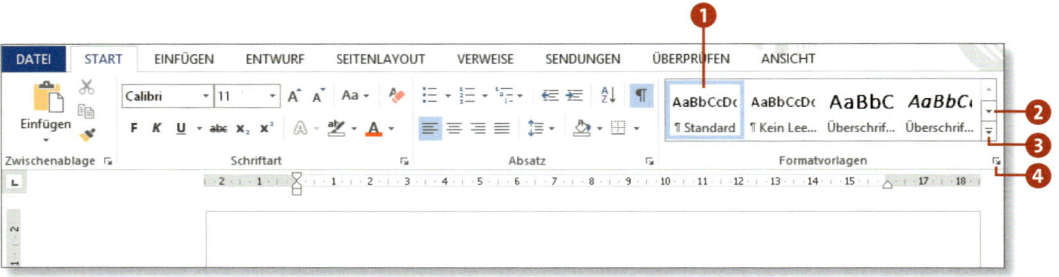

1. Zunächst einmal markieren Sie den Text, der mit einer Formatvorlage versehen werden soll, oder setzen den Cursor in den entsprechenden Absatz.

2. Wenn auf der Registerkarte **Start** im Auswahlfeld der Gruppe **Formatvorlagen** die von Ihnen gewünschte Vorlage angezeigt wird, klicken Sie darauf ❶. Falls nicht, scrollen Sie in der Liste der Vorlagen ein wenig nach unten, indem Sie auf den mittleren Pfeil ❷ klicken.

3. Um die Liste ganz auszuklappen, klicken Sie auf den unteren Pfeil am Feld ❸. Auch in der Liste können Sie die gewünschte Formatvorlage per Mausklick zuweisen.

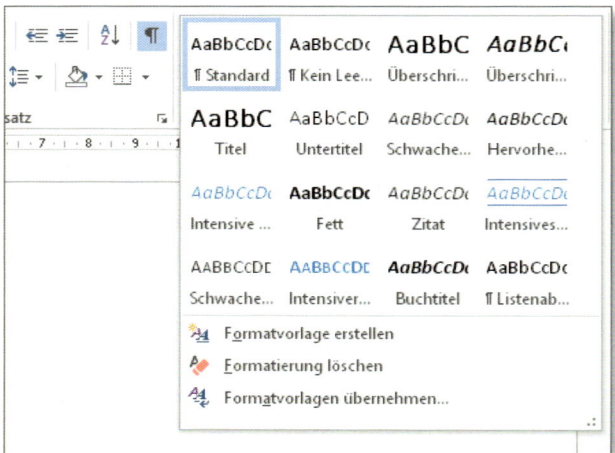

### Formatvorlagen lösen

Das Auswahlfeld **Formatvorlagen** kann mit einem Klick auf den Pfeil an der Gruppe ❹ aus dem Menüband gelöst werden. Daraufhin steht es als eigenständige Palette zur Verfügung, die insgesamt für mehr Übersicht sorgt. Wenn Sie die Palette nicht mehr benötigen, schließen Sie sie mit einem Klick auf ihr Kreuzchen oben rechts. Sie steht danach wie gewohnt wieder im Menüband zur Verfügung.

## Die Registerkarte »Entwurf«

Die Registerkarte **Entwurf** findet ihre Bestimmung in der Gestaltung des kompletten Dokuments. Ob Sie die hier zu treffenden Einstellungen vor, während oder nach dem Schreiben definieren, spielt prinzipiell eine untergeordnete Rolle. Je nachdem, welche Designs verwendet werden (siehe den Anschnitt »Formatvorlagen und Designs« auf Seite 106), ändern sich auch die zur Verfügung stehenden Formatvorlagen auf der Registerkarte **Start**. Das soll gewährleisten, dass später alles gut zusammenpasst.

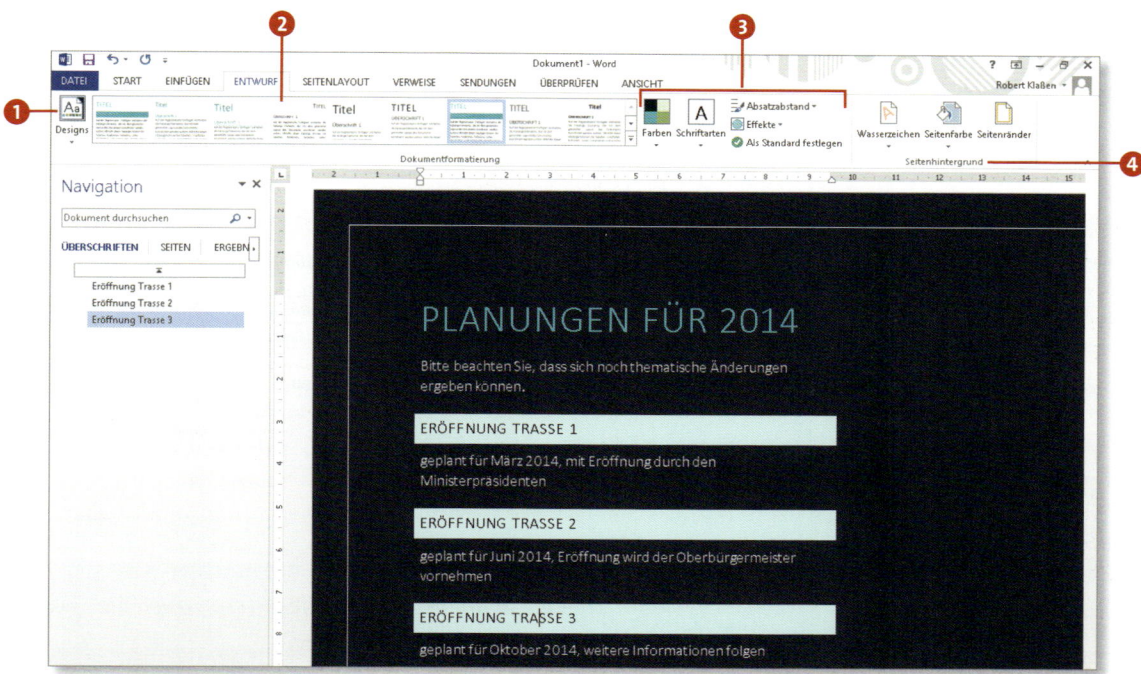

❶ Über die Schaltfläche **Designs** wird zunächst einmal ein grundlegendes Design (ein Set aus Schriftarten, Farben und anderen Gestaltungselementen) ausgewählt.

❷ In diesem Auswahlfeld finden Sie eine Reihe von *Dokumentvorlagen*, die je nach dem gewählten Design aus unterschiedlichen Formatierungen für Überschriften und Fließtext bestehen, die per Mausklick zugewiesen werden.

❸ Mit den Schaltflächen neben dem Auswahlfeld können Sie weitere Formatierungsoptionen nutzen, z. B. bestimmte Farben, Schriftarten, Abstände und Effekte festlegen.

❹ Mit den Befehlen in der Gruppe **Seitenhintergrund** bestimmen Sie die Gestaltung der Seite.

## Formatvorlagen und Designs

Ein *Design* ist eine Zusammenstellung aus einem Schriftartenschema, einem Farbschema und einer Sammlung grafischer Effekte. Das Standard-Office-Design verwendet z. B. die Schriftart Cambria für Überschriften, Calibri für den Textkörper und das Office-Farbschema. Das Design **Metro** hingegen nutzt die Schriftart Consolas für Überschriften, Corbel für den Textkörper und das Farbschema **Metro**. Sie sollten im Hinterkopf haben, dass das gewählte Design Einfluss auf die Dokumentvorlagen (in der Gruppe **Dokumentformatierung**) hat. Darüber hinaus ändern sich die zur Verfügung stehenden Formatvorlagen entsprechend. Sie sehen das, wenn Sie nach Festlegung des Designs und einer Dokumentvorlage auf der Registerkarte **Entwurf** zur Registerkarte **Start** wechseln und sich dort die Formatvorlagen im Auswahlfeld **Formatvorlagen** anschauen.

Eine *Dokumentvorlage* enthält Merkmale eines Dokuments, das Sie immer wieder benötigen (wie z. B. ein Protokoll). Sie können darin Seitenlayout, Schriftarten, Seitenränder und Formatvorlagen vordefinieren und müssen so die Struktur des Protokolls nicht jedes Mal wieder neu festlegen, sondern können auf Basis der Dokumentvorlage ein neues, aber fertig gestaltetes Dokument anlegen und es mit den Informationen füllen, die für Ihr Dokument spezifisch sind.

Eine *Formatvorlage* wiederum ist ein Satz von Formatierungsmerkmalen wie Schriftart, Schriftgröße, Schriftfarbe, Absatzausrichtung und Absatzabstand. Sie sollten folgendermaßen vorgehen, wenn Sie ein Dokument formatieren:

1.  Entscheiden Sie sich mithilfe der Schaltfläche **Designs** ❶ auf der Registerkarte **Entwurf** zunächst für ein Design.

2.  Legen Sie anschließend ein Format in der Gruppe **Dokumentformatierung** ❷ fest.

3.  Wechseln Sie zum Register **Start**, und weisen Sie dem markierten Text über das Auswahlfeld **Formatvorlagen** ❸ eine Vorlage zu.

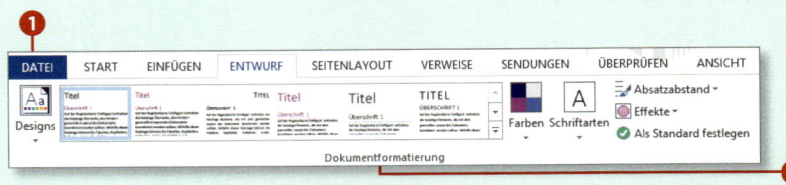

*Passend zum gewählten Design gibt es verschiedene Dokumentvorlagen.*

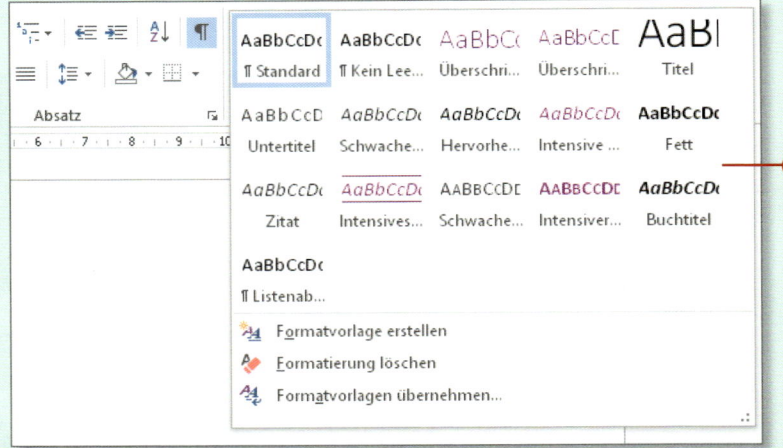

*Die Wahl des Designs beeinflusst auch die Dokumentvorlagen.*

# Dokumentvorlagen

Glücklicherweise muss sich der in Sachen Gestaltung nicht so versierte Anwender keine allzu großen Gedanken darüber machen, ob Design und Dokumentvorlagen zusammenpassen. Das erledigt Word nämlich allein. Nachdem Sie sich für ein bestimmtes Design entschieden haben, werden nur dazu passende Dokumentvorlagen präsentiert. Wenn auf der Registerkarte **Entwurf** in der Gruppe **Dokumentformatierung** nur ein paar Vorlagen zu sehen sind, klicken Sie auf den unteren Pfeil ❶ am Auswahlfeld.

Ein größerer Katalog klappt auf und mit ihm zwei weitere Menübefehle ❷, die für die weitere Verwendung der Vorlagen besonders wichtig sind:

- Mit **Auf den Standard-Formatvorlagensatz zurücksetzen** wird wieder die Dokumentvorlage eingestellt, die sich im Bereich **Dokumentformatierung** an erster Position befindet.

- Mit dem Befehl **Als neuen Formatvorlagensatz speichern** können Sie eine eigene Dokumentvorlage anlegen, wenn Sie mehrere individuelle Einstellungen vorgenommen haben, die Sie in dieser Kombination noch häufiger zur Formatierung von Dokumenten verwenden wollen (siehe dazu die Abschnitte »Neue Formatvorlagen erstellen« und »Eine Dokumentvorlage nutzen und Anpassungen speichern« ab Seite 110).

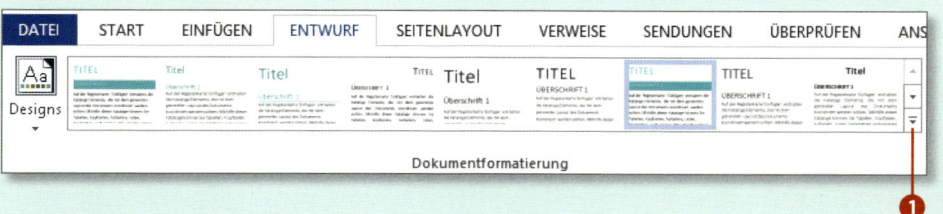

*Die zur Verfügung stehenden Dokumentvorlagen differieren je nach eingestelltem Design.*

*Der Katalog lässt sich per Klick aufklappen.*

## Neue Formatvorlagen erstellen

In diesem Abschnitt geht es darum, wie Sie eine eigene Formatvorlage erstellen. Das ist äußerst praktisch, wenn Sie Ihren eigenen Stil (z. B. für Überschriften, Kapitelüberschriften, Fließtexte etc.) gefunden, also Schriftart, Größe, Farbe, Effekte und Absatzabstände zugewiesen haben. Einmal erstellt, lassen sich Formatvorlagen künftig einfach per Mausklick auf andere Dokumente anwenden.

1. Markieren Sie den Textbereich, aus dem Sie eine Formatvorlage erzeugen wollen. Im Beispiel soll eine neue Hauptüberschrift (Titel) definiert werden, daher müssen Sie eine solche fertig formatierte Überschrift markieren ❶.

2. Öffnen Sie das Register **Start**.

3. Öffnen Sie mit einem Klick auf den Pfeil ❷ am Auswahlfeld die Liste der Formatvorlagen, und entscheiden Sie sich im unteren Bereich des Menüs für den Befehl **Formatvorlage erstellen** ❸.

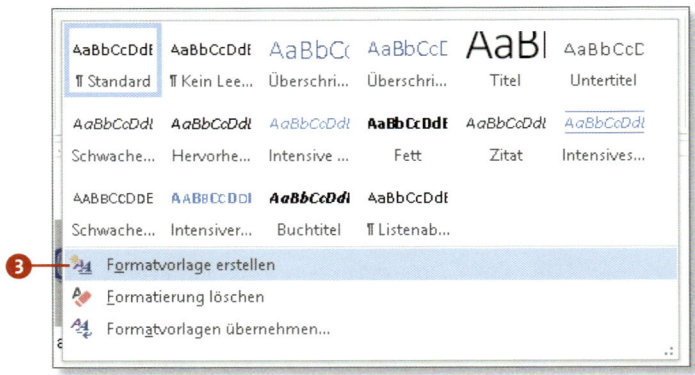

**Tastenkombinationen für Formatvorlagen**

Häufig verwendete Vorlagen sollten mit einem Tastenkürzel versehen werden, damit Sie sie schnell zuweisen können. Klicken Sie dazu mit rechts auf die Vorlage und im Menü dann auf **Ändern**. Klicken Sie unten links auf die Schaltfläche **Format > Tastenkombination**. Geben Sie die neue Kombination ein, und bestätigen Sie sie mit **Zuordnen** und **OK**.

4. Im Dialog **Neue Formatvorlage erstellen** geben Sie zunächst einen aussagekräftigen Namen an (hier: »Titel Planungen« ❹) und bestätigen ihn mit **OK** ❺.

5. Die neue Vorlage ist nun in der Gruppe **Formatvorlagen** zu finden ❻. Wenn Sie sie später benötigen, müssen Sie sie lediglich zuweisen, indem Sie den auszuzeichnenden Text markieren und dann auf die Formatvorlage klicken.

6. Auf die gleiche Weise können Sie weitere Elemente des Dokuments formatieren, z. B. andere Überschriften, Fließtext, Aufzählungen etc., und auch diese Gestaltung als Formatvorlagen anlegen.

**Formatvorlagen mehrfach zuweisen**

Wenn Sie eine Formatvorlage auf mehrere unterschiedliche Textstellen innerhalb des Dokuments anwenden wollen, markieren Sie diese zunächst (nacheinander anklicken, während Sie [Strg] gedrückt halten). Im Anschluss daran wählen Sie die Formatvorlage wie beschrieben per Mausklick aus. Die Vorlage wird auf sämtliche markierten Stellen angewandt.

## Eine Dokumentvorlage nutzen und Anpassungen speichern

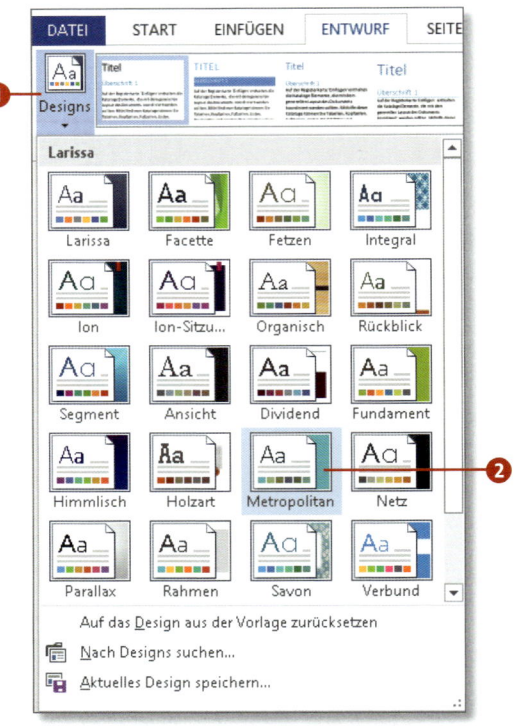

Nun soll eine eigene Dokumentvorlage erstellt werden. Darüber hinaus wollen wir dafür sorgen, dass diese später immer wieder schnell zugewiesen werden kann. Was dafür zu tun ist, erfahren Sie hier:

1. Schreiben Sie zunächst ein wenig Text. Es sollten eine Hauptüberschrift, Fließtext und zwei bis drei Unterüberschriften enthalten sein.

2. Wechseln Sie zur Registerkarte **Entwurf**, und klicken Sie auf die Schaltfläche **Designs** ❶. Im Menü wählen Sie ein Design per Klick aus, z. B. **Metropolitan** ❷.

3. Dann setzen Sie den Cursor in die erste Zeile des Dokuments und öffnen das Register **Start**. Klicken Sie in der Gruppe **Formatvorlagen** auf **Titel** ❸.

4. Zeichnen Sie auf die gleiche Weise auch sämtliche Überschriften der Ebene 2 aus (z. B. *Eröffnung Trasse* mit dem Format **Überschrift 1** ❹).

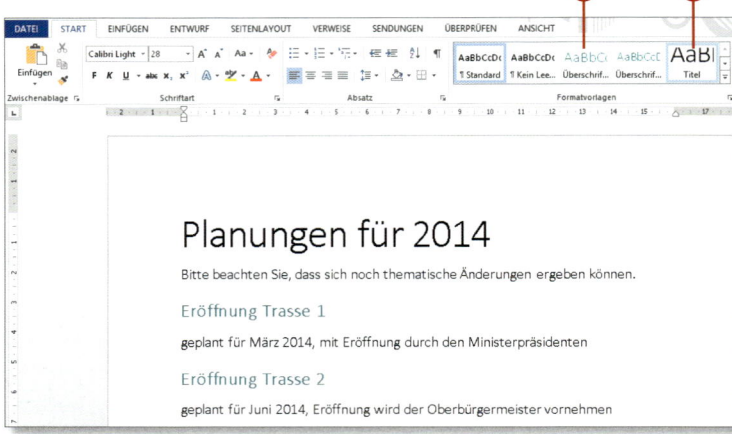

**i**

**Der umgekehrte Weg**

Der hier beschriebene Weg eignet sich am besten für alle, die sich noch nie mit der Dokumentformatierung beschäftigt bzw. wenig Erfahrung damit haben. Selbstverständlich ist es auch möglich, ein Dokument zunächst standardmäßig zu formatieren (mithilfe gängiger Formatvorlagen) und das Design nachträglich zu ändern.

5. Kehren Sie zurück zum Register **Entwurf**, und legen Sie über das Auswahlfeld der Gruppe **Dokumentformatierung** das gewünschte Seitenformat fest ❺. Die in der Dokumentvorlage bzw. im Design angewandten Farben können Sie über die Schaltfläche **Farben** ❻ in derselben Gruppe verändern.

6. Wenn Sie möchten, können Sie in der Gruppe **Seitenhintergrund** ❼ eine andere Seitenfarbe aussuchen, Seitenränder einstellen oder sogar ein Wasserzeichen zum Schutz Ihres Copyrights einfügen.

7. Schließlich klicken Sie auf den unteren Pfeil am Auswahlfeld ❽ und wählen den Menüeintrag **Als neuen Formatvorlagensatz speichern** ❾. Die neue Vorlage erscheint im Menü unter **Benutzerdefiniert** ❿ und kann künftig direkt per Mausklick zugewiesen werden.

### Als Standard festlegen

Sollte Ihnen ein Design besonders gut gefallen, können Sie es mit einem Klick auf **Als Standard festlegen** (⓫ in Bild 1 auf dieser Seite) für alle Dokumente einrichten, die Sie in Zukunft neu erzeugen. Word fragt anschließend noch einmal ab, ob Sie wirklich den Standard ändern wollen.

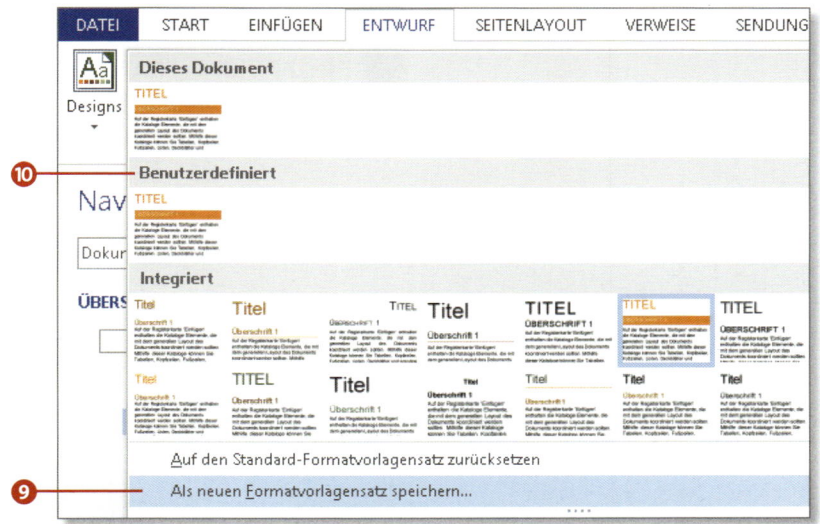

## Schnellformatvorlagen

Haben Sie nach der Formatierung eines Dokuments bereits einmal einen Blick auf das Register **Start** geworfen? Sie werden feststellen, dass auch die Formatvorlagen an das aktuelle Design angepasst worden sind. Es handelt sich dabei um sogenannte *Schnellformatvorlagen*.

1. Platzieren Sie den Cursor in dem Absatz, für den eine Schnellformatvorlage verwendet werden soll. Falls Sie sie als Zeichenformatvorlage verwenden wollen, müssen Sie zuvor einen bestimmten Bereich (z. B. ein einzelnes Wort) markieren.

2. Zeigen Sie anschließend auf die Formatvorlage, die Sie verwenden wollen ❶. Bereits jetzt können Sie anhand einer Live-Vorschau im Text sehen, wie sich die Änderung auswirkt.

3. Wenn Ihnen der Effekt zusagt, klicken Sie auf die Vorlage.

**Alternativen testen**

Lassen Sie sich Zeit beim Ausprobieren! Zeigen Sie zunächst auf verschiedene Vorlagen, um die optische Wirkung zu prüfen. Erst wenn Sie sicher sind, dass die ausgewählte die richtige Vorlage ist, lassen Sie den Mausklick folgen.

# Die Registerkarte »Entwicklertools«

Die Registerkarte **Entwicklertools** beinhaltet zahlreiche Funktionen für die interaktive Gestaltung von Word-Dokumenten. So lassen sich z. B. *Makros* (Befehle oder Befehlsfolgen) erzeugen, *Add-Ins* (Erweiterungen) verwalten oder Formular-Steuerelemente in ein Word-Dokument integrieren. Die Befehle sind, wie auf allen Registerkarten, in Gruppen sortiert.

❶ **Code:** Abrufen und Erzeugen von Befehlen in Word 2013

❷ **Add-Ins:** Verwalten von Dokumentvorlagen u. Ä.

❸ **Steuerelemente:** Einsatz von benutzerdefinierten Steuerelementen wie z. B. Kontrollkästchen und Dropdown-Menüs

❹ **Schützen:** Einschränkung der Bearbeitung durch andere Benutzer und Blockieren von Autoren

❺ **Vorlagen:** Verwaltung von Dokumentvorlagen

In der Standardansicht ist diese Registerkarte nicht sichtbar. Wählen Sie **Datei > Optionen > Menüband anpassen** ❻. Aktivieren Sie anschließend die Checkbox **Entwicklertools** ❼ im Bereich **Hauptregisterkarten**, und bestätigen Sie das mit **OK** ❽.

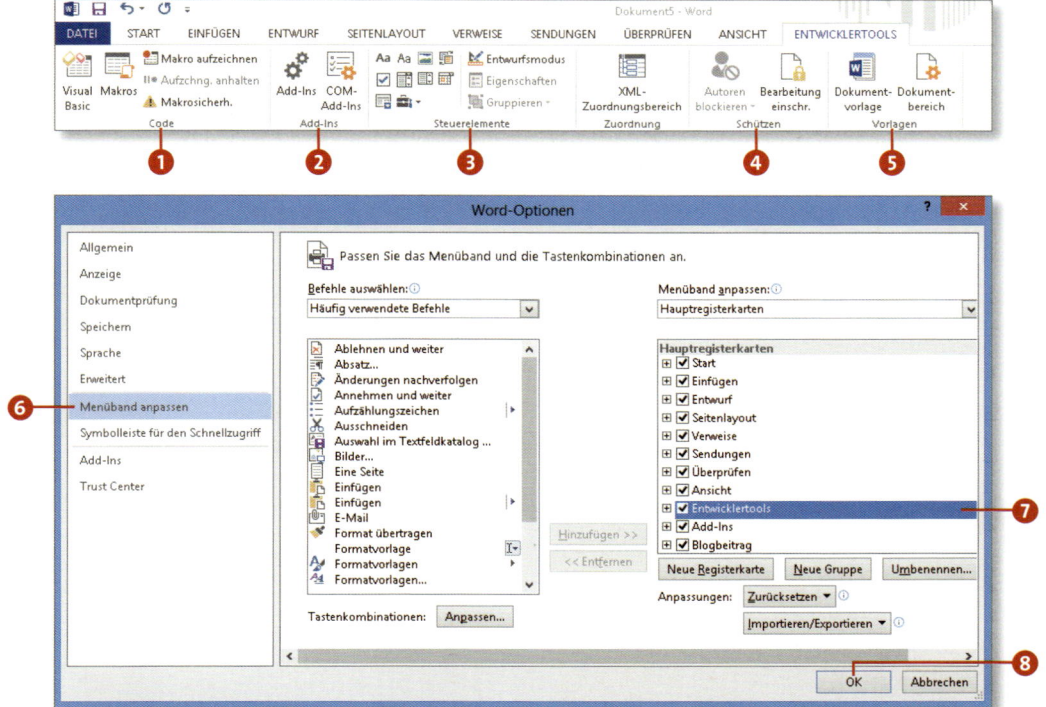

# Makros einsetzen

## Ein Makro erzeugen

Die einfachste Möglichkeit, eine Befehlsfolge in Word zu erzeugen, ist die Verwendung des Makro-Recorders. Dieser nimmt Ihre Schritte im Prinzip wie ein Audiorecorder auf und kann sie jederzeit wieder »abspielen«. So lassen sich immer wiederkehrende Aufgaben zu einem Schritt zusammenfassen.

1. Klicken Sie auf der Registerkarte **Entwicklertools** auf die Schaltfläche **Makro aufzeichnen** ❶. (Wie Sie diese Registerkarte einblenden, erfahren Sie auf Seite 113.) Vergeben Sie, falls gewünscht, einen Namen ❷ für das Makro (ohne Leerzeichen!), und bestätigen Sie das Ganze mit **OK**.

2. Dann klicken Sie die Arbeitsschritte durch, die Word künftig bei Ausführung des Makros von alleine erledigen soll, geben Sie z. B. Ihren Namen und Ihre Adresse ein.

3. Schließen Sie die Aufzeichnung mit einem Klick auf **Aufzeichnung beenden** ❸ ab.

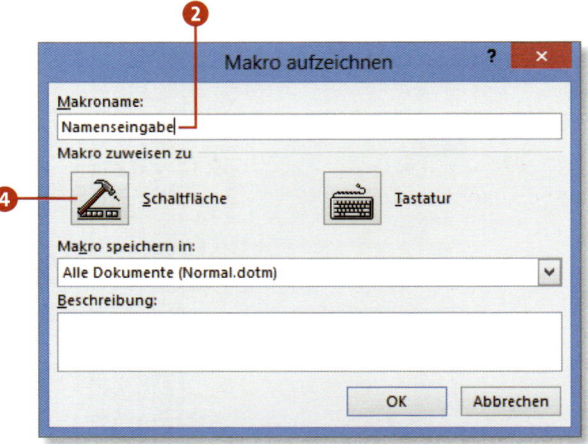

### Makro als Schaltfläche

Mehr Komfort erreichen Sie, indem Sie im Dialog **Makro aufzeichnen** auf **Schaltfläche** ❹ klicken. In der mittleren Spalte des Folgedialogs markieren Sie das aktuelle Makro und klicken auf **Hinzufügen**, gefolgt von **OK**. Sie erreichen damit, dass ganz oben in der Symbolleiste für den Schnellzugriff eine Schaltfläche angelegt wird, über die Sie das Makro künftig per Mausklick ausführen können.

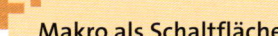

## Ein Makro anwenden

Ein Makro wird von Word natürlich nicht willkürlich ausgeführt, sondern nur, wenn Sie es wollen. Wenn Sie für das Makro zuvor keine Schaltfläche vergeben haben (siehe den Kasten »Makro als Schaltfläche« und den Abschnitt »Ein Makro erzeugen« auf Seite 114), gehen Sie für die Ausführung folgendermaßen vor:

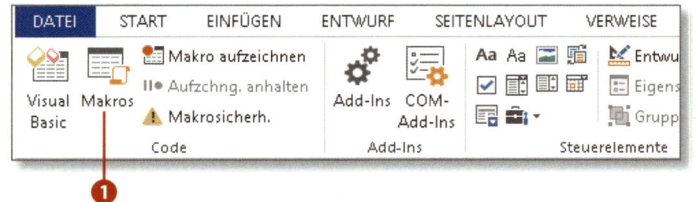

1. Klicken Sie auf der Registerkarte **Entwicklertools** auf die Schaltfläche **Makros** ❶.

2. Im Dialog **Makros** markieren Sie das betreffende Makro auf der linken Seite (sollte es nur ein Makro geben, ist dieses bereits automatisch markiert ❷).

3. Klicken Sie zuletzt auf die Schaltfläche **Ausführen** ❸. Daraufhin wird das Makro angewandt.

**Makro bearbeiten**

Wenn Sie in Schritt 3 auf **Bearbeiten** ❹ klicken, können Sie das Makro in Visual Basic bearbeiten. Sobald Sie damit fertig sind, schließen Sie das Visual-Basic-Fenster einfach wieder.

## Onlinevorlagen

Word bringt von Haus aus schon zahlreiche interessante Vorlagen
mit. Trotz der Vielfalt kann aber natürlich nicht jedes Thema abge-
deckt werden. Sollten Sie im vorhandenen Angebot einmal nicht
fündig werden, hilft das Onlineangebot weiter.

1. Öffnen Sie die Registerkarte **Datei**, und klicken Sie in der linken
   Spalte auf **Neu ❶**.

2. Wenn Sie in den vorhandenen Vorlagen nichts Passendes finden,
   klicken Sie in das Eingabefeld ❷ und tragen dort ein Stichwort
   ein (z. B. »Einladung«). Danach drücken Sie ⏎.

3. Nun wird – wenn Sie eine funktionierende Internetverbindung
   haben – online nach weiteren Vorlagen gesucht. Die Ergebnisse
   werden Ihnen unter dem Suchfeld präsentiert. Wenn Sie fündig
   geworden sind, klicken Sie auf die entsprechende Miniatur ❸.
   Auf der rechten Seite können Sie die Ergebnisse nach Kategorien
   filtern ❹.

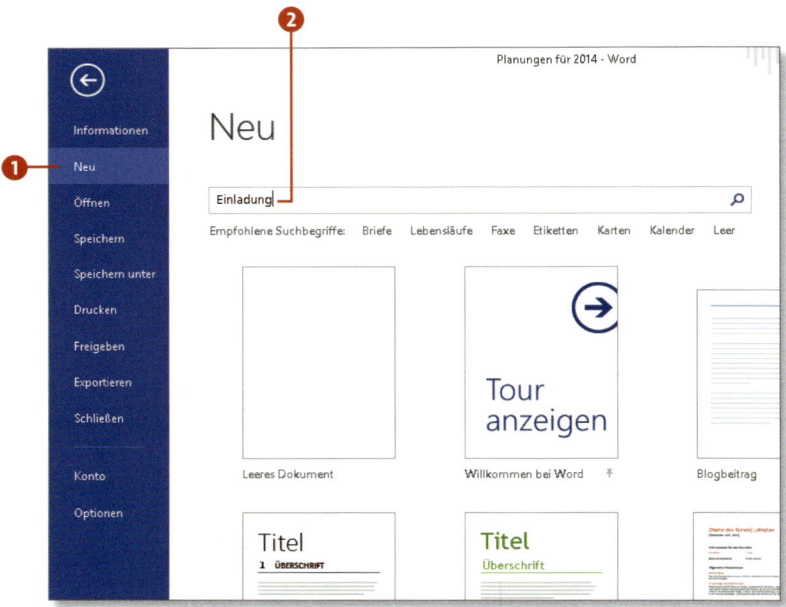

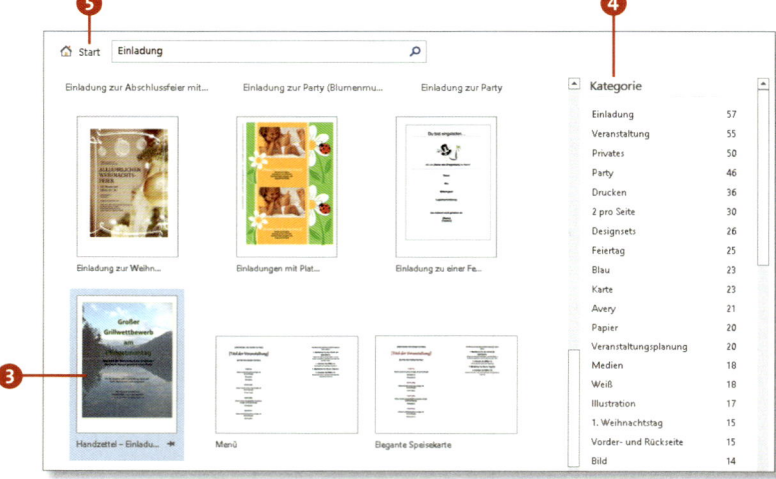

**ℹ Zur Standardansicht zurückkehren**

Mit einem Klick auf **Start ❺** können Sie das Onlineangebot
jederzeit wieder verlassen und zur Standardansicht (also zu
den bereits integrierten Vorlagen) zurückkehren. Dabei werden
dann keine Onlinevorlagen heruntergeladen.

4. Wenn Sie auf eine Miniatur geklickt haben, wird sie in einer Einzelvorschau angezeigt. Machen Sie sich in aller Ruhe mit der Vorlage vertraut. Auf der rechten Seite der Vorschau werden dazu weitere Informationen angeboten. So lässt sich z. B. auch schnell feststellen, wie groß der Download ist (hier: 44 Kilobyte ❻).

5. Wenn Sie mit dem Angebot zufrieden sind, klicken Sie auf **Erstellen** ❼. Die Vorlage wird nun heruntergeladen und in Word geöffnet.

**Vorlage wird archiviert**

Eine heruntergeladene Vorlage wird in Word archiviert. Sie finden sie, indem Sie Schritt 1 ausführen (**Datei > Neu**). Die soeben heruntergeladene Vorlage ist nun in der ersten Zeile Ihrer Vorlagen zu finden.

**Vorlage nicht herunterladen**

Schauen Sie sich die Vorlage in aller Ruhe an, und prüfen Sie, ob sie Ihren Vorstellungen entspricht. Falls nicht, klicken Sie oben rechts auf die kleine Kreuz-Schaltfläche ❽. Der Onlinedialog wird dann nicht, wie man meinen könnte, abgebrochen. Vielmehr können Sie sich jetzt eine andere Vorlage ansehen und sogar die Kategorie wechseln, indem Sie einen Eintrag in der rechten Spalte auswählen. Selbst die Neueingabe eines Suchwortes ist möglich.

## Steuerelemente verwenden

Der Einsatz von Steuerelementen ist immer dann sinnvoll, wenn Sie formularartige Word-Dokumente anlegen. Als Beispiel für diese Anleitung gestalten wir den Vordruck für eine Gesprächsnotiz. Die angerufene Person kann damit für jeden Kunden ein individuelles Word-Dokument anlegen.

1. Schreiben Sie zunächst den Text, der in jedem Dokument benötigt wird (siehe dazu die erste Abbildung auf dieser Seite).

2. Öffnen Sie die Registerkarte **Entwicklertools** ❶, und aktivieren Sie die Schaltfläche **Entwurfsmodus** ❷ mit einem Klick. (Wie Sie die Registerkarte einblenden, erfahren Sie auf Seite 113.)

3. Platzieren Sie die Einfügemarke im Text rechts neben der Zeile *Name*, und klicken Sie auf **Rich-Text-Inhalts-steuerelement** ❸.

Gesprächsnotiz:

Name:

Straße:

PLZ und Ort:

Der Kunde möchte:

zurückgerufen werden unter

Kontaktaufnahme per E-Mail an

kommt persönlich vorbei

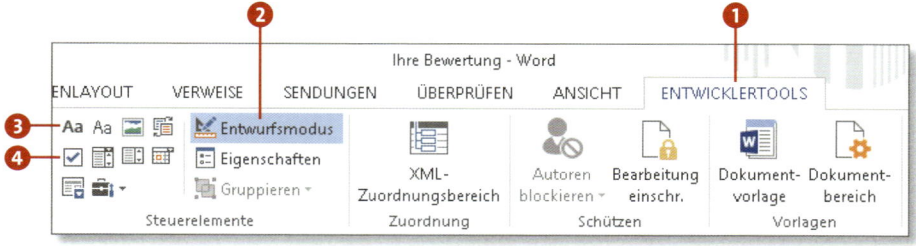

**Als Dokumentvorlage speichern**

Da Sie ein solches Rohdokument vermutlich immer wieder benötigen, empfiehlt es sich, die Datei als Dokumentvorlage zu sichern. Wählen Sie **Datei > Speichern unter**, und entscheiden Sie sich im Dialog **Speichern unter** für den Dateityp **Word-Vorlage (*.dotx)**. Welchen Speicherort Sie festlegen, spielt keine Rolle, da alle Vorlagen automatisch an einem vordefinierten Speicherort gesichert werden, nämlich: *[Laufwerksbuchstabe]\Benutzer\[Benutzername]\ Eigene Dokumente\Benutzerdefinierte Office-Vorlagen*.

4. Wiederholen Sie Schritt 3 auch in den Zeilen 2 und 3 (*Straße* sowie *PLZ und Ort*). Das Dokument sollte nun so aussehen wie in der ersten Abbildung auf dieser Seite.

5. Ab der Zeile *zurückgerufen werden unter* platzieren Sie jeweils am Zeilenanfang ein **Kontrollkästchensteuerelement** (④ in Bild 2 auf Seite 118).

6. In der drittletzten und der vorletzten Zeile fügen Sie außerdem jeweils ein **Rich-Text-Inhaltssteuerelement** am Zeilenende ein ⑤ (siehe Schritt 3).

7. Wenn das alles erledigt ist, deaktivieren Sie den Entwurfsmodus, indem Sie abermals auf die gleichnamige Schaltfläche klicken (siehe Schritt 2).

8. Speichern Sie das Dokument, und testen Sie es, indem Sie an den vorgesehenen Stellen Text eingeben bzw. eines der Kontrollkästchen per Mausklick aktivieren.

**Gesprächsnotiz:**

Name: (Klicken Sie hier, um Text einzugeben.)

Straße: (Klicken Sie hier, um Text einzugeben.)

PLZ und Ort: (Klicken Sie hier, um Text einzugeben.)

Der Kunde möchte:

zurückgerufen werden unter

**Gesprächsnotiz:**

Name: Max Müller

Straße: Akazienweg 4

PLZ und Ort: 12345 Mittelstadt

Der Kunde möchte:

☒ zurückgerufen werden unter 01234.56789

☐ Kontaktaufnahme per E-Mail an Klicken Sie hier, um Text einzugeben.

☐ kommt persönlich vorbei

⑤

**Weiterverarbeitung**

Nun sind verschiedene Weiterverarbeitungsmöglichkeiten denkbar. Der Angerufene kann z. B. jede neue Notiz als Word-Dokument speichern oder sie direkt über **Datei > Drucken** an den Drucker weiterleiten.

## Textbausteine

Häufig müssen bestimmte Formulierungen oder ganze Textstellen immer wieder verwendet werden. Nun ist es mühselig und zeitintensiv, diese stets neu zu schreiben. Aber das müssen Sie auch nicht: Benutzen Sie stattdessen einfach Textbausteine.

1. Nur ein einziges Mal müssen Sie den immer wiederkehrenden Text schreiben (für unser Beispiel formulieren wir eine immer gleichlautende Eingangsbestätigung für eine Serviceanfrage). Die drittletzte Zeile ❶ soll individuellen Text beinhalten, der später nach einem Doppelklick auf die Stelle eingegeben werden kann.

2. Wenn Sie mit dem Schreiben fertig sind, markieren Sie den gesamten Text.

3. Nun müssen Sie in der Gruppe **Text** der Registerkarte **Einfügen** auf die Schaltfläche **Schnellbausteine** ❷ klicken.

4. Im zugehörigen Menü fahren Sie mit der Maus nach unten und klicken auf **Auswahl im Schnellbaustein-Katalog speichern**.

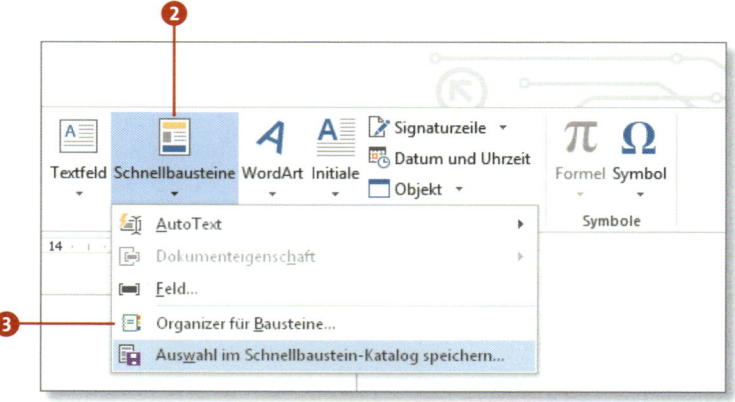

Sehr geehrte Damen und Herren,

haben Sie vielen Dank für Ihre Kontaktaufnahme. Unser Servicepersonal wird sich umgehend mit Ihnen in Verbindung setzen. Bitte haben Sie bis dahin noch ein wenig Geduld.

❶ XXX

Mit freundlichen Grüßen

Ihr Serviceteam

**Organizer für Bausteine**

Klicken Sie auf den Pfeil an der Schaltfläche **Schnellbausteine**, und entscheiden Sie sich im Menü für den Eintrag **Organizer für Bausteine** ❸. Im zugehörigen Katalog finden Sie alle zur Verfügung stehenden Bausteine. Wenn Sie eine Zeile markieren, können Sie die Eigenschaften dieses Bausteins bearbeiten und ihn bei Bedarf einfügen oder löschen.

**5.** Geben Sie dem Baustein einen Namen ❹, und legen Sie im Feld
**Katalog** ❺ den Eintrag **Schnellbausteine** fest. Dann klicken Sie
auf **OK**. Der Baustein wird angelegt und in den Katalog aufgenommen.

**6.** Wann immer Sie diesen Text nun benötigen, wiederholen Sie
Schritt 3 und klicken auf den Baustein in der Dropdown-Liste, der
Ihren Text repräsentiert ❻. Das geht fix, oder?

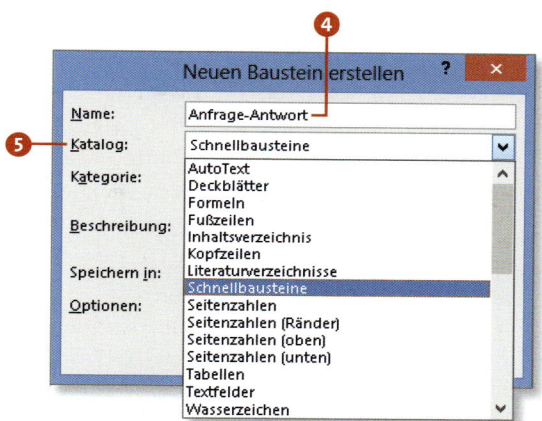

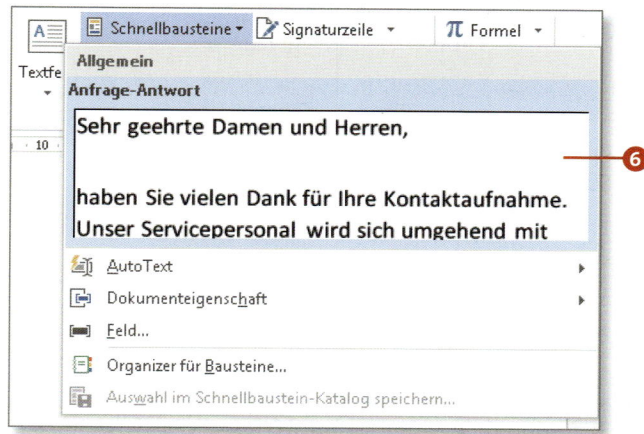

ℹ️ **Eigenschaften nachträglich bearbeiten**

Sollten Sie die Eigenschaften eines Schnellbausteins nachträglich noch einmal verändern wollen, klicken Sie auf die
Schaltfläche **Schnellbausteine** und im Menü mit der rechten
Maustaste auf den zu bearbeitenden Baustein. Im Kontextmenü klicken Sie (nun wieder mit links) auf **Eigenschaften
bearbeiten**.

## AutoText

Mit AutoText verhält es sich ähnlich wie mit Textbausteinen (siehe den Abschnitt »Textbausteine« ab Seite 120), allerdings wird AutoText ein wenig anders gespeichert. Anders als Schnellbausteine, die neben herkömmlichem Text auch Dokumenteigenschaften wie Titel oder Autor enthalten können, besteht er zudem nur aus Text.

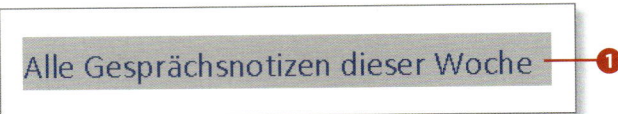

1. Schreiben Sie zunächst den gewünschten Text. Anschließend markieren Sie den ganzen Bereich, den der AutoText umfassen soll ❶.

2. Öffnen Sie die Registerkarte **Einfügen**, und klicken Sie dort auf die Schaltfläche **Schnellbausteine** ❷ in der Gruppe **Text**.

3. Klicken Sie ganz unten im Dropdown-Menü auf **Auswahl im Schnellbaustein-Katalog speichern**.

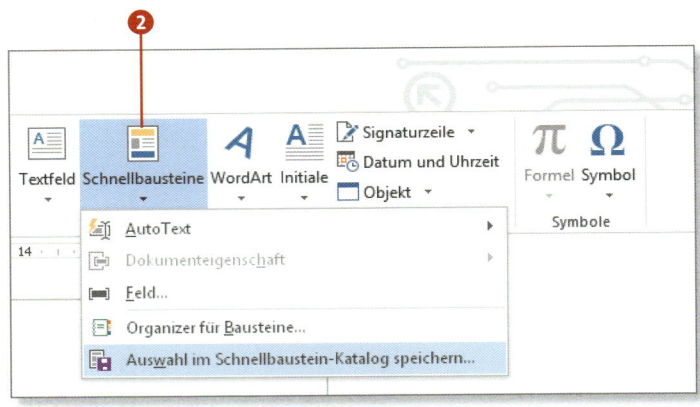

---

**Einfügeoptionen**

Im Dialogfeld **Neuen Baustein erstellen** sehen Sie ganz unten das Feld **Optionen** (❸ in Bild 1 auf Seite 123). Hier lässt sich festlegen, ob der AutoText auf einer eigenen Seite, in einem eigenen Absatz oder mitten innerhalb eines anderen Textes Platz finden darf. Wünschen Sie Letzteres, belassen Sie es bei der Standardeinstellung **Nur Inhalt einfügen**.

4. In der Regel ist es nicht mehr erforderlich, einen Namen zu vergeben, da der Anfang des Textes für den neuen AutoText-Baustein übernommen wird ❹. Sollte Ihnen das nicht zusagen, ändern Sie den Namen entsprechend.

5. Bevor Sie auf **OK** klicken, müssen Sie im Dropdown-Menü **Katalog** noch die Option **AutoText** auswählen ❺. Der AutoText wird angelegt und ist von nun an im Katalog zu finden.

6. Und wie wird nun der AutoText eingefügt? Ganz einfach: Klicken Sie auf **Schnellbausteine > AutoText**, und übernehmen Sie den betreffenden Text ❻ mit einem Mausklick in das Dokument.

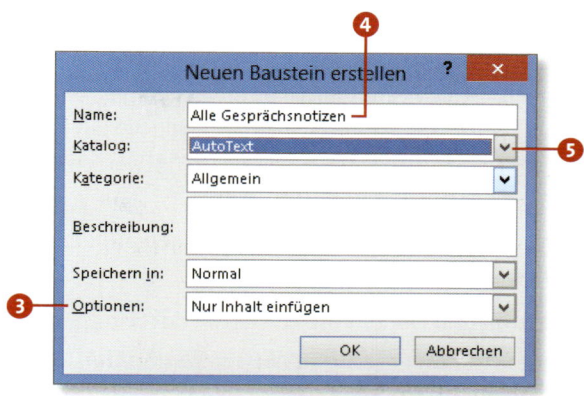

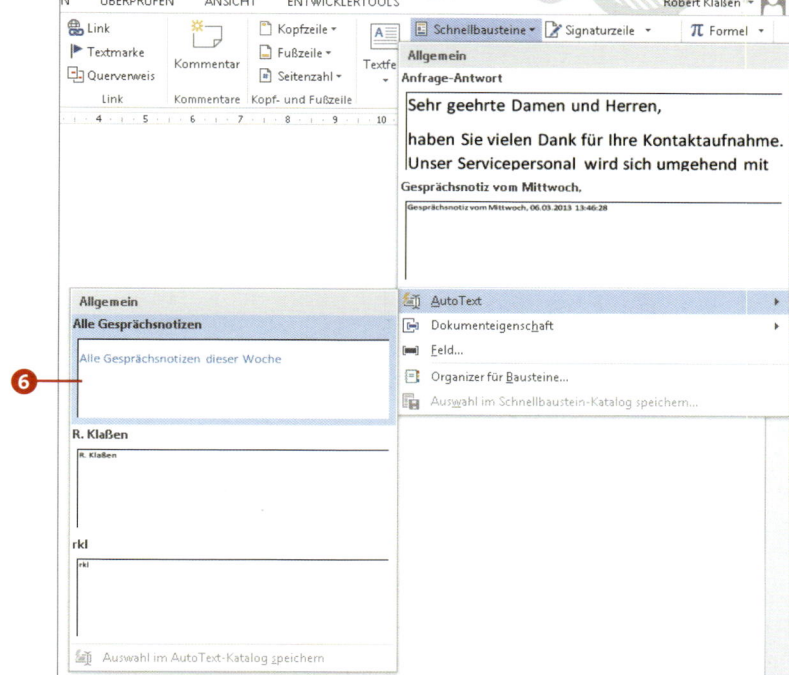

➕ **Einfügeposition exakt bestimmen**

Grundsätzlich wird der AutoText an der Position eingefügt, an der sich gerade die Einfügemarke befindet. Wenn Sie die Position stattdessen aus einer Liste von Vorschlägen aussuchen möchten, führen Sie Schritt 6 aus, klicken Sie dabei allerdings mit der rechten Maustaste auf den AutoText. Im Menü finden Sie verschiedene Optionen, z. B. lassen sich AutoTexte in Kopf- und Fußzeilen, aber auch am Anfang des Dokuments integrieren.

## Feldfunktionen

Feldfunktionen sind ebenfalls Bausteine, jedoch sind sie in der Regel *dynamisch*, können sich also verändern. Für unser Beispiel fügen wir ein Datum als Feldfunktion ein. Sie erfahren, wie Sie ein statisches (also ein unveränderliches) Datum und ein dynamisches Datum hinzufügen (das beim Aufruf aktualisiert wird).

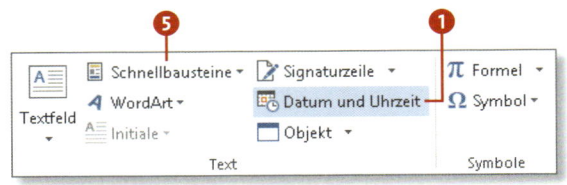

1. Klicken Sie in der Gruppe **Text** der Registerkarte **Einfügen** auf die Schaltfläche **Datum und Uhrzeit** ❶.

2. Das Dialogfenster **Datum und Uhrzeit** öffnet sich. In der Liste **Verfügbare Formate** wählen Sie die Anzeigeform (das Datumsformat) ❷ und bestätigen mit **OK** ❸. Nun wird die aktuelle Systemuhrzeit in das Dokument eingesetzt (also Datum und Uhrzeit, die zum Zeitpunkt des Hinzufügens gültig gewesen sind).

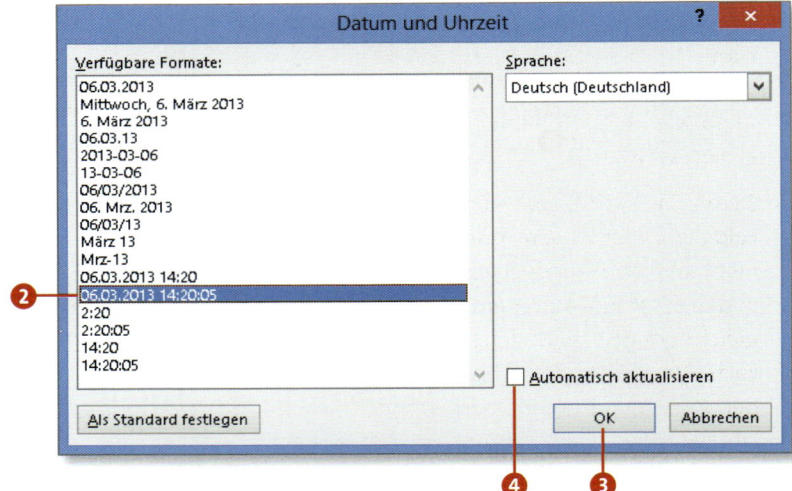

### Dynamisches Datum

Wenn Sie vorgehen, wie in Schritt 2 beschrieben, und dennoch ein dynamisches Datum wünschen, müssen Sie im Dialog **Datum und Uhrzeit** die Checkbox **Automatisch aktualisieren** ❹ aktivieren, bevor Sie auf **OK** klicken.

3. Alternativ klicken Sie auf der Registerkarte **Einfügen** auf **Schnellbausteine** (**5** in Bild 1 auf Seite 124) und wählen den Menüeintrag **Feld**.

4. Im Dialog **Feld** können Sie dann das gewünschte Feld aus einer Reihe vorgegebener Felder aussuchen (z. B. **Author** für den Namen des Verfassers oder eben **Date** **6** für das Datum). Wenn Sie Datum und Uhrzeit auf diese Weise einfügen, erhalten Sie eine dynamische Angabe, d. h., Datum und Uhrzeit können aktualisiert werden.

5. Sie wundern sich, dass sich die Uhrzeit im Feld trotz aller Versprechungen überhaupt nicht ändert? Dann wechseln Sie doch einmal in den Lesemodus (mit einem Klick auf die gleichnamige Schaltfläche auf der Registerkarte **Ansicht**). Immer wenn Sie zwischen den Ansichten hin- und herpendeln, wird die Uhrzeit aktualisiert. Sie können das Feld aber auch markieren und F9 drücken.

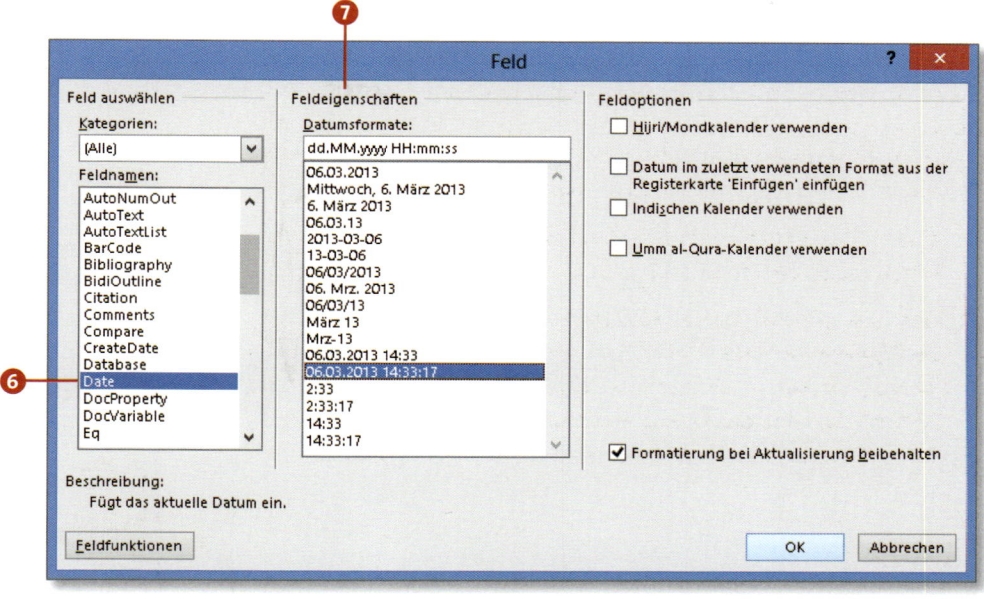

### Felder und Feldfunktionen

Wenn Sie später etwas korrigieren wollen, z. B. die Darstellungsweise des Datums, klicken Sie innerhalb des Textes mit rechts auf das Feld und wählen **Feld bearbeiten**. Um die Feldfunktionen ein- und auszuschalten, müssen Sie nach dem Rechtsklick den Eintrag **Feldfunktionen ein/aus** anklicken.

### Autorennamen manuell festlegen

Wenn Sie, wie in Schritt 4 beschrieben, den Namen des Verfassers manuell festlegen möchten, muss dieser im Eingabefeld **Neuer Name** in der mittleren Spalte des Dialogs **Feld** (unter **Feldeigenschaften** **7**) festgelegt werden. Bestätigen Sie das Ganze anschließend mit **OK**.

# 4

# Das Seitenlayout

In den Anleitungen dieses Kapitels stehen die Seiten sowie dazugehörige Seitenelemente im Vordergrund. Zunächst erfahren Sie, wie sich z. B. die Ausrichtung des Papiers (hoch oder quer) verändern lässt. Sie sind grundsätzlich nicht gezwungen, sämtliche Arbeiten im Format DIN A4 zu erledigen. Denn die Größe des Papiers können Sie selbst bestimmen.

Und wie sieht es aus mit Seitenzahlen? Sie müssen sie beileibe nicht alle von Hand eintragen – stellen Sie sich einmal vor, was passieren würde, wenn Textpassagen nachträglich verschoben werden oder Seiten ergänzt werden müssen. Dann stimmen plötzlich auch die Nummern nicht mehr. Überlassen Sie die Aufgabe der Paginierung lieber Word.

Wo wir schon beim Thema Seitenzahlen sind: Am oberen und unteren Seitenrand können Kopf- und Fußzeilen platziert werden, die Informationen wie eben die Seitenzahlen oder andere für alle Seiten gültige Angaben enthalten. Am Ende dieses Kapitels geht es dann darum, der Anwendung »mitzuteilen«, wie sich der Text beim Übergang von einer auf die andere Seite zu verhalten hat und wie man mehrere Textspalten auf einer Seite unterbringt.

## In diesem Kapitel

- Hoch- oder Querformat
- Die Größe der Seite einstellen
- Seitenränder anlegen
- Seitenzahlen ergänzen
- Seitenrahmen
- Kopf- und Fußzeilen einfügen
- Ein Deckblatt einfügen
- Wasserzeichen
- Zeilenumbruch
- Seitenumbruch
- Abschnittswechsel
- Spalten
- Die Spaltenbreite bestimmen
- Zeilen nummerieren

## Die Registerkarte »Seitenlayout«

Nachdem Sie in Kapitel 3, »Den Text gestalten«, erfahren haben, auf welche Art und Weise sich Text innerhalb eines Word-Dokuments formatieren lässt, widmen wir uns nun vorwiegend der Seitengestaltung sowie nützlichen Hilfsmitteln, die im Zusammenhang mit der Seite stehen. Dazu ist es unerlässlich, sich die Registerkarte **Seitenlayout** einmal genauer anzuschauen. Hier finden Sie im Prinzip alles, was zur Gestaltung und Optimierung der Dokumentseiten erforderlich ist.

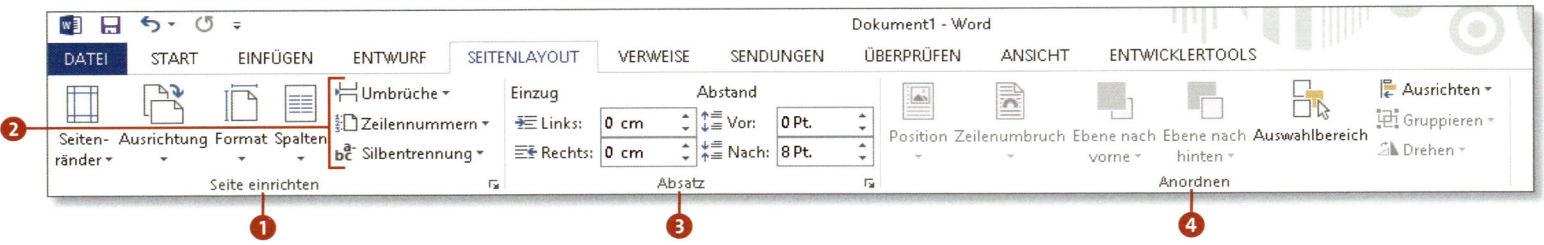

❶ **Seite einrichten:** Grundeinstellungen für die Dokumentseiten

❷ Steuerung von Umbrüchen und Trennungen

❸ **Absatz:** Verhalten des Textes in Bezug auf die Seite (z. B. wie groß die Abstände zwischen Satzspiegel und Text oder zwischen den Absätzen sein können)

❹ **Anordnen:** Optionen für die Ausrichtung von Seitenelementen

# Hoch- oder Querformat

Nicht immer ist das Standardseitenformat (gemeint ist das *Hoch-format*) das Maß aller Dinge. Mitunter möchte man ein Blatt auch gerne einmal quer bedrucken (so wie z. B. bei diesem Buch). Sie können die Ausrichtung der Seite schnell ändern.

1. Öffnen Sie die Registerkarte **Seitenlayout** ❶.

2. Klicken Sie in der Gruppe **Seite einrichten** auf die Schaltfläche **Ausrichtung** ❷.

3. Die Markierung im zugehörigen Menü zeigt, welches Format aktuell Gültigkeit hat.

4. Klicken Sie auf den Menüeintrag **Querformat**, um die Seite quer darzustellen.

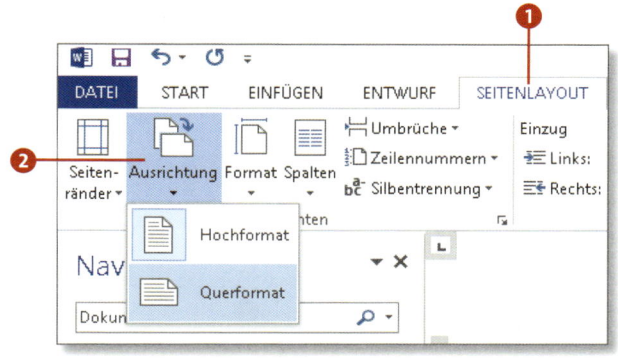

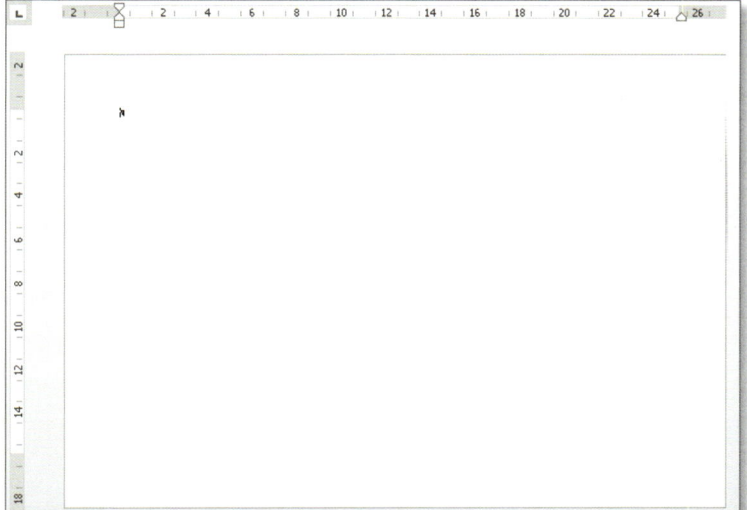

## Ausrichtung beim Druck

Normalerweise müssen Sie sich keine Gedanken um die Ausrichtung eines Dokuments machen, wenn es gedruckt werden soll. Im Allgemeinen übernimmt das Programm des Druckers die Einstellungen und »weiß«, welche Seitenausrichtung zugrunde liegt.

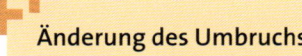

## Änderung des Umbruchs

Die Ausrichtung kann jederzeit geändert werden, auch wenn das Dokument bereits Text enthält. Achten Sie jedoch in diesem Fall darauf, dass sich dadurch die Zeilenumbrüche ändern.

## Die Größe der Seite einstellen

Wer ein Standarddokument erzeugt, erhält ein Blatt in der Größe DIN A4 (21 cm × 29,7 cm). Nun ist dieses Format aber nicht immer gewünscht. Sollte Ihnen ein anderes Maß mehr zusagen, müssen Sie es einstellen.

1. Klicken Sie auf der Registerkarte **Seitenlayout** in der Gruppe **Seite einrichten** auf **Format** ❶.

2. Ein langes Menü wird geöffnet. Falls nötig, scrollen Sie in der Liste weiter nach unten, indem Sie den Balken ❷ mit gedrückter Maustaste verschieben.

3. Markieren Sie das gewünschte Format, z. B. für ein Foto ❸.

4. Falls Sie kein geeignetes Format finden, klicken Sie auf **Weitere Papierformate** ❹ und stellen die gewünschte Größe auf der Registerkarte **Papier** ❺ des Dialogfensters **Seite einrichten** von Hand ein.

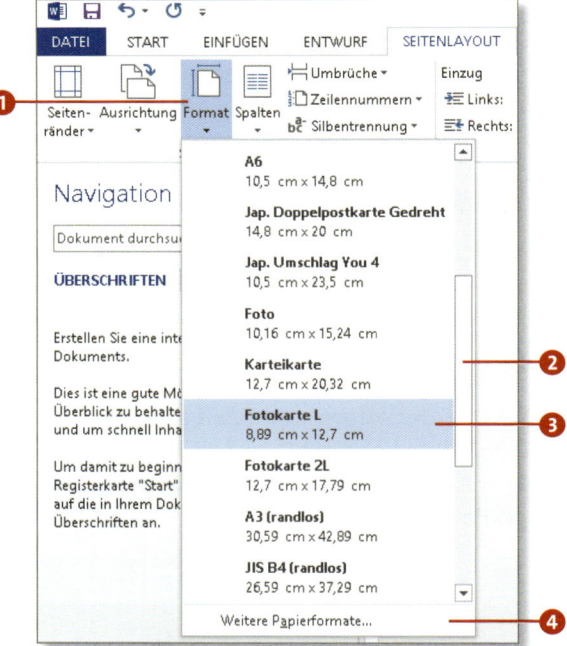

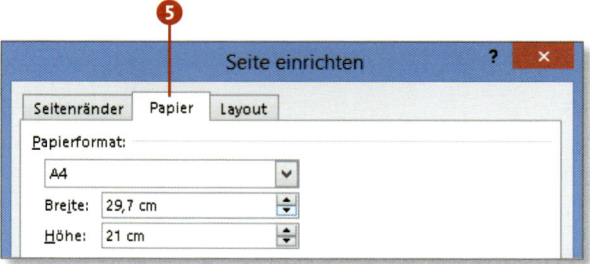

---

**i**

**Übernehmen für**

Im Feld **Übernehmen für** ganz unten im Dialog **Seite einrichten > Papier** können Sie angeben, ob die Änderung des Formats für das ganze Dokument oder nur für den Teil gelten soll, der nach dem Cursor folgt.

# Seitenränder anlegen

Die Seitenränder sind die nicht bedruckten Flächen an allen vier Seiten eines Blattes. Davon abgesehen, dass ein Drucker bei Verwendung von Standardpapier nicht bis zum Seitenrand drucken kann, sollten auch für die Optik ausreichend große Seitenränder vorhanden sein. Standardmäßig benutzt Word 2013 oben, links und rechts jeweils einen Freiraum von 2,5 cm, während unten 2 cm frei gehalten werden. Aber das lässt sich anpassen.

1. Klicken Sie auf der Registerkarte **Seitenlayout** in der Gruppe **Seite einrichten** ganz links auf **Seitenränder** ❶.

2. Ein Menü mit verschiedenen Seitenrandeinstellungen öffnet sich. Klicken Sie auf die Option, die Ihnen zusagt, z. B. **Breit**.

3. Wenn das gewünschte Maß nicht dabei ist, müssen Sie ganz unten in der Liste auf **Benutzerdefinierte Seitenränder** ❷ klicken und das gewünschte Format im Dialog **Seite einrichten** auf der Registerkarte **Seitenränder** ❸ einstellen.

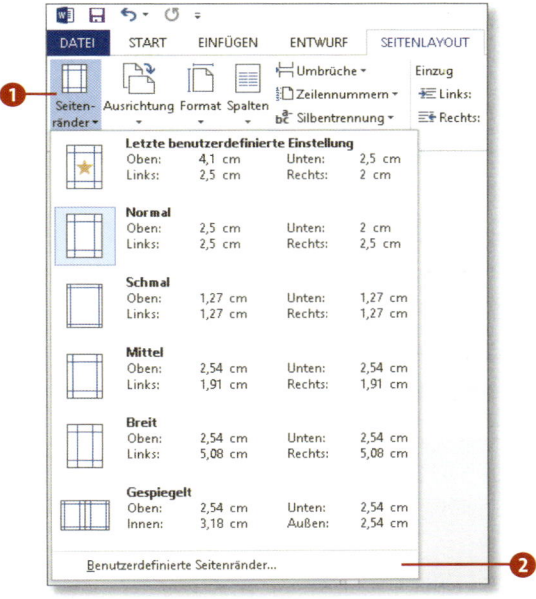

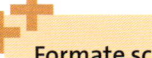

### Formate schnell einstellen

Standardmäßig ist das Feld **Oben** ❹ vorausgewählt, sodass Sie die gewünschte Größe direkt über die Tastatur festlegen können. Der Cursor springt ein Feld weiter, wenn Sie ⇥ drücken. Legen Sie dort den nächsten Wert fest, und verfahren Sie entsprechend mit den beiden anderen Feldern. Die Maßeinheit (cm) müssen Sie nicht mit eingeben. Sollten Ihnen Millimeter-Angaben lieber sein, müssen Sie der Zahl jedoch die Angabe »mm« folgen lassen.

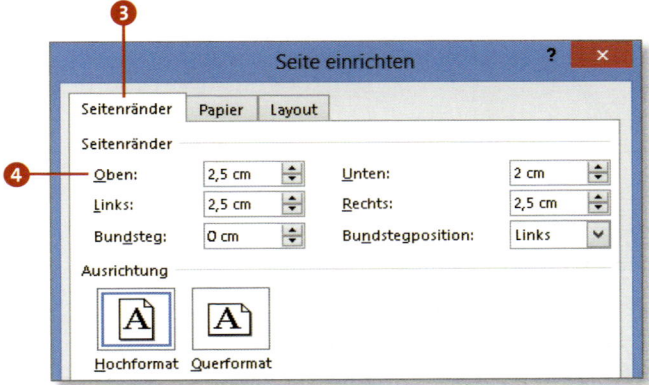

## Seitenzahlen ergänzen

Bei mehrseitigen Dokumenten ist eine automatische Seitennummerierung angebracht. Sie müssen sich um den Fortlauf nicht kümmern und auch nichts nachtragen, falls Sie Seiten im Dokument ergänzen oder löschen.

1. Öffnen Sie das Register **Einfügen**, und klicken Sie in der Gruppe **Kopf- und Fußzeile** auf **Seitenzahl** ❶.

2. Im Dropdown-Menü, das sich dann öffnet, stehen gleich mehrere Möglichkeiten für die Positionierung zur Verfügung. Wir haben uns für **Seitenränder** ❷ entschieden.

3. In der nächsten Liste präzisieren Sie Position und Aussehen der Seitenzahl mit einem Klick ❸.

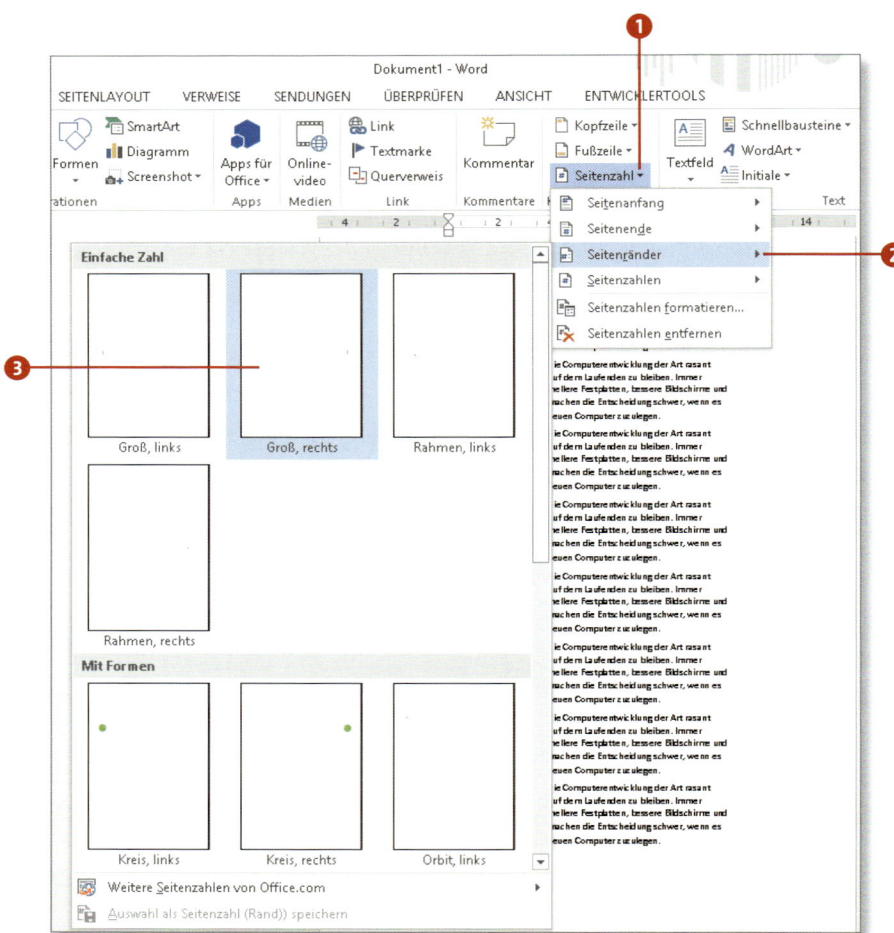

### Kopf- und Fußzeilentools

Wenn Sie Seitenzahlen einfügen, geht Word davon aus, dass Sie die Kopf- und Fußzeile gestalten wollen, und ändert die Ansicht des Dokuments entsprechend. Um wieder zur Standardansicht zurückzugelangen, klicken Sie auf die Schaltfläche **Kopf- und Fußzeile schließen** oben rechts. Alternativ setzen Sie einen Doppelklick auf den Dokumenttext.

### Seitenzahlen gestalten

Wenn Sie die Seitenzahlen in die Kopf- oder Fußzeile integriert haben, markieren Sie sie mit einem Doppelklick. Dadurch öffnet sich die Mini-Symbolleiste, mit deren Hilfe die Seitenzahl weiter ausgestaltet werden kann.

# Seitenrahmen

Seitenrahmen sind im Prinzip dazu da, das Dokument »aufzu-hübschen«. Sie sind gestalterisch jedoch nicht unbedenklich und sollten von daher nur eingesetzt werden, wenn es auch zum Thema passt. Eine Todesanzeige oder ein Beileidsbrief z. B. könnte mit einem schwarzen Seitenrahmen versehen werden.

1. Klicken Sie auf der Registerkarte **Entwurf** in der Gruppe **Seiten-hintergrund** auf die Schaltfläche **Seitenränder** ❶.

2. Der Dialog **Rahmen und Schattierung** öffnet sich mit der Re-gisterkarte **Seitenrand** ❷. Im Beispiel wählen Sie zunächst den Rahmentyp **Kontur** ❸ und die Farbe Grün ❹ und geben zuletzt im Feld **Breite** ❺ den Wert »6 Pt.« an.

3. Zum Schluss verlassen Sie den Dialog mit einem Klick auf **OK** ❻ und begutachten das Ergebnis ❼.

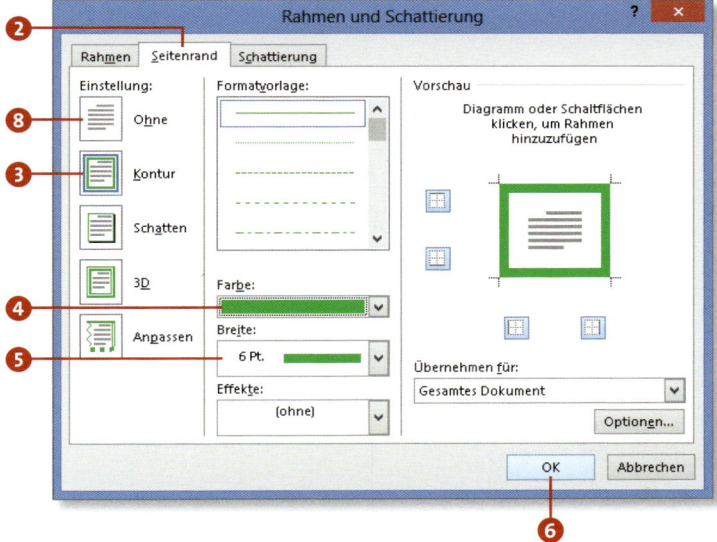

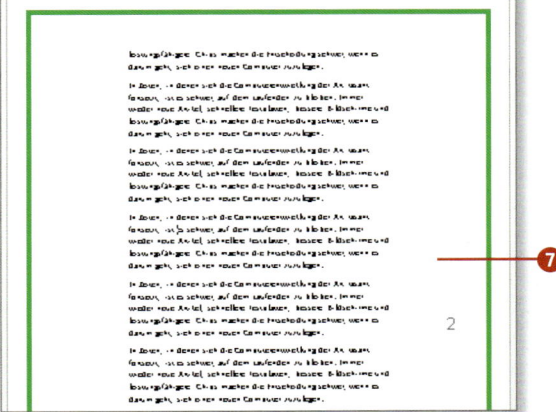

---

ℹ **Seitenrahmen entfernen**

Und so werden Sie den Rahmen wieder los: Wiederholen Sie Schritt 1, aber klicken Sie auf dem Register **Seitenrand links** unter **Einstellung** auf **Ohne** ❽.

## Kopf- und Fußzeilen einfügen

Im Abschnitt »Seitenzahlen ergänzen« auf Seite 132 haben Sie bereits erfahren, dass Sie mit dem Einfügen von Seitenzahlen automatisch zur Registerkarte **Kopf- und Fußzeilentools** gelangen. So weit, so gut. Doch was ist zu tun, wenn Kopf- und Fußzeilen nicht im Zusammenhang mit Seitenzahlen erzeugt werden sollen?

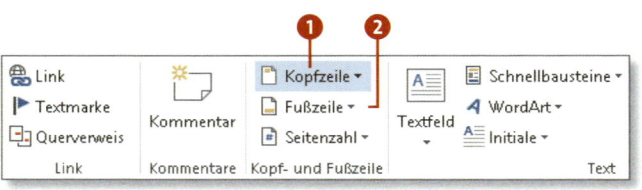

1. Um eine Kopf- oder Fußzeile einzufügen, klicken Sie in der Gruppe **Kopf- und Fußzeile** des Registers **Einfügen** auf den jeweiligen Eintrag (**Kopfzeile** ❶ oder **Fußzeile** ❷).

2. Ein Menü mit verschiedenen Varianten öffnet sich. Scrollen Sie bei Bedarf nach unten, indem Sie den Scrollbalken ❸ mit gedrückter Maustaste verschieben, und klicken Sie auf die gewünschte Art der Zeilengestaltung, z. B. **Durchscheinend (Gerade)** ❹.

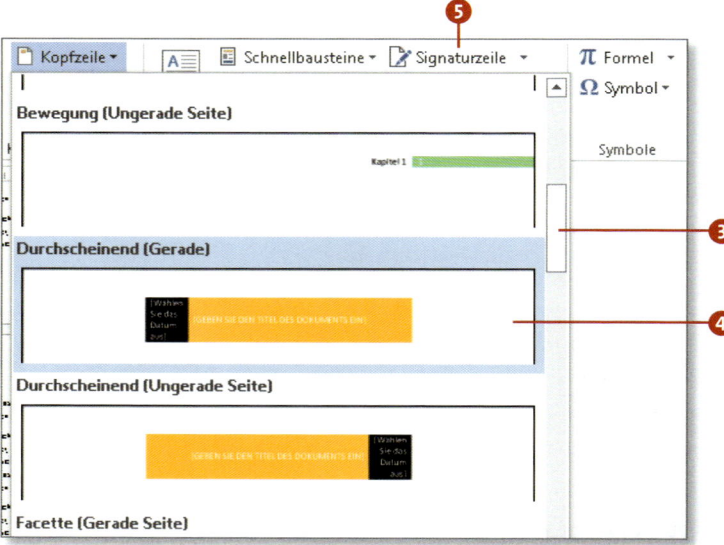

---

**i**

**Signaturzeile**

Wenn Sie eine digitale Signatur besitzen (dazu ist das Zertifikat von Microsoft bzw. das eines Microsoft-Partners erforderlich), können Sie sie ebenfalls in die Kopf- oder Fußzeile integrieren. Dazu müssen Sie auf der Registerkarte **Einfügen** auf **Signaturzeile** ❺ klicken. Wenn Sie noch keine Signatur verwenden, klicken Sie auf den kleinen Pfeil an der Schaltfläche und entscheiden sich im Menü für **Signaturdienste hinzufügen**.

3. Je nachdem, welche Gestaltung Sie in Schritt 2 gewählt haben, können Sie nun weitere Optionen einstellen. Bei unserer Variante lässt sich z. B. ein Datum einfügen, indem Sie auf das kleine Dreieck ❻ am entsprechenden Feld klicken.

4. Sobald Sie eine Kopf- oder Fußzeile einfügen, verändert sich das Menüband, und die Registerkarte **Kopf- und Fußzeilentools** ❼ ist zu sehen. Hier lässt sich z. B. der Abstand der Kopfzeile zur oberen Seitenkante ❽ (bzw. der Fußzeile zur unteren Kante ❾) individuell anpassen.

5. Sie können auch leicht zwischen Kopf- und Fußzeile hin- und herspringen, indem Sie auf die entsprechenden Schaltflächen ❿ klicken.

6. Wenn alles erledigt ist, klicken Sie auf **Kopf- und Fußzeile schließen** ⓫ oder setzen einen Doppelklick in den Text des Dokuments.

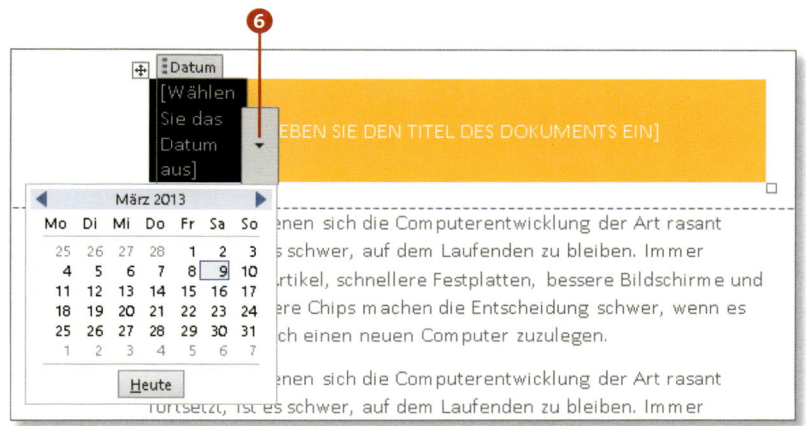

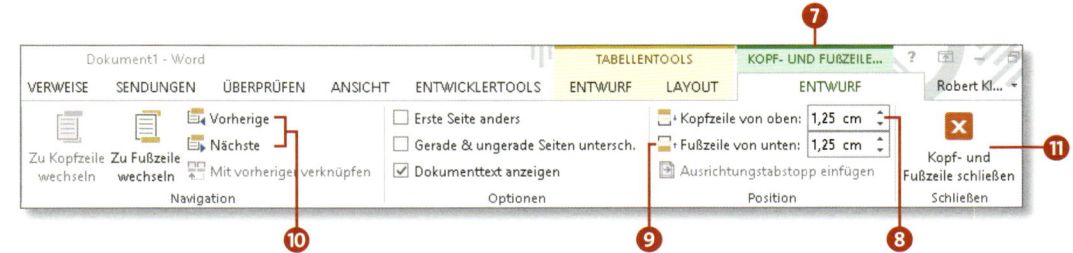

## Texteigenschaften

Übrigens bleiben die Möglichkeiten der Textgestaltung auch innerhalb der Kopf- und Fußzeile permanent erhalten. So können Sie z. B. Text größer oder kleiner machen, die Farbe und Ausrichtung ändern und was sonst noch so alles möglich ist, indem Sie den betreffenden Text zunächst einmal markieren. Danach verwenden Sie die Mini-Symbolleiste oder benutzen die Befehle auf der Registerkarte **Start**.

## Unterschiedliche Kopf- und Fußzeilen gestalten (mit Abschnitten)

Es ist durchaus statthaft, Kopf- und Fußzeilen unterschiedlich zu gestalten. Es bleibt Ihnen überlassen, welche Elemente integriert werden, welche Farben Sie nutzen oder wie hoch die Zeile wird. Sie sollten allerdings vorsichtig damit umgehen, unterschiedliche Stile am oberen und am unteren Bildrand oder auf verschiedenen Seiten eines Dokuments zu verwenden.

Kopf- oder Fußzeilen dürfen durchaus mehrzeilig sein. Innerhalb der Textfelder am oberen oder unteren Seitenrand (also innerhalb der Kopf- oder Fußleiste) können Sie die Zeilenschaltung benutzen.

Beachten Sie dabei aber immer: Kopf- und Fußzeilen werden an die Größe ihrer Elemente angepasst, und je größer Kopf- und Fußzeilen sind, desto weniger Platz bleibt für den *Satzspiegel* übrig. Der Satzspiegel ist jener Bereich, der den Standardtext (*Fließtext*) und seine Elemente enthält; es geht also im Prinzip um den gesamten Bereich zwischen den Seitenrändern. Die Kopf- und Fußzeilen befinden sich oberhalb oder unterhalb der Seitenränder und liegen damit außerhalb des Satzspiegels.

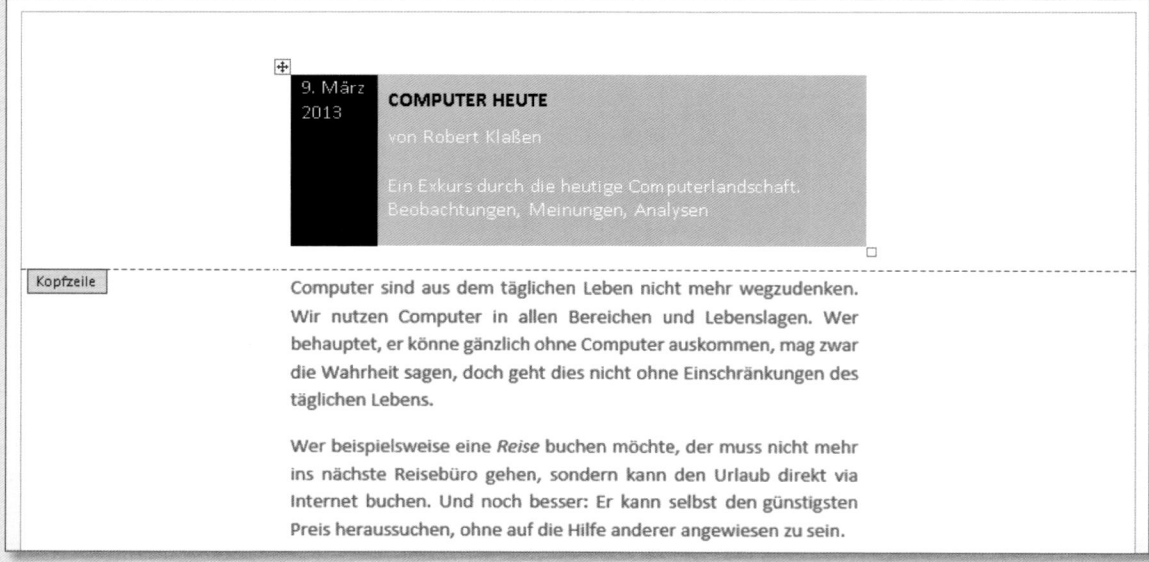

*Je größer die Kopf- oder Fußzeile, desto kleiner der Satzspiegel.*

Im normalen Bearbeitungsmodus sind die Inhalte der Kopf- und Fußzeilen ausgegraut dargestellt. Sie sind geschützt, solange sich der Cursor im Fließtext bzw. innerhalb des Satzspiegels befindet. Wenn Sie die Kopf- oder Fußzeilen bearbeiten wollen, müssen Sie zunächst einen Doppelklick darauf ausführen. Dadurch wechseln Sie in den Bearbeitungsmodus der Kopf- und Fußzeile (und nun ist der Fließtext ausgegraut).

Um unterschiedliche Kopf- und Fußzeilen in verschiedenen Abschnitten des Dokuments zu verwenden, z. B., Deckblatt, Text und Verzeichnis, müssen Sie das Dokument zunächst über **Seitenlayout > Seite einrichten > Umbrüche > Abschnittsumbrüche > Nächste Seite** in die entsprechenden Abschnitte gliedern (siehe dazu auch den Abschnitt »Abschnittswechsel« auf Seite 143). Wenn Sie dann den Kopfzeilenbereich durch einen Doppelklick aktivieren, sehen Sie darin die Angabe zu den Abschnitten ❶.

Die Angabe **Wie vorherige** ❷ bedeutet, dass der Inhalt der Kopfzeile standardmäßig aus dem vorangegangenen Abschnitt übernommen wird. Diese Verknüpfung soll nun aufgehoben werden. Klicken Sie auf der Registerkarte **Kopf- und Fußzeilentools/Entwurf** in der Gruppe **Navigation** auf die Schaltfläche **Mit vorheriger verknüpfen**, um ebendiese Funktion zu deaktivieren. Die gleiche Änderung nehmen Sie in der Fußzeile vor. Nun können Sie die unterschiedlichen Kopf- und Fußzeilentexte eingeben.

## Ein Deckblatt einfügen

Wenn Sie ein Buch oder eine Ausarbeitung schreiben, möchten Sie Ihre Leser natürlich von der ersten Seite an überzeugen. Das bedeutet: Sie müssen einen Aufmacher präsentieren. Für diese Zwecke bietet es sich an, dem Dokument ein Deckblatt hinzuzufügen.

1. Wechseln Sie zur Registerkarte **Einfügen**, und klicken Sie in der Gruppe **Seiten** auf **Deckblatt** ❶.

2. Ein Menü mit verschiedenen Varianten klappt aus. Scrollen Sie, falls erforderlich, etwas nach unten, und klicken Sie auf eine Deckblattgestaltung, die Ihnen gefällt, z. B. **Puzzle** ❷.

3. Wenn Sie bereits Texte oder Formate angelegt haben, die für das Deckblatt relevant sind, werden diese automatisch übernommen (siehe den Kasten »Titel und Co.«). Mit einem Klick auf den jeweiligen Text lässt sich das Deckblatt wunschgemäß bearbeiten.

**Deckblatt entfernen**

Wenn Sie sich nachträglich dafür entscheiden, das Deckblatt doch wieder zu verwerfen, klicken Sie auf die Schaltfläche **Deckblatt** und im Menü auf **Aktuelles Deckblatt entfernen** ❸.

**Titel und Co.**

Wenn Sie auf den Seiten des Dokuments bereits einen Titel verfasst haben (z. B. in Form eines Eintrags in der Kopfzeile), wird dieser ins Deckblatt übernommen. Beachten Sie, dass die Titel in Abhängigkeit zueinander stehen! Wenn Sie z. B. den Titel auf dem Deckblatt ändern, wird er auch in der Kopfzeile geändert.

# Wasserzeichen

Einige Dokumente enthalten Hinweise dazu, wie mit ihnen umgegangen werden soll, oder werden dadurch vor unerlaubter Vervielfältigung geschützt, dass sie ein Wasserzeichen enthalten. Im Hintergrund des Dokuments können für diese Zwecke schwach graue Textelemente hinzugefügt werden.

1. Öffnen Sie das Register **Entwurf**, und klicken Sie in der Gruppe **Seitenhintergrund** auf **Wasserzeichen** ❶.

2. Nun öffnet sich eine Liste vordefinierter Wasserzeichen, die mit einem Mausklick auf die Miniaturvorschau ins Dokument eingefügt werden können.

3. Wer lieber sein eigenes Wasserzeichen gestaltet, klickt auf **Benutzerdefiniertes Wasserzeichen** ❷.

4. Im Dialog **Gedrucktes Wasserzeichen** aktivieren Sie die Checkbox **Textwasserzeichen** ❸ und legen darunter die gewünschten Optionen fest. Zuletzt bestätigen Sie mit **OK** ❹.

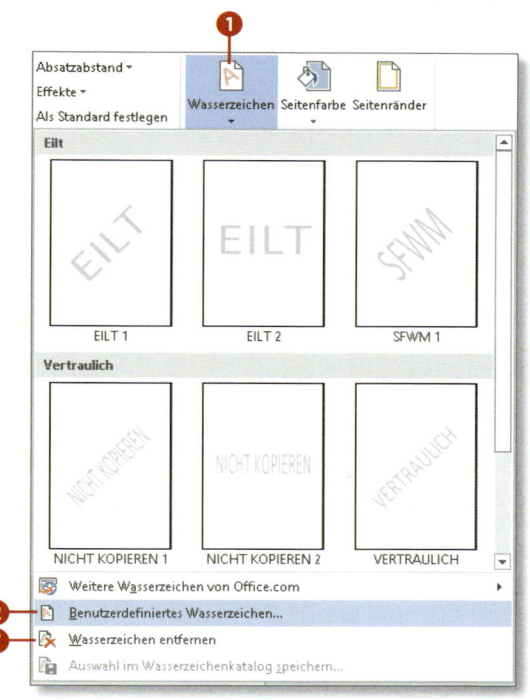

## Bildwasserzeichen

Wenn Sie lieber eine Bilddatei als Wasserzeichen benutzen, aktivieren Sie die Checkbox **Bildwasserzeichen** ❺ und klicken anschließend auf **Bild auswählen** ❻. Im nächsten Dialog entscheiden Sie sich für **Aus einer Datei**, um Zugriff auf Ihre Festplatten zu erhalten. So lassen sich alle gängigen Grafikformate (z. B. JPEG, TIFF, PNG oder GIF) als Wasserzeichen einfügen.

## Wasserzeichen löschen

Sie wollen das Wasserzeichen wieder loswerden? Dann klicken Sie auf die Schaltfläche **Wasserzeichen** und dann auf **Wasserzeichen entfernen** (❼ in Bild 1).

## Zeilenumbruch

Mit der Funktion **Zeilenumbruch** wird geregelt, wie der Text einzelne Elemente (wie Bilder, Grafiken, Formen etc.) umfließen soll. (Wie Sie solche Elemente ins Dokument bekommen, erfahren Sie in den Kapiteln 8, »Bilder, Grafiken und Videos einfügen«, und 9, »Textelemente und Formen einfügen«.)

1. Klicken Sie auf der Registerkarte **Seitenlayout** in der Gruppe **Anordnen** auf **Zeilenumbruch** ❶. Die Schaltfläche ist nur dann aktiv, wenn das Element, das es zu umfließen gilt ❷, angeklickt ist.

2. Suchen Sie im Menü nach der geeigneten Umbruchvariante, indem Sie mit dem Mauszeiger daraufzeigen, ohne zu klicken. Im Text können Sie anhand einer Live-Vorschau verfolgen, wie sich die Umbruchart auf den Text auswirkt. Weitere Möglichkeiten finden Sie, wenn Sie auf **Weitere Layoutoptionen** ❸ klicken.

3. Am Ende klicken Sie auf den Eintrag, der Ihnen geeignet erscheint, z. B. **Passend** ❹.

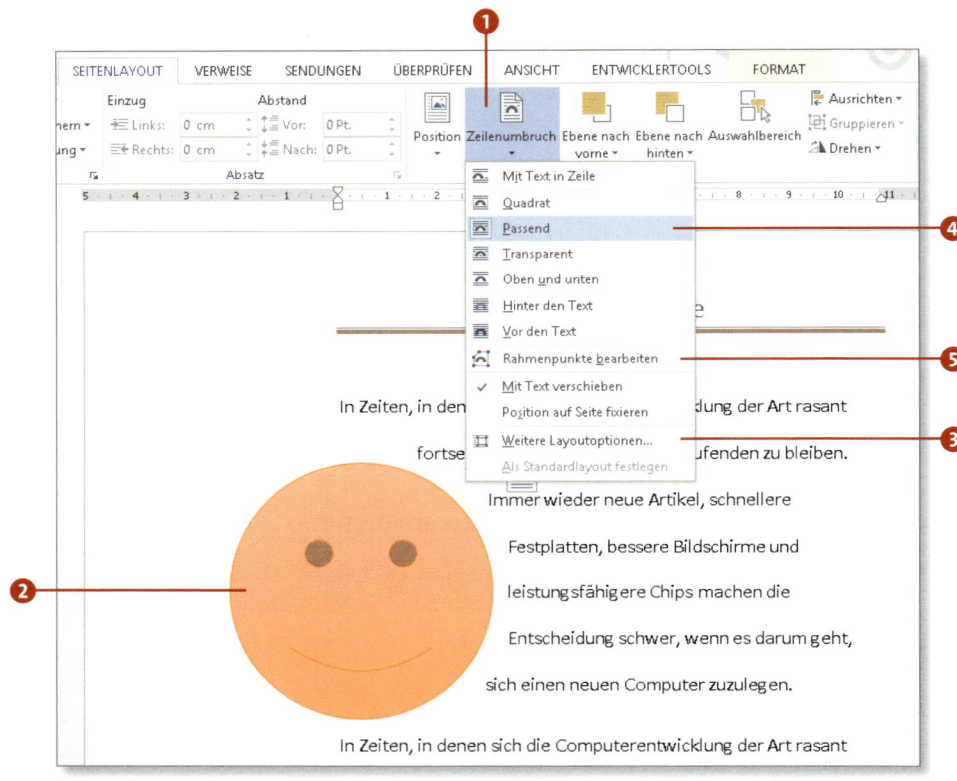

### Rahmenpunkte bearbeiten

Wollen Sie den Zeilenumbruch noch genauer steuern? Dann klicken Sie auf den Menüeintrag **Rahmenpunkte bearbeiten** ❺. Daraufhin erscheint um das Element, das es zu umfließen gilt, eine Linie mit kleinen schwarzen Quadraten, die Sie mit gedrückter Maustaste so verschieben können, dass sich der Umbruch noch besser an die Objektform anpasst.

### Zeilenumbrüche

Der Begriff *Zeilenumbruch* wird nicht nur in Zusammenhang mit dem Textfluss um Bilder etc. benutzt, sondern steht generell auch für den Übergang des Textes von einer Zeile in die nächste. In Word wird der Umbruch oft mit ⏎ erzwungen, wodurch man allerdings immer einen neuen Absatz erzeugt. Wenn man aber möchte, dass das Absatzformat beibehalten wird, oder z. B. einen Zeilenumbruch in einer Tabelle braucht, sollte man einen *weichen Umbruch* benutzen (⇧ + ⏎).

# Seitenumbruch

Der Seitenumbruch ist die Stelle, an der der Text auf die nächste Seite läuft. Normalerweise regelt Word den Seitenumbruch selbst. Wenn eine Seite voll ist, wird automatisch mit der nächsten begonnen. Sie können aber Einfluss auf den Umbruch nehmen, etwa wenn Textabschnitte inhaltlich voneinander getrennt werden sollen.

1. Platzieren Sie die Einfügemarke an der Position, an der ein Umbruch erfolgen soll ❶.

2. Klicken Sie auf der Registerkarte **Seitenlayout** in der Gruppe **Seite einrichten** auf **Umbrüche** ❷.

3. Im Menü wählen Sie den Untereintrag **Seite** ❸. Das hat zur Folge, dass alles, was nach der Einfügemarke kommt, auf die nächste Seite verschoben wird.

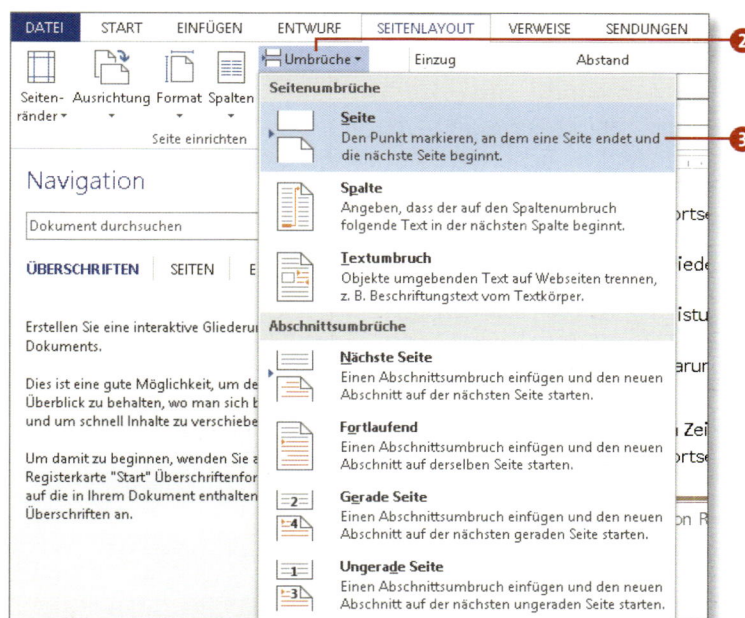

ℹ **Hurenkind und Schusterjunge**

Für den ersten Begriff entschuldigen wir uns in aller Form – zugleich weisen wir aber darauf hin, dass es sich dabei um offizielle Begriffe aus Typografie und Druckerhandwerk handelt. Als Hurenkind bezeichnet man die letzte Zeile eines Absatzes, die bedingt durch den Seitenumbruch auf die nächste Seite gerutscht ist und dort ganz allein steht. Beim Schusterjungen ist es umgekehrt. Hier steht die erste Zeile eines Absatzes allein am Ende einer Seite, während der Rest auf die nächste Seite verschoben wird. Prinzipiell darf ein Absatz zwar auf zwei Seiten verteilt sein, jedoch sollte nie eine Zeile allein übrig bleiben – weder am Anfang noch am Ende einer Seite.

➕ **Verschiedene Umbruchoptionen**

Achten Sie auf die Erläuterungen, die im Menü zum jeweiligen Umbruch angezeigt werden, und probieren Sie einfach aus. Wenn es der falsche Umbruch gewesen ist, drücken Sie Strg + Z. Das macht den letzten Schritt wieder rückgängig.

## Umbrüche steuern

Wie Sie bereits auf Seite 141 gesehen haben, bietet das Menü der Schaltfläche **Umbrüche** zahlreiche Untereinträge. Dabei wird zwischen *Seitenumbrüchen* ❶ und *Abschnittsumbrüchen* ❷ unterschieden. In der Kategorie **Seitenumbrüche** können Sie wiederum wählen, ob die Seite umbrochen werden soll ❸ (und damit der rechts neben dem Cursor befindliche Text auf die nächste Seite wandert) oder ob Sie einen *Spaltenumbruch* hinzufügen wollen ❹. Letzteres ist natürlich nur dann sinnvoll, wenn Sie mit einem mehrspaltigen Dokument arbeiten (siehe dazu den Abschnitt »Spalten« auf Seite 144).

Dazu ein Beispiel: Wenn Sie in einem zweispaltigen Dokument arbeiten und auf der Registerkarte **Seitenlayout** in der Gruppe **Seite einrichten** auf **Umbrüche > Spalte** klicken, rutscht der Text, der sich rechts neben der Einfügemarke befindet, automatisch in die rechte Spalte auf der Seite. Benutzen Sie diese Option hingegen bei einem einspaltigen Dokument, wird der Text auf die nächste Seite verschoben.

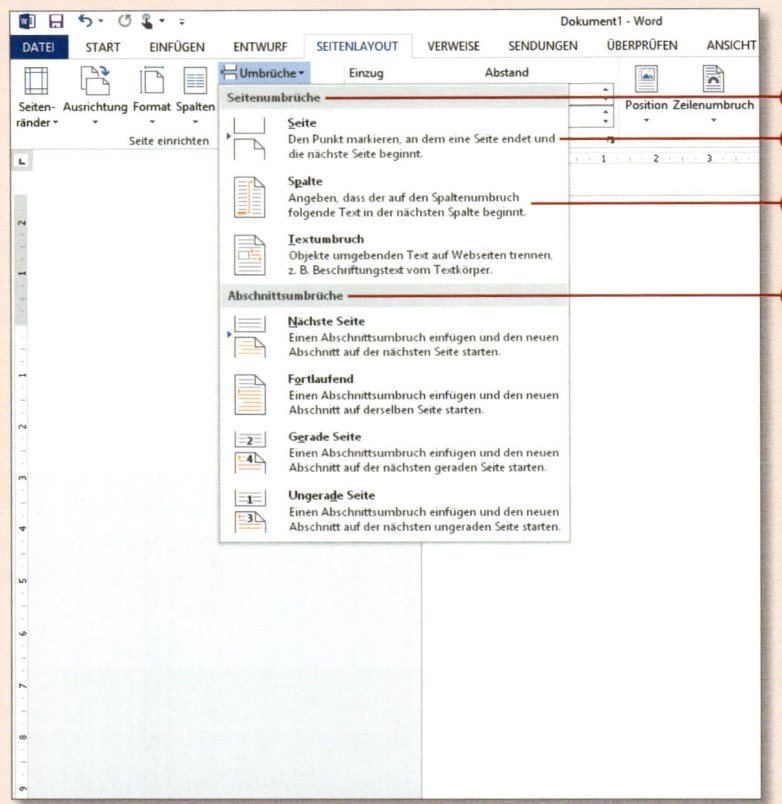

## Abschnittswechsel

Abschnittswechsel bzw. Abschnittsumbrüche sind immer dann sinnvoll, wenn bestimmte Textabschnitte von anderen Abschnitten des Dokuments unterschieden werden sollen. So kann z. B. ein Abschnitt mit anderen Kopf- und Fußzeilen aufwarten als der Rest des Dokuments. Ebenso können spezielle Formatierungen auf einzelne Abschnitte angewandt werden, ohne dass andere Abschnitte des Dokuments in Mitleidenschaft gezogen werden.

1. Platzieren Sie die Einfügemarke an der Position, an der ein Abschnittsumbruch eingefügt werden soll.

2. Anschließend öffnen Sie das Register **Seitenlayout** und klicken auf die Schaltfläche **Umbrüche** ❶, die sich in der Gruppe **Seite einrichten** befindet.

3. Im zugehörigen Menü wählen Sie einen Eintrag aus der Kategorie **Abschnittsumbrüche**. Wir haben uns hier für **Nächste Seite** ❷ entschieden, was bewirkt, dass der neue Abschnitt auf der folgenden Seite beginnt.

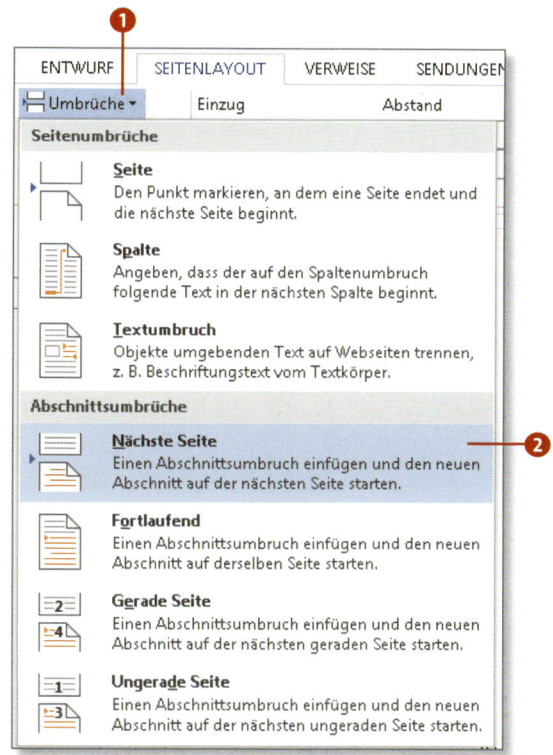

> ℹ **Abschnittswechsel sichtbar machen**
>
> Zwar sehen Sie nach dem Hinzufügen eines Abschnittsumbruchs, dass der Text z. B. auf die folgende Seite verschoben wird, jedoch wird daraus nicht ersichtlich, dass es sich um einen neuen Abschnitt handelt. Aber Abschnittsumbrüche lassen sich sichtbar machen. Dazu klicken Sie auf dem Register **Start** auf die Schaltfläche **Alle anzeigen** ¶ oben rechts in der Gruppe **Absatz**. Alternativ drücken Sie Strg + * (also Strg + Alt + +). Das hat zur Folge, dass zuvor unsichtbare Steuerzeichen angezeigt werden – also auch der Abschnittsumbruch.

## Spalten

Im Abschnitt »Umbrüche steuern« auf Seite 142 haben Sie bereits erfahren, dass Umbrüche auch auf Spalten angewandt werden können. Zuvor müssen Sie aber natürlich wissen, wie ein Dokument oder eine Seite überhaupt in mehrere Spalten gegliedert werden kann. Es ist unerheblich, ob Sie schon Text geschrieben haben oder nicht.

1. Setzen Sie die Einfügemarke auf die Seite, ab der die Spalten-anzahl geändert werden soll. Alternativ dazu können Sie auch einen Textbereich markieren, der von der Änderung betroffen sein soll. Möchten Sie die Spaltenanzahl im gesamten Dokument ändern, drücken Sie zunächst Strg + A, um alles zu markieren.

2. Anschließend klicken Sie auf die Schaltfläche **Spalten** ❶ in der Gruppe **Seite einrichten** auf der Registerkarte **Seitenlayout**.

3. Im Menü wählen Sie die Anzahl der Spalten, z. B. **Zwei**. Das Dokument wird daraufhin zweispaltig. Für unser Beispiel haben wir zuvor den gesamten Text unterhalb der Überschrift markiert, was zur Folge hatte, dass die Überschrift im Gegensatz zum Fließtext einspaltig geblieben ist ❷.

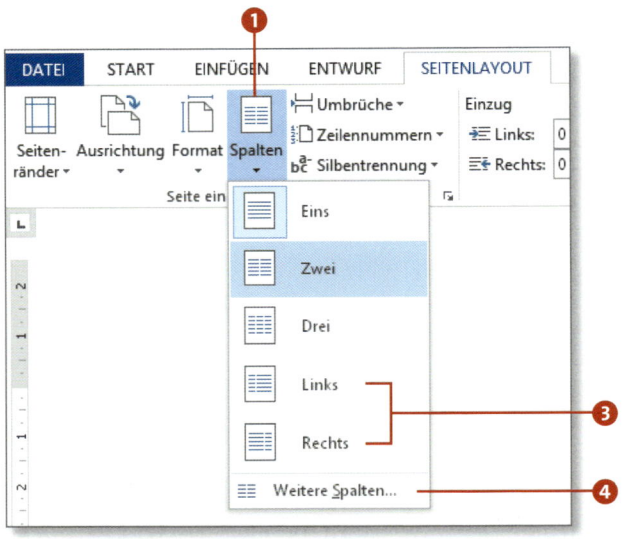

### Mehr Spalten?

Standardmäßig ist bei drei Spalten Schluss. Zwar können Sie noch auf **Links** oder **Rechts** umschalten ❸, damit die Spalten unterschiedlich breit werden, jedoch kann keine vierte oder fünfte Spalte hinzugefügt werden. Oder doch? Klicken Sie auf **Spalten > Weitere Spalten** ❹. Daraufhin erscheint ein Dialog-feld, mit dessen Hilfe sich auch die Spaltenanzahl wunsch-gemäß einstellen lässt. Doch Vorsicht! Zu schmale Spalten verschlechtern die Lesbarkeit.

## Computer in der heutigen Zeit ❷

Computer sind aus dem täglichen Leben nicht mehr wegzudenken. Wir nutzen Computer in allen Bereichen und Lebenslagen. Wer behauptet, er könne gänzlich ohne Computer auskommen, mag zwar die Wahrheit sagen, doch geht dies

Kühlschränke, die selbständig jene Artikel nachordern, die wir zuvor entnommen haben. Zwar sind derartige Errungenschaften noch nicht wirklich serienreif, doch sie funktionieren bereits. Schöne neue Welt? Das muss jeder für sich selbst entscheiden.

# Die Spaltenbreite bestimmen

Ein optisch interessanter Effekt ist der Einsatz unterschiedlicher Spaltenbreiten innerhalb eines Textbereichs. Dadurch kann die linke Spalte auch mal breiter sein als die rechte oder umgekehrt (z. B. weil in einer Spalte eine Grafik untergebracht werden soll, die mehr Platz benötigt). Sie sollten diesen Effekt jedoch nur absatzweise einsetzen, da die Lesbarkeit sonst leidet.

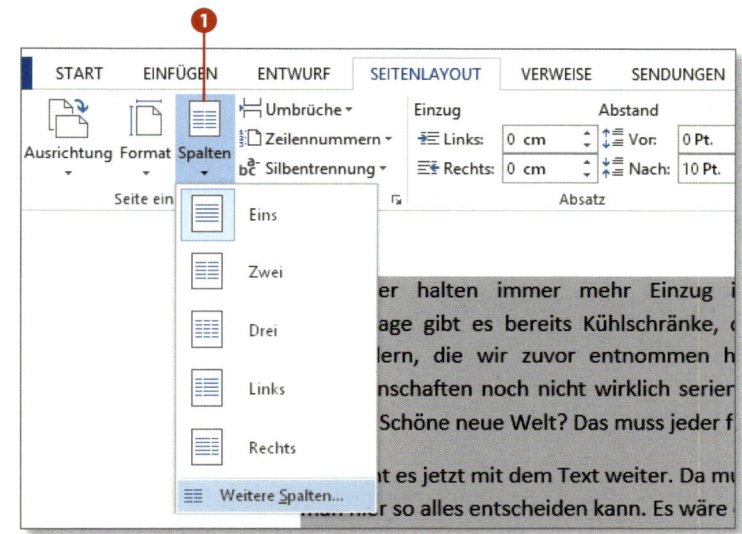

1. Markieren Sie den Text, der mehrspaltig erscheinen soll. Danach öffnen Sie das Register **Seitenlayout** und klicken in der Gruppe **Seite einrichten** auf **Spalten** ❶. Entscheiden Sie sich in der Menüliste für **Weitere Spalten**.

2. Im Dialog **Spalten** legen Sie als Nächstes die Spaltenanzahl fest ❷. Damit die Spalten unterschiedlich breit werden können, müssen Sie zudem die Checkbox **Gleiche Spaltenbreite** ❸ mit einem Klick deaktivieren.

3. Setzen Sie nun einen Dreifachklick auf das Eingabefeld **Breite** für Spalte 1 ❹. Tragen Sie dort ein, wie breit die erste Spalte werden soll, z. B. »7 cm«.

4. Nun bestimmen Sie den Abstand zwischen beiden Spalten mithilfe der Pfeilschaltflächen am Feld **Abstand** ❺. Die Auswirkung der Einstellungen können Sie in der Vorschau ❻ begutachten. Zum Schluss klicken Sie auf **OK** ❼.

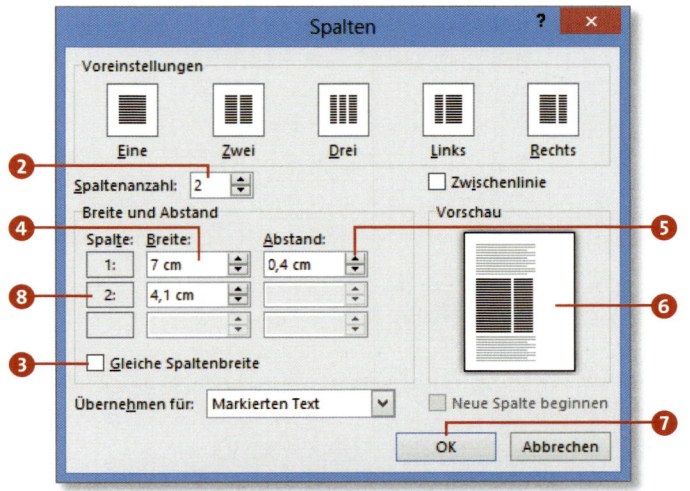

> **i**
>
> **Automatische Anpassung**
>
> Das Maß für die zweite Spalte ❽ wird automatisch angepasst, wenn Sie eine Breite für die erste Spalte festgelegt haben. Word richtet sich dabei nach dem vorgegebenen Satzspiegel, d. h., die Breite beider Spalten inklusive des Abstands entspricht der Breite der Seite (dem zur Verfügung stehenden Platz innerhalb der Seitenränder).

## Zeilen nummerieren

Sie können die Zeilen eines Word-Dokuments durchnummerieren. Das ist z. B. sinnvoll, wenn mehrere Personen mit einem
bestimmten Dokument arbeiten und Informationen untereinander austauschen wollen: »Schau dir doch mal bitte die
Formulierung auf Seite 2 in Zeile 8 an.« So erspart man sich
langes Suchen.

1. Öffnen Sie das Register **Seitenlayout**, und klicken Sie in der
   Gruppe **Seite einrichten** auf **Zeilennummern** ❶.

2. Im Menü der Schaltfläche wählen Sie den Eintrag **Fortlaufend**, wenn Sie wünschen, dass jede Zeile vom Beginn des
   Dokuments bis zu dessen Ende durchnummeriert wird.

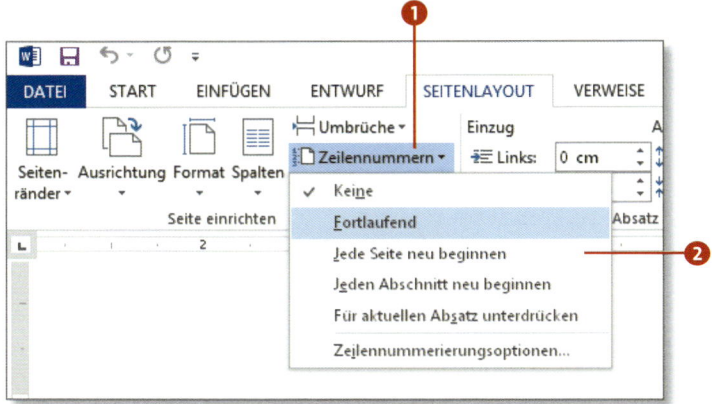

**Jede Seite neu beginnen**

Wählen Sie die Option **Jede Seite neu beginnen** ❷, um
zu erreichen, dass auf jeder neuen Seite wieder mit der
Zeilennummer 1 begonnen wird.

1 **Computer in der heutigen Zeit**

2 Computer sind aus dem täglichen Leben nicht mehr wegzudenken. Wir
3 nutzen Computer in allen Bereichen und Lebenslagen. Wer behauptet,
4 er könne gänzlich ohne Computer auskommen, mag zwar die Wahrheit
5 sagen, doch geht dies nicht ohne Einschränkungen des täglichen Lebens.

6 Wer beispielsweise eine *Reise* buchen möchte, der muss nicht mehr ins
7 nächste Reisebüro gehen, sondern kann den Urlaub direkt via Internet
8 buchen. Und noch besser: Er kann selbst den günstigsten Preis heraussu-
9 chen, ohne auf die Hilfe anderer angewiesen zu sein.

10 Computer halten immer mehr Einzug in unser tägliches Leben. Heutzu-
11 tage gibt es bereits Kühlschränke, die selbständig jene Artikel nachor-
12 dern, die wir zuvor entnommen haben. Zwar sind derartige Errungen-
13 schaften noch nicht wirklich serienreif, doch sie funktionieren bereits.
14 Schöne neue Welt? Das muss jeder für sich selbst entscheiden.

3. Wenn Sie bestimmte Abschnitte von der Zeilennummerierung ausschließen möchten, setzen Sie zunächst die Einfügemarke in den betreffenden Abschnitt.

4. Klicken Sie dann auf **Zeilennummern > Für aktuellen Absatz unterdrücken** ❸. Das hat zur Folge, dass der ausgewählte Abschnitt bei der Zeilennummerierung übergangen wird. Die Nummerierung wird erst in der Zeile fortgesetzt, die auf diesen Abschnitt folgt.

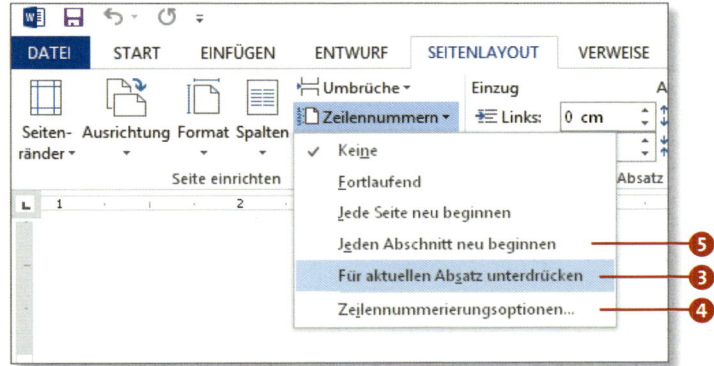

### Optionen für die Zeilennummerierung

Der Menüeintrag **Zeilennummerierungsoptionen** ❹ ist für alle geeignet, die sich bei Form und Gestaltung der Zeilennummerierung mehr wünschen, als über die Standardbefehle möglich ist. Sie können hier u. a. den **Abschnittsbeginn** ändern (ihn also z. B. auf jeder geraden oder ungeraden Seite anordnen). Sie können auch bestimmen, ob z. B. gerade und ungerade Seiten unterschiedlich behandelt werden sollen. Wenn Sie unten links auf **Übernehmen für** klicken, können Sie entscheiden, ob die getroffenen Einstellungen für das gesamte Dokument gelten oder erst ab der Position wirksam werden sollen, an der die Einfügemarke gerade steht.

### Jeden Abschnitt neu beginnen

Wählen Sie die Option **Jeden Abschnitt neu beginnen** ❺, wenn Sie das Dokument in Abschnitte gegliedert haben (siehe dazu die Anleitung »Abschnittswechsel« auf Seite 143) und jetzt erreichen wollen, dass jeder Abschnitt mit der Zeilennummer 1 begonnen wird.

# 5 Nummerierung und Aufzählung

Jetzt wollen wir uns mit der Auflistung, Nummerierung und Sortierung von Text befassen. Stellen Sie sich vor, Sie müssen die Tagesordnung für ein Meeting schreiben. Da ist es sinnvoll und notwendig, die einzelnen Punkte hierarchisch voneinander zu trennen und sie ggf. zu nummerieren.

Ein anderes Beispiel: Sie wollen Ihre CD-Sammlung katalogisieren. Wenn es sich um eine große Sammlung handelt, werden Ihnen die guten Stücke eher zufällig begegnen. Sie können auch lange Listen relativ leicht alphabetisch ordnen. Dazu müssen Sie zunächst einmal alle Titel notieren. Die alphabetische Reihenfolge erzeugen Sie anschließend, wenn jede CD eingetragen ist. Wie diese und ähnliche Aufgaben zu bewältigen sind, erfahren Sie in diesem Kapitel.

Und grundsätzlich bleibt noch zu klären, was eigentlich der Unterschied zwischen einer Aufzählung und einer Nummerierung ist. Eine Aufzählung ist eine nicht nummerierte Liste. Jedem Teil der *Aufzählung* ist ein Aufzählungszeichen vorangestellt. Eine *Nummerierung* ist – naturgemäß – eine nummerierte Liste, der i. d. R. anstelle von grafischen Aufzählungszeichen Zahlen, manchmal aber auch Buchstaben vorangestellt sind. Es gibt zahlreiche Optionen.

## In diesem Kapitel

- Automatische Aufzählung
- Text nachträglich mit Aufzählungszeichen versehen
- Aufzählungszeichen aussuchen
- Listen automatisch nummerieren
- Eine Liste nachträglich mit Nummern versehen
- Listen mit mehreren Ebenen
- Neue Listen definieren
- Listen sortieren

## Automatische Aufzählung

Es kommt vor, dass Sie einzelne Punkte in einem Text gut sichtbar machen bzw. aus dem Fließtext herausstellen möchten. Gerade wenn es sich um mehrere Punkte handelt, sollten Sie ihnen ein grafisches Aufzählungszeichen voranstellen. Das macht das Dokument übersichtlich und leserfreundlich.

1. Schreiben Sie zunächst den einleitenden Text bzw. die Überschrift. Am Ende der Zeile, nach der die Aufzählung beginnen soll, drücken Sie ⏎, um einen neuen Absatz zu erzeugen.

2. Klicken Sie in der Gruppe **Absatz** der Registerkarte **Start** auf **Aufzählungszeichen ❶**. Der neue Absatz wird eingerückt und – sofern Sie noch kein anderes Zeichen vergeben haben (siehe den Abschnitt »Aufzählungszeichen aussuchen« auf Seite 152) – mit einem Punkt als Aufzählungszeichen versehen ❷.

3. Geben Sie den Text für den ersten Aufzählungspunkt ein, und drücken Sie erneut die ⏎-Taste. Auch die neue Zeile beginnt dann wieder mit dem Aufzählungszeichen, sodass Sie einen weiteren Listenpunkt eingeben können.

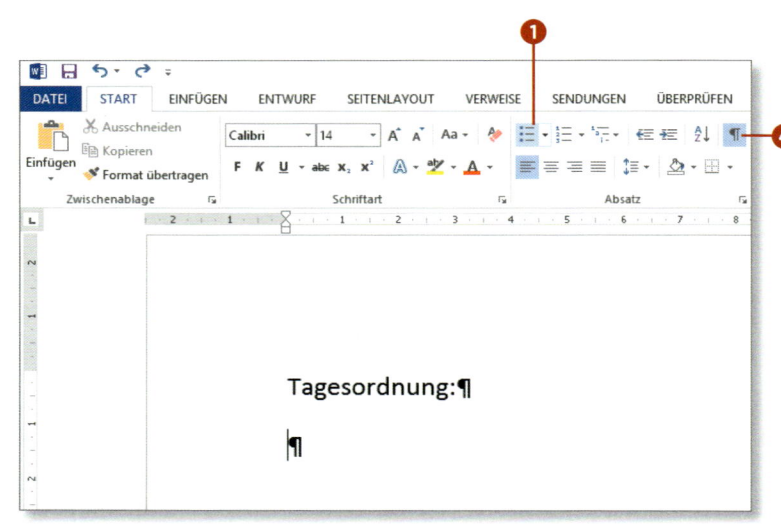

ⓘ **Aufzählung abschließen**

Um die Aufzählung abzuschließen, drücken Sie am Ende ihrer letzten Zeile die ⏎-Taste. Word geht jetzt davon aus, dass Sie einen weiteren Aufzählungspunkt folgen lassen wollen. Das umgehen Sie, indem Sie abermals ⏎ drücken.

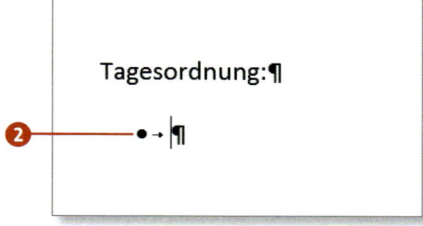

ⓘ **Steuerzeichen**

Die Absatzmarke ❸ zeigt das Ende eines Absatzes an. Sie machen sie sichtbar, indem Sie auf die Schaltfläche **Alle anzeigen ❹** klicken.

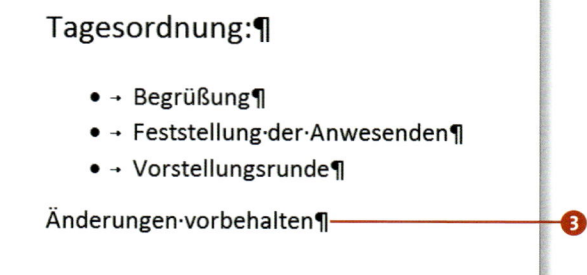

# Text nachträglich mit Aufzählungszeichen versehen

Mal angenommen, Sie haben sich zunächst nur um die Erstellung des Textes gekümmert und wollen ihn erst im Anschluss formatieren und im Zuge dessen auch Aufzählungszeichen setzen. Dann müssen Sie natürlich nicht alles neu schreiben, sondern gehen folgendermaßen vor:

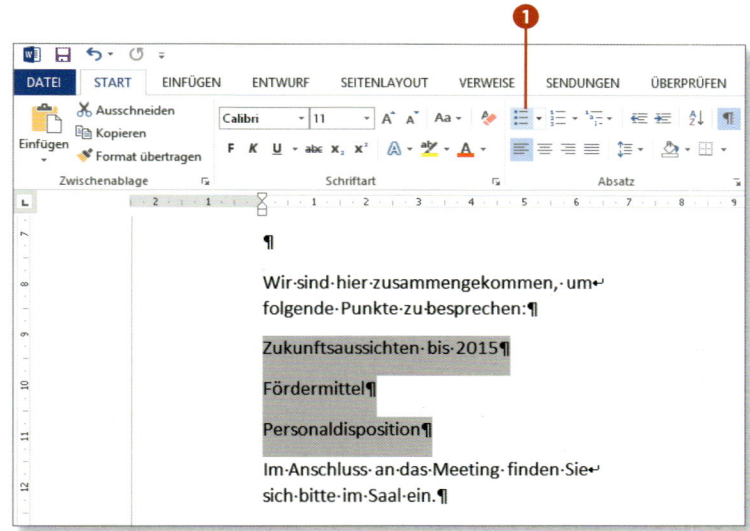

1. Markieren Sie den Text, der nachträglich mit Aufzählungszeichen versehen werden soll. Dabei müssen Sie aber berücksichtigen, dass jede Textzeile, die zu einem Aufzählungspunkt werden soll, in einem eigenen Absatz steht.

2. Öffnen Sie anschließend die Registerkarte **Start**, und klicken Sie in der Gruppe **Absatz** auf **Aufzählung** ❶. (Alternativ klicken Sie in der durch die Markierung automatisch eingeblendeten Mini-Symbolleiste auf **Aufzählung** ❷.)

3. Der markierte Text wird daraufhin mit Aufzählungszeichen versehen. Sie können die Liste verlängern oder kürzen, ganz wie Sie wollen.

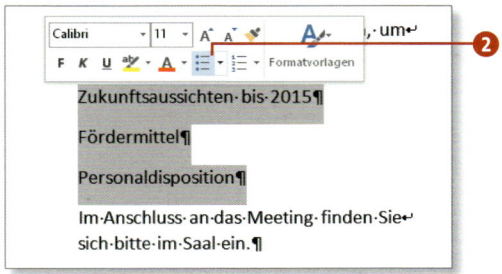

## ℹ Verwendetes Format

Als Aufzählungszeichen wird grundsätzlich das zuletzt ausgewählte Format verwendet. Wenn Sie zum allerersten Mal Aufzählungszeichen benutzen, bietet die Anwendung standardmäßig einen Punkt an, wie in unserem Beispiel zu sehen. (Wie Sie sich ein passendes Aufzählungszeichen aussuchen können, erfahren Sie im Abschnitt »Aufzählungszeichen aussuchen« auf Seite 152.)

## Aufzählungszeichen aussuchen

Wahrscheinlich wollen Sie die Beschaffenheit der Aufzählungszeichen nicht immer der Anwendung überlassen. Müssen Sie auch gar nicht, denn bei der Auswahl haben Sie freie Hand.

1. Markieren Sie zunächst den Text, der mit Aufzählungszeichen versehen werden soll bzw. dessen Aufzählungszeichen Sie verändern wollen.

2. Danach klicken Sie auf den Pfeil an der Schaltfläche **Aufzählungszeichen** ❶ und wählen im Menü in der Rubrik **Aufzählungszeichenbibliothek** ein passendes Zeichen aus, z. B. ein Quadrat ❷. Der Text wird sofort entsprechend geändert.

3. Das Zeichen kann jederzeit geändert werden, indem Sie abermals in die Aufzählungszeichenbibliothek gehen und dort eine andere Variante anklicken. Aber immer daran denken: Dafür muss der Text markiert sein.

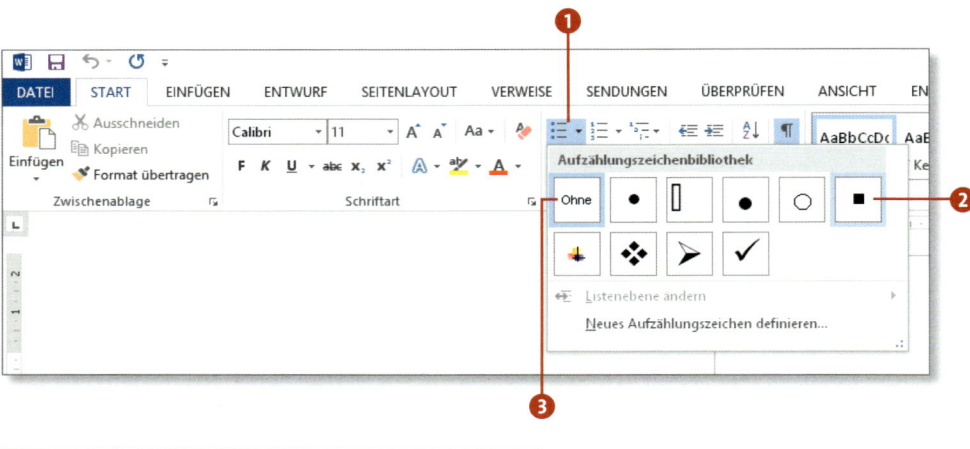

Wir·sind·hier·zusammengekommen,·um↵
folgende·Punkte·zu·besprechen:¶

   ■ → Zukunftsaussichten·bis·2015¶
   ■ → Fördermittel¶
   ■ → Personaldisposition¶

Im·Anschluss·an·das·Meeting·finden·Sie↵
sich·bitte·im·Saal·ein.¶

**Aufzählung verwerfen**

Natürlich kann eine Aufzählung auch nachträglich verworfen werden, ohne dass deswegen der gesamte Text gelöscht werden muss. Um das zu erreichen, klicken Sie in der Rubrik **Aufzählungszeichenbibliothek** auf **Ohne** ❸. Noch einfacher geht es, wenn Sie die Aufzählung markieren und dann auf die Schaltfläche **Aufzählungszeichen** auf der Registerkarte **Start** klicken. Das Aufzählungsformat wird dann quasi »ausgeschaltet«.

# Eigene Aufzählungszeichen verwenden

Wie Sie auf Seite 152 erfahren haben, können die Aufzählungszeichen leicht geändert werden. Wenn Sie sich also z. B. nachträglich doch ein Häkchen anstelle eines Punktes als Aufzählungszeichen wünschen, können Sie das durch die Auswahl des neuen Symbols in der Aufzählungszeichenbibliothek erledigen. Aber die Zahl der dort angebotenen Zeichen ist leider begrenzt. Was ist also zu tun, wenn Sie sich mehr Freiheiten wünschen?

Wer sein eigenes, ganz persönliches Aufzählungszeichen nutzen will, der wählt nach einem Klick auf den Pfeil an der Schaltfläche **Aufzählungszeichen** den Eintrag **Neues Aufzählungszeichen definieren** ganz unten im Menü. Im zugehörigen Dialog stehen Ihnen folgende Optionen zur Verfügung:

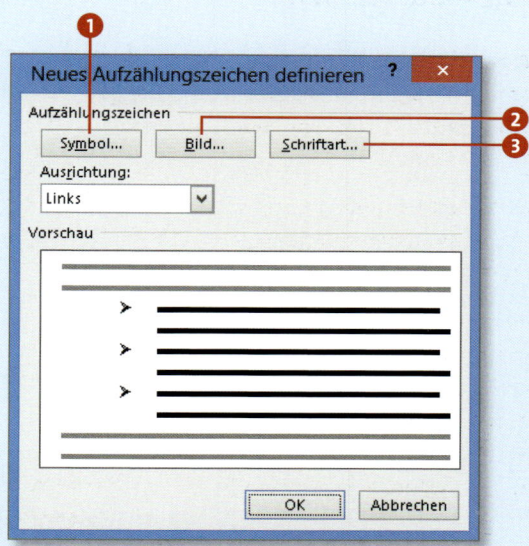

Sie haben die Wahl, ob Sie ein Symbol, ein Bild oder ein Zeichen aus einer anderen Schriftart nutzen möchten.

❶ **Symbol:** Mit dieser Option können Sie auf die Word-Zeichenpalette zugreifen, die viele z. T. auch exotische Zeichen und Symbole umfasst. Die meisten eignen sich hervorragend für den Einsatz als Aufzählungszeichen.

❷ **Bild:** Hiermit können Sie eine Bild- oder Grafikdatei als Aufzählungszeichen nutzen. Die Voraussetzung, damit das gut aussieht und erkennbar ist, sind allerdings Kenntnisse in Sachen Grafikgestaltung.

❸ **Schriftart:** Über diese Schaltfläche kann ein Zeichen aus einer anderen Schrift als der, die im Text verwendet wird, hinzugefügt werden.

Mein Tipp: Verwenden Sie die Funktion **Symbol**. Damit können Sie auf einen schier unerschöpflichen Fundus zurückgreifen und müssen sich keine Gedanken um Dateiformate und dergleichen machen, wie das z. B. bei Bildern der Fall ist.

## Listen automatisch nummerieren

Wussten Sie schon, dass Ihre Textbearbeitungssoftware Listen ganz ohne fremde Hilfe durchnummerieren kann? Na, zumindest *fast* ohne fremde Hilfe. Denn Sie müssen es Word einmal vormachen.

1. Schreiben Sie zunächst den einleitenden Text. Am Ende der Zeile, nach der die Nummerierung beginnen soll, drücken Sie die ⏎-Taste, um einen neuen Absatz zu beginnen.

2. Schreiben Sie nun den ersten Punkt der Liste, und beginnen Sie ihn mit dem gewünschten Nummerierungszeichen. Es kann z. B. eine Zahl (*1.*), ein Buchstabe (*a)*), eine römische Ziffer (*i.*) o. Ä. sein.

3. Nach dem Nummerierungszeichen geben Sie ein Leerzeichen ein. Dadurch wird die ganze Zeile eingerückt und die Nummerierung automatisiert. Dann geben Sie den Text der Zeile ein und drücken ⏎, um die Liste mit *2.* fortzusetzen.

> Wir·sind·hier·zusammengekommen,·um folgende·Punkte·zu·besprechen:¶
>
> 1.¶

> Wir·sind·hier·zusammengekommen,·um folgende·Punkte·zu·besprechen:¶
>
> 1. → Zukunftsaussichten·bis·2015¶
> 2. → ¶

### AutoKorrektur deaktivieren

Sie werden feststellen, dass Word während der Aufzählung plötzlich Korrekturen vornimmt, sofern die AutoKorrektur aktiv ist. So wird z. B. aus *a)* automatisch *A)* etc. Dies können Sie dauerhaft umgehen, indem Sie **Datei > Optionen** wählen. In der linken Spalte des Dialogs **Word-Optionen** klicken Sie auf **Dokumentprüfung** und rechts dann auf **AutoKorrektur-Optionen**. Deaktivieren Sie die Checkbox **Jeden Satz mit einem Großbuchstaben beginnen**, und bestätigen Sie das mit **OK**.

### Nummerierung abschließen

Um das Nummerierungsformat aufzuheben, drücken Sie am Ende der letzten Nummerierungszeile zweimal hintereinander ⏎. Wenn Sie nur einmal ⏎ drücken, nimmt Word an, dass Sie eine weitere nummerierte Zeile schreiben wollen. Erst beim zweiten Drücken der Taste ist klar: Hier ist Schluss mit der Aufzählung.

# Eine Liste nachträglich mit Nummern versehen

Sie haben sämtliche Listen in Ihrem Dokument geschrieben und wollen sie nun nachträglich mit Nummerierungen versehen? Dann gehen Sie folgendermaßen vor:

1. Markieren Sie den Textteil, der nummeriert werden soll (in unserem Beispiel sind das die Punkte *Begrüßung* und *Feststellung der Anwesenden*).

2. Klicken Sie dann auf die Schaltfläche **Nummerierung** ❶ in der Gruppe **Absatz** auf der Registerkarte **Start** (oder alternativ auf die Schaltfläche **Nummerierung** in der sich automatisch öffnenden Mini-Symbolleiste).

3. Anschließend markieren Sie die zweite Liste und nummerieren diese ebenfalls, wie in Schritt 2 beschrieben.

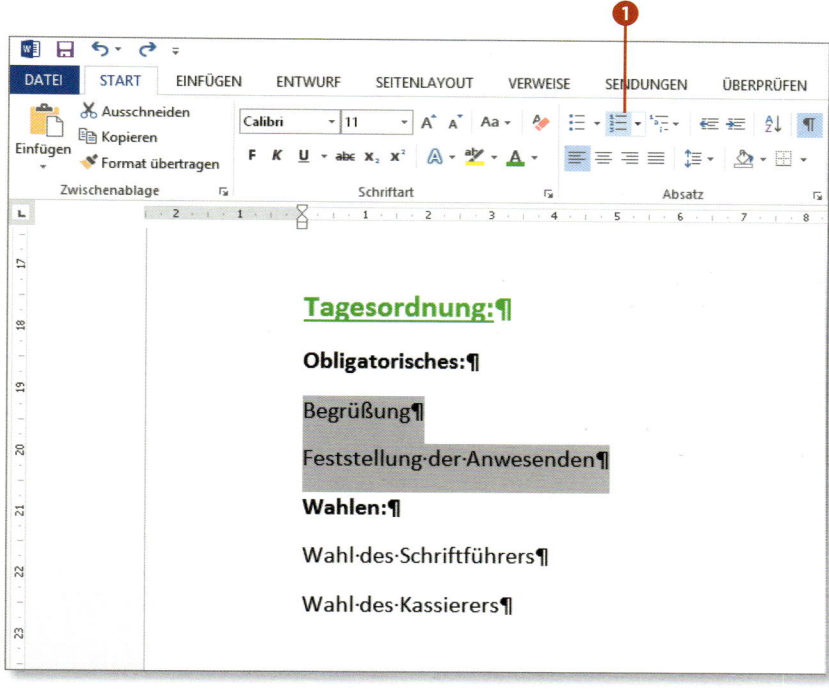

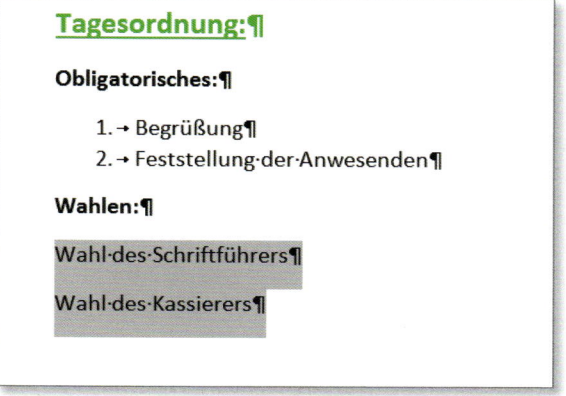

## Nummerierung verwerfen

Sie möchten bereits nummerierte Zeilen wieder ohne Nummerierung haben? Dann wiederholen Sie einfach die ersten beiden Schritte der Anleitung auf dieser Seite. Wenn Sie auf die Schaltfläche **Nummerierung** klicken, während der Text bereits nummeriert ist, wird die Auszeichnung kurzerhand wieder entfernt (die Schaltfläche funktioniert quasi wie ein Schalter).

## Listen mit mehreren Ebenen

Mitunter ist es mit einer einfach durchlaufenden Nummerierung nicht getan. Am Beispiel einer Tagesordnung wird deutlich, dass auch Unter-gruppierungen (sprich: Listenebenen) nötig sind. Diese lassen sich ganz einfach erzeugen.

1. Klicken Sie zunächst auf die Schaltfläche **Liste mit mehreren Ebenen** ❶, die in der Gruppe **Absatz** der Registerkarte **Start** zu finden ist.

2. Im zugehörigen Menü wählen Sie erst oben ein Listenformat aus ❷ und klicken dann ganz unten auf **Neue Liste mit mehreren Ebenen definieren** ❸.

3. Im gleichnamigen Dialog klicken Sie in der Lis-te ganz oben links auf die Anzahl der benötig-ten Ebenen ❹. Bestätigen Sie die Einstellung anschließend mit **OK**.

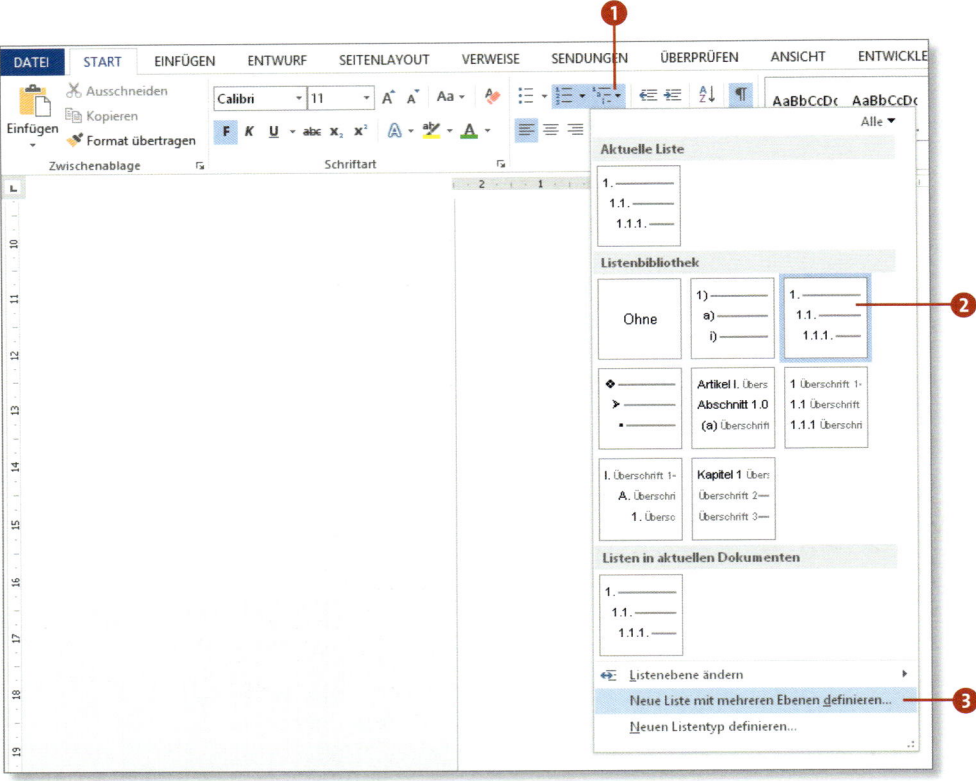

### Text nachträglich nummerieren

Wer bereits Text geschrieben hat, kann die Nummerierung auch prima nachträglich einfügen. Dazu markieren Sie den betreffen-den Bereich und weisen das passende For-mat zu, indem Sie in der Mini-Symbolleiste auf **Nummerierung** klicken.

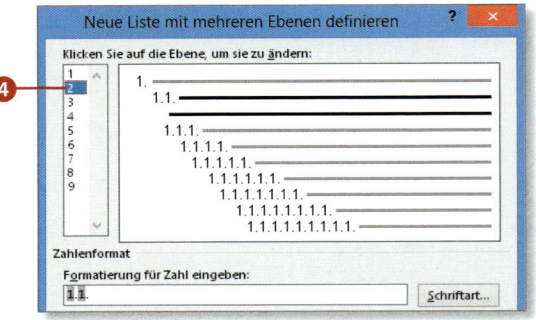

4. Da die erste Nummerierung automatisch vergeben wird, können Sie nun mit der Eingabe des ersten Gliederungspunktes beginnen. Drücken Sie anschließend ⏎.

5. Nun geht Word davon aus, dass Sie eine weitere Überschrift der Ebene 1 einfügen wollen ❺. Wenn Sie das wollen, schreiben Sie einfach weiter und drücken dann wieder ⏎.

6. Möchten Sie hingegen zur zweiten Ebene (also zur nächsten untergeordneten) wechseln, drücken Sie ⇥, bevor Sie den nächsten Text verfassen ❻. Auch Text in Listen können Sie natürlich mit den Mitteln der Registerkarte **Start** gestalten.

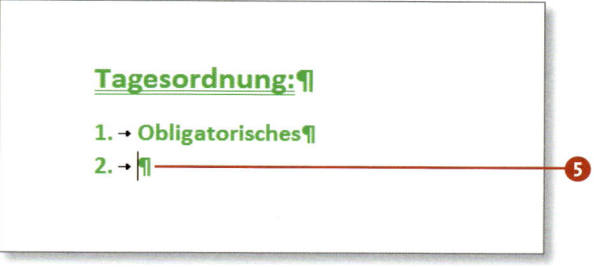

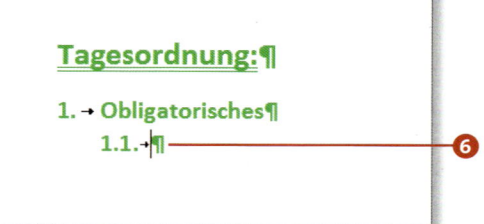

**Text nachträglich auf Ebenen verteilen**

Um die Punkte einer Liste nachträglich auf verschiedene Ebenen zu verteilen, markieren Sie nur die Bereiche, die z. B. der Ebene 2 zugewiesen werden sollen, und drücken ⇥. Soll der Text auf Ebene 3 verschoben werden, drücken Sie zweimal ⇥. Heben Sie die Markierung anschließend auf, indem Sie irgendwo in den Text klicken.

**Ebenen erhöhen**

Wenn einzelne Abschnitte auf der falschen Ebene stehen, können Sie das nachträglich ändern. Wenn Sie z. B. Text der Ebene 3 nachträglich zu Text der Ebene 2 machen wollen, markieren Sie ihn und drücken dann ⇧ + ⇥. Wiederholen Sie den Vorgang, wenn der Text eine weitere Ebene nach oben verschoben werden soll.

## Neue Listen definieren

Wer dieses Kapitel chronologisch durchgearbeitet hat, weiß bereits, wie komfortabel und individuell die Gestaltung von Listen und Aufzählungen ist. Wer jedoch z. B. selbst definieren will, welche Abstände die einzelnen Ebenen zueinander haben, der muss noch etwas tiefer in die Materie eintauchen.

1. Klicken Sie auf die Schaltfläche **Liste mit mehreren Ebenen** ❶, und wählen Sie im unteren Teil des Aufklappmenüs den Eintrag **Neuen Listentyp definieren** ❷.

2. Sofern Sie die Vorlage dauerhaft nutzen wollen, vergeben Sie im zugehörigen Dialog im Feld **Name** ❸ eine aussagekräftige Bezeichnung.

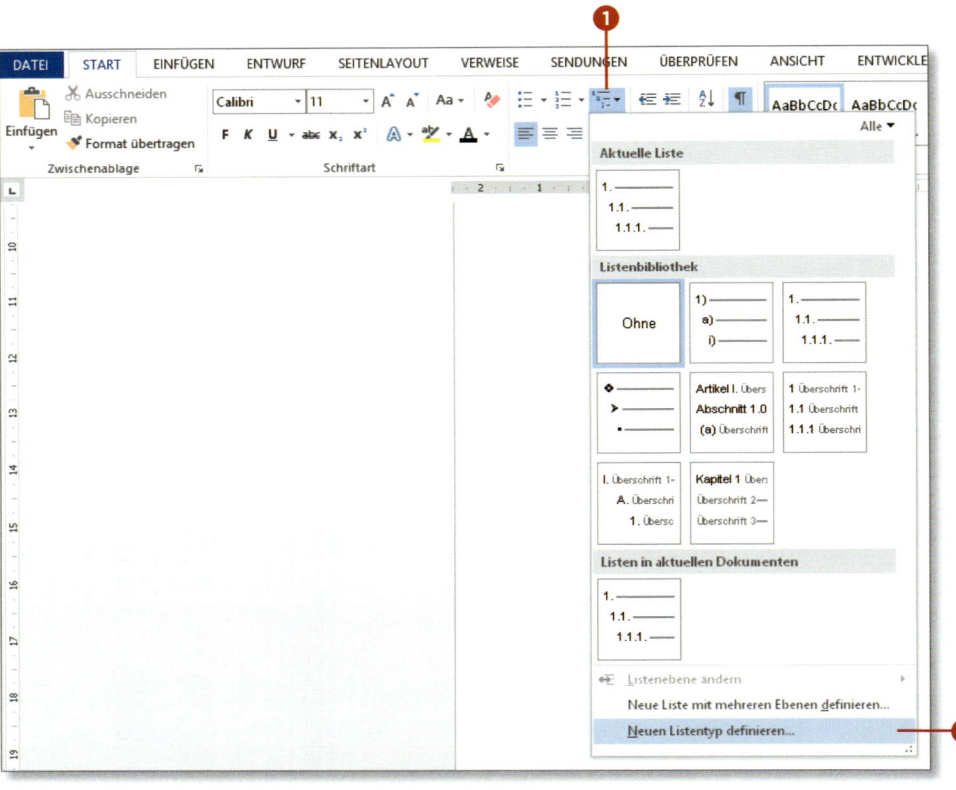

**Weitere Symbole wählen**

Klicken Sie auf die Omega-Schaltfläche ❹, erhalten Sie Zugriff auf die Symbolpalette. Sie können also anstelle der durchlaufenden Ziffern auch andere Nummerierungszeichen in die Vorlage integrieren.

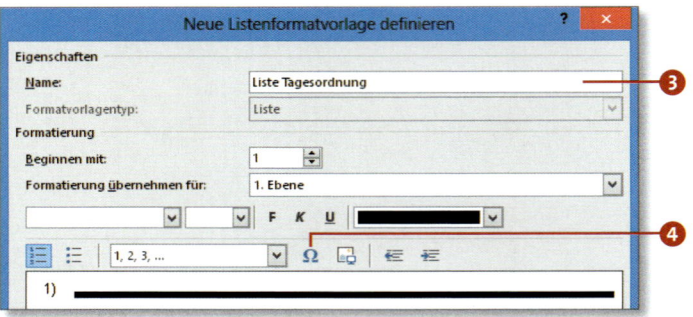

3. Im Feld **Schriftart** ❺ stellen Sie jetzt die Schriftart ein, die für die erste Ebene Ihrer nummerierten Liste verwendet werden soll. Daneben lassen sich auch Schriftgröße ❻, -farbe ❼ und -schnitt ❽ entsprechend verändern.

4. Danach definieren Sie die Schriftart für die zweite Ebene. Dazu müssen Sie zunächst im Feld **Formatierung übernehmen für** ❾ auf **2. Ebene** umschalten. Legen Sie auch für diese Ebene die Textattribute fest, wie in Schritt 3 beschrieben.

5. Verfahren Sie genauso auch für alle weiteren Ebenen, die Bestandteile Ihrer Listenvorlage sein sollen.

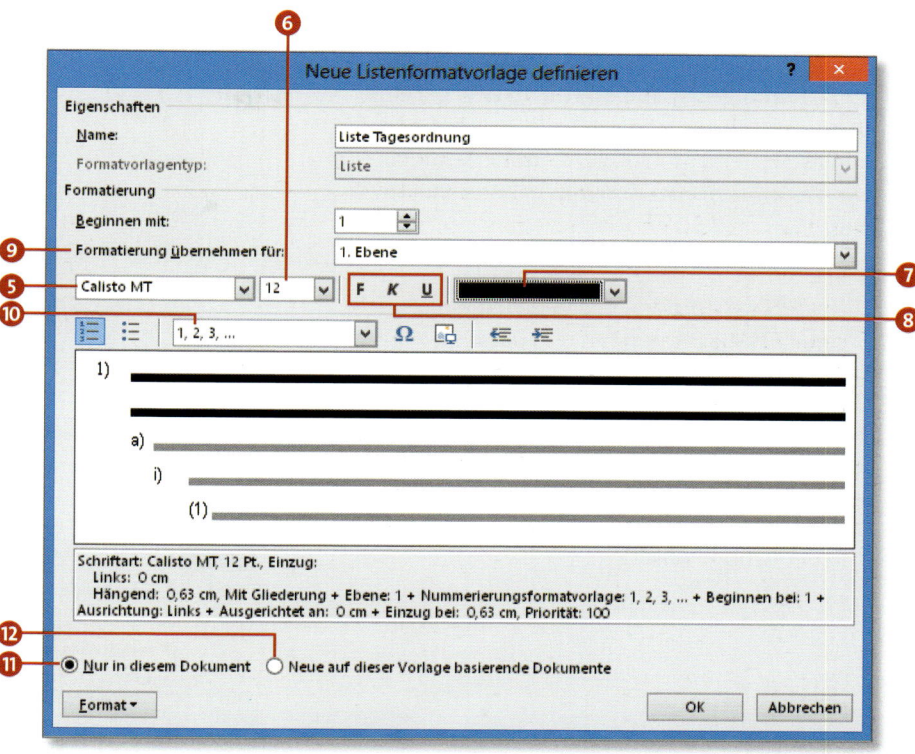

### Ein neues Zahlenformat festlegen

Sollte Ihnen die Nummerierungsform **1, 2, 3, ...** nicht zusagen, können Sie sie ändern ❿, z. B. in **i, ii, iii, ....** Sie müssen diese Einstellung für jede Ebene einzeln festlegen. Grundsätzlich ist es möglich, die Formate zu mischen. Es wäre z. B. vorstellbar, dass die Ebenen 1 und 2 durchlaufend nummeriert werden, Ebene 3 aber mit römischen Ziffern oder anderen Zeichen versehen wird.

### Gültigkeit der Vorlage

Standardmäßig ist die Option **Nur in diesem Dokument** ⓫ aktiviert. Das bedeutet, dass die Vorlage nur für dieses Dokument Berücksichtigung findet. Wenn Ihr Listentypus in der Dokumentvorlage gespeichert werden soll, die dem geöffneten Dokument zugewiesen ist, klicken Sie auf **Neue auf dieser Vorlage basierende Dokumente** ⓬, bevor Sie alle Einstellungen mit **OK** bestätigen. Auf diese Art können Sie Ihre Liste auch in anderen Dokumenten mit dieser Dokumentvorlage nutzen.

## Listen sortieren

Bei vielen Listen hilft Ihnen die Sortierung nach der Reihenfolge der Eingabe nicht. Was bei einer Tagesordnung ganz logisch ist (nämlich die chronologische Reihenfolge), wird unübersichtlich, wenn es z. B. um eine Aufstellung Ihrer Musik-CDs geht.

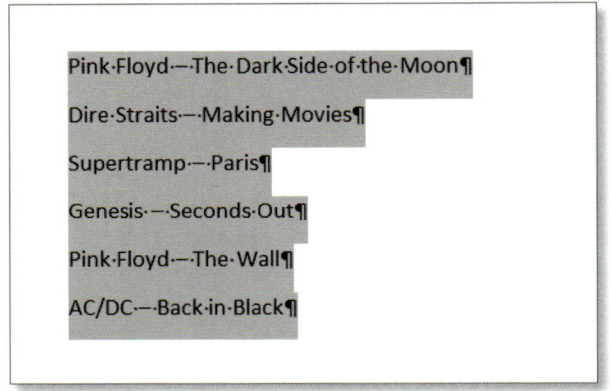

1. Bleiben wir beim Beispiel Musik-CDs. Geben Sie die CD-Titel oder (wie in unserem Beispiel) zunächst die Interpreten und dann die Albumtitel in willkürlicher Reihenfolge ein. Drücken Sie nach jedem Titel ⏎. Danach markieren Sie den gesamten Text.

2. Öffnen Sie nun die Registerkarte **Start**, und klicken Sie dort auf die Schaltfläche **Sortieren** ❶ in der Gruppe **Absatz**.

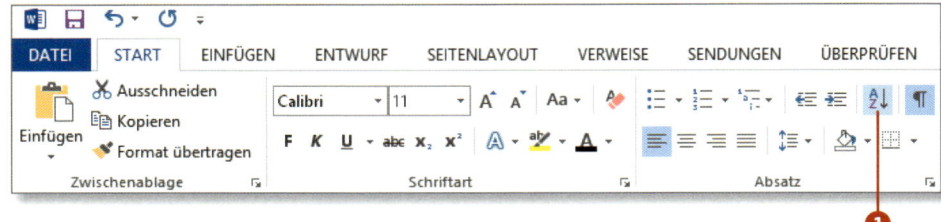

### Teilbereiche sortieren

Bitte denken Sie immer daran, die zu sortierenden Bereiche vorab zu markieren. Wenn Sie es vergessen, wird das gesamte Dokument berücksichtigt. Das kann fatale Folgen haben. Diese sind allerdings nicht endgültig, denn mit Strg + Z können Sie eine ungewollte Sortierung gleich wieder rückgängig machen.

3.  Im konkreten Beispiel, in dem wir die Liste alphabetisch nach In-
    terpreten sortieren wollen, müssen Sie im Dialog **Text sortieren**
    nichts verändern. Im Feld unter **Sortieren nach** ❷ ist standard-
    mäßig **Absätze** ausgewählt, und im zugehörigen Feld **Typ** ist
    **Text** ❸ festgelegt. Sie dürfen also gleich auf **OK** klicken. Der
    markierte Text wird entsprechend umsortiert.

4.  Für den Fall, dass Sie die Sortierung bei Z beginnen möchten,
    aktivieren Sie den Radio-Button **Absteigend** ❹.

5.  Heben Sie die Markierung der Liste anschließend auf, indem Sie
    auf eine nicht markierte Stelle des Dokuments klicken.

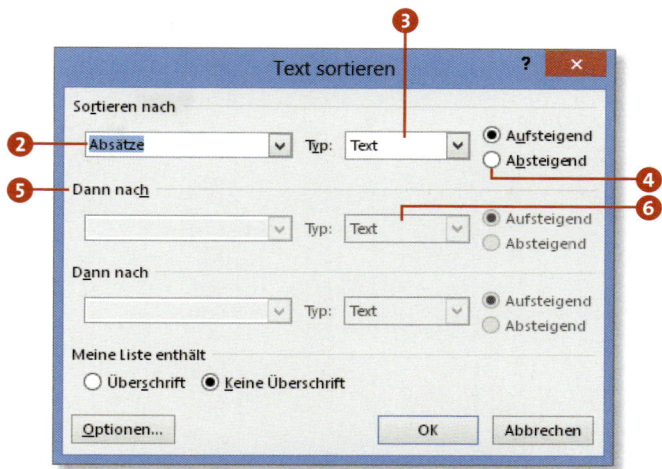

AC/DC·—·Back·in·Black¶

Dire·Straits·—·Making·Movies¶

Genesis·—·Seconds·Out¶

Pink·Floyd·—·The·Dark·Side·of·the·Moon¶

Pink·Floyd·—·The·Wall¶

Supertramp·—·Paris¶

**Mehrere Sortierkriterien festlegen**

Sollten Sie es mit einer Liste zu tun haben, die nach unterschiedlichen Kriterien sortiert werden muss (z. B. zunächst
nach Datum und im zweiten Schritt alphabetisch), müssen
Sie im ersten Feld unter **Sortieren nach** die Option **Feld 1**
auswählen. Dadurch werden die Steuerelemente im Bereich
**Dann nach** ❺ auswählbar. Das Feld **Dann nach** selbst kann leer
bleiben; im Feld **Typ** ❻ wählen Sie den Eintrag **Datum** aus.

# 6 Verzeichnisse

Verzeichnisse machen das Word-Leben leichter — und vor allem über intuitiv bedienbar. Viele Einsteiger scheuen jedoch davor zurück, derartige Hilfsmittel zu benutzen. Viel zu kompliziert scheint die Hürde zu sein, die man in diesem Zusammenhang nehmen muss. Doch die Vorbehalte sind unbegründet. Denn wenn Sie sich einmal auf das Hilfsmittel Word-Verzeichnisse eingelassen haben, werden Sie schnell feststellen, dass es richtig Spaß macht, damit zu arbeiten — und nie wieder darauf verzichten wollen.

In diesem Kapitel lernen Sie Inhaltsverzeichnisse kennen, werden Fuß- und Endnoten setzen und eine Gliederung anlegen. Aber das ist noch längst nicht alles. Denn neben Index und Abbildungsverzeichnis werde ich Ihnen auch noch zeigen, wie man Quellenangaben korrekt verfasst, ein Literaturverzeichnis erstellt und Querverweise sowie Hyperlinks hinzufügt.

## In diesem Kapitel

- Eine Gliederung anlegen
- Ein Inhaltsverzeichnis erstellen
- Fuß- und Endnoten einfügen
- Einen Index erstellen
- Quellenangaben und Literaturverzeichnis
- Ein Abbildungs- oder Tabellenverzeichnis anlegen
- Bild- und Tabellenunterschriften mit fortlaufender Nummerierung
- Querverweise
- Hyperlinks

# Die Registerkarte »Verweise«

Wenn es darum geht, lange und unübersichtliche Dokumente zu strukturieren und dem Leser die Möglichkeit zu geben, sich besser zu orientieren, führt kein Weg an der Registerkarte **Verweise** vorbei. Im dazugehörigen Menüband finden Sie z. B. Steuerelemente für die Erzeugung und Aktualisierung eines Inhaltsverzeichnisses, können

Fuß- und Endnoten sowie Zitate und Quellenangaben einfügen und sogar ein Suchwortregister erstellen. Eigentlich finden Sie hier alles, was zur Erstellung eines Buches oder einer wissenschaftlichen Arbeit von Belang ist.

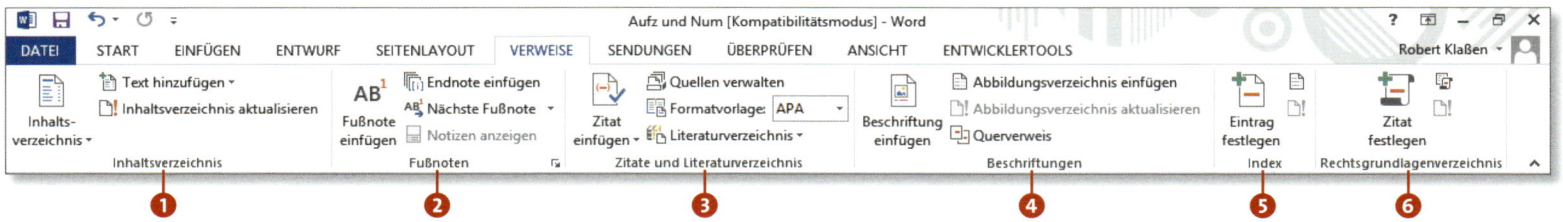

❶ **Inhaltsverzeichnis:** Auflistung bestimmter oder aller Überschriften eines Dokuments (falls gewünscht, mit Seitenzahlen)

❷ **Fußnoten:** zusätzliche Bemerkungen am unteren Seitenrand, die im Text stören würden

❸ **Zitate und Literaturverzeichnis:** zusätzliche Informationen, die Rückschlüsse auf die Quelle einer Information ermöglichen

❹ **Beschriftungen:** Hinweise zu Objekten, z. B. Bildern, die Bestandteil des Dokuments sind

❺ **Index:** Suchwortregister, Stichwortverzeichnis

❻ **Rechtsgrundlagenverzeichnis:** Auflistung z. B. von Gerichtsentscheidungen u. Ä.

## Wissenschaftliche Arbeiten

Wissenschaftliche Arbeiten sind im Allgemeinen Texte, die das Ergebnis einer Untersuchung, einer Forschung oder einer Ausarbeitung in Textform wiedergeben. Wenn Sie also z. B. fundierte Informationen über ein beliebiges Thema zusammentragen (das kann auch ein Hobby sein ...) und diese zu Papier bringen, können Sie von einer wissenschaftlichen Arbeit sprechen.

Natürlich sollten derartige Arbeiten gewissen Vorgaben entsprechen. Egal, wie umfangreich sie sind, sollten sie stets übersichtlich bleiben. Verzichten Sie z. B. niemals auf ein *Inhaltsverzeichnis*, das dem Leser bereits vor dem eigentlichen Text einen Überblick über die behandelten Themen gibt. Ebenso ist ein Suchwortregister (*Index*) angebracht, das gewöhnlich hinter der Ausarbeitung (also z. B. am Ende eines Buches) zu finden ist. Hier findet der Leser wichtige Stichwörter, alphabetisch sortiert und mit der Angabe der Seite, auf der der Begriff im Text zu finden ist.

Das aktuellste und vielleicht wichtigste Thema: Sie sollten nicht einfach irgendwo abschreiben. Es ist prinzipiell nicht verboten, Informationen von anderen zu übernehmen, Sie müssen aber sehr wohl die Quelle kenntlich machen, dem Leser also mitteilen, woher die Information stammt. Sie werden schnell feststellen, wie außerordentlich hilfreich Word dabei ist, eine wissenschaftliche Arbeit zu erstellen.

ELKE SCHLAU

# BLÄTTER LESEN
### BÄUME ERKENNEN UND ZUORDNEN

ERLEBEN SIE MIT DIESEM LEITFADEN DIE NATUR GANZ NEU. ENTDECKEN SIE DIE NATUR, UND ERFAHREN SIE, WIE SICH BÄUME UND SONSTIGE GEWÄCHSE PRIMA UND GANZ EINFACH AUSEINANDERHALTEN LASSEN.

Elke Schlau beschreibt in ihrem neuen Buch auf unterhaltsame und leidenschaftliche Art, wie der Blick für die Natur geschärft wird und Sie gemeinsam mit Ihren Kindern Bäume und Pflanzen in ganz neuer Betrachtungsweise aufnehmen können.

BLÄTTERVERLAG

*Egal, worüber Sie schreiben: Sie sollten sich damit auskennen.*

## Eine Gliederung anlegen

Planen und strukturieren Sie zunächst Ihre wissenschaftliche Arbeit, indem Sie Überschriften formatieren und eine Gliederung anlegen. So gewinnen Sie mehr Übersicht, können besser navigieren und Abschnitte bzw. ganze Kapitel problemlos verschieben (siehe dazu auch den Abschnitt »Die Ansicht ›Gliederung‹« auf Seite 48).

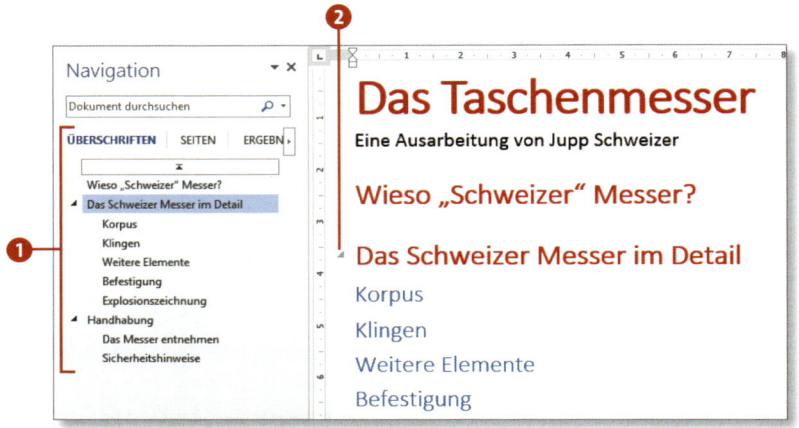

1. Schreiben Sie zunächst einige Überschriften, und formatieren Sie sie als solche (mit den Formatvorlagen in der Gruppe **Formatvorlagen** auf der Registerkarte **Start**; siehe dazu den Abschnitt »Eine Dokumentvorlage nutzen und Anpassungen speichern« ab Seite 110). Wenn Sie mögen, dürfen Sie auch Untertitel und andere Texte hinzufügen. Diese werden später nicht Bestandteil der Gliederung sein.

2. Schauen Sie einmal auf die Navigationsleiste auf der linken Seite ❶. Hier ist die Gliederung bereits zu sehen. Die Überschriften fungieren als Links, d. h., Sie können auch bei langen Dokumenten schnell von Kapitel zu Kapitel springen.

3. Nun schalten Sie einmal auf die Gliederungsansicht um, indem Sie auf der Registerkarte **Ansicht** ganz links auf die Schaltfläche **Gliederung** klicken. Ähnlich wie zuvor die Dreiecke ❷, mit denen Sie Kapitel »aus- oder einklappen« können, deuten nun Pluszeichen ❸ vor Überschriften darauf hin, dass zu diesen Überschriften weitere untergeordnete Überschriften gehören.

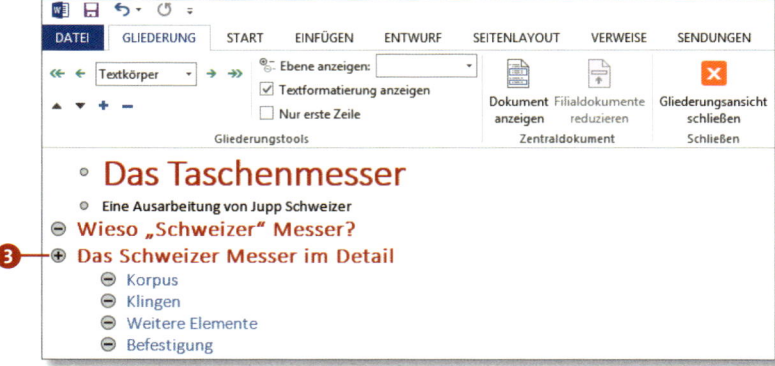

**Navigationsleiste einblenden**

Wenn die Spalte **Navigation** nicht sichtbar ist, aktivieren Sie sie über das Register **Ansicht**, indem Sie die Checkbox **Navigationsbereich** in der Gruppe **Anzeigen** aktivieren. Auch wenn Sie ⌨ Strg + F drücken, um die Suche aufzurufen, wird der Navigationsbereich geöffnet.

# Ein Inhaltsverzeichnis erstellen

Wer ein übersichtliches Dokument erzeugen möchte, sollte nicht auf das Inhaltsverzeichnis verzichten. Prinzipiell gehört es an den Anfang, sollte also z. B. auf der Seite 2 oder 3 beginnen. Ohne eine Gliederung, wie wir sie im Abschnitt »Eine Gliederung anlegen« auf Seite 166 beschrieben haben, ist es übrigens nicht möglich, ein Inhaltsverzeichnis zu erstellen.

1. Setzen Sie die Einfügemarke an die Position, an der das Verzeichnis eingefügt werden soll.

2. Aktivieren Sie das Register **Verweise** ❶, und klicken Sie ganz links auf **Inhaltsverzeichnis** ❷.

3. Im zugehörigen Menü entscheiden Sie sich für eine Vorgabe, die Ihnen gefällt, z. B. **Automatische Tabelle 2**. Das Verzeichnis wird sofort eingefügt: Es enthält alle Texte Ihres Dokuments, die mit einer Überschriftenformatvorlage versehen sind, und ist so gestaltet, wie Sie es im Menü **Inhaltsverzeichnis** ausgewählt haben.

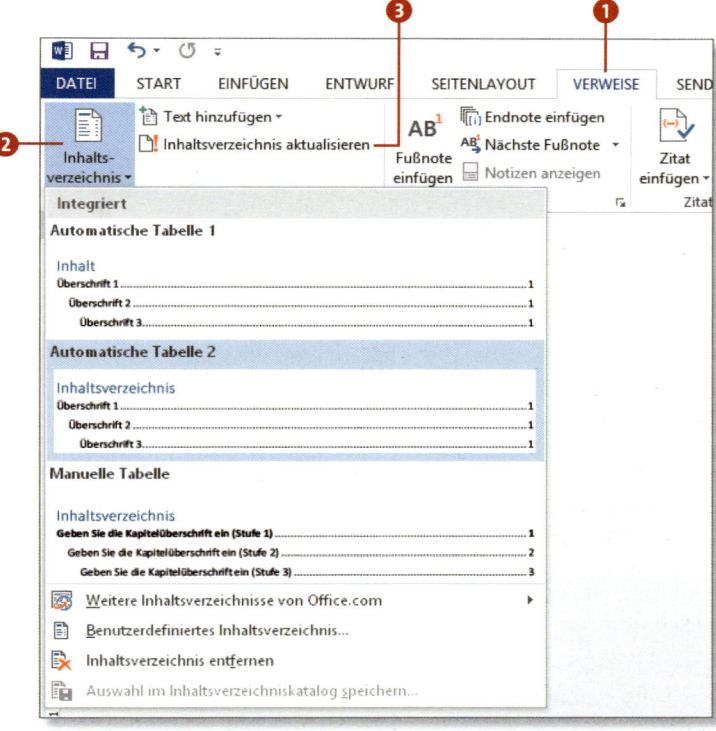

 **Inhaltsverzeichnis aktualisieren**

Wenn Sie nachträglich Änderungen am Dokument vornehmen, muss das Inhaltsverzeichnis aktualisiert werden. Klicken Sie irgendwo in den Inhaltsverzeichnis-Text (er wird dann komplett grau markiert), und wählen Sie **Inhaltsverzeichnis aktualisieren** ❸ auf der Registerkarte **Verweise**.

**Inhaltsverzeichnis zur schnellen Dokumentnavigation nutzen**

Das Inhaltsverzeichnis funktioniert ebenfalls interaktiv. Wenn Sie mit gedrückter `Strg`-Taste auf eine Zeile des Verzeichnisses klicken, können Sie zu der jeweiligen Seite im Dokument springen.

## Fuß- und Endnoten einfügen

Was sind Fußnoten, und was sind Endnoten? Beides sind zusätzliche Erklärungen zum Text. Fußnoten werden am unteren Seitenrand aufgeführt, während Endnoten am Dokumentende gesammelt und dort als Liste ausgegeben werden.

1. Positionieren Sie den Cursor an der Stelle im Fließtext, an der eine Fuß- oder Endnote eingefügt werden soll ❶.

2. Dann klicken Sie auf die Schaltfläche **Fußnote einfügen** ❷ in der Gruppe **Fußnoten** auf der Registerkarte **Verweise**.

3. Im Text taucht eine kleine Ziffer ❸ auf, und die gleiche Nummer wird auch am Seitenende eingefügt ❹, innerhalb einer Fußzeile, die Platz für Ihre Erklärung bietet und mit der Textmenge »mitwächst«. Geben Sie dort ganz einfach Ihren erläuternden Text ein. Sie können ihn wie gewohnt formatieren.

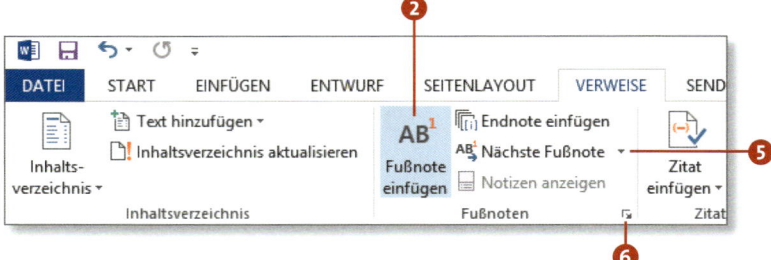

**Fuß- und Endnoten »anspringen«**

Springen Sie zur nächsten Fußnote, indem Sie in der Gruppe **Fußnoten** der Registerkarte **Verweise** auf **Nächste Fußnote** (❺ in Bild 2) klicken. Wenn Sie auf das kleine Dreieck an der Schaltfläche klicken, können Sie zwischen den einzelnen Fuß- und Endnoten navigieren, indem Sie den passenden Eintrag auswählen, z. B. **Nächste Endnote**.

**Fuß- und Endnoten gestalten**

Wenn Sie Ihre Fuß- und Endnoten individueller gestalten wollen, klicken Sie auf den Pfeil ❻ in der rechten unteren Ecke der Gruppe **Fußnoten**. Der Dialog **Fuß- und Endnote** bietet diverse Optionen, z. B. können Sie die Zählung auch in römischen Ziffern ausgeben lassen (über das Feld **Zahlenformat**).

4. Um eine Endnote einzufügen, klicken Sie auf die Schaltfläche **Endnote einfügen** ❼ in der Gruppe **Fußnoten** der Registerkarte **Verweise**.

5. Der Unterschied ist, dass Endnoten nicht am Ende der Seite, sondern am Ende des Dokuments gesammelt und aufgelistet werden – und zwar immer in der Reihenfolge, in der sie im Text vorkommen. Auch Endnoten können Sie wie gewohnt formatieren.

6. Wenn Sie eine Fuß- oder Endnote löschen wollen, müssen Sie die kleine Ziffer im Text löschen. Die Zählung wird daraufhin automatisch angepasst (ebenso, wenn Sie nachträglich eine weitere Fuß- oder Endnote einfügen).

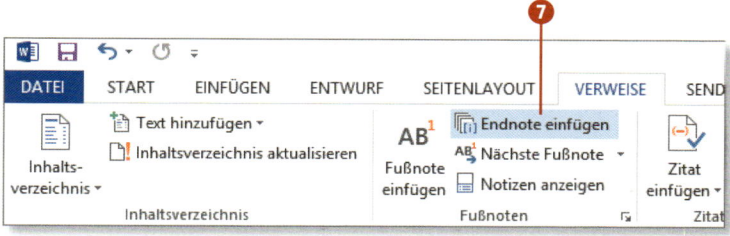

**Zu guter Letzt: Immer eine stufenlose Regulierung**

Wenn Sie bis zum gewünschten Ergebnis noch ein wenig experimentieren möchten, sollten Sie immer zunächst die Bildebene duplizieren[iii] und die Veränderungen auf die obere Ebene anwenden. Ist Ihnen der Effekt zu schwach, duplizieren Sie die Ebene und ändern die Füllmethode. Wenn der Effekt zu stark ist, reduzieren Sie einfach die Ebenendeckkraft. So lässt sich jede Veränderung stufenlos regeln.

_____

[i] Leuchtkraft einer Farbe

[ii] Schaltflächen am linken Rand der Anwendung

[iii] Strg + J betätigen

**Fußnotentext anzeigen lassen**

In einem großen Dokument verliert man schnell die Übersicht darüber, was man in Fuß- oder Endnoten erklärt hat. Um die zur Fuß- oder Endnote gehörende Erklärung zu sehen, ohne immer ans Ende der Seite oder gar des Dokuments scrollen zu müssen, verweilen Sie einfach einen Moment mit dem Mauszeiger auf der Fuß- oder Endnotenziffer im Text. Kurz darauf wird der Fuß- oder Endnotentext in einer kleinen Hinweistafel angezeigt.

**Fuß- und Endnoten schnell setzen**

Damit Sie während des Schreibens nicht extra zur Maus greifen und das Menüband bemühen müssen, können Sie eine Fußnote auch setzen, indem Sie `Strg` + `Alt` + `F` drücken. Eine Endnote produzieren Sie mit `Strg` + `Alt` + `D`.

# Einen Index erstellen

Der Index (oder auch *Register* bzw. *Stich-wortverzeichnis*) ist eine Auflistung von Schlüsselwörtern. Er steht in der Regel am Ende des Dokuments und enthält auch die Seite, auf der das Wort jeweils zu finden ist. So kann der Leser bestimmte Themen im Buch schnell ausfindig machen.

1. Markieren Sie ein einzelnes Wort oder eine Textstelle, die im Index erscheinen soll.

2. Klicken Sie anschließend auf der Regis-terkarte **Verweise** in der Gruppe **Index** auf **Eintrag festlegen** ❶. Alternativ drücken Sie [Alt] + [⇧] + [X].

3. Der Dialog **Indexeintrag festlegen** öffnet sich; der zuvor markierte Text wurde automatisch ins Feld **Hauptein-trag** ❷ übernommen. Unter **Optionen** sollte der Punkt **Aktuelle Seite** ❸ ange-wählt sein. Darüber hinaus können Sie Untereinträge zu einem Haupteintrag anlegen ❹, von einem auf den anderen Eintrag verweisen ❺ oder bestim-men, wie stark die Seitenzahl im Index hervorgehoben werden soll ❻. Klicken Sie zum Schluss auf **Festlegen** ❼. Der Indexeintrag wird ins Dokument ein-gefügt.

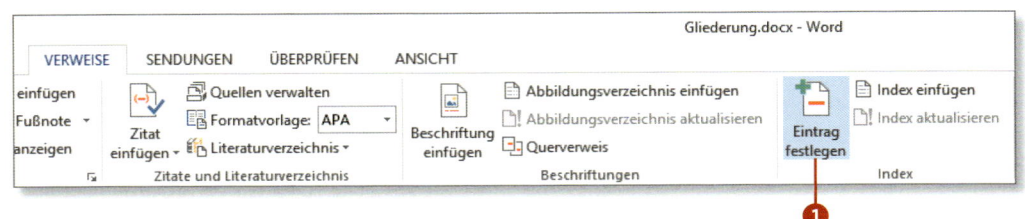

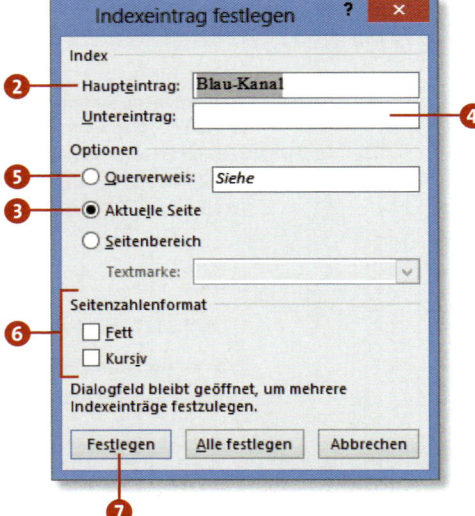

**Indexmarken sind Steuerzeichen**

Sobald Sie den ersten Indexeintrag festgelegt haben, werden im Word-Dokument auto-matisch die Steuerzeichen eingeblendet. Sie können sie im Anschluss an die Indexarbei-ten deaktivieren, indem Sie [Strg] + [⇧] + [+] drücken. So blenden Sie sie auch jederzeit wieder ein.

4. Fahren Sie fort damit, Indexeinträge anzulegen.

5. Wenn Sie damit fertig sind, setzen Sie die Einfügemarke an die Position, an der der Index eingefügt werden soll (üblicherweise am Ende des Dokuments). Dann klicken Sie auf die Schaltfläche **Index einfügen** ❽ auf der Registerkarte **Verweise**.

6. Im Dialogfenster **Index** legen Sie fest, wie Ihr Index aussehen soll, also ob er z. B. mehrere Spalten haben soll ❾, und bestätigen das mit **OK**.

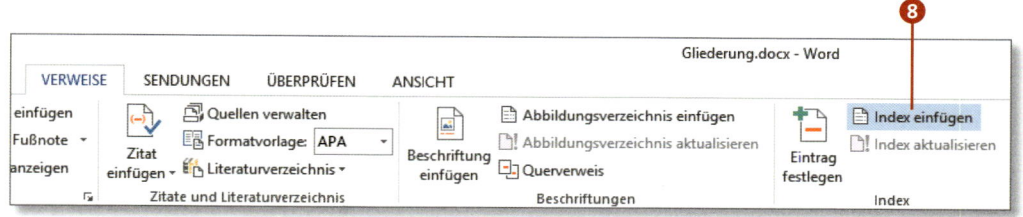

**Index bearbeiten**

Nachdem Sie den Index erstellt haben, werden Sie sicher feststellen, dass der eine oder andere Begriff doppelt oder grundsätzlich überflüssig ist. Markieren Sie ihn, und drücken Sie anschließend ← oder Entf, um ihn zu löschen.

# Quellenangaben und Literaturverzeichnis

Wenn Sie aus anderen Werken zitieren, müssen Sie die Quelle nennen. So will es das Urhebergesetz. Hier erfahren Sie, wie Sie Quellenangaben machen und sie am Ende in einem Literaturverzeichnis sammeln. Die Funktion **Zitat einfügen** erspart Ihnen zwar nicht die genaue Zitation, jedoch können Sie so unkompliziert nachhalten, welche Bücher etc. in Ihrem Literaturverzeichnis vorkommen müssen.

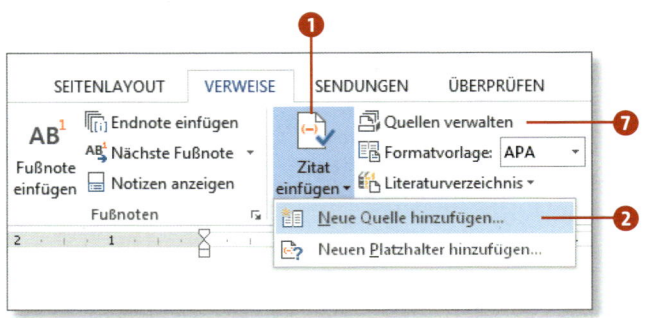

1. Schreiben Sie zunächst die Textstelle ab, die Sie in Ihrem Text verwenden wollen. Positionieren Sie die Einfügemarke hinter diesem Zitat.

2. Klicken Sie in der Gruppe **Zitate und Literaturverzeichnis** der Registerkarte **Verweise** auf die Schaltfläche **Zitat einfügen** ❶. In der zugehörigen Menüliste wählen Sie **Neue Quelle hinzufügen** ❷.

3. Im Dialog **Quelle erstellen** tragen Sie sämtliche Angaben ein, die Ihre Quellenangabe enthalten soll, also Autor ❸, Titel ❹, Verlag ❺ etc., und bestätigen anschließend mit **OK**. Im Text werden daraufhin Autor und Jahreszahl als Feld eingefügt ❻.

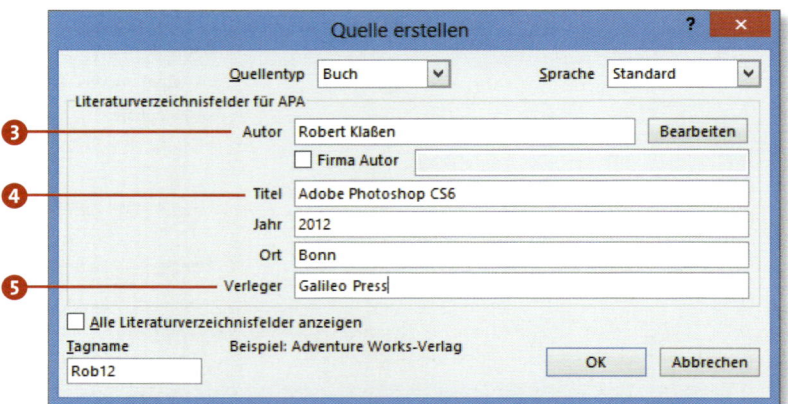

## Quellen bearbeiten

Sollten Sie die Quellenangaben einmal aktualisieren müssen, klicken Sie auf der Registerkarte **Verweise** auf **Quellen verwalten** (❼ in Bild 1 auf dieser Seite). Markieren Sie im Dialog **Quellen-Manager** links unter **Quelle verfügbar in** zunächst die Quelle, die editiert werden muss, und klicken Sie dann auf **Bearbeiten**. Nehmen Sie die erforderlichen Änderungen vor, und bestätigen Sie sie mit **OK**.

Wiederholen Sie den Vorgang, indem Sie die Tangente im unteren linken Drittel anklicken und etwas nach unten ziehen. Sie erreichen so eine S-Kurve – eine typische Methode, um Bilder satter zu machen. Hier dürfen Sie auch ruhig etwas mehr ziehen. (Klaßen, 2012)

❻

4. Wenn Sie nun an einer anderen Stelle aus derselben Quelle zitieren, können Sie die Quellenangabe ganz leicht einfügen, ohne alle Angaben noch einmal machen zu müssen. Wiederholen Sie die Schritte 1 und 2, aber klicken Sie im Menü nun auf die gewünschte Quelle **8**.

5. Wenn Sie die Quellen in einem Verzeichnis zusammenführen wollen, setzen Sie die Einfügemarke an die Stelle, an der das Literaturverzeichnis eingefügt werden soll. Dann klicken Sie auf die Schaltfläche **Literaturverzeichnis 9** und wählen ein Format aus dem Menü, z. B. **Literaturverzeichnis 2**.

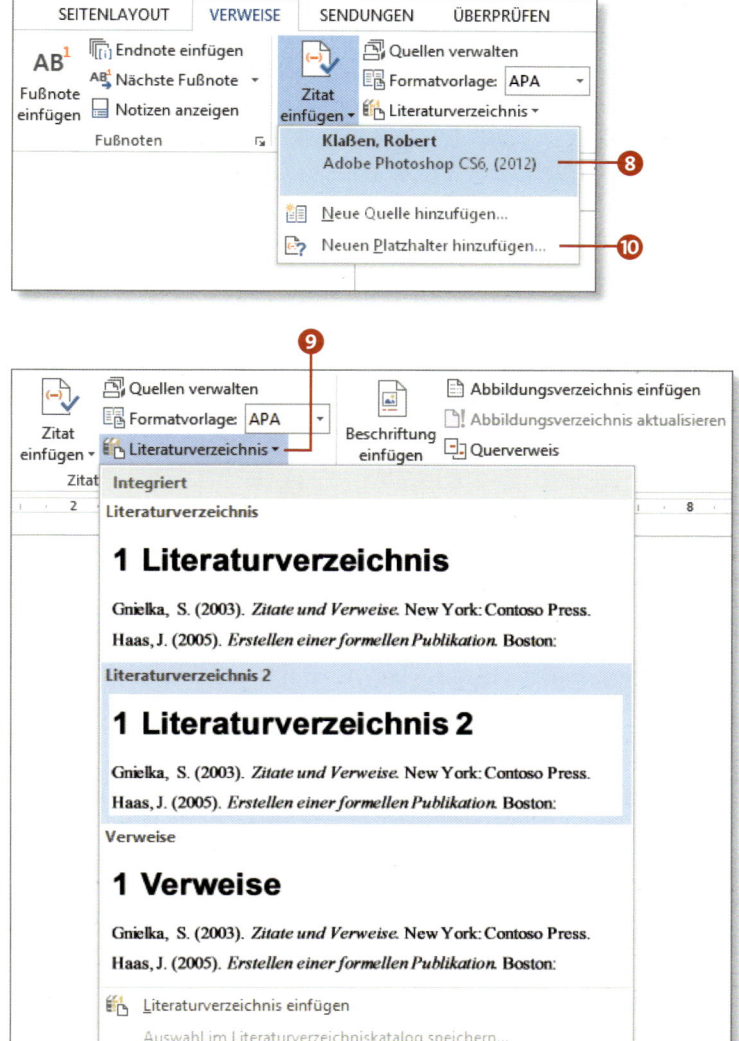

### Dateien konvertieren

Word-Dateien, die im Kompatibilitätsmodus vorliegen (z. B. ältere Dokumente mit der Dateiendung *.doc*), bieten nicht den vollen Funktionsumfang in Sachen Quellenangaben und Literaturverzeichnisse. Konvertieren Sie das Dokument daher (**Datei > Konvertieren**), bzw. speichern Sie es als DOCX-Datei ab.

### Platzhalter

Wenn Sie im Menü **Neuen Platzhalter hinzufügen (10** in Bild 1 auf dieser Seite) wählen, wird ein Platzhalter eingefügt, damit Sie ein Zitat im Text anlegen, aber die Quellenangaben erst später einfügen können. Im Quellen-Manager steht dann neben der Platzhalterquelle ein Fragezeichen.

# Ein Abbildungs- oder Tabellenverzeichnis anlegen

Wer in seinem Manuskript Bilder, Grafiken, Diagramme, Tabellen oder auch Formeln verwendet, sollte dafür ein Verzeichnis anlegen. Auch das verbessert die Übersicht – und kann bei Bildern in Bezug auf Urheber- und Verwertungsrechte unerlässlich sein. Sie dürfen Fotos und Grafiken Dritter nur dann verwenden, wenn Sie die ausdrückliche Genehmigung des Rechteinhabers haben! Wir zeigen Ihnen das Vorgehen hier am Abbildungsverzeichnis; für die übrigen Varianten funktioniert es aber ähnlich.

1. Fügen Sie ein Bild, eine Grafik, ein Diagramm oder eine Tabelle ein, und schreiben Sie einen erklärenden Text in die Zeile darunter ❶. Gestalten Sie den Text nach Wunsch.

2. Markieren Sie den Text (inklusive Absatzmarke), und legen Sie eine eigene Absatz-Formatvorlage davon an, z. B. mit dem Titel *Meine Bildunterschrift* (siehe dazu den Abschnitt »Neue Formatvorlagen erstellen« ab Seite 108).

3. Schreiben Sie weitere Bildunterschriften mit jeweils passenden Texten, und formatieren Sie sie mit der neuen Formatvorlage.

4. Platzieren Sie den Cursor an der Stelle, an der das Abbildungsverzeichnis eingefügt werden soll. Klicken Sie anschließend auf der Registerkarte **Verweise** in der Gruppe **Beschriftungen** auf **Abbildungsverzeichnis einfügen** ❷.

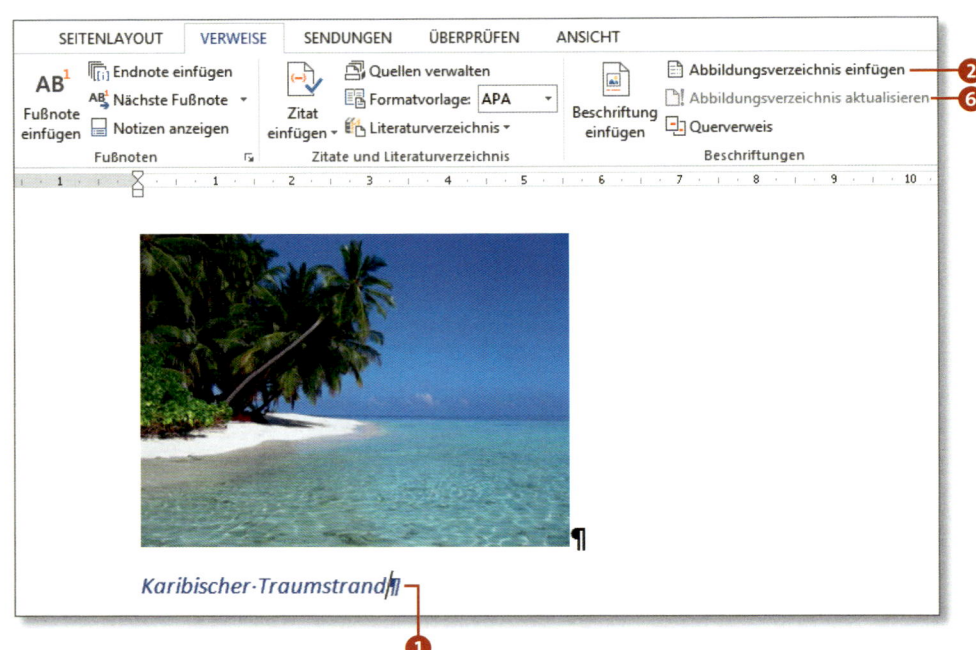

Karibischer Traumstrand ❶

### Nummerierte Bildunterschriften

Die hier beschriebene Variante von Unterschriften ist die einfache Lösung. Wenn Sie dynamische – also fortlaufend nummerierte und aktualisierbare – Unterschriften wollen, lesen Sie den Abschnitt »Bild- und Tabellenunterschriften mit fortlaufender Nummerierung« ab Seite 176.

**5.** Der Dialog **Abbildungsverzeichnis** öffnet sich. Hier klicken Sie auf **Optionen** ❸.

**6.** Im nächsten Dialog aktivieren Sie die Checkbox **Formatvorlage** ❹ und wählen Ihre Formatvorlage **Meine Bildunterschrift** aus ❺. Schließen Sie beide Dialoge mit **OK**. Das Verzeichnis wird eingefügt.

**7.** Wenn Sie später Änderungen an Bildunterschriften vornehmen, klicken Sie danach an einer beliebigen Stelle auf das Verzeichnis (es wird dann komplett grau hinterlegt) und dann auf **Abbildungsverzeichnis aktualisieren** (❻ auf Seite 174).

**Optionen**

Im Dialog **Abbildungsverzeichnis** tauchen zahlreiche Optionen auf, die Einfluss auf die Darstellung des Verzeichnisses haben. Sie können u. a. bestimmen, ob überhaupt Seitenzahlen angezeigt werden ❼, wie sie angeordnet werden sollen ❽ oder ob es Füllzeichen (z. B. Punkte) gibt ❾.

**Direkt zum Bild springen**

Sie können direkt zu einer Abbildung im Text springen, indem Sie im Abbildungsverzeichnis auf ihren Eintrag klicken und dabei ⌷Strg⌷ gedrückt halten.

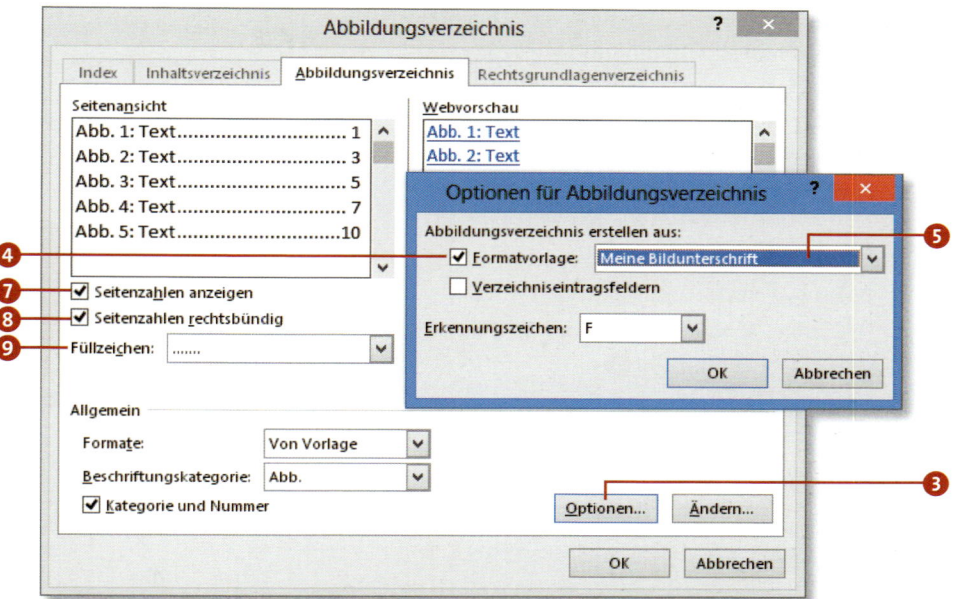

# Bild- und Tabellenunterschriften mit fortlaufender Nummerierung

Im vorangegangenen Abschnitt habe ich erklärt, wie einfach es ist, ein Abbildungsverzeichnis anzulegen. In diesem Zusammenhang beschreibe ich auch, wie man einfache Bildunterschriften einfügt. Was aber ist zu tun, wenn die Abbildungen (oder Tabellen etc.) fortlaufend nummeriert sein sollen? Dann müssen Sie einen kleinen Umweg machen.

1.  Platzieren Sie die Einfügemarke zunächst an der Stelle, an der die Bild- oder Tabellenunterschrift erscheinen soll ❶.

2.  Klicken Sie anschließend auf die Schaltfläche **Beschriftung einfügen** ❷ in der Gruppe **Beschriftungen** der Registerkarte **Verweise**.

3.  Die vorgegebenen Bezeichnungen im Dialog **Beschriftung** sind nicht immer passend. Deswegen klicken Sie auf **Neue Bezeichnung** ❸.

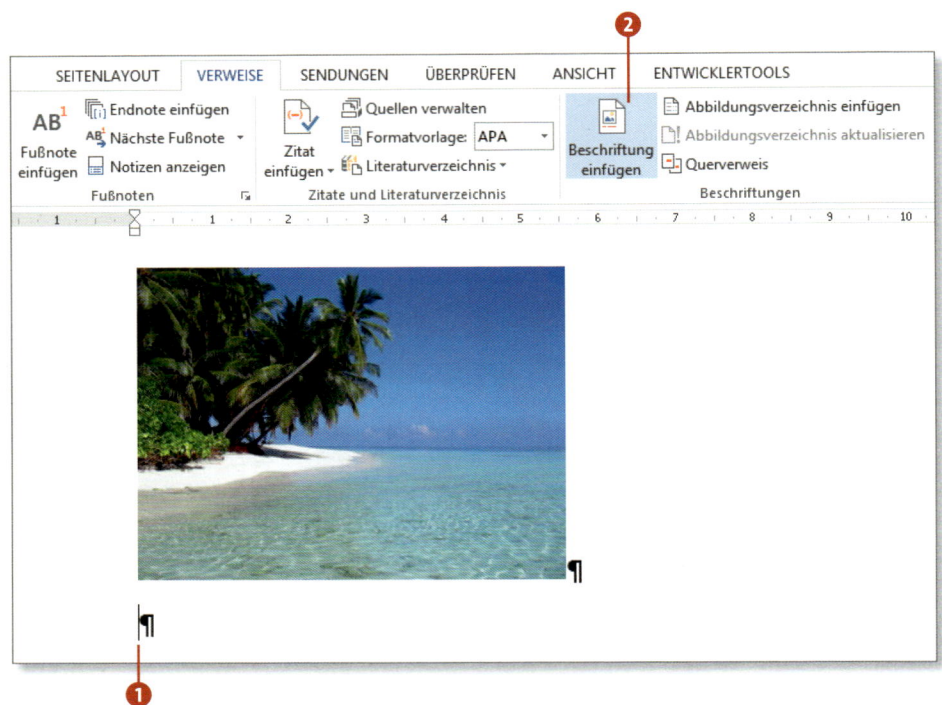

**Automatische Nummerierung**

Um die fortlaufende Nummerierung müssen Sie sich nicht sorgen, selbst dann nicht, wenn Sie an einer beliebigen Stelle nachträglich ein Bild mit Bildunterschrift hinzufügen. Mit der Aktualisierung des Verzeichnisses (siehe Seite 175) wird auch die Nummerierung automatisch angepasst.

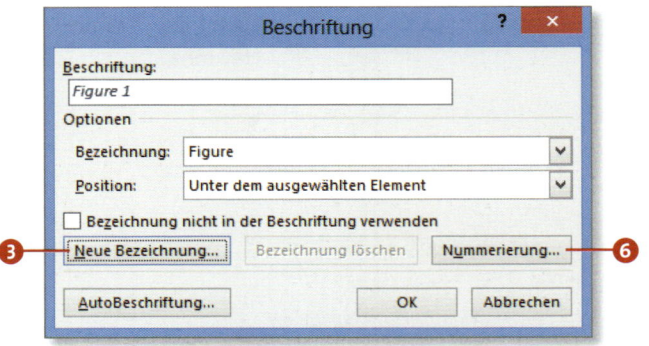

**4.** Im Dialog **Beschriftung hinzufügen**, der sich daraufhin öffnet, legen Sie eine neue Bezeichnung an ❹ (z. B. *Abb.* für Abbildung), die dann am Anfang jeder Bildunterschrift steht. Schließen Sie beide Dialoge mit **OK**. Die Bildunterschrift wird mit **Abb. 1** unter dem Bild eingefügt ❺, und Sie können den erklärenden Text ergänzen.

**5.** Um weitere Bilder mit Beschriftungen zu versehen, klicken Sie nun einfach auf **Beschriftung einfügen** (siehe Schritt 2), gefolgt von **OK**.

**6.** Wenn Sie anschließend ein Abbildungsverzeichnis erzeugen (siehe Seite 174 f.; eine Formatvorlage müssen Sie in diesem Fall nicht auswählen), werden darin die Bezeichnung *Abb.* mit einer fortlaufenden Nummerierung sowie Ihr Text angezeigt.

**i**

**Art der Nummerierung ändern**

Sie möchten anstelle von **1, 2, 3, …** lieber eine andere Art der Nummerierung einsetzen? Nur zu: Klicken Sie im Dialog **Beschriftung** auf **Nummerierung** (❻ in Bild 2 auf Seite 176). Im Feld **Format** können Sie z. B. auf **a, b, c, …** umschalten. Außerdem können Sie die Kapitelnummer einbeziehen, indem Sie die entsprechende Checkbox aktivieren (dazu müssen die Kapitel aber mit einer Überschrift-Formatvorlage gestaltet sein, damit Word sie als solche erkennt).

## Querverweise

Querverweise sind nützliche Helferlein, wenn es darum geht, auf andere Stellen des Dokuments zu verweisen. Wenn Sie z. B. einen Vorgang bereits in einem Abschnitt Ihres Manuskripts erklärt haben, können Sie an anderer Stelle darauf verweisen. Auch mit Abbildungen und Tabellen ist das möglich. Sie können sogar gleich die passende Seitenzahl ergänzen. Und das Beste: Das Ganze funktioniert mithilfe von Feldern, die Sie ganz leicht aktualisieren können, wenn Sie nachträglich doch noch einen Absatz, ein Bild etc. ergänzen, verschieben oder streichen.

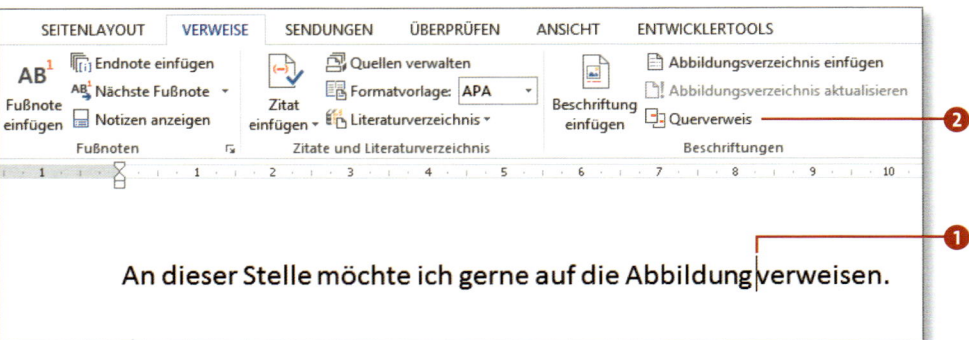

1.　Setzen Sie die Einfügemarke an die Stelle, an der Sie den Verweis einfügen wollen ➊.

2.　In der Gruppe **Beschriftungen** der Registerkarte **Verweise** klicken Sie auf **Querverweis** ➋. (Die gleiche Schaltfläche finden Sie übrigens auch in der Gruppe **Link** auf der Registerkarte **Einfügen**.)

**Verweise aktualisieren**

Wenn Sie im Dialog **Querverweis** die Option **Als Hyperlink einfügen** aktivieren (➌ in Bild 1 auf Seite 179), wird der Verweis dynamisch (als Feld) angelegt, d. h., er lässt sich leicht aktualisieren, wenn sich die Überschrift, auf die er sich bezieht, im Arbeitsverlauf noch einmal ändern sollte.

3. Im Dialog **Querverweis** stellen Sie im Feld **Verweistyp** 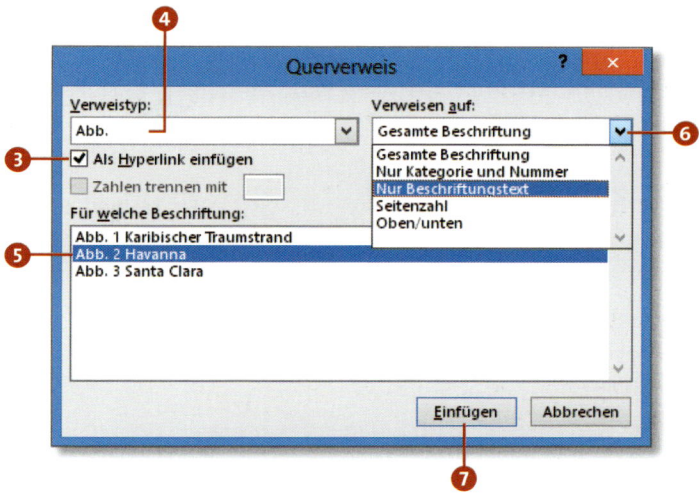④ zunächst ein, zu welchen Elementen Sie nun Verweise einfügen wollen. In unserem Beispiel fortlaufender Bildunterschriften (siehe Seite 176 f.) ist das **Abb.** für die Abbildungen.

4. Wählen Sie darunter im Feld **Für welche Beschriftung** per Klick jenes Bild aus, für das nun ein Verweis eingefügt wird ⑤.

5. Im Feld **Verweisen auf** ⑥ legen Sie schließlich fest, was als Verweis eingesetzt wird. Im Beispiel soll zunächst nur der Beschriftungstext Verwendung finden, also nur *Havanna*. (Wenn Sie z. B. die Seitenzahl einfügen wollen, wählen Sie hier **Seitenzahl**.)

6. Klicken Sie anschließend auf **Einfügen** ⑦. Der Verweis wird nach Ihren Vorgaben im Dokument eingefügt. Es handelt sich um ein aktualisierbares Feld, was Sie daran erkennen, dass der Text grau hinterlegt wird, wenn Sie daraufklicken ⑧.

7. Wenn Sie keine weiteren Querverweise anlegen wollen, klicken Sie auf **Schließen**.

An dieser Stelle möchte ich gerne auf die Abbildung Havanna verweisen.

ℹ **Keine Beschriftung vorhanden**

Wenn Sie im Feld **Verweistyp** eine Auswahl treffen, die im Dokument nicht enthalten ist, bleibt die Liste **Für welche Beschriftung** leer.

## Hyperlinks

Ein Hyperlink (auch *Link*) ist ein Verweis zu einer anderen Stelle des Dokuments (*interner Link*). Allerdings kann mithilfe eines Links auch zu einem anderen Dokument oder z. B. zu einer Webseite verzweigt werden (*externer Link*).

1. Wenn Sie einen Link zu einer Webseite erzeugen wollen, geben Sie die Adresse ein: Sie muss mit *www.* oder *http://* beginnen und mit der Länderkennung enden (z. B. *.de* oder *.com*).

2. Sobald Sie ein Leerzeichen folgen lassen, wird die Adresse zu einem Link, erkennbar daran, dass der Text blau eingefärbt und unterstrichen wird.

3. Indem Sie Strg gedrückt halten und auf den Link klicken, springen Sie direkt zur angegebenen Webseite (vorausgesetzt natürlich, Ihr Computer ist mit dem Internet verbunden).

www.vierfarben.de¶

www.vierfarben.de·¶

**Farbveränderung**

Sobald Sie einen Link benutzt haben (Strg + Klick), erscheint dessen Schrift nicht mehr in Blau, sondern in Lila. Das soll verdeutlichen, dass die mit dem Link verknüpfte Stelle bereits besucht worden ist.

**Textmarken erzeugen**

Setzen Sie Textmarken, um diese mittels eines Hyperlinks anspringen zu können. Dazu klicken Sie in der Gruppe **Link** der Registerkarte **Einfügen** auf **Textmarke**, geben im Dialog **Textmarke** einen Namen (ohne Leerzeichen) ein und bestätigen das Ganze mit einem Klick auf **Hinzufügen** (siehe dazu auch den Abschnitt »Textmarken setzen« ab Seite 74).

4. Sie können Links auch manuell erzeugen. Dazu markieren Sie zunächst den Text, der als Link fungieren soll, und klicken anschließend in der Gruppe **Link** der Registerkarte **Einfügen** auf **Link** ❶.

5. Wenn Sie über diesen Link zu einem anderen Word-Dokument verzweigen möchten, entscheiden Sie sich unter **Link zu** für **Datei oder Webseite** ❷ und wählen im Feld **Suchen in** ❸ das Zieldokument aus. Bestätigen Sie zuletzt mit **OK** ❹.

6. Wollen Sie zu einer Stelle innerhalb des aktuellen Dokuments verzweigen, müssen Sie **Aktuelles Dokument** ❺ wählen, bevor Sie die Stelle im Dokument in der Liste markieren.

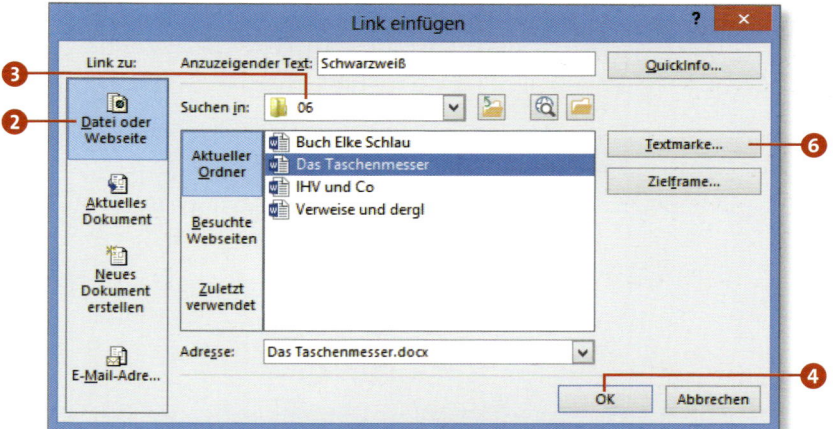

### Textmarken ansteuern

Falls das Zieldokument über Textmarken verfügt, können diese direkt angesprungen werden. Das heißt, Sie können nicht nur überhaupt zu einem anderen Dokument springen, sondern Sie können darin sogar eine bestimmte Stelle aufsuchen. Dazu wählen Sie im Dialog **Link einfügen** zunächst **Datei oder Webseite** aus, geben bei **Suchen in** die Zieldatei an und klicken im Anschluss auf die Schaltfläche **Textmarke** (❻ in Bild 2 auf dieser Seite). Im Dialog **Stelle im Dokument auswählen** wählen Sie dann unter dem Punkt **Textmarken** die Textmarke aus, zu der Sie verzweigen möchten.

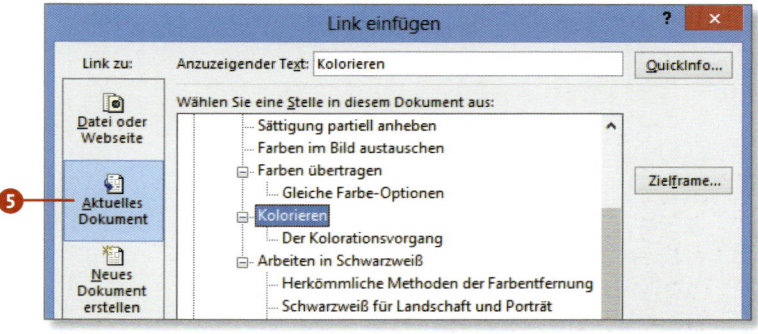

# 7

# Tabellen

Stellen Sie sich vor, Sie müssen ein Adressverzeichnis erzeugen. Dann könnten Sie natürlich sämtliche Informationen in Textform notieren. Dabei geht dann allerdings sehr schnell jegliche Übersichtlichkeit verloren. Besser ist es, in diesem Zusammenhang an den Einsatz von Tabellen zu denken. Diese sind übersichtlich, sehen gut aus und liefern stets einen geordneten Gesamtüberblick über die einzelnen Datensätze.

Bleiben wir beim Beispiel des Adressverzeichnisses: In einem solchen Fall wäre es sinnvoll, für jeden Teilnehmer eine einzelne *Zeile* (horizontal) anzulegen, die sich in verschiedene *Spalten* (vertikal) gliedert. Spalte 1 ist dann z. B. für den Namen vorgesehen, während Straße und Hausnummer in Spalte 2 notiert werden. Eine weitere Spalte nimmt die Postleitzahl und den Wohnort auf, und die letzte Spalte der Tabelle ist für die Telefonnummer reserviert.

Wenn Sie mit der Eingabe sämtlicher Daten fertig sind, lässt sich die Tabelle, sofern gewünscht, alphabetisch sortieren. Der gesuchte Teilnehmer kann fortan ganz schnell aufgespürt werden. Das ist doch eine gute Sache, oder? Wie Tabellen erzeugt und strukturiert werden, ist deshalb Thema dieses Kapitels. Die Namen, Anschriften und Telefonnummern, die wir in diesem Kapitel als Beispiele benutzen, sind frei erfunden.

## In diesem Kapitel

- Eine Tabelle anlegen und füllen
- In Tabellen navigieren
- Zeilen und Spalten hinzufügen/löschen
- Zellen teilen oder verbinden
- Text nachträglich zu einer Tabelle machen
- Tabellenlinien zeichnen
- Schnelltabellen nutzen
- Eine Tabellenüberschrift erzeugen
- Tabellenformatvorlagen
- Die Hintergrundfarbe der Tabelle verändern
- Die Größe der Zellen anpassen
- Rahmen um die Zellen ziehen
- Den Text bearbeiten
- Die Textausrichtung ändern
- Sortieren in Tabellen
- Tabellen im Fließtext anordnen
- Tabellen teilen
- Tabellen löschen

## Eine Tabelle anlegen

Wenn Sie noch keinen Text erzeugt haben, der später in einer Tabelle auftauchen soll, können Sie auch ganz von vorne beginnen und zunächst eine leere Tabelle erzeugen. Dazu haben Sie verschiedene Möglichkeiten.

1. Öffnen Sie das Register **Einfügen**. In der Gruppe **Tabellen** klicken Sie auf die einzige dort zur Verfügung stehende Schaltfläche **Tabelle** ❶.

2. Im zugehörigen Menü sehen Sie zahlreiche Quadrate. Hier können Sie zunächst durch Zeigen mit der Maus auswählen, wie viele Zeilen und Spalten Ihre Tabelle haben soll (im Beispiel vier Zeilen und sechs Spalten ❷). Wenn Sie zufrieden sind, klicken Sie auf das rechte untere Quadrat. Die Tabelle wird an der Stelle im Dokument eingefügt, wo der Cursor steht.

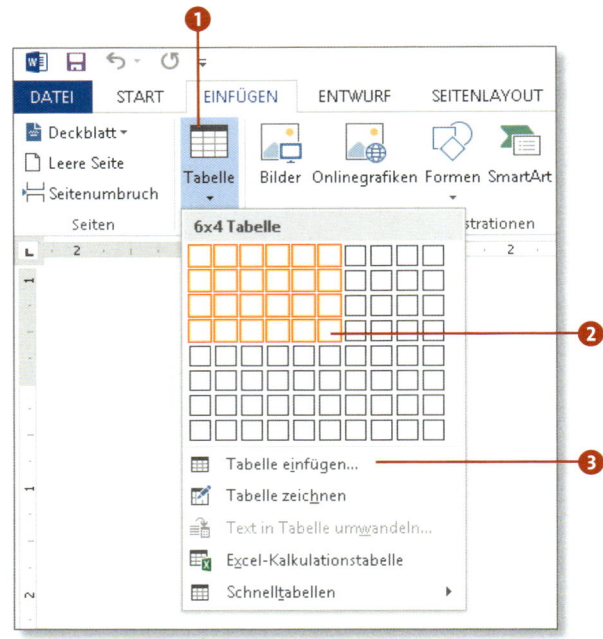

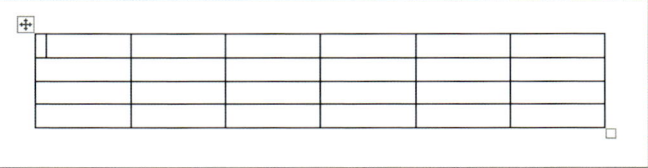

### ℹ Große Tabellen einfügen

Auf die oben beschriebene Weise lassen sich Tabellen mit maximal acht Zeilen und zehn Spalten definieren. Wenn das nicht reicht, klicken Sie auf die Schaltfläche **Tabelle** und im Menü auf **Tabelle einfügen** ❸. Im kleinen Dialog **Tabelle einfügen** können Sie dann ganz genau bestimmen, wie viele Zeilen und Spalten angelegt werden sollen.

## Text eingeben

Nachdem Sie eine Tabelle erzeugt haben, können Sie gleich mit der Texteingabe beginnen. Zu diesem Zweck befindet sich die Einfügemarke bereits in Zelle 1 der Tabelle ❶. (Eine Zelle ist ein einzelnes Kästchen innerhalb einer Tabelle.)

1. Um die erste Zelle mit Text zu füllen, müssen Sie nichts anderes tun, als mit der Texteingabe zu beginnen. Dabei ändert sich auch bei langen Texten nichts an der Breite der Spalte. Wenn Sie an der rechten Zellenbegrenzung ankommen, wird der Text automatisch in der nächsten Zeile derselben Zelle fortgeführt.

2. Sind Sie mit der Eingabe in Zelle 1 fertig? Dann drücken Sie einmal kurz ⇥, um in die rechts daneben befindliche Zelle zu springen ❷. Alternativ können Sie mit der Maus auch in jede beliebige Zelle hineinklicken und dann mit der Texteingabe fortfahren.

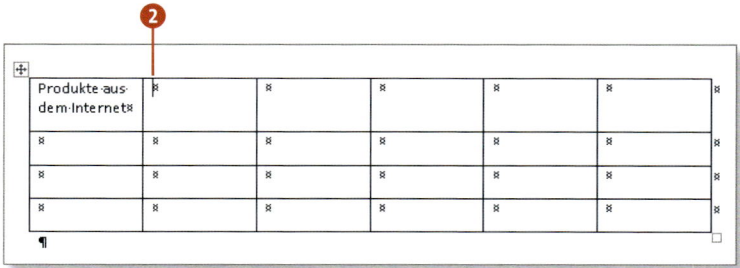

### Schrift in Tabellen

Sie möchten die Schrift einer oder mehrerer Zellen anders gestalten? In diesem Fall markieren Sie den Text, indem Sie den Cursor mit gedrückter Maustaste darüberziehen. Mithilfe der daraufhin erscheinenden Mini-Symbolleiste kann der Text nun ebenso gestaltet werden wie mit den Befehlen in den Gruppen **Schriftart** und **Absatz** der Registerkarte **Start** (siehe dazu auch Kapitel 3, »Den Text gestalten«, ab Seite 77).

## In Tabellen navigieren

Prinzipiell ist nichts dagegen einzuwenden, dass Sie einfach in eine beliebige Zelle Ihrer Tabelle klicken, um sie auszuwählen und darin Text eintragen zu können. Allerdings ist das recht mühsam, da Sie die Tastatur immer wieder verlassen und zur Maus greifen müssen. So geht es bedeutend einfacher:

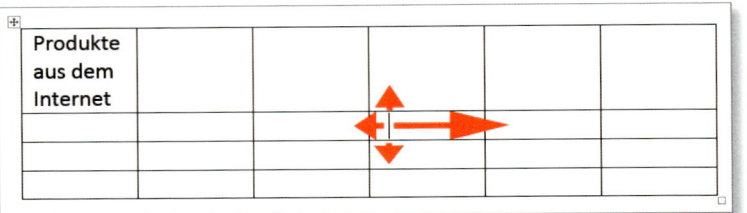

1. Nachdem Sie mit der Eingabe in Zelle 1 fertig sind, drücken Sie die [⇆]-Taste. Das sorgt dafür, dass der Cursor in die nächste rechts befindliche Zelle springt. Drücken Sie in der letzten Zelle einer Zeile [⇆], springt der Cursor automatisch in die erste Zelle der nächsten Zeile.

2. Wenn Sie eine Zelle zurückspringen möchten, drücken Sie die Tastenkombination [⇧] + [⇆].

3. Eine weitere Möglichkeit der Navigation bieten die Pfeiltasten Ihrer Tastatur. Mit [↓] z. B. springen Sie in die nächste unterhalb liegende Zelle. Wenn die aktuelle Zelle allerdings mehrzeiligen Text enthält, springt der Cursor zunächst von Zeile zu Zeile und erst dann in die neue Zelle.

### Mit der Umschalt-Taste markieren

Benutzen Sie die Pfeiltasten zusammen mit [⇧], werden die Zellen, in die der Cursor springt, markiert. Ein Beispiel: Sie halten [⇧] gedrückt und drücken zweimal [→]. Das hat zur Folge, dass sowohl die aktuelle Zelle als auch die beiden rechts daneben befindlichen markiert werden.

### Zeilen und Spalten markieren

Eine ganze Zeile kann schnell markiert werden, indem Sie den Mauszeiger links neben der Zeilenbegrenzung positionieren. Sobald sich ein schwarzer nach oben rechts weisender Pfeil zeigt, führen Sie einen Doppelklick aus. Wollen Sie eine Spalte markieren, positionieren Sie den Mauszeiger oberhalb ihrer Begrenzung. Zeigt sich ein schwarzer nach unten weisender Pfeil, reicht ein einfacher Mausklick, um die gesamte Spalte auszuwählen.

## Zeilen hinzufügen/löschen

Wer bereits von Anfang an weiß, wie viele Zeilen benötigt werden, erspart sich später zusätzliche Arbeit. Allerdings passiert es öfter, dass man nachträglich Zeilen hinzufügen oder löschen muss.

1. Um an unterster Position eine weitere Zeile hinzuzufügen, drücken Sie, wenn der Cursor in der letzten Tabellenzelle steht, die ⇆-Taste. Eine neue Zeile wird angefügt, und die Einfügemarke steht in deren erster Zelle.

2. Um mitten in der Tabelle eine neue Zeile zu ergänzen, positionieren Sie den Mauszeiger ein wenig außerhalb der linken Tabellenbegrenzung an der Stelle, wo Sie die neue Zeile brauchen. In Höhe der Stege erscheint daraufhin ein kleines Plus ❶, auf das Sie klicken müssen. Nun wird dort eine weitere Zeile eingefügt.

3. Zum Löschen markieren Sie eine oder mehrere Zeilen mit gedrückter Maustaste. In der Mini-Symbolleiste klicken Sie dann auf **Löschen > Zeilen löschen** ❷.

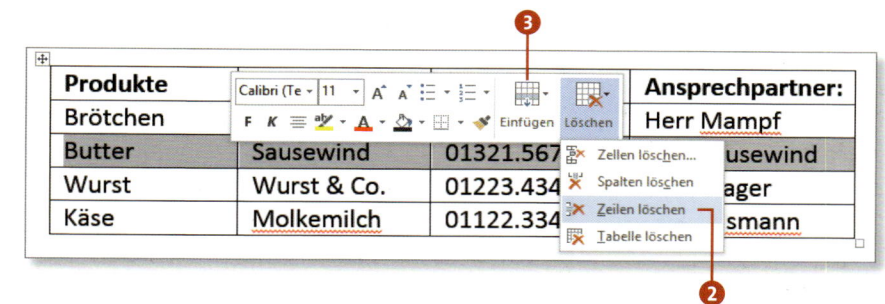

---

**ℹ Tabellentools**

Sobald Sie eine Tabelle eingefügt haben, erscheint im Menüband die Registerkarte **Tabellentools** mit ihren Unterregistern **Entwurf** und **Layout**. Hier finden Sie alle Befehle, die Sie zum Anlegen und Gestalten von Tabellen brauchen.

**ℹ Weitere Zeilen einfügen**

Um eine Zeile an beliebiger Position einzufügen, können Sie auch so vorgehen: Markieren Sie die Zeile, bei der die neue Zeile eingefügt werden soll. Dann klicken Sie in der Mini-Symbolleiste auf **Einfügen** ❸, gefolgt von **Darunter einfügen** oder **Darüber einfügen**. Diese und weitere Befehle finden Sie auch auf der Registerkarte **Tabellentools/Layout** in der Gruppe **Zeilen und Spalten**.

## Spalten hinzufügen/löschen

Es passiert nicht selten, dass man eine Tabelle trotz vorheriger Planung falsch anlegt. Stellen Sie sich vor, Sie haben schon eine Menge Arbeit geleistet und bemerken nun, dass doch irgendwo noch eine Spalte eingefügt werden muss. Vielleicht ist auch eine zu viel, und Sie möchten sie wieder entfernen.

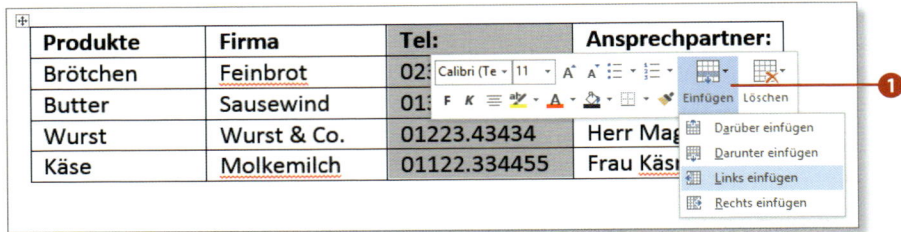

1. Markieren Sie eine Spalte, neben der links oder rechts noch eine weitere Spalte hinzugefügt werden soll.

2. In der sich automatisch öffnenden Mini-Symbolleiste klicken Sie auf **Einfügen** ❶. Im zugehörigen Menü wählen Sie, je nachdem, was benötigt wird, den Eintrag **Links einfügen** oder **Rechts einfügen**.

3. Zum Löschen einer oder mehrerer Spalten markieren Sie sie. Klicken Sie in der Mini-Symbolleiste anschließend auf **Löschen > Spalten löschen** ❷.

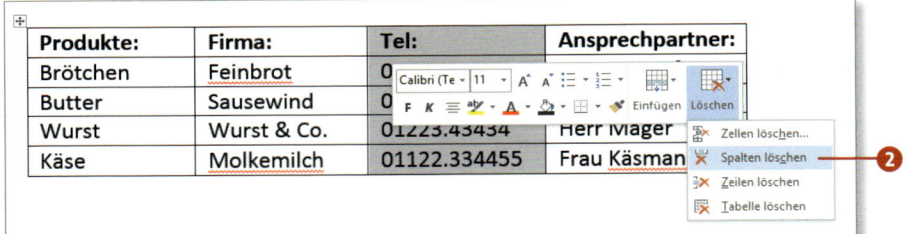

**Spalten schnell hinzufügen**

Um eine Spalte zu ergänzen, platzieren Sie den Mauszeiger oberhalb der ersten Zeile und genau über einem vertikalen Steg (der Begrenzung zwischen zwei Spalten). Achten Sie darauf, dass sich jetzt nicht der schwarze Pfeil zeigt (denn der ist ja dazu da, eine Spalte zu markieren), sondern dass weiterhin der normale Mauszeiger zu sehen ist. Falls erforderlich, verschieben Sie die Maus minimal. Wenn sich das Plus zeigt, klicken Sie darauf. Eine neue Spalte wird genau zwischen den beiden Spalten eingefügt (siehe dazu auch den Abschnitt »Zeilen hinzufügen/löschen« auf Seite 187).

## Zellen teilen

Mit Word-Tabellen können Sie sehr viel mehr machen, als nur Zeilen und Spalten hinzuzufügen. Zum Beispiel ist es auch möglich, eine einzelne Zelle in mehrere Teile aufzuspalten. Zellen teilen heißt diese Routine, die Sie ebenfalls direkt innerhalb der Tabelle aktivieren können.

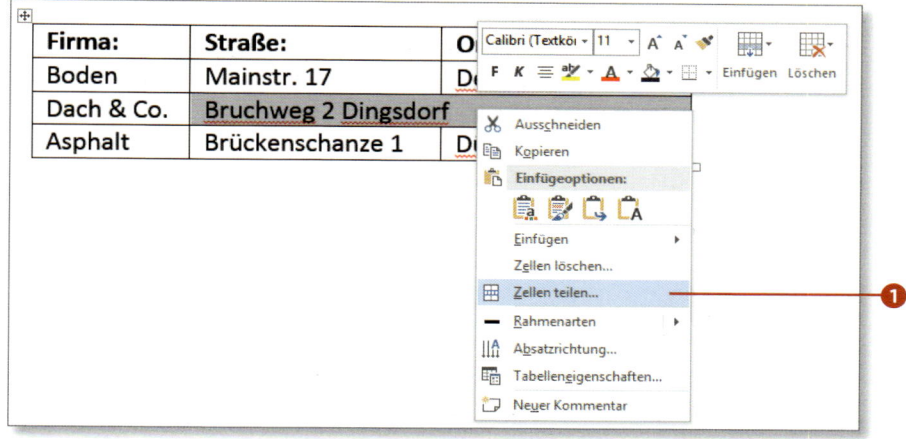

1. Zunächst einmal müssen Sie die Zelle markieren. Das gelingt, indem Sie den Cursor mit gedrückter Maustaste darüberziehen, oder mit einem Dreifachklick in die betreffende Zelle.

2. Ignorieren Sie die Tatsache, dass sich die Mini-Symbolleiste öffnet. Setzen Sie stattdessen einen Rechtsklick in die markierte Zelle. Im Kontextmenü wählen Sie **Zellen teilen** ❶.

3. Im kleinen Dialog **Zellen teilen** legen Sie fest, auf welche Art die Zelle nun geteilt werden soll. Möchten Sie z. B. aus einer Zelle zwei nebeneinanderliegende Zellen erzeugen, setzen Sie den Wert im Feld **Spaltenanzahl** ❷ auf »2« und den Wert im Feld **Zeilenanzahl** ❸ auf »1«, bevor Sie mit **OK** bestätigen.

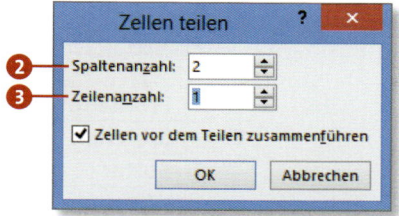

---

ℹ **Spaltenbreite korrigieren**

Beim Teilen einer Zelle in nebeneinanderliegende Zellen (Schritt 3) wird die Spaltenbreite verändert. Dadurch kann es passieren, dass eine der Spalten nun viel zu schmal ist. Korrigieren Sie das, indem Sie den Mauszeiger genau auf den Steg (die Trennlinie) zwischen zwei Spalten setzen (er wird zum Doppelpfeil mit zwei senkrechten, in der Mitte befindlichen Strichen). Klicken Sie auf den Steg, halten Sie die Maustaste gedrückt, und schieben Sie den Steg nach links oder rechts.

## Zellen verbinden

Falls es in der Tabellengestaltung einmal erforderlich wird, können auch durchaus zwei oder mehr Zellen miteinander verbunden werden. Das ist z. B. dann nützlich, wenn Sie der Tabelle eine Überschrift hinzufügen wollen.

1. Um eine Überschriftenzeile hinzuzufügen, müssen Sie zunächst einmal oberhalb der obersten Zeile eine neue Zeile einfügen (indem Sie die oberste Zeile markieren und in der Mini-Symbolleiste auf **Einfügen > Darüber einfügen** klicken).

2. Wenn die oberste Zeile nicht bereits markiert ist, holen Sie das jetzt nach.

3. Führen Sie anschließend einen Rechtsklick auf die oberste Zeile aus, und entscheiden Sie sich im Kontextmenü für **Zellen verbinden** ❶. Die oberste Zeile besteht nun nur noch aus einer einzigen großen Zelle ❷.

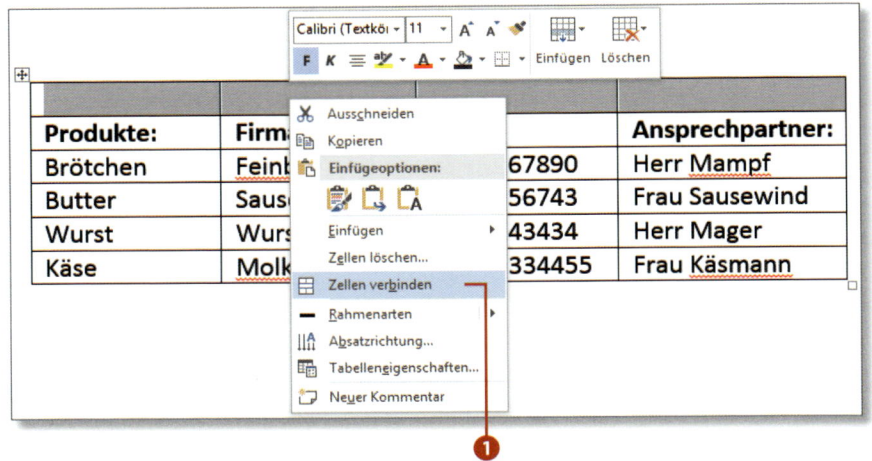

**Zellen mithilfe des Menübands verbinden**

Sie arbeiten nicht so gerne mit dem Kontextmenü? Dann markieren Sie die Zellen, die Sie verbinden wollen, und klicken Sie auf der Registerkarte **Tabellentools/Layout** in der Gruppe **Zusammenführen** auf **Zellen verbinden**.

# Text nachträglich zu einer Tabelle machen

Es ist nicht zwingend erforderlich, erst eine Tabelle zu erzeugen und dann Text einzufügen. Auch bereits verfasster Text lässt sich nachträglich in eine Tabelle umwandeln. Zuvor müssen jedoch alle Elemente, die später in einer eigenen Zelle stehen sollen, per Semikolon oder Tabstopp voneinander getrennt werden.

1. Sollte der Text noch nicht entsprechend vorbereitet sein, platzieren Sie nach jedem Textstück, das als Eintrag in einer eigenen Zelle stehen soll, ein Semikolon oder einen Tabstopp (einfach die ⇆-Taste drücken). Das Zeilenende bleibt jeweils von dieser Maßnahme ausgeschlossen.

2. Danach muss der gesamte Tabellentext markiert werden. (Lassen Sie Überschriften bitte außen vor. Sie werden später hinzugefügt.)

3. Klicken Sie auf der Registerkarte **Einfügen** auf die Schaltfläche **Tabelle** ❶, und wählen Sie den Menüeintrag **Text in Tabelle umwandeln**.

4. Im Dialog **Text in Tabelle umwandeln** legen Sie nun noch die **Spaltenanzahl** fest ❷, geben an, wie groß die Zellen sein sollen ❸ und welches Trennzeichen Sie benutzt haben ❹, und bestätigen mit **OK**.

**Tabelle in Text konvertieren**

Der umgekehrte Weg ist auch möglich. Dazu markieren Sie zunächst alle Tabellenzellen. Ganz oben rechts in der Anwendung taucht daraufhin die gelb markierte Registerkarte **Tabellentools** auf. Aktivieren Sie dort das Register **Layout**, und wählen Sie in der Gruppe **Daten** die Schaltfläche **In Text konvertieren**.

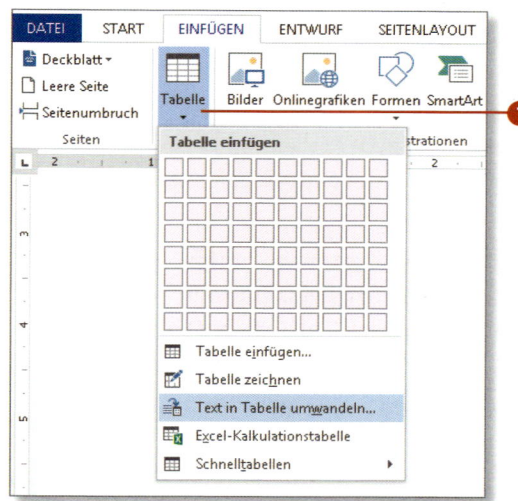

Produkte:; Firma:; Tel:; Ansprechpartner:

Brötchen; Feinbrot; 02345.67890; Herr Mampf

Butter; Sausewind; 01321.56743; Frau Sausewind

Wurst; Wurst & Co.; 01223.43434; Herr Mager

Käse; Molkemilch; 01122.334455; Frau Käsmann

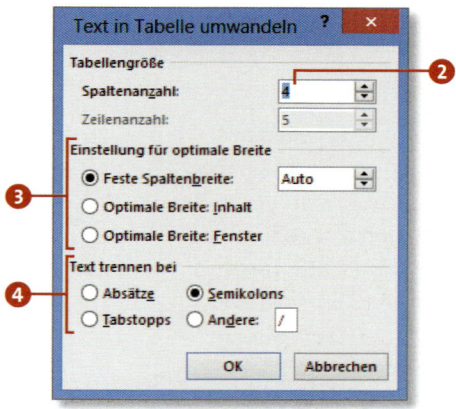

# Tabellenlinien zeichnen

Wem die schöne gerade Ausrichtung der einzelnen Zellen innerhalb einer Tabelle überhaupt nicht zusagt, und wer die Zellen lieber eigens anordnen und gestalten möchte, der muss eine Tabelle zeichnen. Und das geht so:

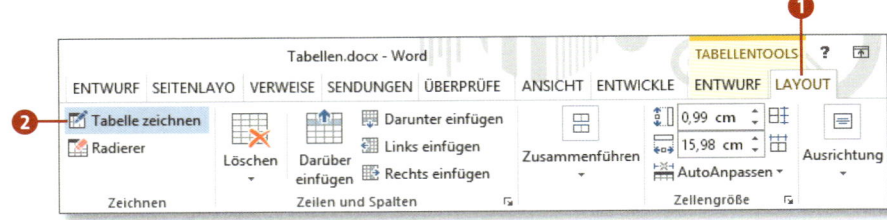

1. Fügen Sie eine Tabelle ein (siehe den Abschnitt »Eine Tabelle anlegen« auf Seite 184). Sie darf für unser Beispiel ruhig auch nur aus einer einzelnen Zelle bestehen.

2. Öffnen Sie das Register **Tabellentools/Layout** ❶ (es erscheint nur, wenn der Cursor in der Tabelle steht bzw. sie markiert ist), und klicken Sie in der Gruppe **Zeichnen** auf **Tabelle zeichnen** ❷.

3. Der Mauszeiger verwandelt sich in einen Stift ❸. Nun können Sie mit gedrückter Maustaste überall dort Linien einziehen, wo Sie es für nötig halten, und so die Zelle(n) beliebig teilen.

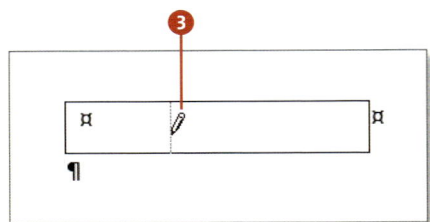

4. Um den Zeichnen-Modus zu beenden, klicken Sie erneut auf die Schaltfläche **Tabelle zeichnen**.

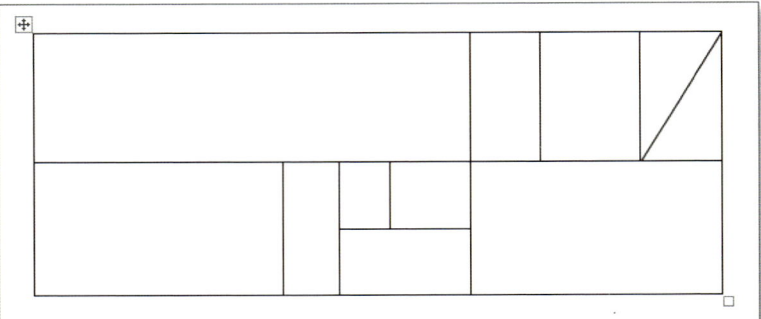

## Ganze Tabellen einfügen

Um ganze Tabellen einzufügen, klicken Sie auf der Registerkarte **Einfügen** in der Gruppe **Tabellen** auf **Tabelle > Tabelle zeichnen**. Danach bewegen Sie die Maus über das Dokument, klicken an die Stelle, an der die Tabelle beginnen soll, und ziehen mit gedrückter Maustaste einen rechteckigen Rahmen auf. Lassen Sie die Maustaste los, wenn Sie mit den Abmessungen der Tabelle zufrieden sind. Nun müssen Sie nur noch die Zellbegrenzungen einzeichnen.

## Diagonalen zeichnen

Wie Sie sehen, können Sie innerhalb der Zellen auch diagonale Linien ziehen, was z. B. dann praktisch ist, wenn die erste Zelle oben links als Überschrift sowohl für die erste Zeile als auch für die erste Spalte dienen soll.

## Schnelltabellen nutzen

Sie haben nicht allzu viel Zeit, sich um die Gestaltung Ihrer Tabelle zu kümmern, wollen aber dennoch mit einer effektvollen und ansehnlichen Tabelle aufwarten? Dann nutzen Sie die Word-Schnelltabellen.

1. Zunächst öffnen Sie die Registerkarte **Einfügen**. Klicken Sie in der Gruppe **Tabellen** auf die Schaltfläche **Tabelle** ❶.

2. Im Menü zeigen Sie mit der Maus auf den Eintrag **Schnelltabellen**.

3. Ein weiteres Menü klappt auf. Falls das gewünschte Design nicht angezeigt wird, scrollen Sie in der Liste etwas nach unten. Zuletzt klicken Sie eine Variante an, z. B. **Matrix**. Eine entsprechende Tabelle wird daraufhin in das Dokument eingefügt.

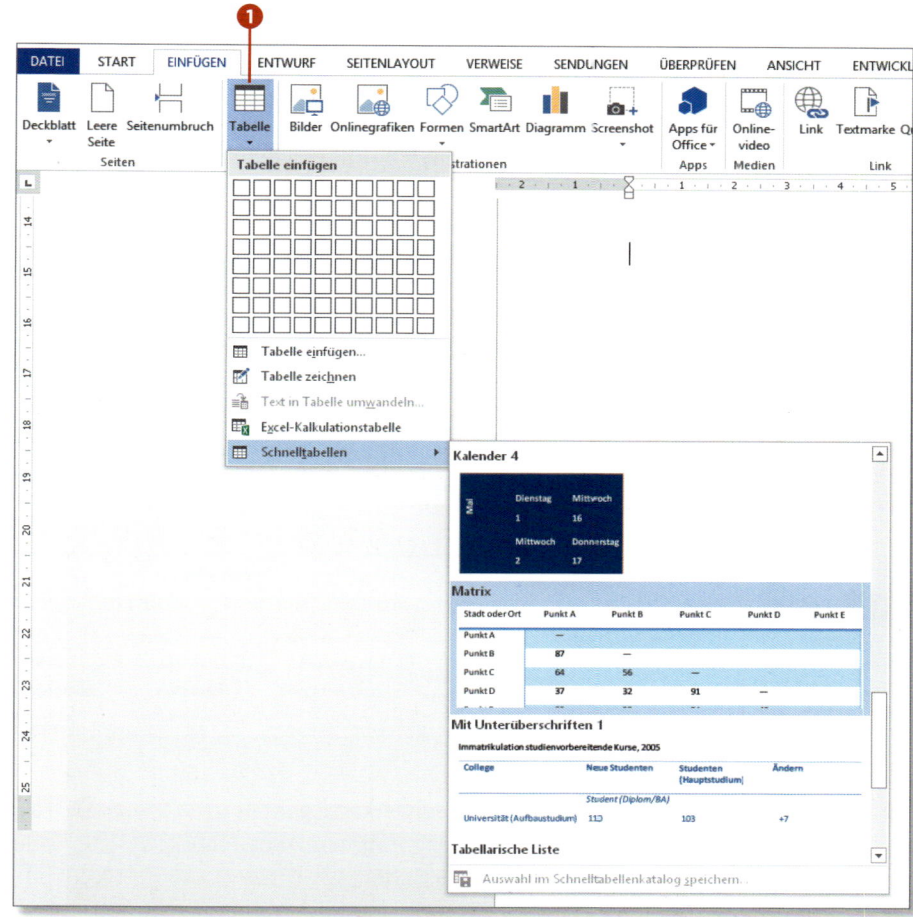

### Tabelle bearbeiten

Leider haben Sie mit der hier beschriebenen Vorgehensweise keinen Einfluss auf die Größe der Tabelle. Diese lässt sich aber nachträglich verändern. Setzen Sie den Cursor in die Tabelle. An der rechten unteren Ecke erscheint ein kleines weißes Quadrat. Indem Sie es mit gedrückter Maustaste verschieben, verändern Sie die Größe der Tabelle. Außerdem lassen sich nach Wunsch auch Zeilen und Spalten hinzufügen oder entfernen (siehe die Abschnitte »Zeilen hinzufügen/löschen« und »Spalten hinzufügen/löschen« ab Seite 187).

# Die Registerkarte »Tabellentools«

In der Standardansicht von Word suchen Sie die Registerkarte **Tabellentools** vergebens. Sie taucht erst dann auf, wenn eine Tabelle komplett markiert wird bzw. zumindest die Einfügemarke innerhalb der Tabelle steht. Die Registerkarte **Tabellentools** erscheint ganz rechts neben den anderen Registerkarten und bringt zwei weitere Register mit: **Entwurf** und **Layout**. Öffnen Sie entweder **Entwurf** oder **Layout** mit einem Klick. Wenn das geschehen ist, lässt sich die Registerkarte genauso nutzen wie alle anderen auch.

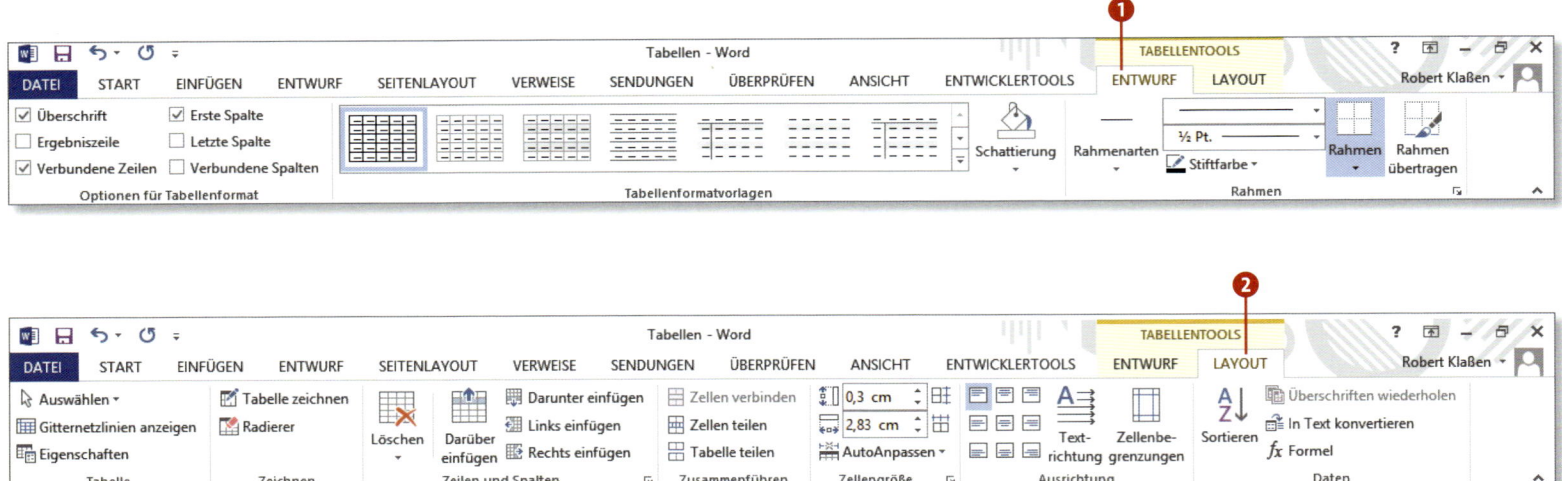

❶ **Entwurf:** Bei den Befehlen auf dieser Registerkarte geht es in erster Linie um die Gestaltung der Tabellenrahmen. Aber auch die Tabellenformatvorlagen sind hier zu finden.

❷ **Layout:** Hier stehen Steuerelemente für die Zellengestaltung oder die Anordnung von Text sowie Einfügeoptionen im Mittelpunkt.

# Eine Tabellenüberschrift erzeugen

Sofern Sie dieses Buch chronologisch durcharbeiten, sind Sie bereits
auf die Überschriftproblematik gestoßen, die z. B. bei der Umwand-
lung von Text in eine Tabelle (siehe Seite 191) auftritt. Dort sollte
ja zunächst nur die Tabelle erzeugt werden; um die Überschrift
würden wir uns später kümmern. Und so fügen Sie nun eine Überschrift hinzu:

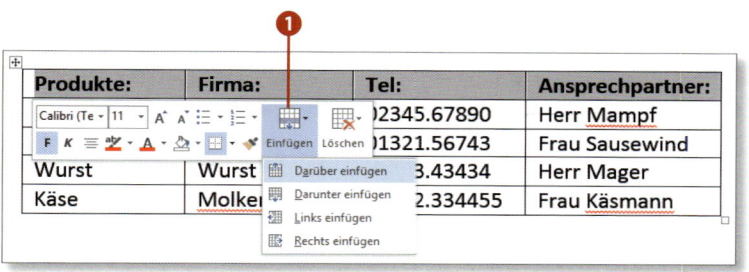

1.  Markieren Sie die gesamte erste Zeile Ihrer Tabelle. In der Mini-
    Symbolleiste klicken Sie auf **Einfügen** ❶ > **Darüber einfügen**.

2.  Über der in Schritt 1 markierten wird nun eine neue Zeile einge-
    fügt. Sie ist nun markiert. Klicken Sie mit der rechten Maustaste
    in diese Zeilen, und wählen Sie **Zellen verbinden** ❷ aus dem
    Kontextmenü.

3.  Nun besteht die erste Zeile nur noch aus einer Zelle. Sie können
    nun Ihren Überschriftentext schreiben, ihn markieren und ihm
    über **Start > Formatvorlagen** eine Überschriftenformatvorlage
    zuweisen ❸.

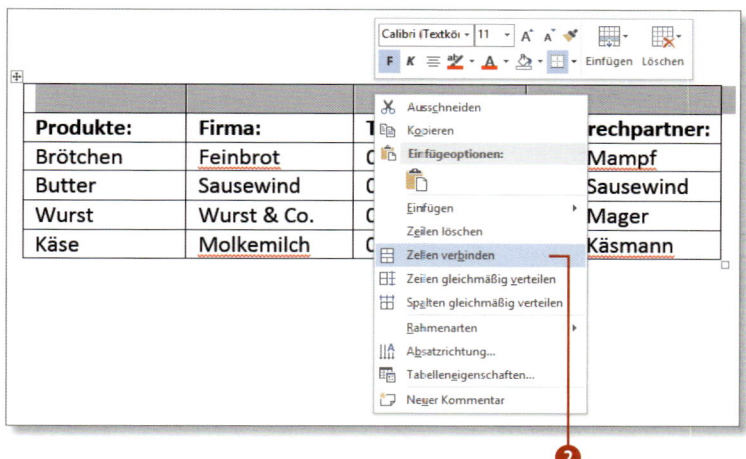

---

**Überschriften wiederholen**

Stellen Sie sich vor, Sie haben es mit einer ellenlangen Tabelle
zu tun, die über mehrere Seiten reicht. Damit die Überschrift
trotzdem auf jeder Seite zu sehen ist, markieren Sie den Über-
schriftentext und klicken auf der Registerkarte **Tabellentools/
Layouts** in der Gruppe **Daten** auf die Schaltfläche **Überschriften wiederholen**. Der betroffene Text muss dafür mit einer
Überschriftenformatvorlage versehen sein.

## Tabellenformatvorlagen nutzen

Nachdem Sie eine Tabelle erstellt haben, können Sie ihr schnell ein interessanteres Design zuweisen. Dazu benutzen Sie die zahlreichen von Word zur Verfügung gestellten Tabellenformatvorlagen.

1. Zuallererst muss die Tabelle markiert werden. Dazu reicht es auch aus, wenn Sie die Einfügemarke in einer der Zellen platzieren.

2. Öffnen Sie das Register **Tabellentools/Entwurf** ❶, und klicken Sie auf den kleinen nach unten weisenden Pfeil ❷ am Auswahlfeld **Tabellenformatvorlagen**.

3. Daraufhin klappt eine schier unerschöpfliche Liste an Vorlagen aus, aus der Sie sich nach Herzenslust bedienen dürfen. Klicken Sie die gewünschte Vorlage einfach an, um sie auf die Tabelle zu übertragen ❸.

### ✛✛ Auswirkungen beobachten

Wenn Sie mit dem Mauszeiger auf einer Vorlage verharren, sehen Sie die Auswirkungen, die das jeweilige Design auf Ihre Tabelle hat, in einer Live-Vorschau. Damit ist die Vorlage aber noch nicht zugewiesen. Sie können die Vorlagen also nach Herzenslust durchprobieren. Wenn Ihnen etwas gefällt, klicken Sie darauf. Aber auch eine zugewiesene Vorlage lässt sich mit Strg + Z leicht wieder rückgängig machen.

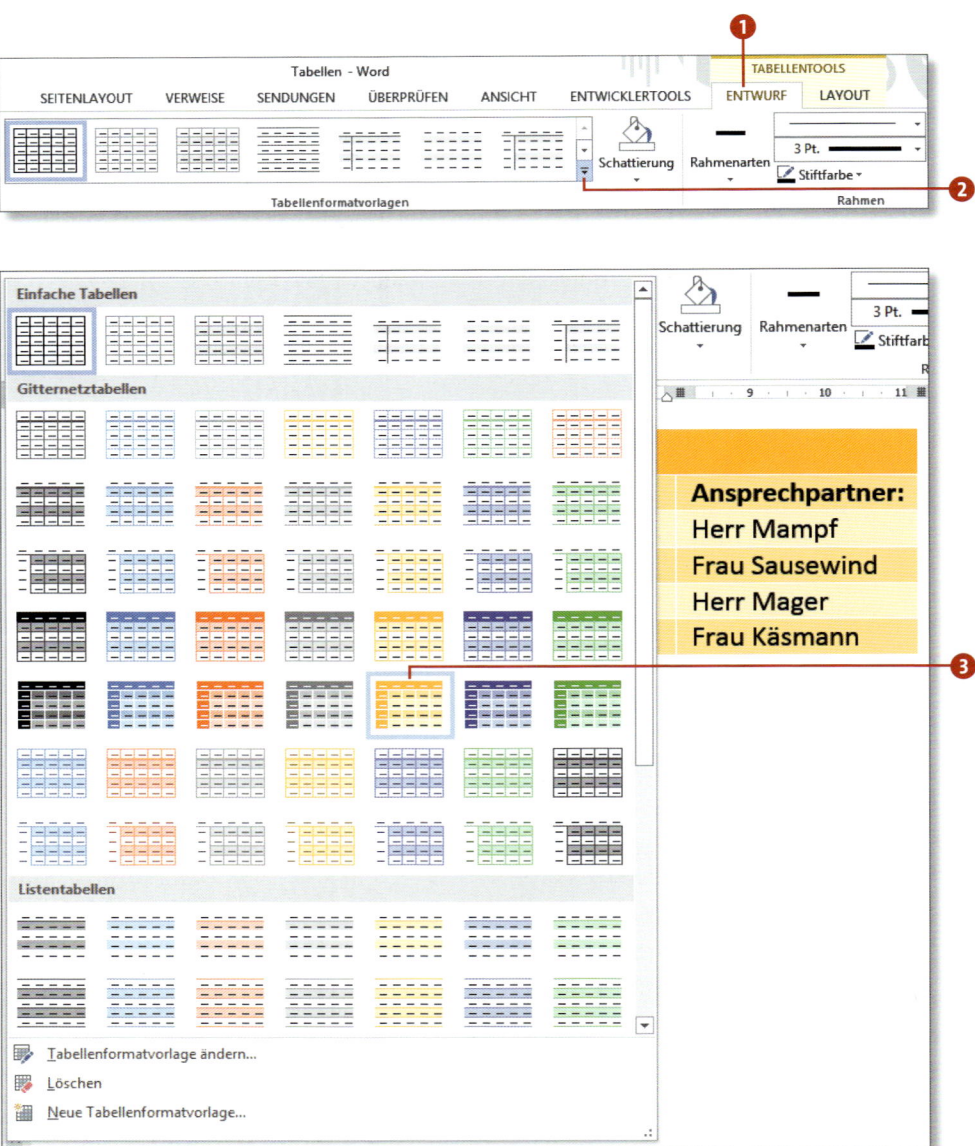

# Eine neue Tabellenformatvorlage anlegen

Stellen Sie sich vor, Sie haben Ihr eigenes, ganz persönliches Tabellendesign gestaltet oder eine Tabellenformatvorlage derart modifiziert, dass Sie davon restlos überzeugt sind. Dann möchten Sie dieses Design natürlich erhalten, um es immer wieder benutzen zu können. In diesem Fall können Sie daraus eine eigene Vorlage erstellen.

1. Sorgen Sie dafür, dass die fertig formatierte Tabelle aktiv ist (indem Sie die Einfügemarke in eine ihrer Zellen setzen), und klicken Sie auf der Registerkarte **Tabellentools/ Entwurf** auf den kleinen Pfeil ❶ am Auswahlfeld **Tabellenformatvorlagen**.

2. In der Liste der Tabellenformatvorlagen wählen Sie ganz unten den Eintrag **Neue Tabellenformatvorlage** ❷.

3. Arbeiten Sie sich durch den Dialog **Neue Formatvorlage erstellen**. Vergeben Sie zunächst einen Namen ❸, und passen Sie ggf. noch die Schrift und andere Parameter an. Wenn Sie eine neue Vorlage basierend auf einer schon bestehenden Vorlage anlegen wollen, können Sie Letztere im Feld **Formatvorlage basiert auf** ❹ angeben. Die Auswirkungen werden in der Vorschau ❺ direkt angezeigt. Zum Schluss klicken Sie zur Bestätigung auf **OK** ❻.

---

**i**

**Eigene Formatvorlage anwenden**

Wenn Sie die soeben erzeugte Formatvorlage später verwenden wollen, markieren Sie die Tabelle in Ihrem Dokument, klicken auf der Registerkarte **Tabellentools/ Entwurf** auf den kleinen Pfeil am Auswahlfeld **Tabellenformatvorlagen** (Schritt 1) und wählen die neue Vorlage aus der Liste aus (ganz oben im Bereich **Benutzerdefiniert**).

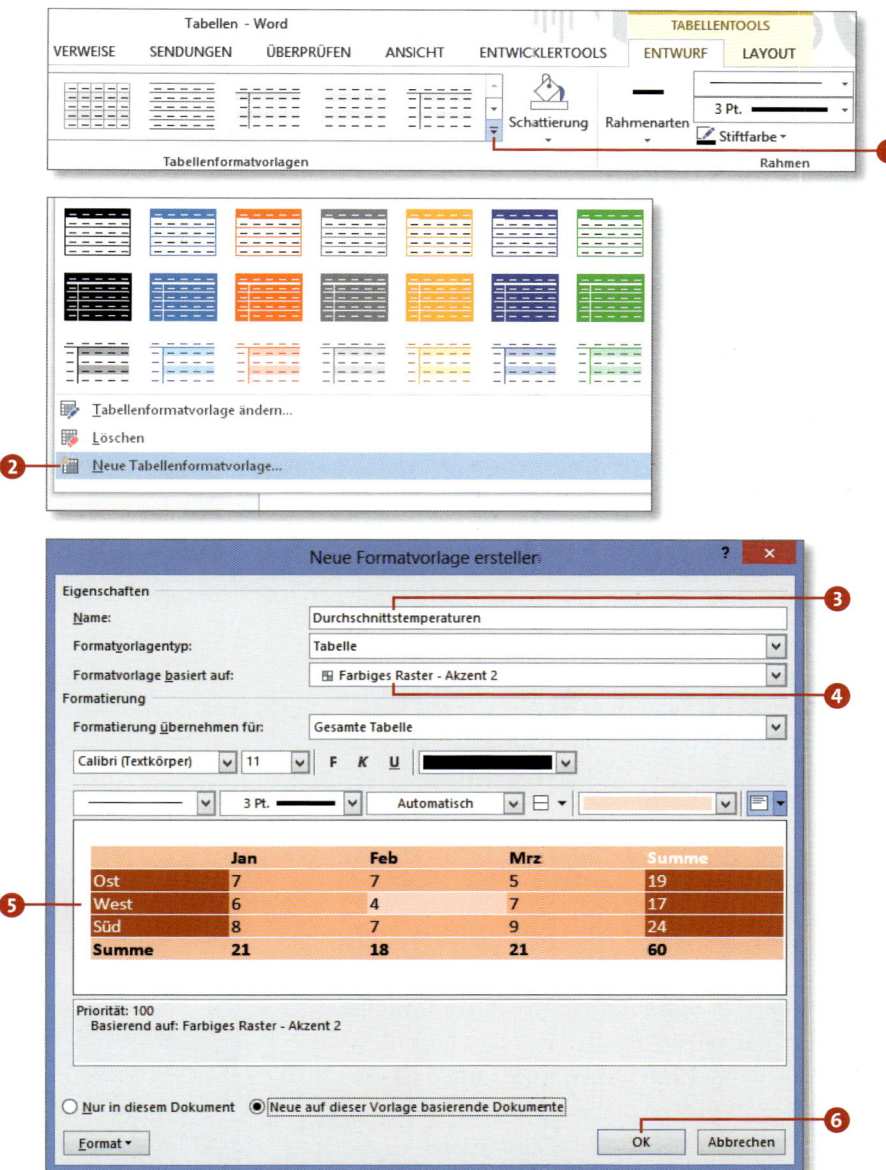

# Die Hintergrundfarbe der Tabelle verändern

Ab und zu ist es erforderlich, einzelne Zellen einer Tabelle oder eine bestimmte Zeile besonders hervorzuheben – sei es, weil die darin enthaltenen Daten besonders wichtig sind oder weil z. B. die Kopfzeile mit einer anderen Hintergrundfarbe belegt werden soll.

1. Markieren Sie zunächst jenen Tabellenteil, der in einer anderen Hintergrundfarbe erscheinen soll. Danach aktivieren Sie die Registerkarte **Tabellentools/Entwurf ❶**.

2. Klicken Sie dort in der Gruppe **Tabellenformatvorlagen** auf die Schaltfläche **Schattierung ❷**.

3. Im Menü wählen Sie im Bereich **Designfarben** eine passende Farbe aus. Wenn Sie den Mauszeiger auf ein Farbfeld halten, ohne zu klicken, zeigt Ihnen die Live-Vorschau das Ergebnis vorab in der Tabelle an ❸. Mit einem Klick übernehmen Sie die Farbe für den markierten Bereich.

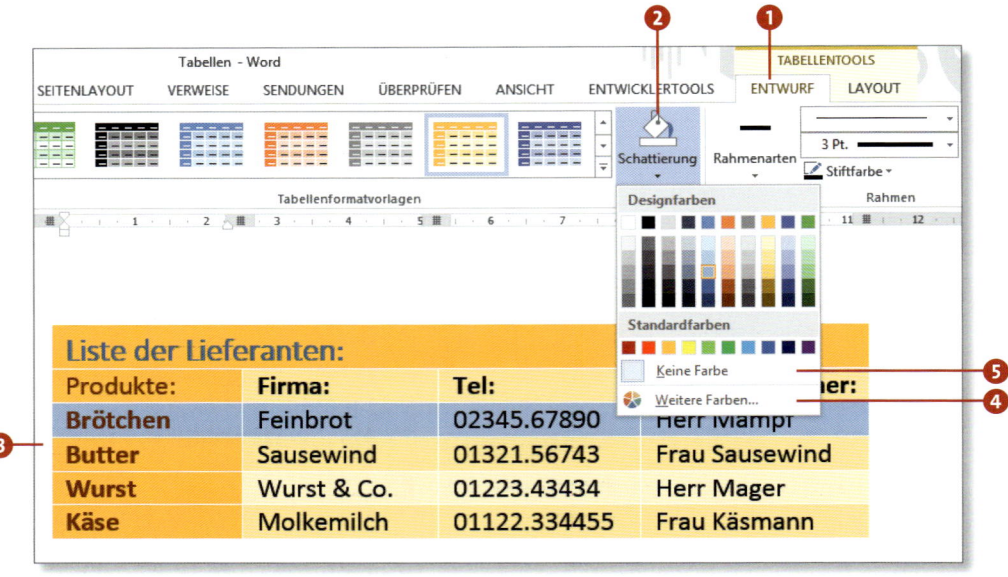

**Weitere Farben**

Im Bereich **Designfarben** werden nur wenige Alternativen angeboten. Wer damit nicht auskommt, klickt auf **Weitere Farben ❹**. Dahinter verbergen sich Paletten, die wesentlich genauere Einstellungen zulassen.

**Farbe entfernen**

Sie wollen die Farbe bestimmter Zellen entfernen? Dann markieren Sie diese Zellen und klicken im Menü **Schattierung** auf **Keine Farbe ❺**.

# Die Größe der Zellen anpassen

Wenn Sie eine Tabelle erstellen, sind zunächst einmal alle Zeilen gleich hoch und alle Spalten gleich breit. Mitunter ist es allerdings erforderlich, die Größe anzupassen. In einer Adressliste kann z. B. die Spalte für die Postleitzahlen wesentlich schmaler sein als die für den Ort, die Straße oder den Namen.

1. Die einfachste Art, die Zellgröße zu verändern, ist, auf einen Steg (die Linie zwischen zwei Zellen) zu klicken, die Maustaste gedrückt zu halten und die Linie nach links oder rechts bzw. oben oder unten zu schieben ❶ (siehe dazu auch den Kasten »Spaltenbreite korrigieren« auf Seite 189). Lassen Sie die Maustaste bei der gewünschten Größe los.

2. Wer lieber genaue Abmessungen eingibt, markiert zunächst die relevanten Zellen und aktiviert das Register **Tabellentools/Layouts**. Klicken Sie anschließend in der Gruppe **Tabelle** auf **Eigenschaften** ❷.

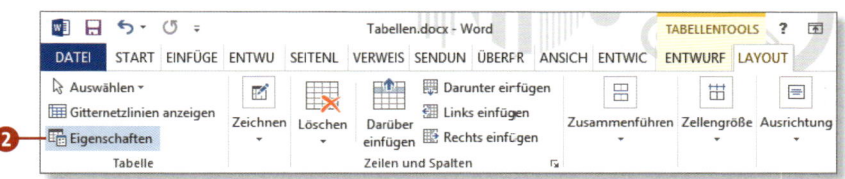

3. Im Dialog **Tabelleneigenschaften** können Sie nun auf der Registerkarte **Spalte** ❸ einzelne Spalten verändern. Setzen Sie das Häkchen bei **Bevorzugte Breite** ❹, und legen Sie im Feld daneben ❺ die bevorzugte Breite fest. Die Einstellung gilt immer für die markierten Spalten bzw. die, in der der Cursor steht. Mit **Vorherige Spalte** und **Nächste Spalte** ❻ navigieren Sie durch die Tabelle.

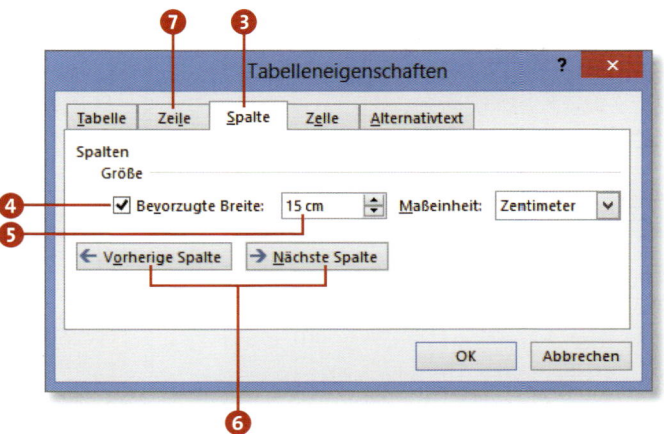

---

**ℹ Zeilenhöhe einstellen**

Wenn Sie anstelle der Spaltenbreite lieber die Zeilenhöhe einstellen wollen, müssen Sie in Schritt 3 das Register **Zeile** ❼ öffnen. Die übrigen Einstellungen entsprechen denen für die Spaltenbreite.

## Rahmen um die Zellen ziehen

Vielleicht reicht es Ihnen nicht, die Tabelle farbig zu gestalten, sondern Sie möchten die Zellen lieber ganz exakt gegeneinander abgrenzen. Nun, Sie können ganz leicht bestimmen, welche Zellen mit Rahmen versehen werden und wie dieser Rahmen jeweils aussehen soll.

1. Markieren Sie die Zellen, die Sie mit einem Rahmen versehen wollen, z. B. die Tabellenüberschriften ❶.

2. Wählen Sie auf der Registerkarte **Tabellentools/Entwurf** in der Gruppe **Rahmen** nach einem Klick auf den Pfeil an der Schaltfläche **Rahmenarten** ❷ eine geeignete Gestaltung aus.

3. Dann klicken Sie auf den Pfeil an der Schaltfläche **Rahmen** ❸ und wählen aus dem Menü die Linien der Zelle aus, für die Sie die Rahmengestaltung vornehmen möchten. Wir nehmen **Alle Rahmenlinien**. Die Tabelle wird sofort angepasst.

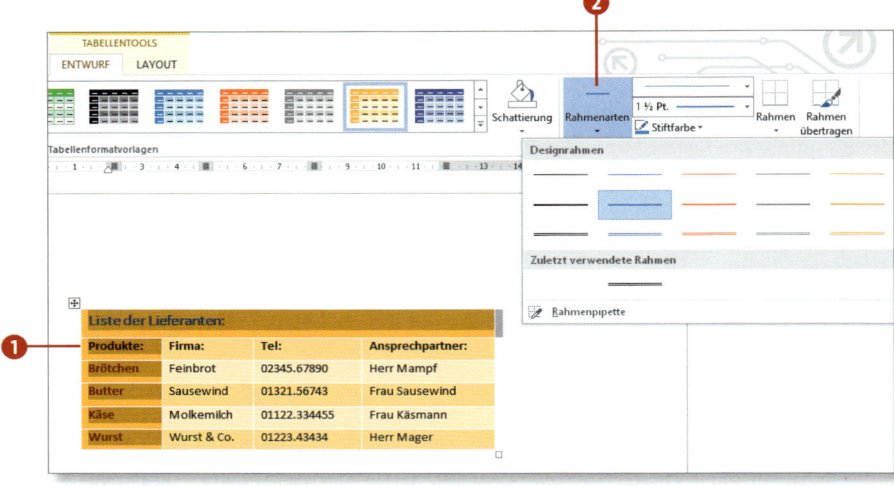

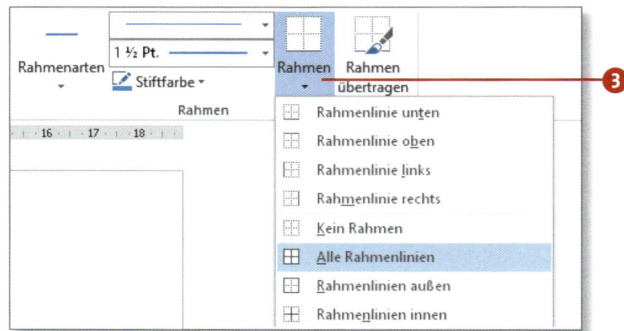

### Tabellenradierer

Mithilfe des Tabellenradierers können bestimmte Elemente einer Tabelle ganz einfach entfernt (»wegradiert«) werden. Klicken Sie zunächst in die Tabelle, damit die Registerkarte **Tabellentools** angezeigt wird. Wählen Sie das Register **Layout** aus, und klicken Sie in der Gruppe **Zeichnen** auf **Radierer**. »Radieren« Sie mit gedrückter Maustaste über die Zellen, die entfernt werden sollen.

**Liste der Lieferanten:**

| Produkte: | Firma: | Tel: | Ansprechpartner: |
| --- | --- | --- | --- |
| Brötchen | Feinbrot | 02345.67890 | Herr Mampf |
| Butter | Sausewind | 01321.56743 | Frau Sausewind |
| Käse | Molkemilch | 01122.334455 | Frau Käsmann |
| Wurst | Wurst & Co. | 01223.43434 | Herr Mager |

# Den Text bearbeiten

Natürlich kann auch die Schrift einzelner Zellen oder der gesamten Tabelle jederzeit geändert werden. Selbst wenn Sie nur einen bestimmten Teil einer Zelle mit einer anderen Schrift versehen wollen, ist dies möglich.

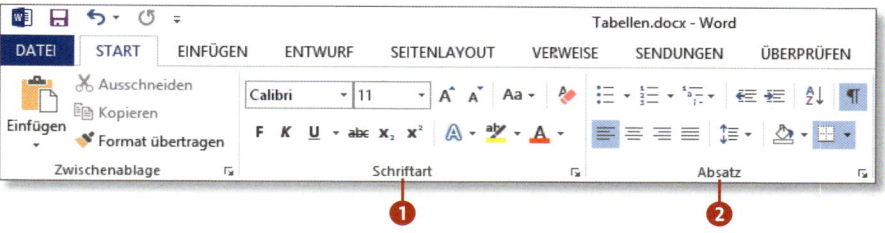

1. Markieren Sie den Text, den Sie verändern wollen: einzelne Zeichen, ein ganzes Wort, eine Zelle oder gleich ganze Zeilen oder Spalten.

2. Aktivieren Sie die Registerkarte **Start**, und gestalten Sie den markierten Text mithilfe der Steuerelemente der Gruppen **Schriftart** ❶ und **Absatz** ❷. Berücksichtigen Sie dabei aber, dass die Zellgrößen automatisch an die Größe des Textes angepasst werden. Wer also z. B. möchte, dass eine Telefonnummer überdimensional groß angezeigt wird, läuft damit Gefahr, das Tabellenlayout zu »zerschießen«.

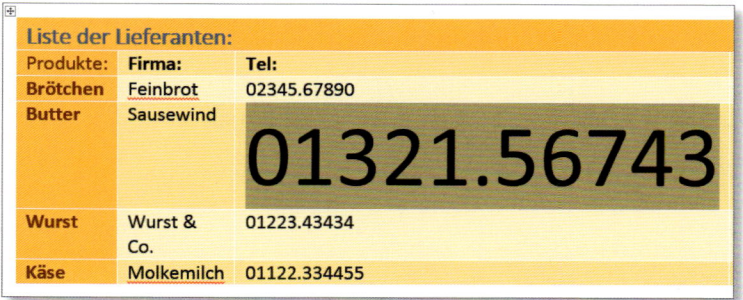

 **Schrift editieren**

Sollte das Tabellenlayout durch die Veränderungen an der Schrift zerstört werden, ist es sinnvoll, sich eine andere Strategie zu überlegen. Zuallererst sollten Sie aber den letzten Schritt rückgängig machen. Dazu drücken Sie [Strg] + [Z]. Wählen Sie im Anschluss lieber eine andere Schriftart oder eine kleinere Schriftgröße.

**Zeilen und Spalten verteilen**

Wenn Sie viel »herumgeschoben« haben und jetzt erreichen möchten, dass alle Spalten gleich breit werden, markieren Sie die gesamte Tabelle und klicken auf der Registerkarte **Tabellentools/Layout** in der Gruppe **Zellengröße** auf **Spalten verteilen**. Genauso funktioniert das, wenn alle Zeilen gleich hoch sein sollen (**Zeilen verteilen**). Mit der Schaltfläche **AutoAnpassen** auf der Registerkarte **Tabellentools/Layout** erreichen Sie entweder, dass die Zellgröße an den Text an- oder der Text in die vorhandenen Zellen eingepasst wird.

## Die Textausrichtung ändern

Mitunter passt die linksbündige Anordnung des Textes innerhalb der einzelnen Zellen nicht so richtig. Wenn Sie einmal einen Blick auf die linke Beispieltabelle ❶ werfen, sehen Sie, dass die Ortsnamen alle etwas zu hoch stehen. Das Gleiche gilt für die Temperaturangaben. Diese stehen sogar noch etwas zu weit links. Im rechten Beispiel ❷ sieht die Ausrichtung des Textes wesentlich ordentlicher aus. Und so erreichen Sie das:

1. Markieren Sie alle Zellen, deren Inhalt neu ausgerichtet werden soll. Zuerst wären das nur die drei Zellen mit den Ortsnamen (die Temperaturen werden in Schritt 3 korrigiert).

2. Öffnen Sie jetzt das Register **Tabellentools/Layout**, und klicken Sie in der Gruppe **Ausrichtung** auf **Mitte links ausrichten** ❸.

3. Danach markieren Sie die drei Zellen mit der Temperaturangabe und klicken auf **Mittig ausrichten** ❹.

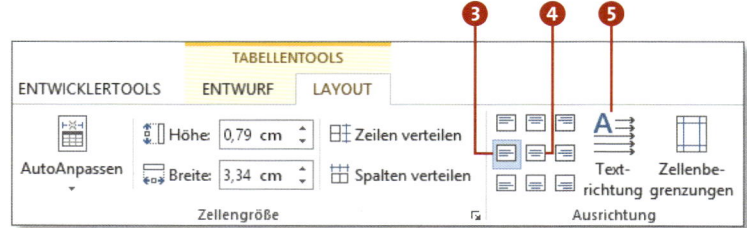

### Laufrichtung ändern

In besonders schmalen, dafür aber hohen Zellen ist es mitunter erforderlich, die Textrichtung zu ändern. Damit ist gemeint, dass der Text um 90° gedreht wird. Und das geht so: Markieren Sie alle Zellen, deren Inhalt gedreht werden soll. Klicken Sie auf der Registerkarte **Tabellentools/Layout** einmal in der Gruppe **Ausrichtung** auf **Textrichtung** ❺. Der Text wird jetzt im Uhrzeigersinn um 90° gedreht. Ein weiterer Klick auf die Schaltfläche dreht den Text um weitere 180°. Klicken Sie abermals darauf, erscheint der Text wieder in der gewohnten Laufrichtung.

## Sortieren in Tabellen

Leider ist es oft so, dass eine umfangreiche Tabelle am Ende in irgendeiner Form sortiert werden muss (z. B. in alphabetischer Reihenfolge). Hier von Hand einzugreifen ist viel zu mühsam. Lassen Sie sich von der Word-Automatik unterstützen.

1. Zunächst müssen alle Zeilen markiert werden, die eine entsprechende Sortierung erfahren sollen, damit z. B. nicht nur die Einträge in der Spalte *Produkte* alphabetisch markiert werden, alle anderen aber unsortiert bleiben (und damit die ganze Tabelle durcheinander ist). Überschriften, Spalten- und Zeilenköpfe werden von der Markierung ausgenommen.

2. Danach öffnen Sie das Register **Tabellentools/Layout**. Klicken Sie in der Gruppe **Daten** auf **Sortieren** ❶.

3. Im Dialog **Sortieren** können Sie zunächst einstellen, welche Spalte für die Sortierung herangezogen werden soll ❷. Belassen Sie im Feld **Typ** den Eintrag **Text** ❸, wenn die Liste alphabetisch geordnet werden soll, und bestätigen Sie alles mit **OK** ❹.

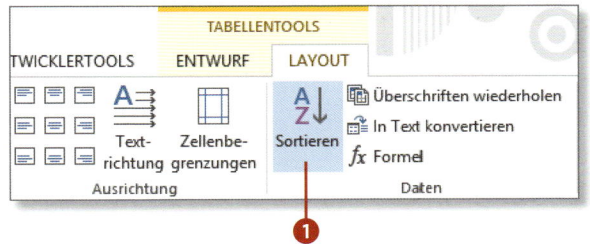

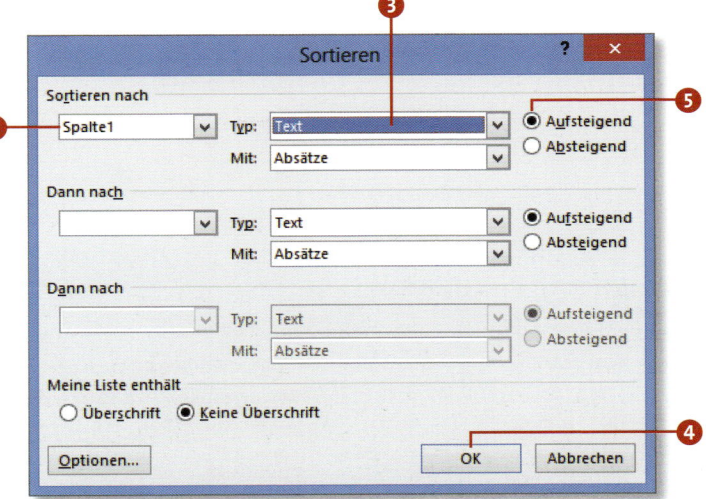

**i**

### Von A bis Z oder von Z bis A?

Wer möchte, dass seine Tabelle bei A beginnt und bei Z endet, lässt den Radio-Button **Aufsteigend** ❺ aktiv. Die umgekehrte Reihenfolge wird eingestellt, wenn Sie **Absteigend** aktivieren.

## Tabellen im Fließtext anordnen

Grundsätzlich entscheiden Sie selbst, ob neben einer Tabelle noch herkömmlicher Fließtext erscheinen darf oder nicht. Wenn die Tabelle von Text umgeben sein darf, sollten Sie die Distanz zwischen Text und Tabelle allerdings nicht dem Zufall überlassen.

1. Eine Tabelle lässt sich ganz einfach verschieben, indem Sie auf die Schaltfläche mit den gekreuzten Doppelpfeilen oben links an der Tabelle klicken ❶. Schieben Sie die Tabelle mit gedrückter Maustaste an eine beliebige Stelle, und lassen Sie sie dort »fallen« (indem Sie die Maustaste loslassen).

2. Für die Positionierung der Tabelle ist entscheidend, welche Umbruchoptionen festgelegt wurden. Um diese zu beeinflussen, markieren Sie die Tabelle, öffnen die Registerkarte **Tabellentools/Layout** und klicken anschließend in der Gruppe **Tabelle** auf **Eigenschaften** ❷.

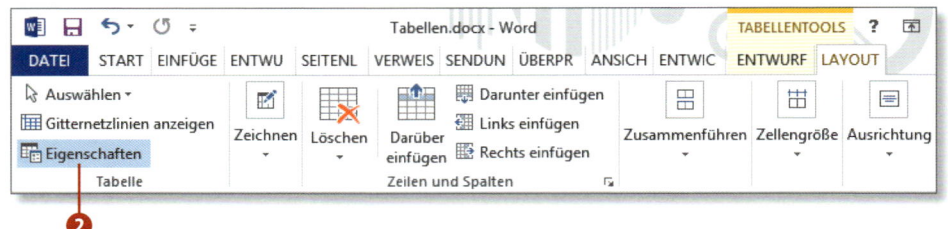

---

ℹ **Zellenbegrenzung einstellen**

Wenn sämtliche Zellen eine gewisse Größe haben sollen, klicken Sie im Dialog **Tabelleneigenschaften** auf **Optionen** (❸ in Bild 1 auf Seite 205). Im nächsten Dialog **Tabellenoptionen** können Sie nun die Abstände des Textes innerhalb der Zelle (von oben, unten, links und rechts) individuell einstellen.

3. Im Dialog **Tabelleneigenschaften** aktivieren Sie das Register **Tabelle** ❹. Unter **Ausrichtung** klicken Sie auf die Option **Links** ❺, wenn die Tabelle stets am linken Rand des Textes positioniert werden soll. Wenn Sie das nicht möchten, können Sie auch hier auf **Zentriert** oder **Rechts** umschalten.

4. Im Bereich **Textumbruch** geht es darum, ob neben der Tabelle grundsätzlich noch Text erscheinen darf oder nicht. **Ohne** ❻ bedeutet, dass der Fließtext oberhalb und unterhalb der Tabelle angeordnet wird, jedoch niemals daneben.

5. Wenn Sie die Tabelle jedoch von Text umfließen lassen wollen, aktivieren Sie **Umgebend** ❼. Dann sollten Sie noch den Abstand des Fließtextes zur Tabelle festlegen. Klicken Sie auf **Positionierung** ❽, und stellen Sie im Dialog **Tabellenposition** z. B. im Feld **Rechts** ❾ einen passenden Abstand ein.

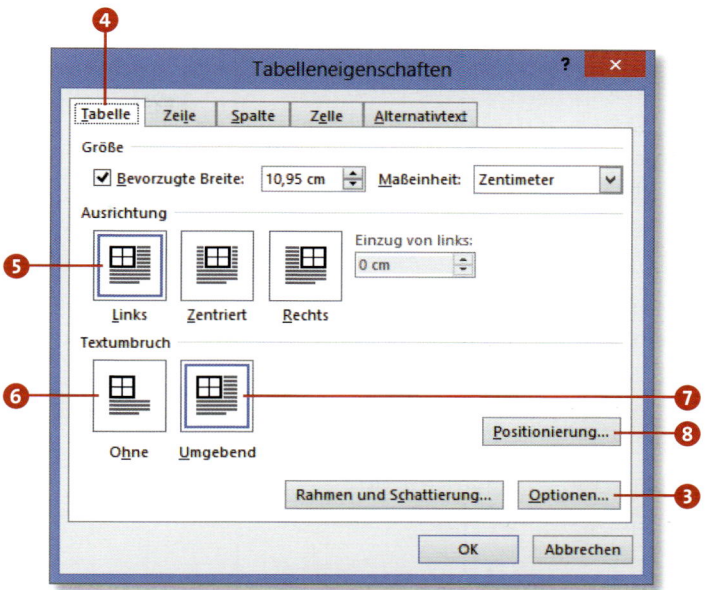

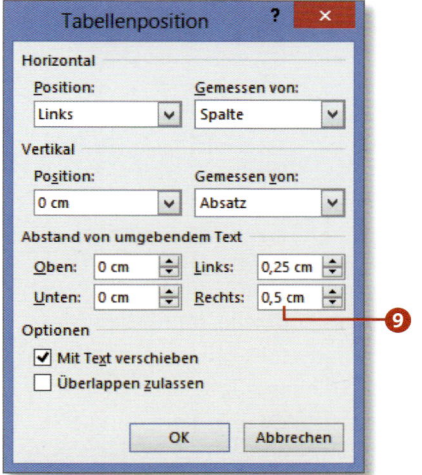

**Zellenzwischenräume gestalten**

Wenn Ihnen die Begrenzungen zwischen den einzelnen Zellen zu dünn sind, können Sie ihnen etwas mehr Platz einräumen. Klicken Sie im Dialog **Tabelleneigenschaften** auf **Optionen**, und aktivieren Sie im Dialog **Tabellenoptionen** die Checkbox **Abstand zwischen Zellen zulassen**. Im Feld daneben lässt sich daraufhin ein passender Abstand festlegen.

## Tabellen teilen

Große Tabellen erfahren einen automatischen Seitenumbruch, wenn es erforderlich ist. Das bedeutet, dass die Tabelle auf der folgenden Seite fortgesetzt wird, wenn auf der aktuellen Seite nicht genug Platz ist. Es kann aber auch sinnvoll sein, Tabellen von Hand zu trennen, z. B. wenn Sie befürchten, dass sonst die Übersichtlichkeit verloren geht.

1. Setzen Sie die Einfügemarke zunächst in eine Zelle der Zeile, ab der mit der neuen Tabelle begonnen werden soll ❶. (Falls Sie mit einer Kopfzeilen-Tabelle arbeiten, beachten Sie die Hinweise im Kasten »Zwischenzeile einfügen«.)

2. Danach aktivieren Sie die Registerkarte **Tabellentools/Layout**. Klicken Sie in der Gruppe **Zusammenführen** auf die Schaltfläche **Tabelle teilen** ❷. Ihre Tabelle wird wie gewünscht unterteilt.

| Stadt oder Ort | Punkt A | Punkt B | Punkt C | Punkt D | Punkt E |
|---|---|---|---|---|---|
| Punkt A | — | | | | |
| Punkt B | 87 | — | | | |
| Punkt C | 64 | 56 | — | | |
| Punkt D | 37 | 32 | 91 | — | |
| Punkt E | 93 | 35 | 54 | 43 | — |

| Stadt oder Ort | Punkt A | Punkt B | Punkt C | Punkt D | Punkt E |
|---|---|---|---|---|---|
| Punkt A | — | | | | |
| Punkt B | 87 | — | | | |
| | | | | | |
| Punkt C | 64 | 56 | — | | |
| Punkt D | 37 | 32 | 91 | — | |
| Punkt E | 93 | 35 | 54 | 43 | — |

### Zwischenzeile einfügen

Wenn die Tabelle über eine Kopfzeile verfügt, wird in der Regel die erste Zeile der neuen Tabelle als Kopfzeile angesehen (siehe Abbildung 3 auf dieser Seite). In diesem Fall ist es sinnvoll, oberhalb der ersten Zeile, mit der die neue Tabelle beginnen soll, zunächst eine neue Zeile einzufügen und die Teilung erst im Anschluss vorzunehmen.

## Tabellen löschen

Glücklicherweise kann man Tabellen nicht nur erzeugen und gestalten, sondern sie bei Bedarf auch wieder loswerden. Dazu haben Sie sogar mehrere Möglichkeiten:

1. Zunächst einmal können Sie die gesamte Tabelle markieren, indem Sie auf die Schaltfläche mit den gekreuzten Doppelpfeilen oben links an der Tabelle klicken ❶.

2. In der Mini-Symbolleiste, die sich daraufhin zeigt, klicken Sie auf **Löschen** ❷ **> Tabelle löschen**. Wem das zu viel Arbeit ist, der kann auch einfach die Taste ⬅ drücken.

3. Oder wollen Sie lieber das Kontextmenü benutzen? Dann klicken Sie nach Schritt 1 mit der rechten Maustaste auf die Tabelle und entscheiden sich im Kontextmenü für den Eintrag **Tabelle löschen** ❸.

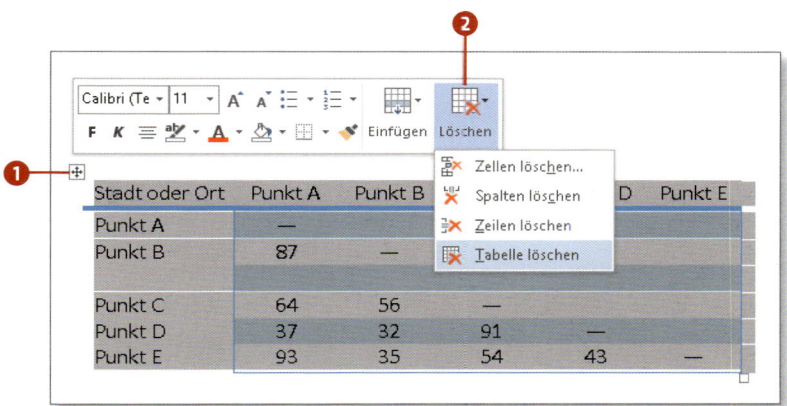

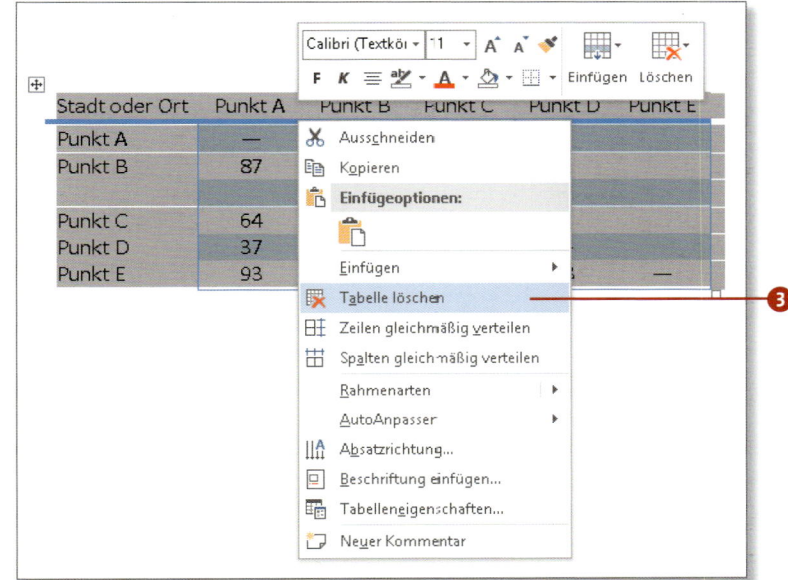

### i Tabelle im Fließtext löschen

So werden Sie eine im Fließtext befindliche Tabelle los: Setzen Sie den Cursor hinter das letzte Zeichen im Fließtext vor der Tabelle. Drücken Sie ↵, um eine Leerzeile zu erzeugen. Klicken Sie mit der Maus in die Leerzeile, und markieren Sie von dort aus die komplette Tabelle. Danach drücken Sie Entf oder ⬅.

# 8 Bilder, Grafiken und Videos einfügen

Jetzt werden die Word-Dokumente im wahrsten Sinne des Wortes »aufgehübscht«. Word ist zwar in allererster Linie ein Textverarbeitungsprogramm, jedoch durchaus auch in der Lage, Fotos, Grafiken und sogar Onlinevideos zu integrieren. Man sollte es nicht für möglich halten, was alles geht. Sie können den Fotos z. B. schöne Rahmen spendieren, ihre Größe ändern, Bilder und andere Objekte drehen — und sogar die hohe Kunst der digitalen Bildbearbeitung betreiben. Wenn ein Foto z. B. ein bisschen blass daherkommt, korrigieren Sie es einfach, indem Sie mehr Kontrast hinzufügen oder die Farben kräftiger machen.

Mit Word 2013 und Ihrem Bildmaterial gestalten Sie Ihre Dokumente noch interessanter. Sie geben also nicht einfach nur Informationen in Textform weiter, sondern sorgen beim Leser für ein visuelles Erlebnis. Bei der Anordnung der Elemente sind Sie (mit ein paar kleinen Tricks und Handgriffen) vollkommen frei. Word ist sogar imstande, Arbeiten zu verrichten, die sonst nur teure Layoutprogramme »können«. Deshalb: Lernen Sie Word von seiner vielleicht »attraktivsten« Seite kennen.

## In diesem Kapitel

- Bilder, Grafiken und Screenshots einfügen
- Onlinegrafiken (ClipArts) einfügen
- Größe und Position des Bildes im Text anpassen
- Ausrichtung und Drehung
- Mit Ebenen arbeiten
- Bilder überlappen lassen
- Helligkeit und Kontrast verändern
- Bilder umfärben
- Rahmen
- Bildeffekte
- Bilder zuschneiden
- Bilder freistellen
- Bilder und Grafiken schnell formatieren
- Fotos komprimieren
- Bilder verknüpfen
- Videos einfügen

# Die Registerkarte »Einfügen«

Alles, was man in irgendeiner Form in ein Word-Dokument integrieren kann, finden Sie auf der Registerkarte **Einfügen**. Von hier aus haben Sie direkten Zugriff auf Ihre eigenen Fotos und Grafiken auf der Festplatte, aber auch auf ein Onlinesortiment, das zu Word gehört. Im Folgenden stelle ich Ihnen die Gruppen dieser Registerkarten und ihre wichtigsten Funktionen für das Einfügen von Elementen in Word-Dokumente vor.

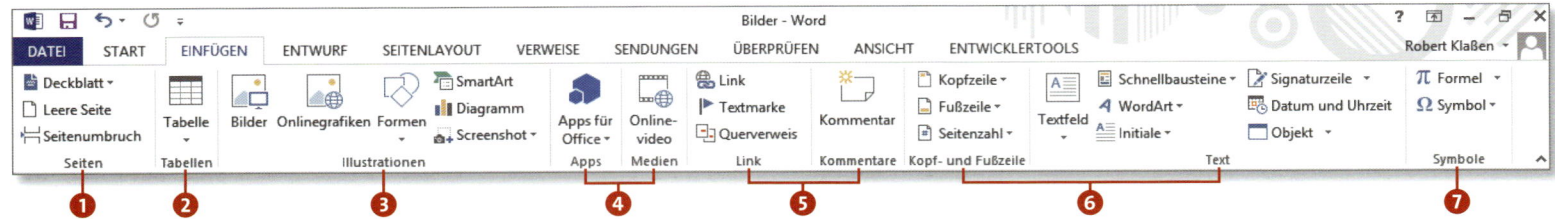

❶ **Seiten:** Deckblätter, leere Seiten und Seitenumbrüche hinzufügen

❷ **Tabellen:** Tabellen anlegen

❸ **Illustrationen:** Ihrem Dokument Fotos, Grafiken, Formen und mehr hinzufügen

❹ **Apps** und **Medien:** Programme und Onlinevideos in Word platzieren

❺ **Link** und **Kommentare:** Hyperlinks, Verweise und Kommentare verwenden

❻ **Kopf- und Fußzeile** und **Text:** Textelemente und Textattribute nutzen

❼ **Symbole:** Formeln und Sonderzeichen einfügen

# Bilder, Grafiken und Screenshots einfügen

Sie haben die Qual der Wahl, welche Objekte Sie dem Word-Dokument hinzufügen wollen. Weniger ist mehr! Bringen Sie derartige Objekte nur dann ein, wenn sie zusätzliche Informationen beinhalten. Zeigen Sie Fotos nicht nur, um sie zu präsentieren.

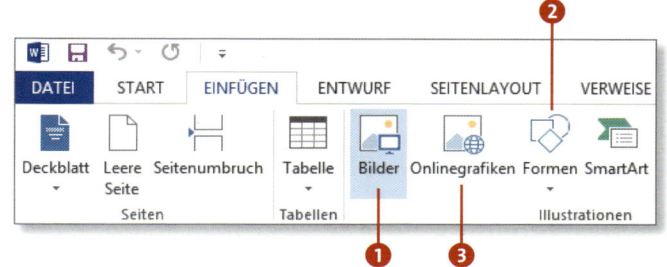

1. Positionieren Sie die Einfügemarke dort, wo das Objekt eingefügt werden soll. »Reservieren« Sie einen eigenen Absatz (oder zumindest eine eigene Zeile) für das Bild.

2. Aktivieren Sie die Registerkarte **Einfügen**, und klicken Sie in der Gruppe **Illustrationen** auf **Bilder** ❶. (Von Word zur Verfügung gestellte Grafikelemente finden Sie über die Schaltfläche **Formen** ❷, siehe Kapitel 9, »Textelemente und Formen einfügen«, ab Seite 235, während Grafiken bzw. ClipArts über **Onlinegrafiken** ❸ zu finden sind, siehe den Abschnitt »Onlinegrafiken (ClipArts) einfügen« auf Seite 212.)

3. Im Dialog **Grafik einfügen** wählen Sie in der linken Spalte das Verzeichnis aus ❹, in dem Ihr Bild gespeichert ist, und markieren das gewünschte Foto auf der rechten Seite ❺. Zuletzt klicken Sie auf **Einfügen** ❻. Das Bild wird ins Dokument gesetzt.

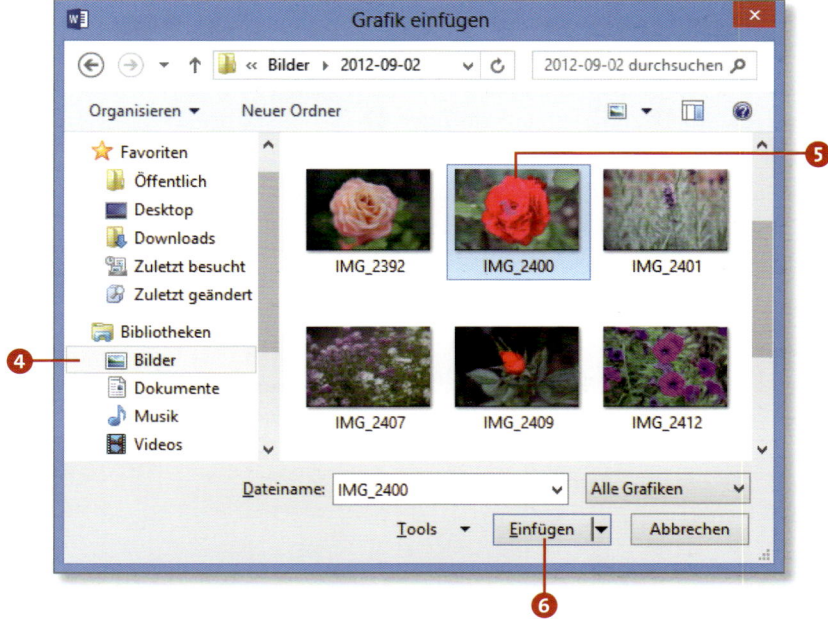

**i**

**Einen Screenshot anlegen**

Ein Screenshot ist ein Foto dessen, was auf Ihrem Monitor zu sehen ist. Um einen Screenshot zu erzeugen, drücken Sie die Taste `Druck`. Wenn Sie währenddessen `Alt` gedrückt halten, wird nur das derzeit aktive Fenster abfotografiert. Klicken Sie in das Word-Dokument, und drücken Sie `Strg` + `V`, dann wird der Screenshot dort aus der Zwischenablage eingefügt.

# Onlinegrafiken (ClipArts) einfügen

*ClipArts* oder *Onlinegrafiken* sind Grafiken, die von Microsoft zur Verfügung gestellt werden. Sie sind seit Word 2013 nicht mehr direkt im Programm enthalten, sondern müssen online abgerufen werden.

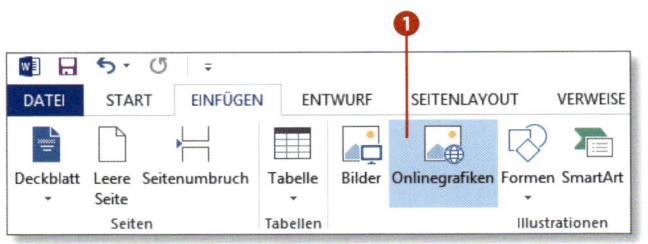

1. Öffnen Sie das Register **Einfügen**, und klicken Sie in der Gruppe **Illustrationen** auf **Onlinegrafiken** ❶.

2. Geben Sie im Feld **ClipArt von Office.com** ❷ einen Suchbegriff ein, z. B. »clown« (die Groß-/Kleinschreibung dürfen Sie hier ausnahmsweise mal ignorieren), und starten Sie die Suche mit ⏎.

3. Halten Sie in der Ergebnisliste Ausschau nach der passenden Grafik. Wenn Sie sie gefunden haben, klicken Sie mit der Maus darauf ❸ und dann auf **Einfügen** ❹.

**Grafiken per Doppelklick hinzufügen**

Alternativ zum Klick auf **Einfügen** können Sie Bilder und Grafiken auch mit einem Doppelklick versehen, um sie in das Dokument einzufügen.

**Office.com kann Deutsch**

Auch wenn es sich bei *Office.com* um eine amerikanische Webadresse handelt, ist sie trotzdem der deutschen Sprache mächtig. Sie müssen Ihre Suchbegriffe also nicht extra übersetzen.

## Die Registerkarte »Bildtools«

Die Registerkarte **Bildtools/Format** wird automatisch aktiviert, sobald Sie ein Foto einfügen und es markiert lassen. Wenn Sie die Befehle der Registerkarte **Bildtools** später für ein anderes Foto nutzen wollen, müssen Sie dieses Foto zunächst mit einem Mausklick versehen, um es zu markieren und so die passende Registerkarte

im Menüband erscheinen zu lassen. Um dann auch das Register **Format** zu aktivieren, das wichtige Funktionen in Bezug auf Fotos bereithält, müssen Sie es entweder anklicken oder gleich einen Doppelklick auf das Foto setzen.

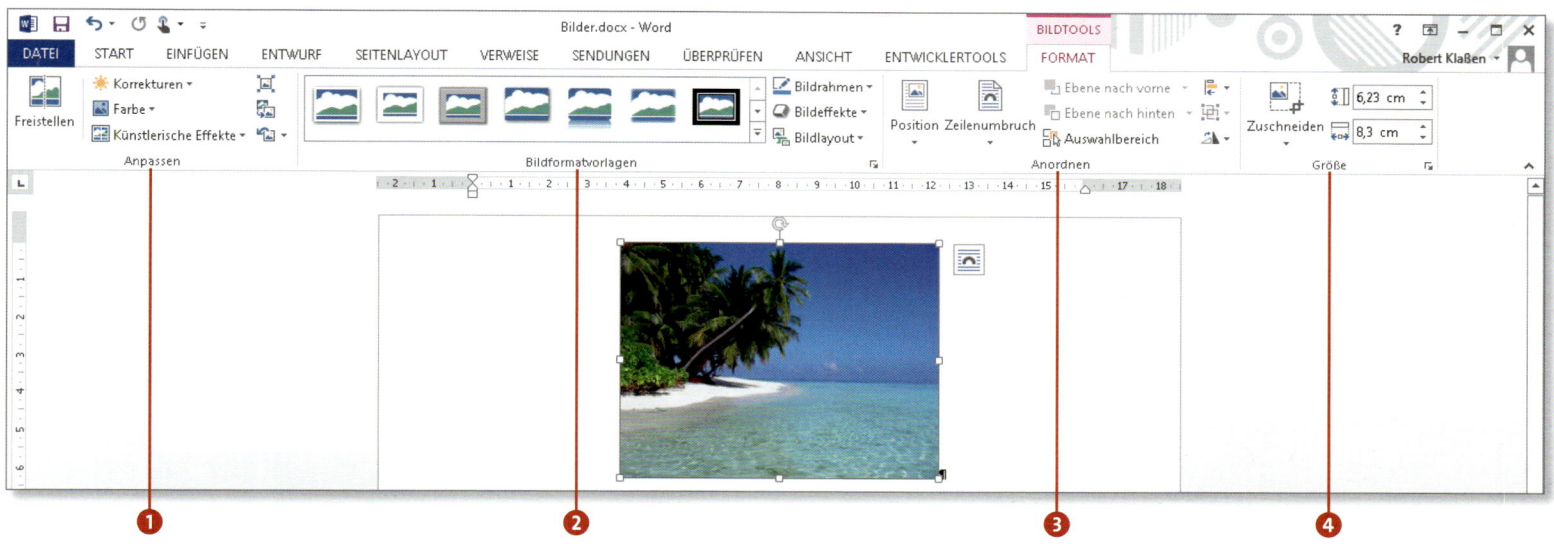

❶ **Anpassen:** Funktionen zur Nachbearbeitung von Fotos

❷ **Bildformatvorlagen:** Rahmen, Effekte und Layouts für die weitere Gestaltung von Fotos

❸ **Anordnen:** Steuerung des Verhaltens von Fotos zu anderen Fotos oder zum Fließtext (Position und Umbruch)

❹ **Größe:** Veränderungen des Fotos in Größe und Zuschnitt

## Größe und Position des Bildes im Text anpassen

Beim Einfügen eines Fotos in das Word-Dokument haben Sie keinen Einfluss auf die Größe, in der es eingefügt wird. Besonders Bilder, die von Fotokameras oder leistungsstarken Handys stammen, werden meist zu groß dargestellt. Also müssen sie anschließend skaliert werden. Achten Sie dabei darauf, dass das Seitenverhältnis erhalten bleibt.

1. Um die Größe eines Fotos verändern zu können, klicken Sie es an. Einzige Ausnahme: Das Foto ist soeben eingefügt worden. In diesem Fall ist es bereits markiert. Dass ein Foto markiert ist, erkennt man an den quadratischen Anfassern an allen vier Ecken ➊ sowie in der Mitte der vier Seiten ➋.

2. Klicken Sie auf einen der Eckanfasser, und verschieben Sie ihn mit gedrückter Maustaste, um die Größe des Fotos zu verändern. Lassen Sie die Maustaste erst los, wenn die gewünschte Größe erreicht ist.

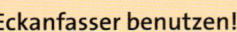

**Eckanfasser benutzen!**

Wenn Sie ein Foto auf die beschriebene Weise skalieren, nutzen Sie grundsätzlich nur die Eckanfasser. So wird das Foto immer proportional (also im Verhältnis Breite zu Höhe) vergrößert oder verkleinert. Nutzen Sie hingegen die Anfasser in der Mitte der vier Flanken, kommt es zur sogenannten *unproportionalen Skalierung*, wodurch das Foto verzerrt wird.

3. Alternativ dazu lässt sich die Größe des Fotos auch verändern, indem Sie die Werte in den Feldern **Höhe** ❸ und **Breite** ❹ in der Gruppe **Größe** verändern. Erfreulicherweise stehen diese beiden Werte in Abhängigkeit zueinander. Wenn Sie einen der beiden Werte verändern, zieht der andere proportional mit. So wird verhindert, dass das Bild verzerrt wird.

4. Den Dialog **Layout** mit weiteren Optionen zum Einstellen der Bildgröße öffnen Sie, indem Sie auf den kleinen Pfeil ❺ an der Gruppe **Größe** klicken.

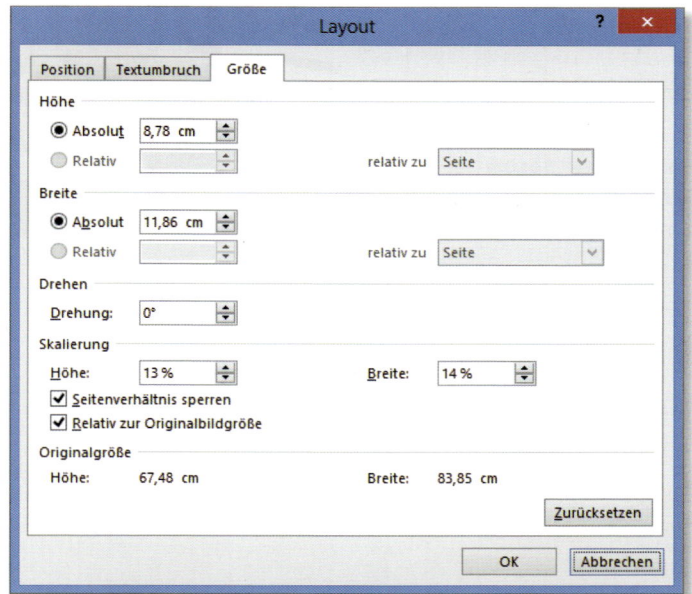

i

**Elemente gruppieren**

Objekte (z. B. mehrere Fotos) zu gruppieren ist dann interessant, wenn sie zusammenbleiben sollen, damit sie z. B. gemeinsam verschoben werden können. Halten Sie [Strg] gedrückt, und klicken Sie die Objekte nacheinander an, um sie alle zu markieren. Danach klicken Sie auf die Schaltfläche **Gruppieren** (❻ in Bild 1 auf dieser Seite) auf der Registerkarte **Bildtools/ Format** in der Gruppe **Anordnen**.

## Ausrichtung und Drehung

Ein Bild (oder eine Grafik) wird in Word behandelt wie ein herkömmliches Schriftzeichen. Steht die Einfügemarke links daneben, kann es mithilfe der Leertaste weiter nach rechts bewegt werden. Es darf mit anderen Schriftzeichen in einer Zeile stehen und unterliegt dem Umbruch, wenn es zu einer Zeilenschaltung kommt. Wie sich das ändern lässt und wie Sie ein Bild oder eine Grafik drehen können, erfahren Sie hier.

1. Markieren Sie das Objekt, das gedreht oder ausgerichtet werden soll.

2. Danach klicken Sie auf die kleine Schaltfläche **Layoutoptionen** ❶ oben rechts neben dem Objekt.

3. Standardmäßig ist, wie gesagt, die oberste Option **Mit Text in Zeile** ❷ aktiv. Sie können aber auch eine der Varianten unter **Mit Textumbruch** wählen. Wenn Sie sich z. B. für **Hinter den Text** ❸ entscheiden, kann der Fließtext über das Bild laufen (Sie können es also für den Hintergrund verwenden). Damit unterliegt es auch nicht mehr dem Zeilenumbruch, sondern bleibt immer an der gleichen Position.

### ℹ Weitere Umbruchoptionen

Mit der Option **Quadrat** erreichen Sie, dass im Text in Form eines Rechtecks Platz für das Bild ausgespart wird. In dieser Lücke sitzt dann das Bild. Mit **Passend** und **Transparent** läuft der Text mit einem kleinen Abstand genau um das Bild herum. Bei **Oben und unten** passt das Bild genau zwischen zwei Zeilen. Und mit **Vor den Text** schließlich legt man das Bild über den Text, was nur sinnvoll ist, wenn dieser keine Bedeutung hat oder wenn das Bild so blass ist, dass man den Text trotzdem erkennen kann.

4. Alternativ zu den Schritten 2 und 3 können Sie auf der Registerkarte **Bildtools/Format** auf **Zeilenumbruch ❹** klicken. Daraufhin öffnet sich eine Menüliste mit denselben Optionen wie eben beschrieben.

5. Um eine Grafik zu drehen, müssen Sie sie zunächst wie gewohnt aktivieren (anklicken).

6. Danach klicken Sie auf den Kreis ❺ am oberen mittleren Anfasser, halten die Maustaste gedrückt und ziehen das Bild nach links oder rechts.

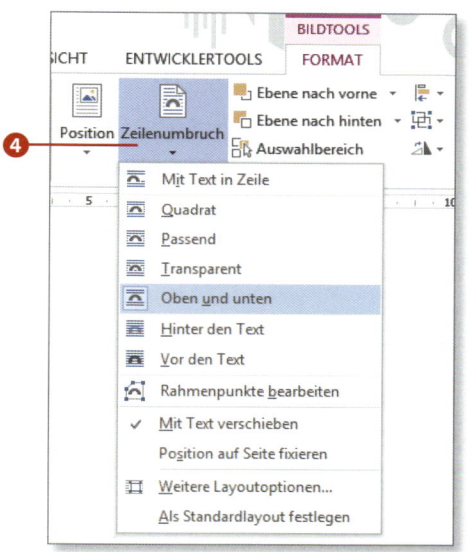

**In 15°-Schritten drehen**

Wer seine Objekte nicht willkürlich, sondern exakt in 15°-Schritten drehen möchte, hält während des gesamten Drehvorgangs ⇧ gedrückt. Man merkt dann, dass das zu drehende Foto alle 15° »einrastet«. Lassen Sie am Schluss zunächst die Maustaste und erst danach ⇧ los.

## Mit Ebenen arbeiten

Von *Ebenen* spricht man immer dann, wenn verschiedene Objekte übereinanderliegen. Hier möchte man natürlich gerne selbst bestimmen, welches Objekt vorne und welches dahinterliegt.

1. Zunächst einmal müssen Sie die Zeilenumbruchoptionen für jedes einzelne Objekt umstellen (siehe den Abschnitt »Ausrichtung und Drehung« ab Seite 216), weil die Standardeinstellung **Mit Text in Zeile** für die Arbeit mit Ebenen nicht geeignet ist. Stellen Sie den Umbruch also bei allen Objekten einzeln auf **Quadrat** um.

2. Markieren Sie das hintere Objekt, indem Sie es anklicken ❶.

3. Aktivieren Sie die Registerkarte **Bildtools/Format**, und klicken Sie in der Gruppe **Anordnen** auf den Pfeil an der Schaltfläche **Ebene nach vorne** ❷. Im Menü findet sich u.a. der Eintrag **In den Vordergrund**. Klicken Sie darauf. Das Clownsgesicht liegt nun über der anderen Figur.

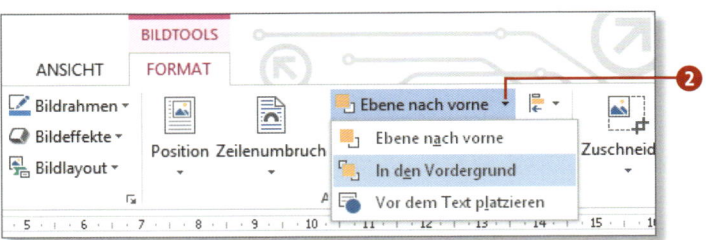

**i**

**Objekt nach hinten stellen**

Natürlich können Objekte nicht nur (wie in Schritt 2 beschrieben) in den Vordergrund gestellt werden. Sie können sie auch nach hinten rücken: Markieren Sie das vorderste Objekt, und klicken Sie auf den Pfeil an der Schaltfläche **Ebene nach hinten**. Im Menü entscheiden Sie sich für den Eintrag **In den Hintergrund**.

## Bilder überlappen lassen

Fotos lassen sich üblicherweise nicht übereinanderlegen, sondern allenfalls nebeneinander positionieren. Das liegt daran, dass sich ein Foto standardmäßig verhält wie ein einzelnes Schriftzeichen (wegen der Zeilenumbruchoption **Mit Text in Zeile**).

1. Ändern Sie zunächst die Umbruchoptionen für beide Fotos (siehe den Abschnitt »Ausrichtung und Drehung« ab Seite 216). Dazu klicken Sie auf das jeweilige Bild und dann auf **Layoutoptionen** ❶ und entscheiden sich im Menü für **Quadrat** ❷.

2. Danach klicken Sie auf ein Foto und ziehen es mit gedrückter Maustaste auf das andere. Wenn es richtig positioniert ist, lassen Sie die Maustaste los.

3. Sollte die Ebenenreihenfolge noch nicht stimmen, passen Sie sie nun noch an (siehe dazu den Abschnitt »Mit Ebenen arbeiten« auf Seite 218).

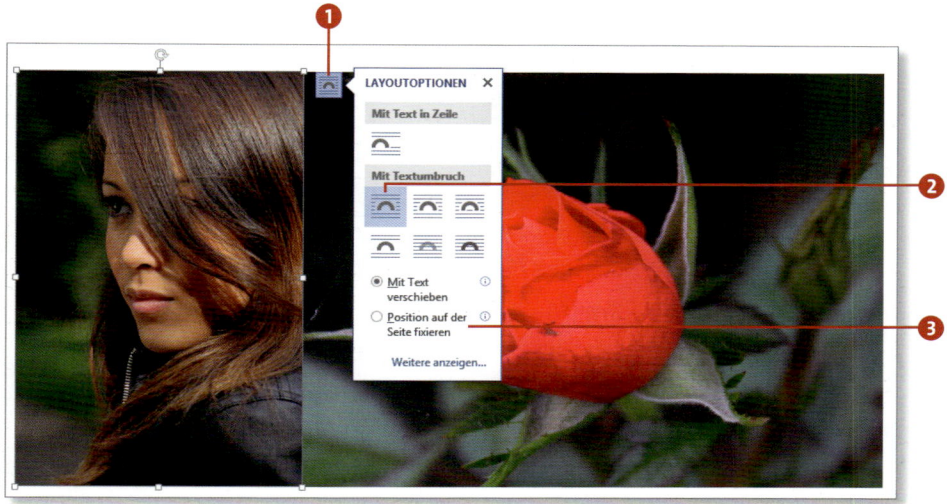

### Position auf der Seite fixieren

Trotz der Tatsache, dass die Umbruchoptionen angepasst wurden, werden die Fotos ihre Position verändern, sobald es oberhalb davon im Text zu einer Zeilenschaltung kommt oder Text hinzugefügt wird. Um das zu verhindern (also dafür zu sorgen, dass das Foto immer an der gleichen Position auf der Seite stehenbleibt), muss in den Zeilenumbruchoptionen die Option **Position auf der Seite fixieren** ❸ aktiviert werden.

# Helligkeit und Kontrast verändern

Ist das Foto, das Sie in Ihr Word-Dokument eingefügt haben, zu hell oder zu dunkel geraten? Dann passen Sie die Helligkeit an. Oder wirkt es flau und ausgewaschen? In diesem Fall könnte eine Kontrast-Korrektur helfen.

1. Klicken Sie doppelt auf das Foto, dessen Bildeigenschaften verbessert werden sollen. Das hat zur Folge, dass die Registerkarte **Bildtools/Format** aktiviert wird.

2. Klicken Sie auf die Schaltfläche **Korrekturen** ❶, die in der Gruppe **Anpassen** ganz links auf der Registerkarte **Bildtools/Format** zu finden ist.

3. Ein Menü mit zahlreichen Miniaturen Ihres Fotos öffnet sich: 25 Varianten für Helligkeit und Kontrast. Zeigen Sie mit dem Mauszeiger auf eine der Miniaturen ❷, ohne zu klicken, und beobachten Sie dabei die Veränderungen, die als Live-Vorschau im großen Bild angezeigt werden. Eine QuickInfo ❸ informiert Sie über die genauen Werte.

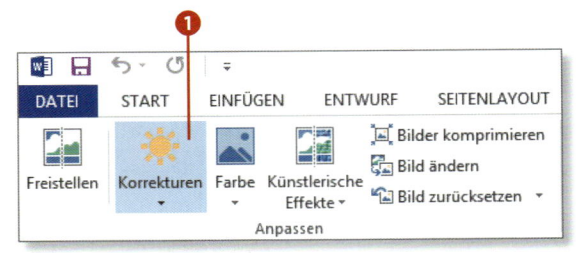

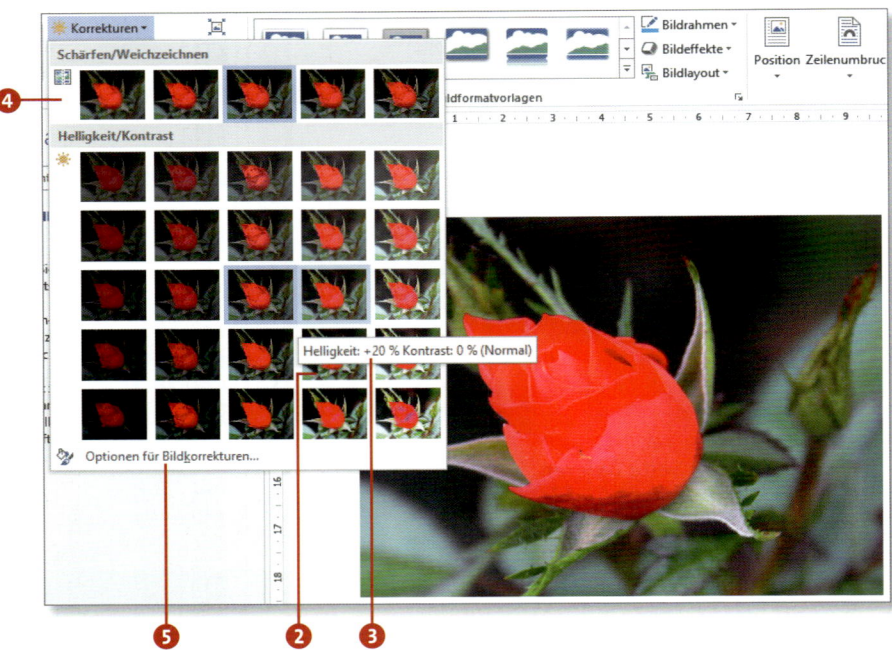

---

ℹ️ **Schärfen/Weichzeichnen**

Die oberste Zeile des Menüs umfasst fünf Miniaturen zur Definition von Schärfe und Weichzeichnung ❹. Die mittlere Miniatur steht für das Original (keine Veränderung). Die erste Miniatur links daneben ist das Foto mit einer Weichzeichnung von 25 %. Die zweite Miniatur links daneben steht für 50 % Weichzeichnung. Klicken Sie auf die erste Miniatur rechts neben der Mitte, um eine Schärfung des Bildes um 25 % zu erreichen. Die Miniatur ganz rechts sorgt für 50 % Schärfung.

4. Sind Sie zufrieden mit der Veränderung? Dann lassen Sie einen Mausklick auf der Miniatur folgen, um ihre Charakteristika auszuwählen.

5. Wer lieber mit Schiebereglern arbeitet, klickt zunächst auf den untersten Eintrag des Menüs: **Optionen für Bildkorrekturen** (❺ in Bild 2 auf Seite 220).

6. Daraufhin wird auf der rechten Seite der Anwendung der Dialog **Grafik formatieren** geöffnet. Indem Sie die Regler ❻ mit gedrückter Maustaste nach links oder rechts verschieben, können Sie die Werte für Schärfe, Helligkeit und Kontrast verändern.

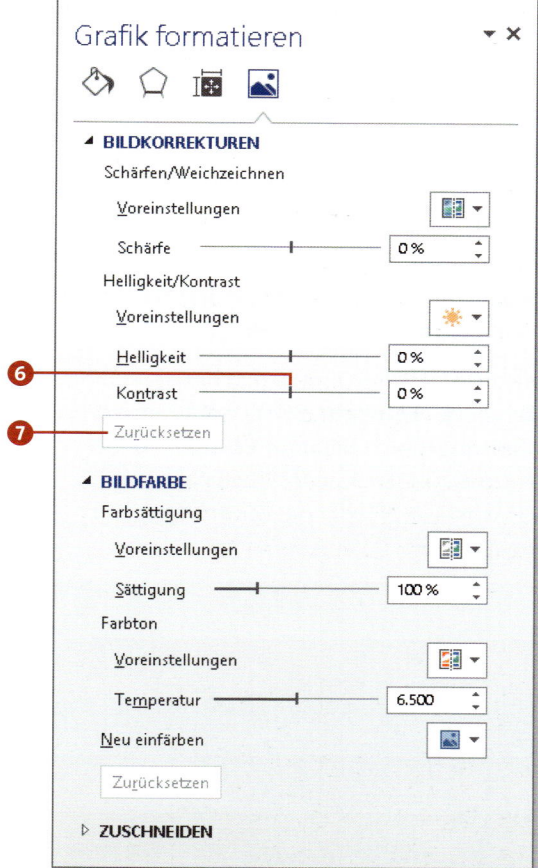

**Zurücksetzen**

Falls Sie mit dem Dialog **Grafik formatieren** arbeiten, können Sie durch Verschiebung der Regler ausprobieren, wie Ihr Foto am besten aussieht. Sobald Sie einen der Regler bedient haben, wird die Schaltfläche **Zurücksetzen** ❼ aktiv. Ein Klick darauf verwirft sämtliche bis dahin getroffenen Einstellungen – für den Fall, dass Sie noch einmal ganz von vorne beginnen wollen.

## Bilder umfärben

Mit Word können Fotos farblich nachbearbeitet werden. Zum Beispiel lässt sich die *Sättigung* (die Leuchtkraft der Farben) verändern, und der *Farbton* (die Farbtemperatur) kann nachträglich korrigiert werden. Und wenn Sie ein Foto verfremden oder mit einem ungewöhnlichen Look versehen wollen, nutzen Sie die Optionen im Bereich **Neu einfärben**.

1. Markieren Sie das Foto, das umgefärbt werden soll, mit einem Mausklick.

2. Aktivieren Sie die Registerkarte **Bildtools/Format**, und klicken Sie ganz links in der Gruppe **Anpassen** auf **Farbe** ❶.

3. Im Menü, das sich dann öffnet, bieten sich in den Kategorien **Farbsättigung**, **Farbton** und **Neu einfärben** viele Varianten. Wenn Ihnen eine gefällt, klicken Sie auf die Miniatur ❷. Sollte Ihnen das Ergebnis doch nicht zusagen, können Sie auch nachträglich eine andere Miniatur aktivieren oder die Veränderung mit Strg + Z rückgängig machen.

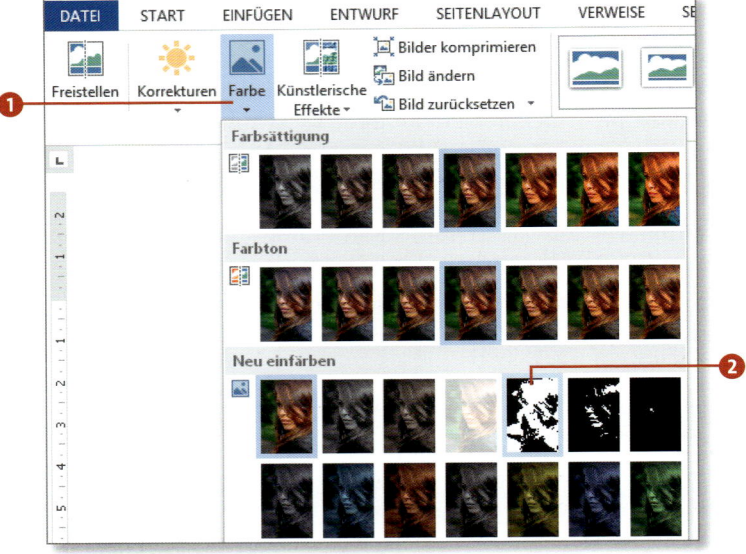

**i** **Weitere Optionen**

Ist die gewünschte Farbe nicht als Miniatur vertreten, klicken Sie unten im Menü auf **Weitere Varianten**. In der zugehörigen Palette können Sie eine andere Gestaltung auswählen.

# Rahmen

Das Platzieren, Vergrößern und Verkleinern von Fotos in Word ist kein Problem. Zudem lassen sich Bilder recht einfach nachbearbeiten und, falls Sie das möchten, auch mit einem hübschen Rahmen versehen.

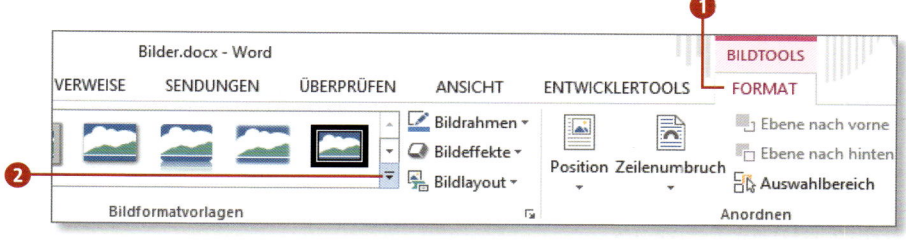

1. Markieren Sie das Foto, das mit einem Rahmen versehen werden soll. Aktivieren Sie außerdem die Registerkarte **Bildtools/Format** ❶.

2. In der Gruppe **Bildformatvorlagen** finden Sie einige interessante Vorlagen. Sollten Ihnen die im Menüband angezeigten Rahmen nicht ausreichen, klicken Sie auf den Pfeil am Auswahlfeld ❷.

3. Zeigen Sie auf eine der Miniaturen ❸, um die Auswirkungen direkt am Foto begutachten zu können. Wenn Ihnen der Rahmen gefällt, klicken Sie auf die Miniatur, um ihn einzufügen.

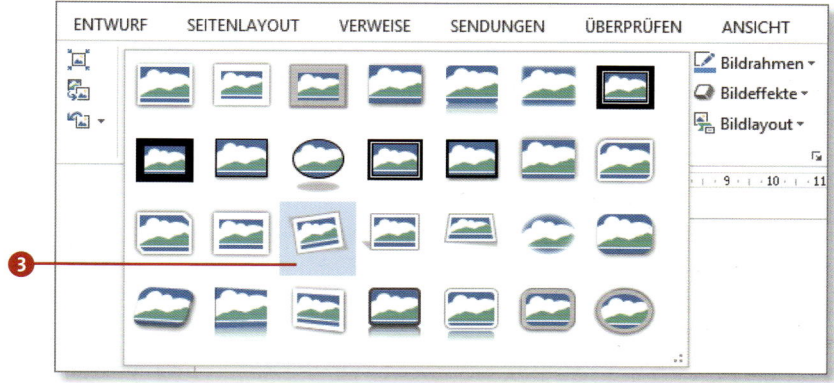

> **ⓘ Bild weiterverarbeiten**
>
> Das Foto ist nach der Zuweisung eines Rahmens weiterhin editierbar, d. h., Sie können es auch später noch drehen, vergrößern oder verkleinern. Der zugewiesene Rahmen wird dabei entsprechend mitverarbeitet.

# Bildeffekte

Man glaubt es kaum, aber Ihre Textverarbeitungssoftware Word bringt eine Fülle ansehnlicher Effekte für die Bildbearbeitung mit. Diese Effekte können sogar miteinander kombiniert werden.

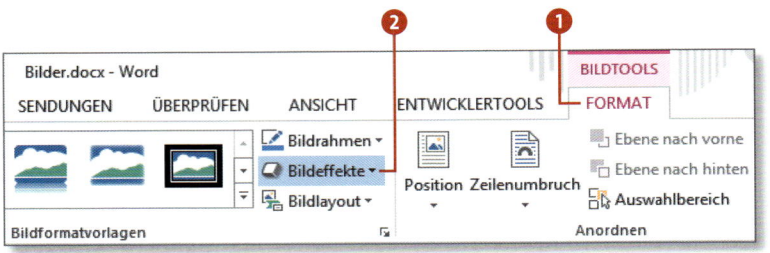

1. Markieren Sie das Foto, das mit einem oder mehreren Effekten versehen werden soll.

2. Aktivieren Sie die Registerkarte **Bildtools/Format** ❶, und klicken Sie in der Gruppe **Bildformatvorlagen** auf die Schaltfläche **Bildeffekte** ❷.

3. Im zugehörigen Menü suchen Sie zunächst eine Kategorie aus, indem Sie auf den passenden Eintrag zeigen, z. B. **Weiche Kanten** ❸.

4. Auf der nächsten Menütafel fahren Sie mit dem Mauszeiger auf einen Untereintrag, z. B. **10 Punkt** ❹, und wählen ihn aus, indem Sie daraufklicken. Die verschiedenen Werte besagen, wie stark ausgeprägt der Effekt sein wird. Sie sehen ihn sofort am Bild.

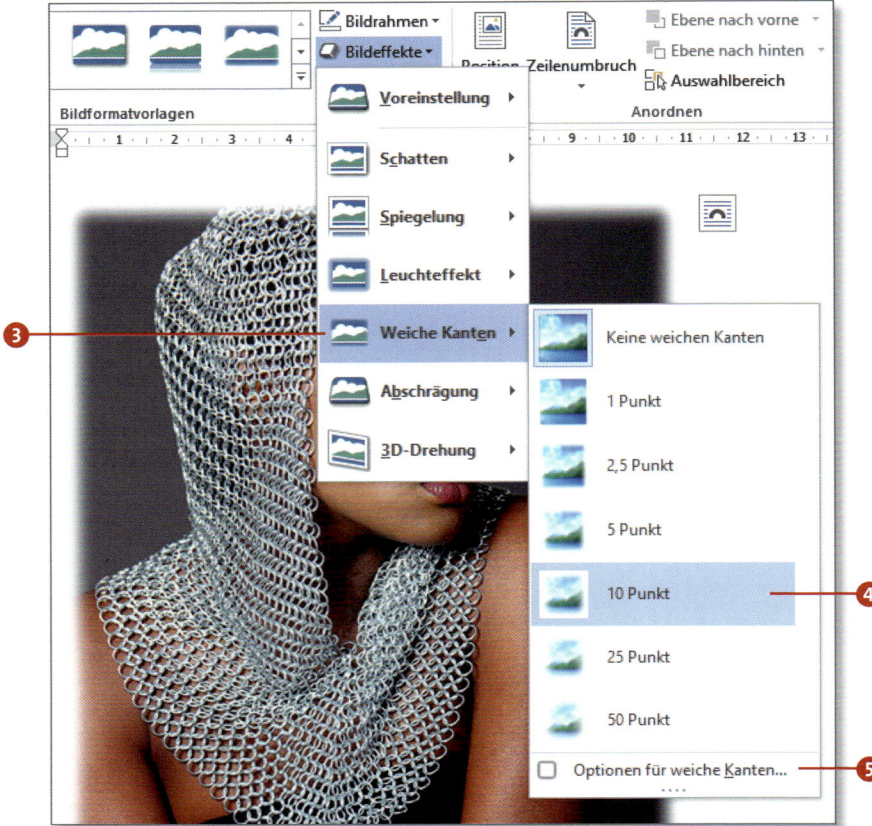

**Künstlerische Effekte**

In der Gruppe **Anpassen** der Registerkarte **Bildtools/ Format** befindet sich auch die Schaltfläche **Künstlerische Effekte**. Sie bietet einige interessante Bildeffekte, die ebenfalls per Mausklick zugewiesen werden können. Schauen Sie sich die Auswahl einmal an. Es lohnt sich!

5. Wer sich für keine der hier zur Verfügung gestellten Optionen begeistern kann und die Werte lieber individuell einstellt, der klickt auf den untersten Eintrag **Optionen für weiche Kanten** (**5** in Bild 2 auf Seite 224).

6. Der Dialog **Grafik formatieren** wird geöffnet: Er lässt die Einstellung über Schieberegler zu und bietet darüber hinaus weitere Effekte. Um einen weiteren Effekt zuzuweisen, etwa eine Spiegelung, klicken Sie auf den jeweiligen Eintrag **6**, damit die zugehörigen Optionen zugänglich werden.

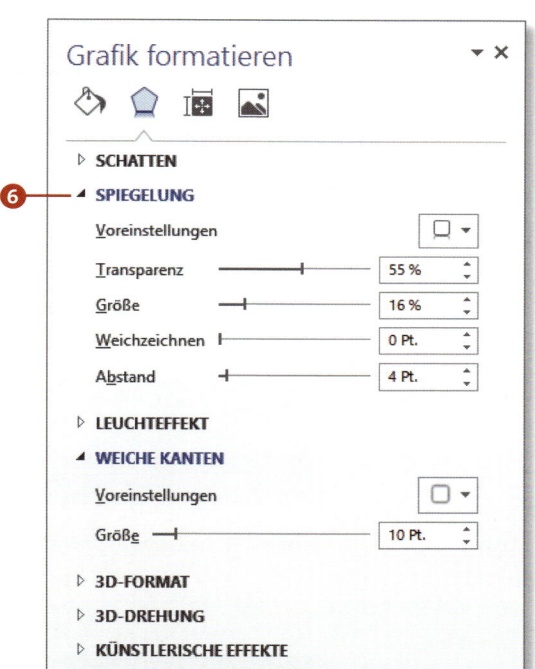

**Bild austauschen**

Sie möchten ein Bild austauschen? Nichts leichter als das! Klicken Sie mit der rechten Maustaste darauf und dann auf **Bild ändern**. Im nächsten Dialog können Sie ein neues Bild auswählen. Möglicherweise bereits zugewiesene Effekte werden übrigens auch auf das neue Bild angewandt.

**Punkt**

Die Einheit *Punkt* (abgekürzt *pt*) ist eine Größeneinheit und entstammt der klassischen Typografie. Im Zusammenhang mit Effekten spielt die tatsächliche Größe eine eher untergeordnete Rolle. Dennoch ist zu sagen: Je größer der angegebene Wert, desto größer ist auch (wie in diesem Beispiel) die Größe der weichen Kante.

## Bilder zuschneiden

Mitunter ist es weit weniger interessant, das gesamte Foto zu zeigen, als einfach einen Ausschnitt zu wählen. Das kann viel mehr bewirken, weil sich der Blick aufs Wesentliche fokussieren lässt. Entfernen Sie uninteressante Randbereiche, indem Sie das Foto zuschneiden.

1. Klicken Sie mit der rechten Maustaste auf das Bild, um es zu markieren und das Kontextmenü zu öffnen.

2. Wählen Sie **Zuschneiden** ❶ im oberen Teil des Kontextmenüs. (Alternativ finden Sie diese Schaltfläche auch auf der Registerkarte **Bildtools/Format** ganz rechts in der Gruppe **Größe**.)

3. An den vier Ecken des Bildes sowie jeweils in der Mitte der Seitenränder sehen Sie kleine schwarze Winkel ❷ bzw. Balken ❸ mit weißen Rändern (*Schnittmarken*). Klicken Sie auf einen davon, halten Sie die Maustaste gedrückt, und ziehen Sie den Winkel oder den Balken nach innen. Auf diese Weise lässt sich der Bildausschnitt formen.

4. Wenn Sie fertig sind, drücken Sie ⏎.

> ℹ **Auf Form zuschneiden**
>
> Wenn Sie auf der Registerkarte **Bildtools/Format** in der Gruppe **Größe** auf **Zuschneiden** klicken und anschließend den Menüeintrag **Auf Form zuschneiden** wählen, können Sie dem Foto eine bestimmte Form geben. So lassen sich z. B. Fotos in Herzform erzeugen.

**5.** Wenn Sie mehr Individualität beim Zuschneiden wünschen, klicken Sie das Foto an, um es zu markieren, und öffnen dann die Registerkarte **Bildtools/Format**. Hier klicken Sie in der Gruppe **Größe** auf den Pfeil an der Schaltfläche **Zuschneiden** ❹.

**6.** Jetzt haben Sie die Wahl, welche Zuschneidetechnik Sie nutzen wollen. Wer z. B. exakte Seitenverhältnisse braucht, klickt auf **Seitenverhältnis** ❺ und wählt anschließend ein vorgegebenes Format aus, z. B. **16:9** ❻.

**7.** Egal, welche Veränderungen Sie vornehmen: Zum Schluss müssen Sie Ihren Zuschnitt mit ⏎ bestätigen.

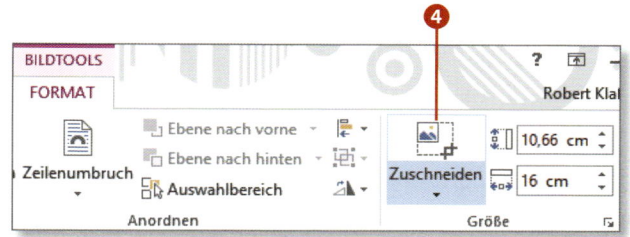

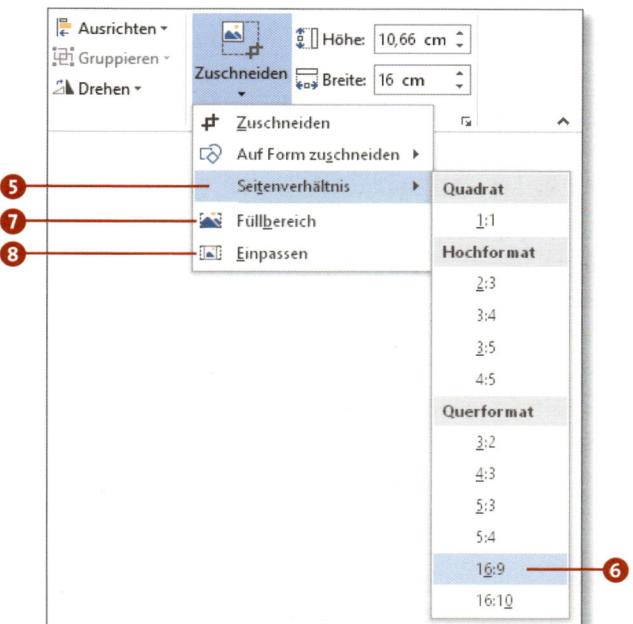

## Füllbereich

Die Zuschneidefunktion **Füllbereich** ❼ benutzt man im Anschluss an **Auf Form zuschneiden**. Das Bild wird dann so zugeschnitten, dass seine größere Seite (entweder Höhe oder Breite) die zuvor gewählte Form ausfüllt. Die Form selbst verändert sich dabei nicht!

## Einpassen

Auch die Methode **Einpassen** ❽ wird im Anschluss an **Auf Form zuschneiden** verwendet. Im Gegensatz zur Option **Füllbereich** haben dabei jedoch sowohl die Breite als auch die Höhe des Fotos Auswirkungen auf den Ausschnitt. Dementsprechend verändert sich die Form!

## Bilder freistellen

Beim Zuschneiden werden Bildbereiche entfernt (siehe den Abschnitt »Bilder zuschneiden« ab Seite 226). Das ist auch beim sogenannten *Freistellen* der Fall. Allerdings werden hier keine Randbereiche weggeschnitten, sondern bestimmte Farbflächen des Fotos entfernt. Diese überaus interessante Technik sorgt für ganz individuelle Ränder, die sogar von Text umflossen werden können.

1. Klicken Sie doppelt auf das Foto, das freigestellt werden soll. Der Doppelklick hat den Effekt, dass nicht nur das Foto markiert, sondern auch gleich die Registerkarte **Bildtools/Format** geöffnet wird.

2. Klicken Sie in der Gruppe **Anpassen** auf die Schaltfläche **Freistellen** ❶. Sie sehen daraufhin zunächst einen Rahmen. Verschieben Sie die Anfasser ❷ mit gedrückter Maustaste, um den Bildausschnitt festzulegen. Im Bild selbst sehen Sie nun alle Bereiche, die Word entfernen will (lila markiert). Wenn sich das nicht mit Ihrer Vorstellung deckt, legen Sie selbst Hand an.

### Techniken kombinieren

Die unterschiedlichen Techniken, die wir in diesem Kapitel beschreiben, lassen sich miteinander kombinieren. So ist es z. B. denkbar, das Foto zuerst zuzuschneiden, dann zu komprimieren und es danach freizustellen. Die einzelnen Arbeitsschritte lassen sich übrigens bei Nichtgefallen in umgekehrter Reihenfolge ihrer Ausführung rückgängig machen. Dazu drücken Sie (mehrmals) [Strg] + [Z].

**3.** Auf der neuen Registerkarte **Freistellen** ❸, die durch den Klick auf die Schaltfläche **Freistellen** aktiviert wurde, wählen Sie **Zu behaltende Bereiche markieren** ❹.

**4.** Dann bestimmen Sie die Bereiche, die im Moment lila markiert sind, aber im Bild erhalten bleiben sollen. Halten Sie die Maustaste gedrückt, und ziehen Sie durch Verschieben der Maus eine Linie auf diesen Bereichen auf. Wenn Sie die Maustaste loslassen, bleibt eine gestrichelte Linie mit Plus ❺ stehen, und die lilafarbene Markierung verschwindet.

**5.** Sobald Sie fertig sind, klicken Sie auf die Schaltfläche **Änderungen beibehalten** ❻.

**6.** Wenn Sie den Text um die neu gewonnenen Kanten herumlaufen lassen möchten, klicken Sie auf die kleine Schaltfläche **Layoutoptionen** rechts oben neben dem Bildrahmen und stellen die Option **Transparent** ein. Verschieben Sie das Foto dann mit gedrückter Maustaste auf den Text.

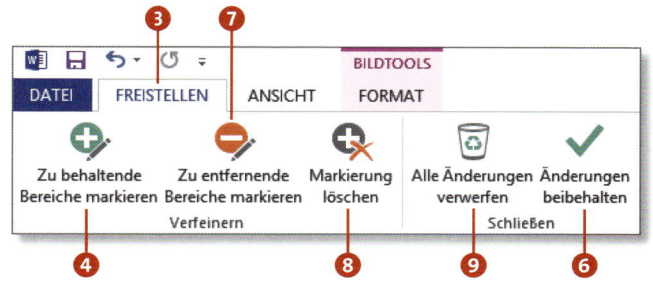

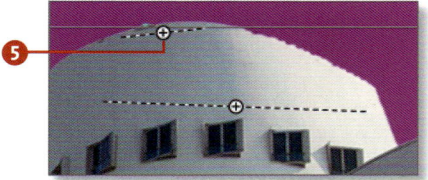

### Bereiche entfernen

Als Pendant zu Schritt 4 können auch Bereiche markiert werden, die Word nicht mit Lila überzogen hat, die Sie aber gerne entfernen wollen. Dazu klicken Sie auf **Zu entfernende Bereiche markieren** (❼ in Bild 1 auf dieser Seite).

### Weitere Steuerelemente

Mit **Markierung löschen** ❽ können Sie bereits vorhandene Linien mit einem Klick wieder entfernen. Und mit **Alle Änderungen verwerfen** ❾ fangen Sie noch einmal ganz von vorne an.

Wer beispielsweise eine *Reise* buchen möchte, der muss nicht mehr ins nächste Reisebüro gehen, sondern kann den Urlaub direkt via Internet buchen. Und noch besser: Er kann selbst den günstigsten Preis heraussuchen, ohne auf die Hilfe anderer angewiesen zu sein.

Computer halten immer mehr Einzug in unser tägliches Leben. Heutzutage gibt es bereits Kühlschränke, die selbständig jene Artikel nachordern, die wir zuvor entnommen haben. Zwar sind derartige Errungenschaften noch nicht wirklich serienreif, doch sie funktionieren bereits. Schöne neue Welt? Das muss jeder für sich selbst entscheiden.

# Bilder und Grafiken schnell formatieren

Word hält eine Funktion bereit, mit der Sie Fotos mithilfe von vordefinierten Formatierungen auf die Schnelle gestalten können. Sie müssen dafür noch nicht einmal auf das Menüband zugreifen.

1. Klicken Sie mit rechts auf das Foto, das Sie schnell formatieren wollen.

2. Klicken Sie im oberen Teil der Mini-Symbolleiste auf die Schaltfläche **Formatvorlage** ❶.

3. Ein Menü mit Formatvorlagen öffnet sich. Testen Sie die einzelnen Vorlagen in Ruhe, indem Sie mit dem Mauszeiger auf der entsprechenden Miniatur ❷ verweilen.

4. Ist der passende Effekt gefunden, führen Sie einen Mausklick darauf aus, um ihn auf das Bild anzuwenden.

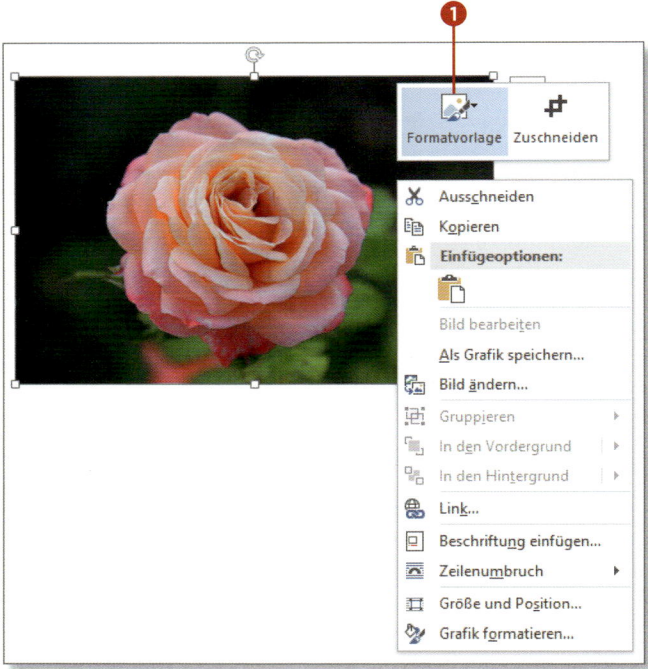

**Formatierung ändern**

Das Interessante an der Verwendung einer Schnellformatvorlage ist, dass sie sich jederzeit wieder ändern lässt. Führen Sie die Schritte 1 und 2 einfach erneut aus, und entscheiden Sie sich anschließend für eine andere Miniatur. Sofort wird die Gestaltung angepasst.

## Fotos komprimieren

Das Komprimieren eines Fotos ist sinnvoll, da die Dateigröße verringert werden kann, wenn Sie Fotos z. B. per Mail verschicken wollen.

1. Nachdem Sie ein Bild verkleinert, zugeschnitten oder mit einer Formatvorlage bzw. einem Effekt versehen haben, können Sie es, sofern es markiert ist, mithilfe der Schaltfläche **Bilder komprimieren** ❶ in der Gruppe **Anpassen** auf der Registerkarte **Bildtools/Format** komprimieren, d. h. seine Dateigröße verändern.

2. Im Dialog **Bilder komprimieren** aktivieren Sie die Checkbox **Nur für dieses Bild übernehmen** ❷ und entscheiden, ob Sie die nicht sichtbaren Randbereiche des Bildes endgültig löschen wollen ❸ (siehe dazu den Kasten »Ausschnitt ändern«).

3. Im Bereich **Zielausgabe** ❹ lassen sich weitere Optimierungen in Sachen Auflösung vornehmen. Für qualitativ hochwertige Ausdrucke ist eine Auflösung von mindestens 220 ppi erforderlich. Zum Schluss bestätigen Sie die Einstellungen mit **OK**.

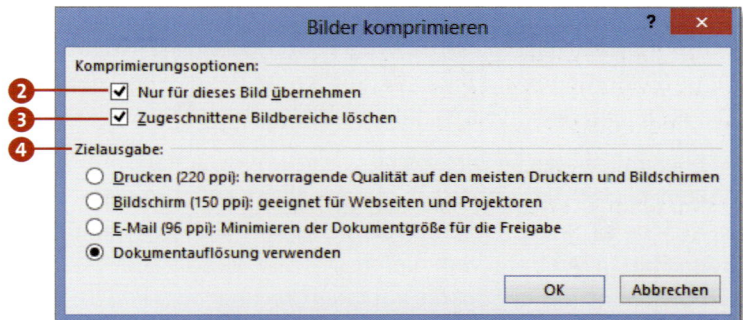

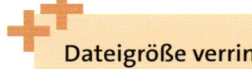

### Ausschnitt ändern

Nachdem ein Bild zugeschnitten worden ist, »merkt« sich Word den abgeschnittenen Rand (grau gefärbt). Wenn Sie den Ausschnitt später noch einmal verändern wollen, klicken Sie erneut auf **Zuschneiden** und verschieben die Schnittmarken wie beschrieben. Indem Sie mitten auf das Bild klicken, können Sie den Ausschnitt außerdem mit gedrückter Maustaste innerhalb des vorgegebenen Rahmens verschieben.

### Dateigröße verringern

Das Verringern der Dateigröße ist sinnvoll, wenn Sie die Größe des Dokuments insgesamt gering halten wollen (z. B. weil Sie es per Mail verschicken oder im Internet zur Verfügung stellen wollen). In diesem Fall können abgeschnittene Bildbereiche gelöscht werden.

## Bilder verknüpfen

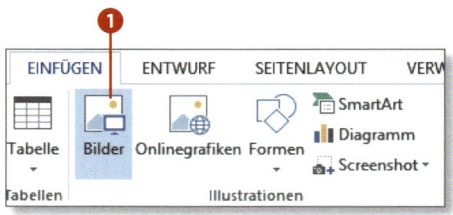

Das direkte Hinzufügen von Fotos in Word ist zwar ausgesprochen komfortabel, führt jedoch bei Verwendung zahlreicher Fotos mit der Zeit zu Problemen. Die Dateigröße schwillt beträchtlich an, und das Dokument lässt sich nur noch schwer bedienen (beim Scrollen »friert« die Anwendung häufig ein). Schaffen Sie Abhilfe, indem Sie die Bilder verknüpfen, anstatt sie »einzukleben«.

1. Platzieren Sie die Einfügemarke an der Stelle, an der das Bild stehen soll.

2. Wechseln Sie zur Registerkarte **Einfügen**, und klicken Sie in der Gruppe **Illustrationen** auf **Bilder** ❶. Suchen Sie das gewünschte Bild aus, und markieren Sie es mit einem Mausklick ❷.

3. Anschließend klicken Sie bitte nicht, wie gewohnt, einfach auf **Einfügen**. Klicken Sie stattdessen auf den kleinen Pfeil an der Schaltfläche ❸, und entscheiden Sie sich im zugehörigen Menü für den Eintrag **Mit Datei verknüpfen**. Das Bild wird als Verknüpfung eingefügt, die auf die auf Ihrem Rechner oder einem Speichermedium gespeicherte Datei verweist.

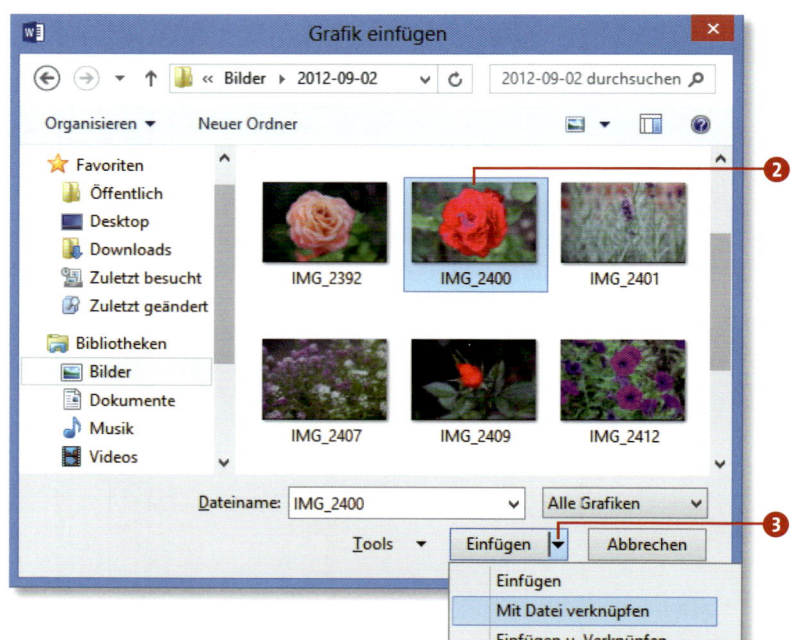

### ✛ Vor- und Nachteile der Verknüpfung

Beim Verknüpfen wird nur der Dateipfad zum Foto gespeichert. Zum einen verringert sich dadurch die Dateigröße des Word-Dokuments, zum anderen kann das Bild sehr leicht aktualisiert werden, wenn Sie später noch Änderungen daran vornehmen. Der einzige Nachteil: Wenn Sie das Dokument ohne die zugehörigen Fotodateien weitergeben, werden diese beim Empfänger in Word nicht mehr angezeigt.

# Videos einfügen

Videos einzufügen ist keine große Sache. Allerdings können keine Videos genutzt werden, die Sie auf Ihrer Festplatte gespeichert haben. Das Dokument würde in diesem Fall, was den Speicherplatz betrifft, aus allen Nähten platzen. Wollen Sie also eigene Videos nutzen, stellen Sie diese vorab ins Netz (z. B. auf YouTube oder Ihre eigene Homepage). Wie beim Hinzufügen anderer Onlineelemente erleichtert eine Stichwortsuche das Auffinden passender Filme.

1. Platzieren Sie die Einfügemarke an der Stelle, an der das Video im Dokument erscheinen soll. Dann öffnen Sie das Register **Einfügen** und klicken in der Gruppe **Medien** auf **Onlinevideo** ❶.

2. Geben Sie im Feld **Bing-Videosuche** ❷ ein Schlagwort ein, und drücken Sie [↵]. Wer lieber mit YouTube-Videos arbeitet, klickt zunächst auf die YouTube-Schaltfläche ❸. Das sorgt dafür, dass dafür eine Suchwortabfrage gestartet werden kann.

3. In der Ergebnisliste markieren Sie das Video mit einem Klick ❹ und übernehmen den entsprechenden Link mit **Einfügen** ❺ in Ihr Dokument.

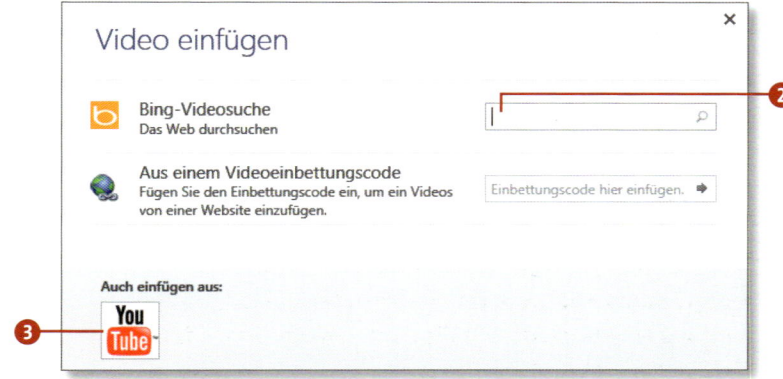

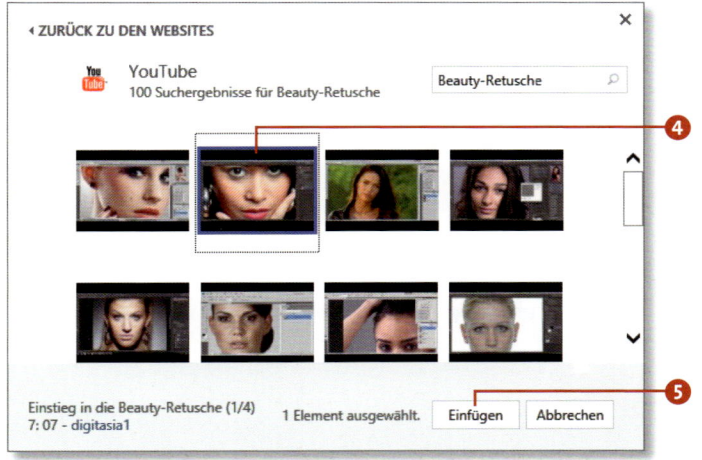

ℹ **Kompatibilitätsmodus**

Beachten Sie, dass sich keine Videos einfügen lassen, wenn das Word-Dokument im *Kompatibilitätsmodus*, also im Format **Word 97-2003-Dokument (*.doc)** vorliegt. Falls erforderlich, speichern Sie das Dokument also zuvor mit dem Dateityp **Word-Dokument (*.docx)** ab.

# 9 Textelemente und Formen einfügen

Mit Word ist noch mehr als das Platzieren von Text, Bildern und Tabellen möglich. Die Anwendung hat z. B. ganz interessante Formen im Gepäck. Dabei handelt es sich um geometrische Gebilde, die nach ihrer Erzeugung beliebig angeordnet und verändert werden können. Auf diese Art lassen sich aus einfachen Formen interessante Objekte kreieren. Sie können sogar mit verschiedenen Effekten versehen werden.

In diesem Kapitel erfahren Sie außerdem, was es mit WordArt auf sich hat. Auf den ersten Blick scheint es, als handele es sich hier um einfache Texteffekte. Doch das ist längst nicht alles. Denn auch hier darf der Anwender auf zahlreiche Effekte zugreifen, die herkömmlichen Text, wie z. B. eine Überschrift, in ein ansehnliches Gestaltungsobjekt verwandeln.

Der letzte Teil dieses Kapitels beschäftigt sich mit Textfeldern. Diese unterscheiden sich von normalem Fließtext dahingehend, dass sich der Text innerhalb eines Rahmens befindet und damit als Einheit beliebig auf der Seite angeordnet werden kann. Auch hier bringt Word wieder tolle Vorlagen mit. Freuen Sie sich auf die folgenden Seiten, denn jetzt werden schmucklose Texte richtig schön verziert!

## In diesem Kapitel

- Ein WordArt-Element einfügen
- Den WordArt-Text bearbeiten
- Den WordArt-Text ausrichten
- Das WordArt-Element im Fließtext positionieren
- Füllung und Kontur eines Objekts verändern
- WordArt- und andere Effekte
- Ein Initial einfügen
- Eine Form einfügen
- Formen gestalten und Text eingeben
- Den Formen-Text bearbeiten
- Die Form im Fließtext positionieren
- Die Größe der Form verändern
- Ein leeres Textfeld einfügen
- Textfeld-Formatvorlagen

## Ein WordArt-Element einfügen

Word bringt bereits von Haus aus vordefinierte, fertig gestaltete Textformate mit. Diese können mit nur wenigen Mausklicks ins Dokument eingefügt und anschließend weiterbearbeitet werden.

1. Positionieren Sie die Einfügemarke an der Stelle, an der das WordArt-Element eingefügt werden soll. Anschließend aktivieren Sie die Registerkarte **Einfügen**.

2. Klicken Sie in der Gruppe **Text** auf die Schaltfläche **WordArt** ❶.

3. Daraufhin erscheint unterhalb der Schaltfläche ein Menü mit verschiedenen Vorlagen. Haben Sie ein passendes Element gefunden, setzen Sie einen Mausklick darauf ❷. In das Dokument wird ein WordArt-Textfeld mit einem Platzhaltertext eingefügt, und die Registerkarte **Zeichentools/Format** ❸ öffnet sich (siehe dazu den Abschnitt »Die Registerkarte ›Zeichentools/Format‹« auf Seite 238).

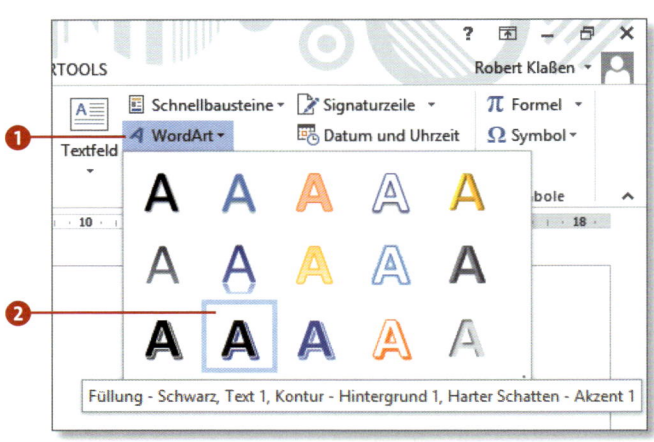

### Stil begutachten

Achten Sie bei der Auswahl des WordArt-Elements bitte nicht auf die Schriftfarbe, sondern auf den Anzeigestil. Damit gemeint ist z. B. der Schatten, die Kontur, die Spiegelung des Textes etc. Die Farbe lässt sich später noch ganz einfach anpassen.

## Den WordArt-Text bearbeiten

Nachdem das WordArt-Element eingefügt wurde (siehe den Abschnitt »Ein WordArt-Element einfügen« auf Seite 236), kann es bearbeitet werden. Unmittelbar nach dem Einfügen finden Sie ja lediglich den Platzhaltertext vor. Das kann so natürlich nicht bleiben.

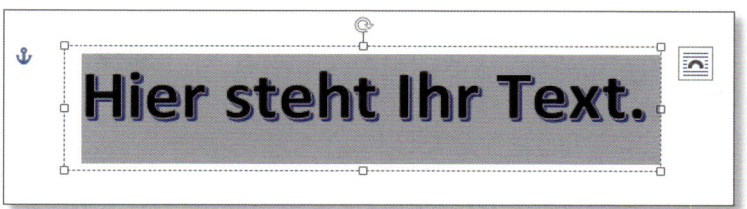

1. Nachdem das WordArt-Element eingefügt wurde, können Sie gleich mit der Texteingabe beginnen (der Platzhaltertext ist markiert und kann deshalb problemlos überschrieben werden).

2. Klicken Sie auf einen Bereich des Dokuments außerhalb des WordArt-Elements, um das Feld zu verlassen.

3. Um die Schrift zu bearbeiten (z. B. Schriftart oder -farbe zu ändern), muss der gesamte Text markiert werden. Am schnellsten gelingt das mit einem Dreifachklick. Danach nutzen Sie für die Bearbeitung die Optionen in der Gruppe **Schriftart** auf der Registerkarte **Start**.

---

ℹ️ **WordArt erneut markieren**

Für den Fall, dass der Cursor zwischenzeitlich an einer anderen Stelle des Dokuments stand, reicht zur Aktivierung des WordArt-Feldes ein einzelner Mausklick auf den darin enthaltenen Text. Damit aktivieren Sie allerdings lediglich den WordArt-Rahmen, sodass sich das Objekt z. B. ausrichten lässt. Wollen Sie hingegen den Text selbst bearbeiten, setzen Sie einen Dreifachklick darauf. Er wird daraufhin komplett markiert.

# Die Registerkarte »Zeichentools/Format«

Nachdem Sie ein neues WordArt-Element eingefügt haben, wird automatisch die Registerkarte **Zeichentools/Format** aktiviert. Mit ihrer Hilfe können Sie das WordArt-Element wunschgemäß gestalten. Dazu ein wichtiger Hinweis: Nachdem Sie das WordArt-Element abgewählt haben, wird folgerichtig auch die Registerkarte **Zeichen-**tools/Format ausgeblendet. Selbst wenn Sie das WordArt-Element dann erneut markieren (z. B. durch einen Dreifachklick auf den Text), wird sie nicht mehr automatisch aktiv. Setzen Sie in diesem Fall einfach einen Klick auf das Register **Format**.

❶ **Formen einfügen:** Die Optionen dieser Gruppe haben keinen Einfluss auf das WordArt-Element.

❷ **Formenarten:** Mit diesen Befehlen können Sie den WordArt-Rahmen verändern.

❸ **WordArt-Formate:** Hierüber lassen sich die Texteffekte bearbeiten.

❹ **Text:** Mit den Befehlen dieser Gruppe beeinflussen Sie die Textausrichtung im WordArt-Element (z. B. horizontal, vertikal).

❺ **Anordnen:** Diese Funktionen sind für die Positionierung und den Umbruch des Elements wichtig.

❻ **Größe:** Mit diesen Optionen bestimmen Sie die Abmessungen des Textrahmens (nicht die Textgröße!).

## Den WordArt-Text ausrichten

Was die Ausrichtung des Textes in einem Word-Art-Element bzw. einer Form betrifft, haben Sie unzählige Möglichkeiten. Zum Beispiel lässt sich der Text samt Rahmen drehen, aber er kann auch innerhalb seines Rahmens anders angeordnet werden.

1. Um den Text zu drehen, müssen Sie zunächst das WordArt-Element mit einem Klick markieren.

2. Drehen Sie den Text, indem Sie auf den kleinen Kreis-Anfasser ❶ klicken und die Maus mit gedrückter Maustaste nach links oder rechts bewegen. Lassen Sie los, wenn die gewünschte Position erreicht ist.

3. Um den Text innerhalb des WordArt-Feldes linksbündig, mittig oder rechtsbündig anzuordnen, setzen Sie die Einfügemarke in den Text. Danach wechseln Sie zum Register **Start** und wählen eine der Optionen zum Ausrichten, die in der Gruppe **Absatz** zu finden sind, z. B. **Linksbündig ausrichten** ❷.

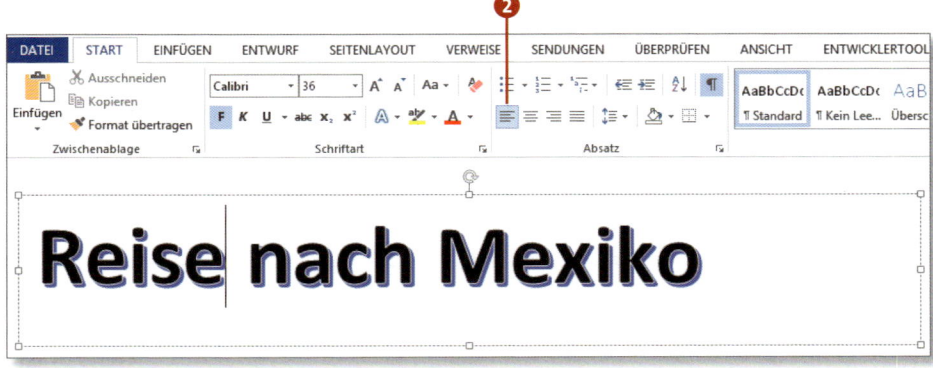

### In 15°-Schritten drehen

Wenn Sie ein Objekt drehen (Schritt 2) und möchten, dass das Element nach jeweils 15° »einrastet«, halten Sie beim Drehen ⇧ gedrückt. Nach dem Drehvorgang lassen Sie erst die Maustaste und dann ⇧ los.

# Das WordArt-Element im Fließtext positionieren

Die Position eines WordArt-Elements ist keinesfalls in Stein gemeißelt. Vielmehr lässt sich das Objekt nach Wunsch verschieben. Sofern es in den Fließtext integriert werden soll, müssen Sie zusätzlich die passende Umbruchoption festlegen.

1. Klicken Sie das WordArt-Feld an, damit Sie seinen Begrenzungsrahmen sehen können.

2. Anschließend klicken Sie auf diesen Rahmen, halten die Maustaste gedrückt und ziehen das Objekt an die gewünschte Position. Dort angekommen, lassen Sie los.

3. Klicken Sie auf die Schaltfläche **Layoutoptionen** ❶ rechts neben dem Feld. Standardmäßig ist für den Umbruch die Option **Mit Text in Zeile** ❷ eingestellt. Das bedeutet jedoch, dass rechts neben dem WordArt-Element noch Fließtext stehen kann. Wenn Ihr WordArt prominent platziert sein soll, wählen Sie stattdessen **Oben und unten** ❸.

## Verschieben nicht möglich?

Achten Sie vor dem Verschieben darauf, dass der Mauszeiger wirklich genau auf den Rahmen zeigt. Die korrekte Position ist erreicht, wenn der Mauszeiger um zwei sich kreuzende Doppelpfeile erweitert wird ❹. Genau dann müssen Sie den Mausklick ausführen und die Maustaste gedrückt halten, während Sie die Maus und damit das WordArt-Feld verschieben.

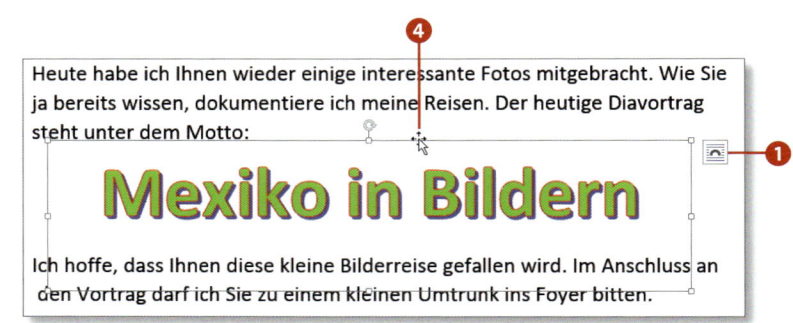

# Füllung und Kontur eines Objekts verändern

Bei der Verwendung von WordArt-Elementen und anderen Formen bzw. Objekten lässt sich nicht nur deren Text, sondern auch deren Rahmen verändern bzw. mit Effekten versehen. Wie das geht, erfahren Sie hier:

1. Zunächst muss das Element per Mausklick markiert werden. Achten Sie darauf, dass die Registerkarte **Zeichentools/Format** ❶ aktiv ist.

2. Über das Auswahlfeld ❷ in der Gruppe **Formenarten** können Sie nun verschiedene Rahmen ausprobieren. Klicken Sie auf eine Miniatur, um Ihrem WordArt-Element die jeweilige Rahmengestaltung zuzuweisen, oder öffnen Sie mit einem Klick auf den Pfeil ❸ am Feld die ganze Palette der Formenarten.

3. Mit den Schaltflächen **Fülleffekt**, **Formkontur** und **Formeffekte** ❹ lässt sich das Objekt weiter ausgestalten.

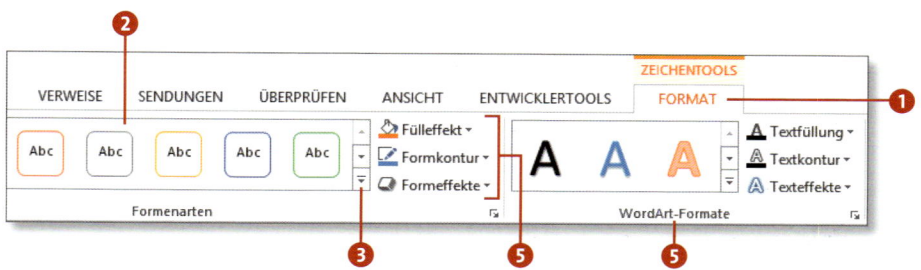

**WordArt-Formate**

Während sich die Varianten in der Gruppe **Formenarten** auf den Rahmen des WordArt-Elements beziehen, werden in der Gruppe **WordArt-Formate** ❺ Optionen zur Bearbeitung und Gestaltung des WordArt-Textes angeboten. Dabei ist zu berücksichtigen, dass nur markierte Textstellen von einer Veränderung betroffen sind. Stellen Sie die Einfügemarke z. B. in das erste Wort, wird auch nur dieses von der Änderung betroffen sein. Um den gesamten Text zu bearbeiten, müssen Sie ihn vorab markieren (mit einem Dreifachklick).

# WordArt- und andere Effekte

Ein WordArt-Element oder eine Form kann auch individuell bearbeitet werden. Word wartet z. B. mit zahlreichen tollen Effekten auf, die sich mit nur wenigen Klicks zuweisen lassen. Wir nehmen hier ein WordArt-Element als Beispiel.

1. Zunächst einmal müssen Sie das Objekt mit einem Klick markieren, sodass dessen Rahmen sichtbar wird.

2. Danach kontrollieren Sie, ob die Registerkarte **Zeichentools/Format** ❶ aktiv ist. Ist das nicht der Fall, setzen Sie einen Mausklick darauf.

3. Klicken Sie in der Gruppe **WordArt-Formate** auf **Texteffekte** ❷.

4. Um den Text z. B. im Kreis oder in Wellenform laufen zu lassen, klicken Sie im Menü der Schaltfläche auf **Transformieren** und wählen dann den gewünschten Effekt aus, z. B. **Kreis** ❸. Sie können durchaus mehrere Effekte auf ein WordArt-Element anwenden, z. B. eine Transformation, eine Spiegelung und einen Leuchteffekt. In der Gestaltung sind hier kaum Grenzen gesetzt, allerdings sollte man es auch nicht übertreiben.

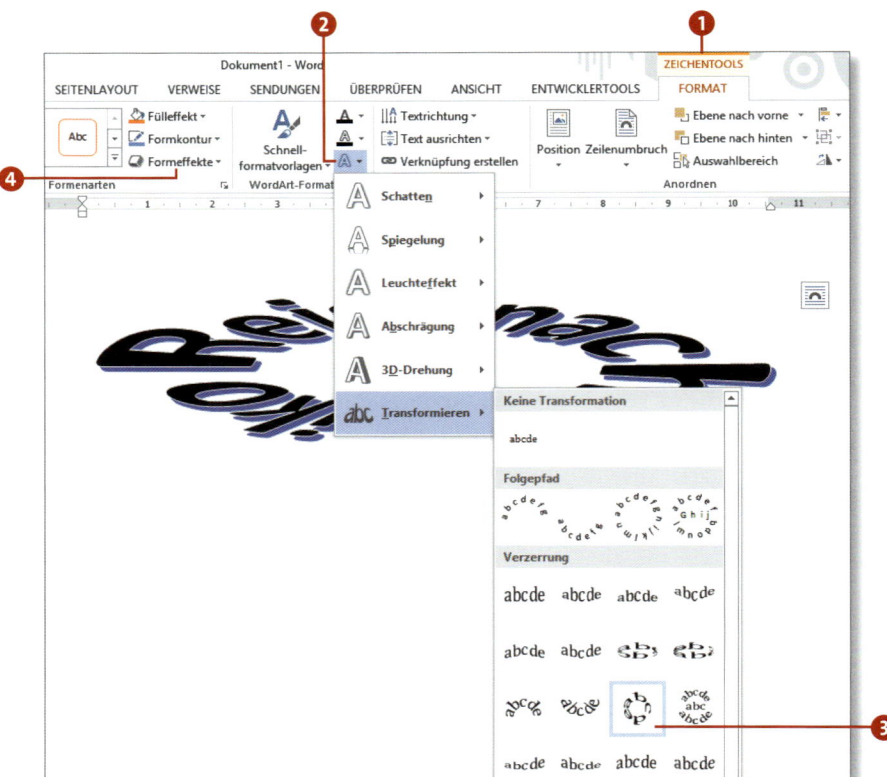

### Weitere Optionen

Schauen Sie sich die Menülisten zu den einzelnen Texteffekt-Gruppen einmal etwas genauer an. Ganz unten finden sich oft Befehle wie **Weitere Schatten** oder **Spiegelungsoptionen**. Wenn Sie daraufklicken, öffnet sich der Dialog **Form formatieren**. In diesem Dialog können (größtenteils mithilfe von Schiebereglern) zahlreiche Einstellungen vorgenommen werden. So lässt sich das jeweilige Objekt noch individueller gestalten.

### Formeffekte

Nicht nur WordArt-Elemente, auch andere Formen können mit Effekten versehen werden. Nutzen Sie dazu die Schaltfläche **Formeffekte** ❹ in der Gruppe **Formenarten** der Registerkarte **Zeichentools/Format**. Word wartet mit interessanten Voreinstellungen auf, die aber standardmäßig deaktiviert sind. Um sie zugänglich zu machen, klicken Sie im Menü **Formeffekte** auf den obersten Eintrag **Voreinstellung**. In der Liste wählen Sie daraufhin die gewünschte Einstellung.

5. Möchten Sie das WordArt-Feld mit einer Hintergrundfarbe füllen, müssen Sie in der Gruppe **Formenarten** auf **Fülleffekt ⑤** klicken und anschließend eine Farbe aus der Palette wählen.

6. Wenn Sie auf die Schaltfläche **Formkontur ⑥** in der Gruppe **Formenarten** klicken, können Sie bei Bedarf auch den Rahmen des WordArt-Elements gestalten.

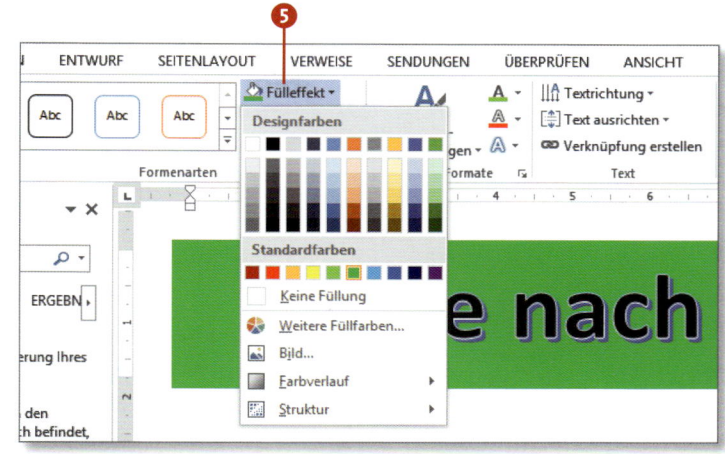

### Text- oder Formatoptionen

Wenn Sie mit dem im Kasten »Weitere Optionen« auf Seite 242 beschriebenen Dialog **Form formatieren** arbeiten, achten Sie immer darauf, in welchem Bereich Sie sich gerade befinden. Ganz oben können Sie nämlich zwischen den Rubriken **Formoptionen** und **Textoptionen** umschalten. Entsprechend ändern sich die unterhalb befindlichen Symbole, die wiederum ihre eigenen Steuerelemente mitbringen. Es erfordert etwas Übung, über diesen Dialog mit WordArt zu arbeiten, verschafft Ihnen aber jede Menge Möglichkeiten.

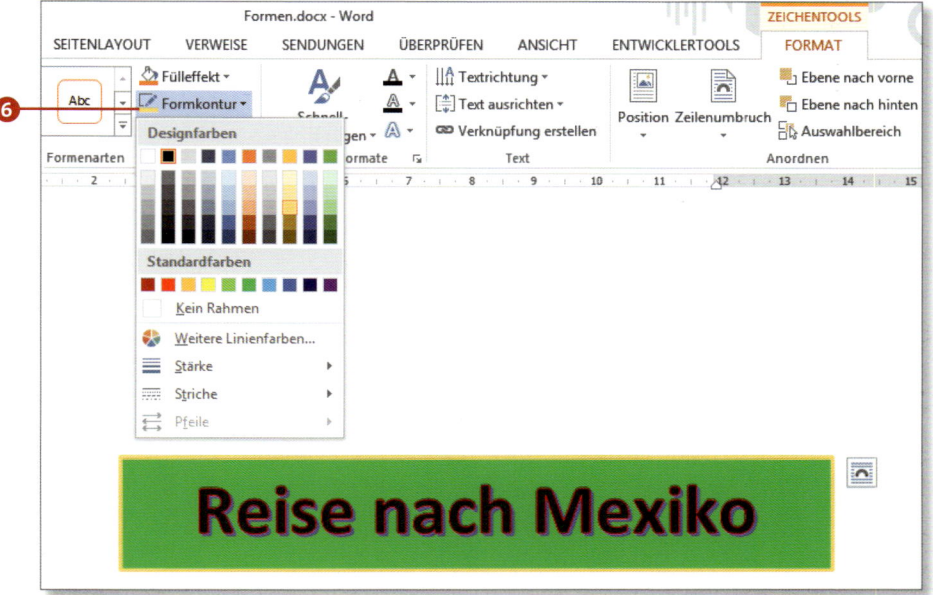

## Ein Initial einfügen

Eine Initiale (auch: ein Initial) ist meist ein einzelner Buchstabe am Beginn eines Absatzes oder eines Kapitels, der erheblich größer dargestellt wird als der Rest des Textes. Er dient als Schmuckelement, lenkt den Blick des Lesers auf sich und erleichtert so auch den Einstieg in den Text.

1. Setzen Sie die Einfügemarke in den Absatz, der mit dem Initial beginnen soll.

2. Öffnen Sie die Registerkarte **Einfügen**, und klicken Sie in der Gruppe **Text** auf Initiale ❶.

3. In den meisten Fällen soll der restliche Text das Initial umfließen. Zu diesem Zweck wählen Sie im Menü der Schaltfläche die Option **Im Text**. (Bei **Im Rand** würde der gesamte restliche Text rechts des Initials erscheinen, es würde also gewissermaßen *vor* dem Text stehen.)

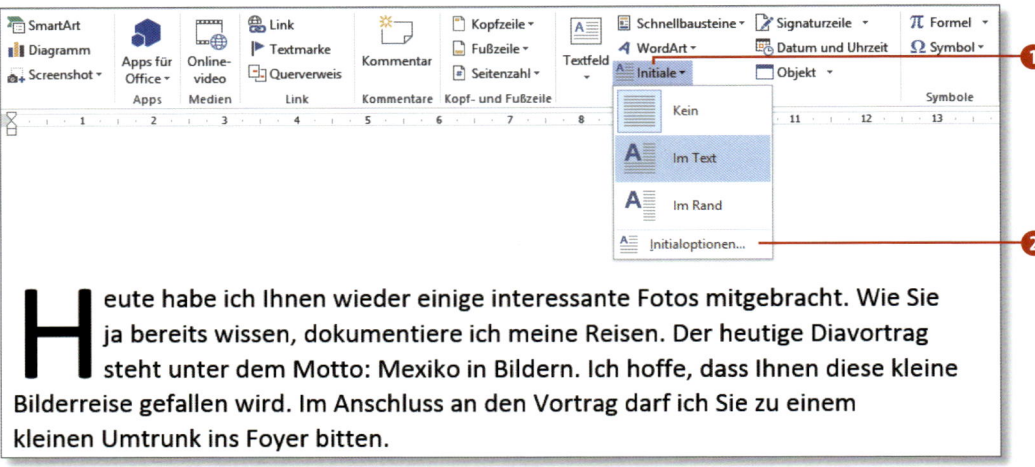

ℹ **Optionen für das Initial**

Wenn Sie im Menü auf **Initialoptionen** ❷ klicken, öffnet sich der Dialog **Initial**. Darüber können Sie das Aussehen des Initials individueller anpassen. Zum Beispiel lässt sich im Feld **Initialhöhe** festlegen, wie hoch dieser Schmuckbuchstabe sein soll. Er erstreckt sich normalerweise über drei Zeilen, kann aber auch entsprechend verändert werden.

➕ **Initialrahmen**

Durch einen Klick auf das Initial kann sein Rahmen zugänglich gemacht werden. Indem Sie mit gedrückter Maustaste an seinen Anfassern ziehen, können Sie den Initialrahmen vergrößern oder verkleinern. Klicken Sie auf eine der Linien, kann der gesamte Rahmen mit gedrückter Maustaste verschoben werden.

## Eine Form einfügen

Eine Form ist ein vordefiniertes grafisches Element, das sich in das Word-Dokument einfügen und anschließend skalieren, drehen und auf unterschiedliche Art und Weise bearbeiten lässt.

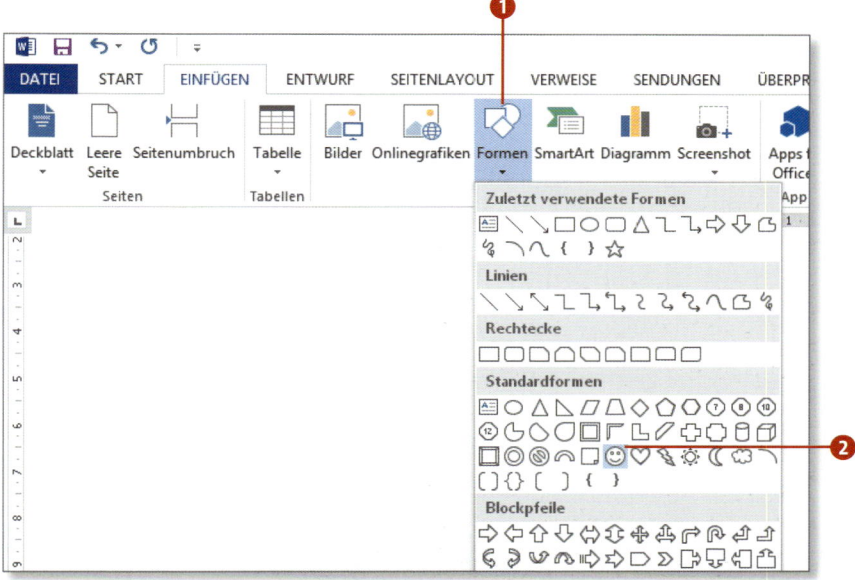

1. Aktivieren Sie die Registerkarte **Einfügen**. Klicken Sie in der Gruppe **Illustrationen** auf **Formen** ❶.

2. Setzen Sie einen Mausklick auf jene Form, die Sie zu erstellen gedenken, z. B. **Smiley** ❷.

3. Daraufhin mutiert der Mauszeiger zu einem Kreuz. Klicken Sie damit auf das Dokument, und ziehen Sie das Objekt mit gedrückter Maustaste auf. Halten Sie zusätzlich ⇧ gedrückt, damit die Proportionen des Objekts erhalten bleiben. Anschließend lassen Sie erst die Maustaste und dann die ⇧-Taste los.

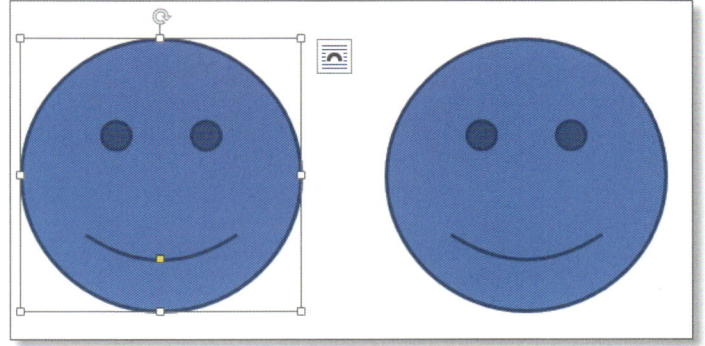

### Zeichenbereich

Wenn Sie sich für den untersten Eintrag im Menü **Formen** entscheiden (**Neuer Zeichenbereich**), wird ein Rahmen eingefügt, in den sich ein oder mehrere Objekte integrieren lassen. Verschieben Sie diesen Rahmen, werden alle darin befindlichen Objekte gemeinsam verschoben.

# Formen gestalten und Text eingeben

Ein besonderes Highlight von Word-Formen besteht darin, dass sie auch mit Text gefüllt werden können. Der Text wird dann automatisch an die Abmessungen der Form angepasst.

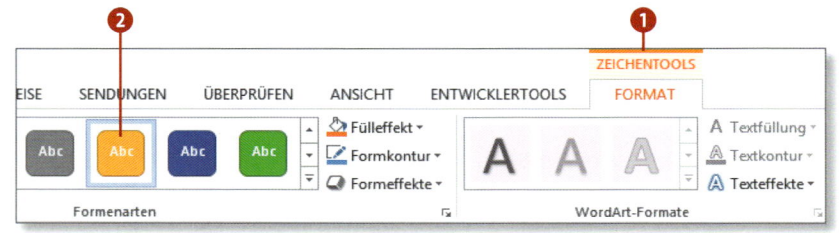

1. Fügen Sie, wie im Abschnitt »Eine Form einfügen« auf Seite 245 beschrieben, eine Form Ihrer Wahl ein.

2. Auf der dadurch automatisch aktivierten Registerkarte **Zeichentools/Format** ❶ entscheiden Sie sich links in der Gruppe **Formenarten** für eine Füllung ❷.

3. Klicken Sie anschließend mit der rechten Maustaste auf die soeben erzeugte Form, und entscheiden Sie sich im Kontextmenü für den Eintrag **Text hinzufügen** ❸.

4. Nun geben Sie den gewünschten Text ein ❹. Wenn Sie fertig sind, führen Sie einen Mausklick außerhalb der Form aus, um diese abzuwählen.

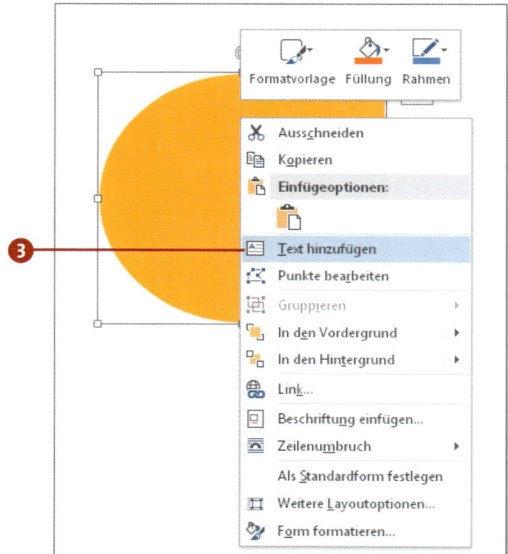

**i**

**Keine Textänderung bei Skalierung**

Falls Sie die Form nach dem Einfügen des Textes noch verändern, hat dies keine Auswirkung auf die Textgröße. Allerdings kann sich dabei der Umbruch des Formen-Textes ändern.

## Den Formen-Text bearbeiten

Nach der Fertigstellung des Textes (siehe den Abschnitt »Formen gestalten und Text eingeben« auf Seite 246) kann dieser weiterbearbeitet, also z. B. in Größe und Farbe angepasst werden.

1. Zunächst einmal muss der zu ändernde Text komplett markiert werden. Im Anschluss daran können Sie ihn gleich mithilfe der Steuerelemente auf der Mini-Symbolleiste anpassen, z. B. ändern Sie die Schriftgröße von 18 auf 24 Punkt ❶.

2. Alternativ können Sie auch die Funktionen in den Gruppen **Schriftart** und **Absatz** auf der Registerkarte **Start** zur weiteren Gestaltung nutzen.

3. Schöne Texteffekte ❷ finden Sie auf der Registerkarte **Zeichentools/Format** in der Gruppe **WordArt-Formate**.

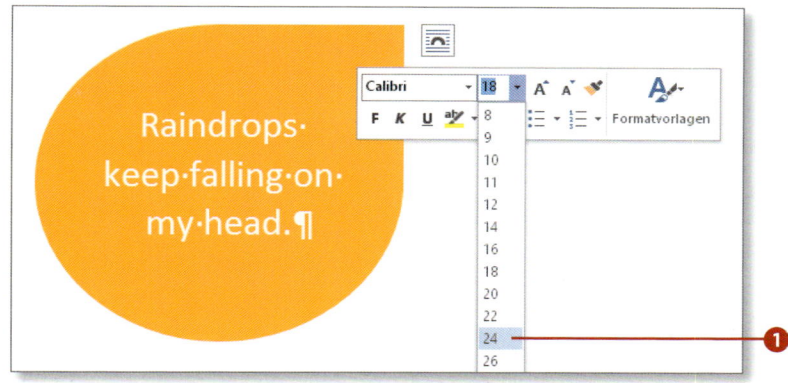

**ℹ Abmessungen bleiben erhalten**

Das Interessante bei der Textskalierung ist, dass die Außenabmessungen der Form niemals überschritten werden. In der Konsequenz bedeutet das aber auch, dass der Text ab einer gewissen Textmenge oder -größe nicht mehr komplett angezeigt werden kann. In diesem Fall müsste der Text verkleinert oder die Form vergrößert werden (siehe dazu auch den Abschnitt »Die Größe der Form verändern« auf Seite 250).

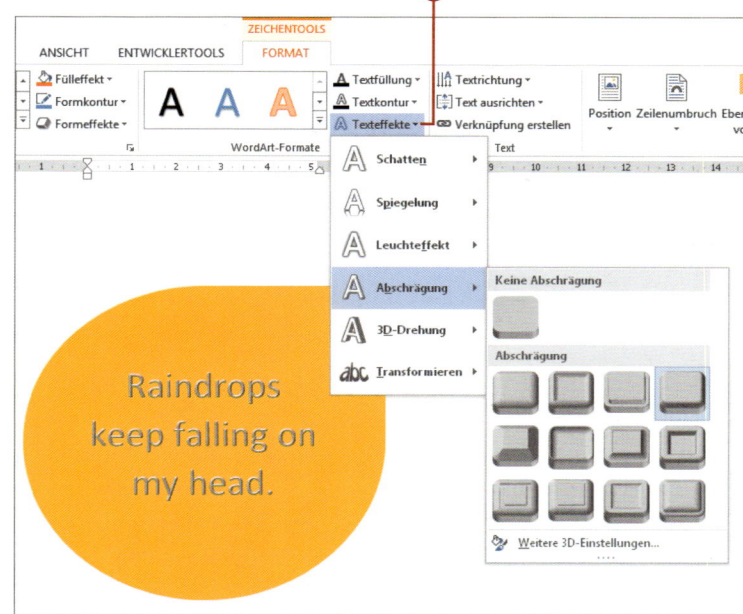

## Die Form im Fließtext positionieren

Objekte, die in Word zum Einsatz kommen, lassen sich prinzipiell überall auf der Seite positionieren. Jedoch müssen Sie verstärkt darauf achten, wie sich der Fließtext in diesem Zusammenhang verhält. Deswegen ist es in den meisten Fällen angebracht, die Layoutoptionen des Objekts (der Form) anzupassen.

1. Fügen Sie zunächst die Form Ihrer Wahl ein. Wir haben uns hier für die Standardform **Träne** ❶ entschieden.

2. Formatieren Sie die Form mithilfe der Befehle auf der Registerkarte **Zeichentools/Format**.

3. Verschieben Sie das Objekt anschließend mit gedrückter Maustaste auf den Text. Zwar könnten Sie die Layoutoptionen schon vorher einstellen, zum besseren Verständnis gehen wir jedoch in dieser Reihenfolge vor.

4. Nun klicken Sie auf die kleine Schaltfläche **Layoutoptionen** ❷ rechts an der Form.

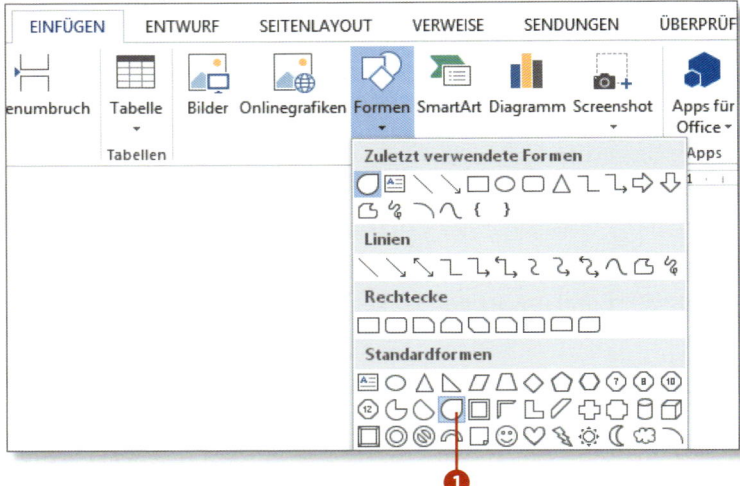

**Form bleibt editierbar**

Die Form kann immer überarbeitet werden: Größe, Drehung, Farbe, Inhalt etc. lassen sich zu jeder Zeit neu definieren. Beachten Sie jedoch, dass dies auch Auswirkungen auf den Fließtext hat – zumindest dann, wenn die entsprechende Layoutoption eingestellt ist.

5. Entscheiden Sie sich im daraufhin erscheinenden Menü für eine Option, die zur Folge hat, dass der Text am Objekt umbrochen wird, z. B. **Passend ❸** (siehe dazu auch den Abschnitt »Ausrichtung und Drehung« ab Seite 216).

6. Nun kommen sich Text und Objekt nicht mehr in die Quere. Danach können Sie das Objekt beliebig weiterbearbeiten. Ändern Sie z. B. seine Position oder Größe, wird sich der Fließtext entsprechend anpassen.

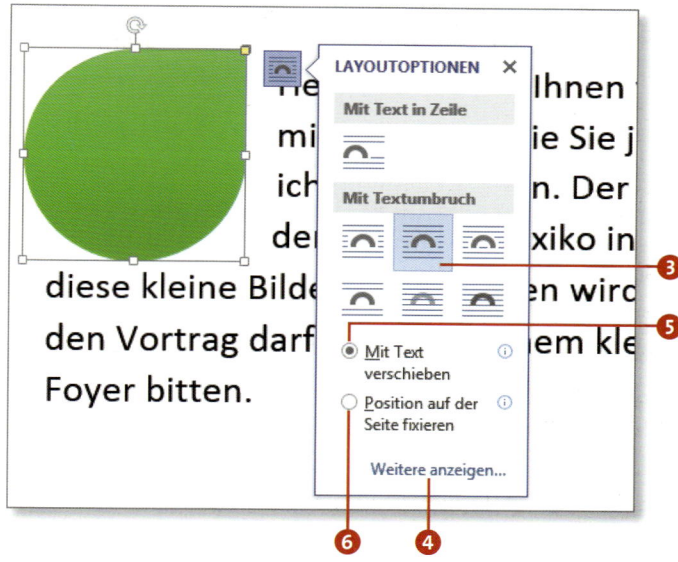

**Ebene**

Prinzipiell befindet sich das Objekt auf einer Ebene mit dem Fließtext. Doch auch das lässt sich ändern (siehe dazu auch den Abschnitt »Mit Ebenen arbeiten« auf Seite 218). Ein Objekt kann z. B. so eingestellt werden, dass sich der Text über das Objekt legt. Um das zu erreichen, klicken Sie im Menü **Layoutoptionen** auf **Weitere anzeigen ❹**. Im Folgedialog schalten Sie um auf die Registerkarte **Textumbruch** und entscheiden sich für die Option **Hinter den Text**. Bestätigen Sie die Änderung mit **OK**.

**Position auf der Seite fixieren**

Im Menü **Layoutoptionen** ist standardmäßig die Option **Mit Text verschieben ❺** aktiv. Das ist auch gut so, denn dann bleiben Text und Form immer beieinander, selbst dann, wenn oberhalb weiterer Text eingefügt wird. Soll die Form jedoch immer an der gleichen Position stehenbleiben, egal, wie der Text verrutscht, aktivieren Sie besser **Position auf der Seite fixieren ❻**.

## Die Größe der Form verändern

Jede Form kann skaliert, d. h. vergrößert oder verkleinert werden. Sie entscheiden, ob dies proportional, also im Verhältnis von Breite zu Höhe, geschehen soll oder nicht.

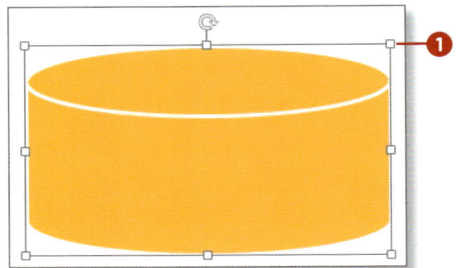

1. Zunächst muss das Objekt mit einem Klick markiert werden, damit der zugehörige Rahmen sichtbar wird.

2. Ziehen Sie einen der Anfasser ❶ mit gedrückter Maustaste nach innen oder außen, um die Abmessungen des Objekts zu verändern. Alternativ können Sie auch die Felder **Höhe** ❷ und **Breite** ❸ in der Gruppe **Größe** der Registerkarte **Zeichentools/Format** benutzen.

3. Wenn sich die Proportionen (das Seitenverhältnis) beim Verschieben der Eckanfasser nicht ändern sollen, halten Sie währenddessen [⇧] gedrückt.

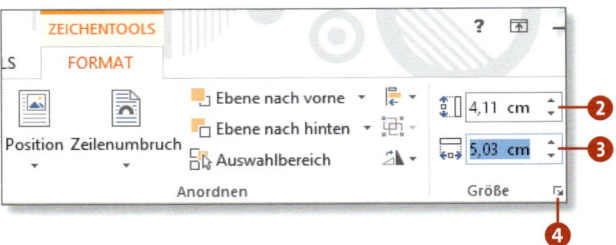

### Die Form ändern

Einige Formen, z. B. Pfeile, warten zusätzlich zu den herkömmlichen Anfassern noch mit einem oder mehreren kleinen gelben Quadraten auf. Klicken Sie ein gelbes Quadrat an, und verschieben Sie es mit gedrückter Maustaste, um die Form noch individueller anzupassen.

### Abmessungen exakt eingeben

Sie wollen die Abmessungen millimetergenau und unter Beibehaltung des Seitenverhältnisses angeben? Dann klicken Sie auf den kleinen Pfeil ❹ an der Gruppe **Größe**. Im Dialog **Layout** aktivieren Sie das Häkchen bei **Seitenverhältnis sperren** und ändern danach einen der Werte in den Feldern **Höhe** oder **Breite** im Bereich **Skalierung**.

# Ein leeres Textfeld einfügen

Neben den in diesem Kapitel vorgestellten grafischen Elementen können auch Textfelder hinzugefügt werden. Sie unterscheiden sich vom herkömmlichen Fließtext insofern, als sie separat verschoben und ihre Abmessungen individuell eingestellt werden können.

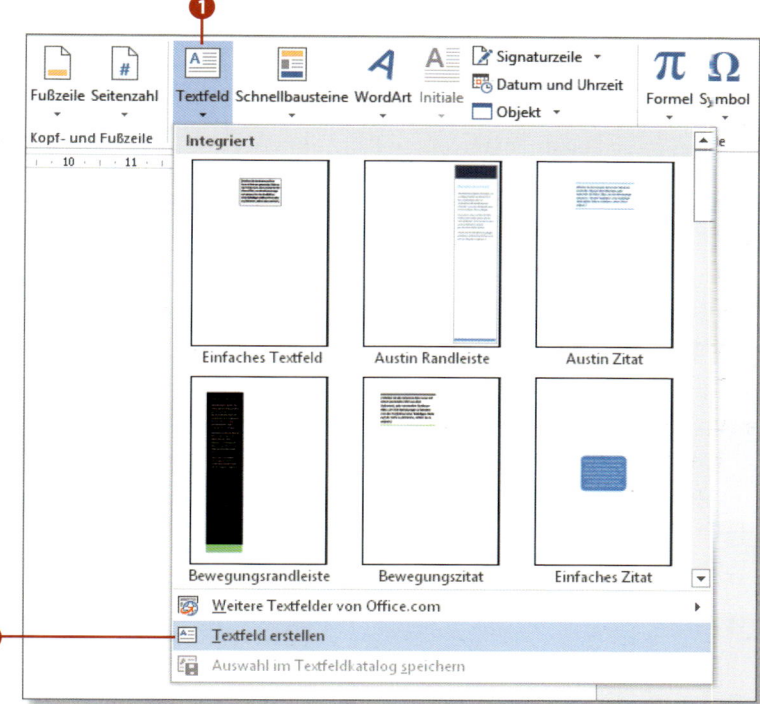

1. Zunächst klicken Sie auf die Schaltfläche **Textfeld** ❶ in der Gruppe **Text** der Registerkarte **Einfügen**.

2. Im zugehörigen Menü wählen Sie unten den Eintrag **Textfeld erstellen** ❷. Sofort verändert sich der Mauszeiger zu einem Kreuz ❸, und Sie können mit gedrückter Maustaste einen Rahmen auf der Seite aufziehen.

3. Nachdem Sie die Maustaste losgelassen haben, steht der Cursor oben links ❹, und Sie können den Text eingeben. Da der gesamte Text bereits markiert ist, können Sie gleich mit der Eingabe des neuen Textes beginnen. Den Text innerhalb eines Textfeldes können Sie wie gewohnt gestalten.

4. Um die Größe eines Textfeldes zu verändern, muss es zunächst angeklickt werden. Danach verschieben Sie einen der Eckanfasser ❺ mit gedrückter Maustaste. Beachten Sie, dass der Textumbruch dabei verändert wird.

> **i**
>
> **Textfeld verschieben**
>
> Das Textfeld kann nach Wunsch verschoben werden. Dazu klicken Sie auf den Rahmen, sodass ein Vierfachpfeil erscheint, halten die Maustaste gedrückt und ziehen das Objekt an die gewünschte Stelle.

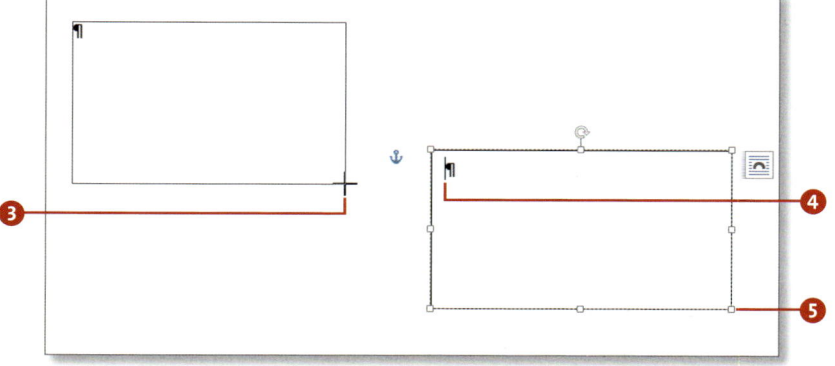

## Textfeld-Formatvorlagen

Wie ein normales Textfeld bearbeitet wird, erklären wir im Abschnitt »Ein leeres Textfeld einfügen« auf Seite 251. Aber Word bringt auch zahlreiche Vorlagen für Textfelder mit. Sie sehen schick aus und haben einen festgelegten Platz auf der Seite.

1. Klicken Sie auf der Registerkarte **Einfügen** in der Gruppe **Text** auf die Schaltfläche **Textfeld** ❶.

2. Im Menü wählen Sie eines der angebotenen Textfelder aus, z. B. **Einfaches Zitat** ❷, und klicken die Miniatur an, um das Textfeld in Ihr Dokument einzufügen.

3. Da nach dem Einfügen der Platzhaltertext im Textfeld bereits markiert ist ❸, können Sie gleich mit der Eingabe Ihres eigenen Textes beginnen.

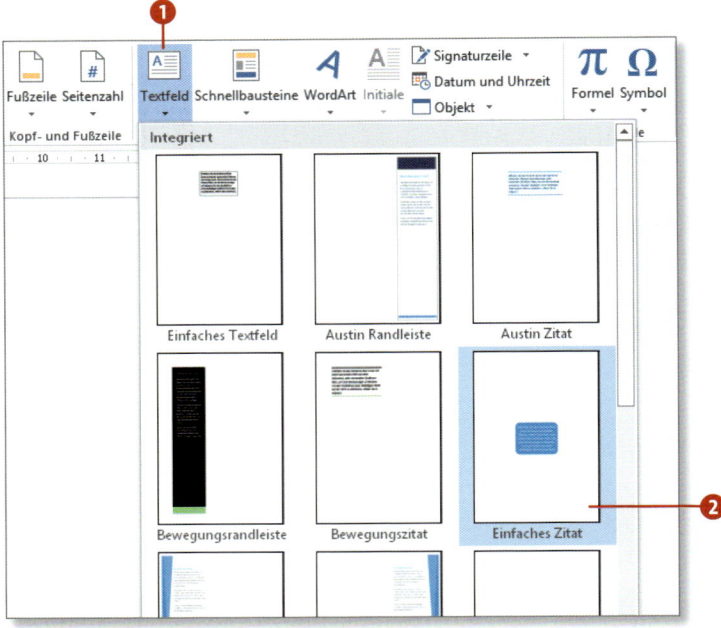

**Form und Position beachten!**

Achten Sie bei der Auswahl des Textfeldes vor allem auf seine Form und seine Position auf der Seite. Alles andere ist sekundär, weil Sie Hintergrundfarbe und Schrift später individuell anpassen können.

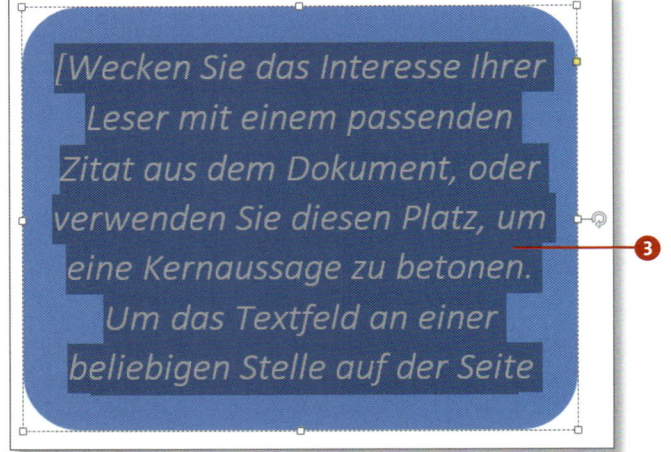

4. Es ist kein Problem, die Füllfarbe des Textfeldes, seinen Rahmen o. Ä. nachträglich noch zu verändern. Dazu nutzen Sie einfach die Steuerelemente des Registers **Zeichentools/Format** (siehe dazu die Abschnitte »Füllung und Kontur eines Objekts verändern« und »WordArt- und andere Effekte« ab Seite 241).

5. Die Auswahl an Textfeldern ist riesig (scrollen Sie einfach nach unten ❹). Für jeden Geschmack und Verwendungszweck sollte das Passende dabei sein. Finden Sie wider Erwarten nichts, können Sie online weitere Textfelder beziehen. Dazu klicken Sie im Menü unten auf **Weitere Textfelder von Office.com** ❺.

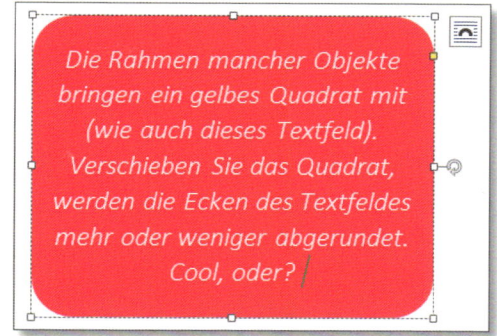

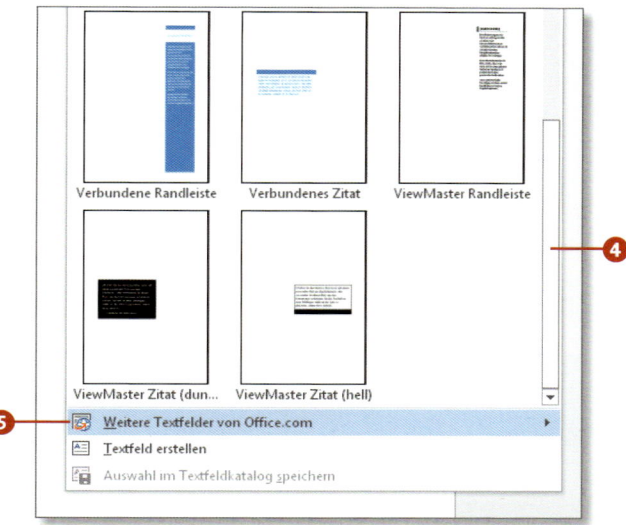

### Position ändern

Zwar haben die Textfelder der Formatvorlagen einen angestammten Platz auf der Word-Seite, jedoch können sie, wie jedes andere Objekt auch, beliebig angeordnet werden. Dazu klicken Sie das Textfeld an, halten die Maustaste gedrückt und verschieben es nach Wunsch.

# 10 Diagramme und Organigramme

Diagramme und Organigramme sind in erster Linie nützliche Helfer, wenn es darum geht, komplexe Zusammenhänge wie z. B. Anteile an einer Gesamtmenge oder eine Unternehmenshierarchie zu erklären. Durch die grafisch aufbereitete Darstellung gewinnt der Leser einen schnellen Überblick und muss sich nicht durch seitenweise Fließtext quälen, um die Zusammenhänge zu begreifen.

Zudem lockern grafische Elemente ansonsten eher nüchtern wirkende Textmassen gewaltig auf. Wenn dann auch noch Farbe ins Spiel kommt, ist der Leser vollends begeistert – und Ihr Manuskript glänzt mit Abwechslung.

Lernen Sie in diesem Kapitel die Unterschiede zwischen Diagrammen und Organigrammen kennen, und bestücken Sie beide Grafikelemente mit den dazugehörenden Informationen. Wir beschäftigen uns im Folgenden mit einem Warenbestand sowie einer Personalaufstellung.

# Ein Diagramm einfügen

Mit Diagrammen lassen sich Daten und Werte grafisch darstellen. Sie werden so besser verstanden und können leichter interpretiert werden. Und so fügen Sie ein Diagramm in
Ihr Word-Dokument ein:

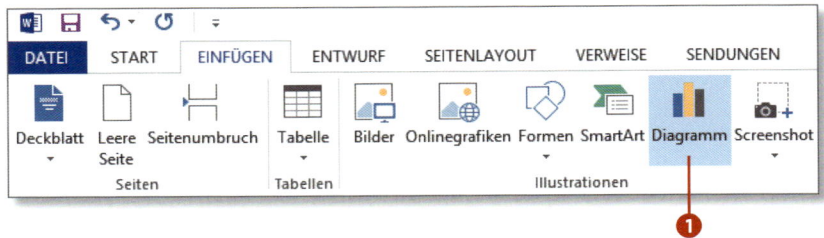

1. Aktivieren Sie die Registerkarte **Einfügen**, und klicken Sie
   in der Gruppe **Illustrationen** auf **Diagramm** ❶.

2. Im Dialogfenster **Diagrammtyp ändern** finden Sie auf der
   linken Seite die unterschiedlichsten Diagrammtypen. Hier
   wählen Sie das Grundlayout, das Ihnen vorschwebt, z. B.
   **Säule** ❷.

3. In der obersten Zeile auf der rechten Seite kann die
   gewünschte Darstellungsform eingestellt werden. Wir
   haben uns in diesem Beispiel für **3D-Säulen (gruppiert)** ❸
   entschieden. Dann klicken Sie auf **OK**.

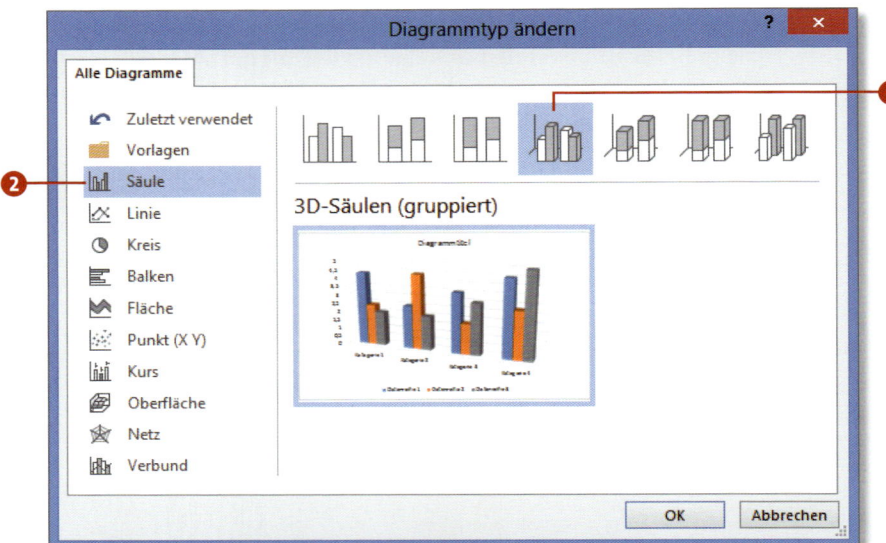

## Excel-Diagramme einfügen

Ein in Excel erzeugtes Diagramm lässt sich einfach
nach Word übertragen, indem Sie es in Excel markieren
und mit `Strg` + `C` in die Zwischenablage kopieren.
Danach kehren Sie zu Word zurück, setzen die Einfügemarke an die Stelle, an der das Diagramm stehen soll,
und drücken `Strg` + `V`. Daraufhin wird das komplette
Diagramm in Word eingefügt

## Die Diagrammansicht

Sobald ein Diagramm auf die im Abschnitt »Ein Diagramm einfügen« auf Seite 256 beschriebene Art und Weise eingefügt wird, zeigt sich die neue Registerkarte **Diagrammtools**, die in zwei Unterregister aufgeteilt ist. Während das Register **Entwurf** hauptsächlich Vorlagen und Layouts enthält, ist das Register **Format** eher für einzelne Elemente des Diagramms vorgesehen.

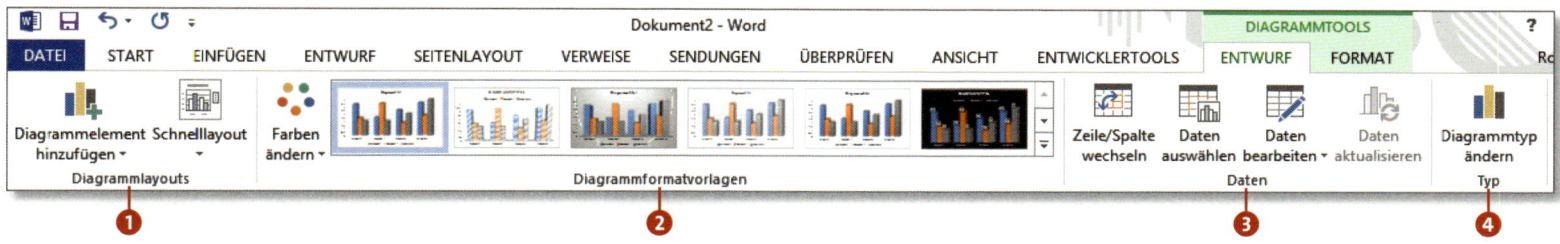

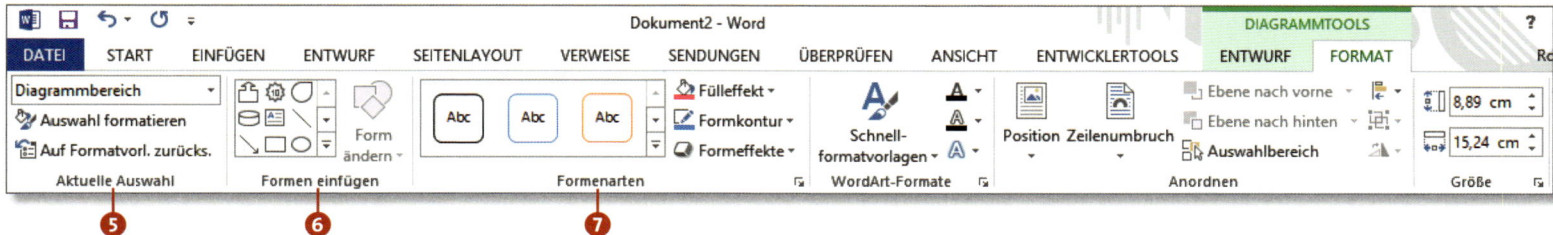

❶ **Diagrammlayouts:** Elemente hinzufügen und Darstellungsformen ändern

❷ **Diagrammformatvorlagen:** vordefinierte Diagrammtypen

❸ **Daten:** Auswahl und Bearbeitung von Diagrammdaten

❹ **Typ:** den Diagrammtyp ändern (siehe den Abschnitt »Ein Diagramm einfügen« auf Seite 256)

❺ **Aktuelle Auswahl:** bestimmte Bereiche des Diagramms bearbeiten

❻ **Formenarten:** den Rahmen des Diagramms sowie einzelne Diagrammelemente gestalten

❼ **WordArt-Formate:** den Diagrammtext gestalten

# Eine Diagrammüberschrift erstellen

Die Diagrammüberschrift, auch *Diagrammtitel* genannt, wird nicht zum Zeitpunkt der Diagrammerstel-
lung festgelegt, sondern erst im Anschluss daran.

1. Setzen Sie zunächst einen Dreifachklick auf den
   Platzhaltertext *Diagrammtitel* ❶ im Feld für die
   Überschrift.

2. Nachdem der Text markiert worden ist, kann er direkt
   überschrieben werden. Legen Sie daher gleich einen
   neuen Titel fest, z. B. »Warenbestand«.

3. Wenn das erledigt ist, klicken Sie auf die Fläche
   außerhalb des Titelfeldes bzw. gleich außerhalb des
   Diagramms, um die Feldrahmen auszublenden.

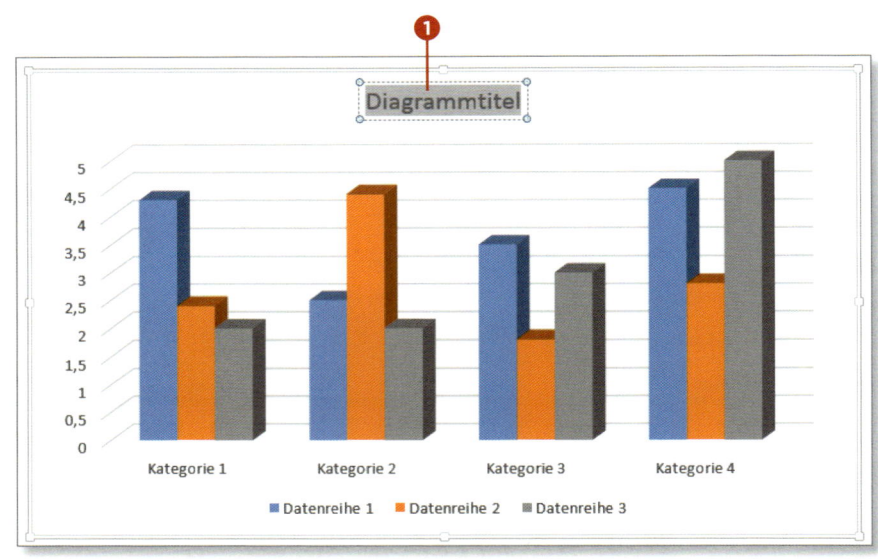

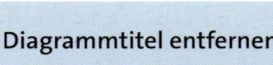

**Diagrammtitel entfernen**

Um den Diagrammtitel samt Feld zu löschen, klicken Sie zunächst einmal auf das Diagramm und
danach auf den Rahmen des Diagrammtitels.
Zuletzt drücken Sie `Entf`. Um nur den Text zu löschen, markieren Sie ihn und drücken dann `Entf`.

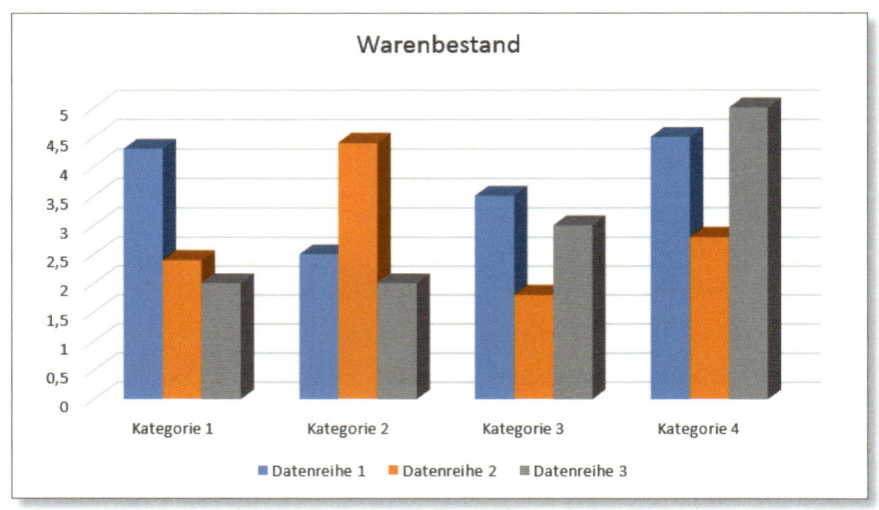

## Die Beschriftung ändern

Die Bezeichnungen der einzelnen Diagrammelemente sind zunächst alles andere als aussagekräftig. Was kann man mit Begriffen wie *Kategorie 1* und *Datenreihe 3* schon groß anfangen? Benennen Sie die Objekte daher um.

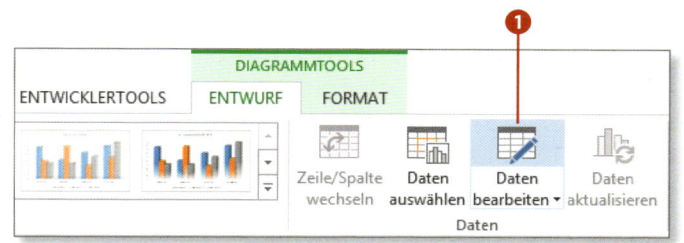

1. Falls das Diagramm nicht ausgewählt ist, aktivieren Sie es, indem Sie auf seinen Rand klicken.

2. Sollte das kleine Zusatzfenster mit der Excel-Tabelle, die die Daten des Diagramms enthält, nicht sichtbar sein, aktivieren Sie es mit einem Klick auf die Schaltfläche **Daten bearbeiten** ❶ in der Gruppe **Daten** auf der Registerkarte **Diagrammtools/Entwurf**.

3. Nun klicken Sie im Excel-Fenster auf die Zelle, deren Text Sie verändern wollen, und geben die neue Beschriftung ein, hier z. B. »München« ❷. Verfahren Sie so mit allen Feldern. Die Änderungen werden im Diagramm umgesetzt, sobald Sie ⏎ drücken ❸.

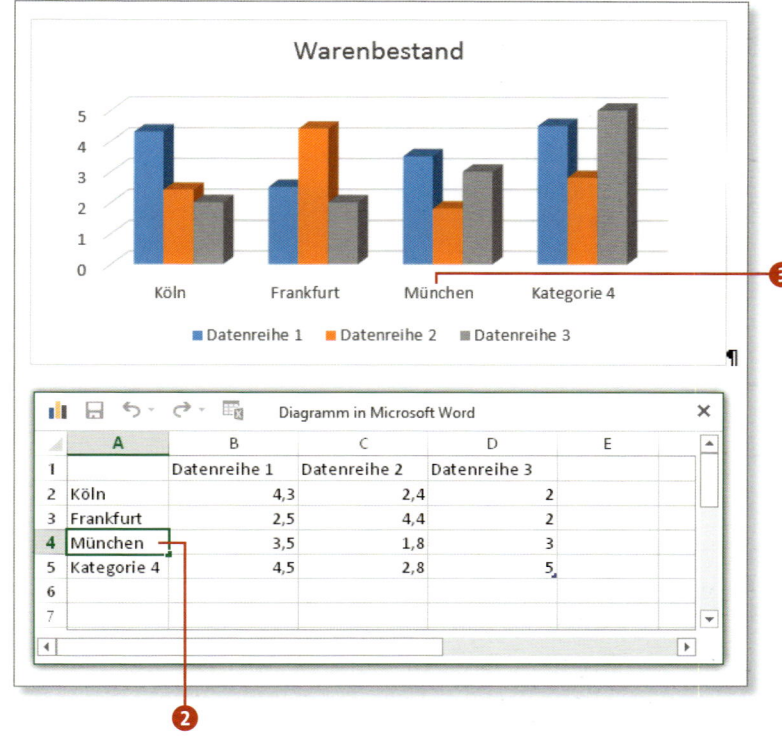

> **ℹ Werte ändern**
>
> Auch die einzelnen Zahlenwerte lassen sich auf die beschriebene Art anpassen. Innerhalb der Zellen können Sie den Cursor auch prima mithilfe der Tasten ↑, ↓, ← und → oder mit der ⇄-Taste bewegen.

## Das Diagramm formatieren

Was die Darstellung des Diagramms, die Farben oder die Form der Elemente betrifft, gibt es praktisch keine Grenzen. Sie können frei bestimmen, wie z. B. die Balken aussehen, und dürfen natürlich auch jederzeit andere Textattribute festlegen.

1. Damit ein Diagramm formatiert werden kann, muss es zunächst ausgewählt werden. Klicken Sie daher, falls erforderlich, auf seinen Rahmen.

2. Ändern Sie schnell die Formatvorlage, indem Sie auf die kleine Pinsel-Schaltfläche ❶ rechts neben dem Diagramm klicken.

3. Anschließend suchen Sie im zugehörigen Menü eine andere Gestaltungsvariante aus, indem Sie auf deren Miniatur ❷ klicken.

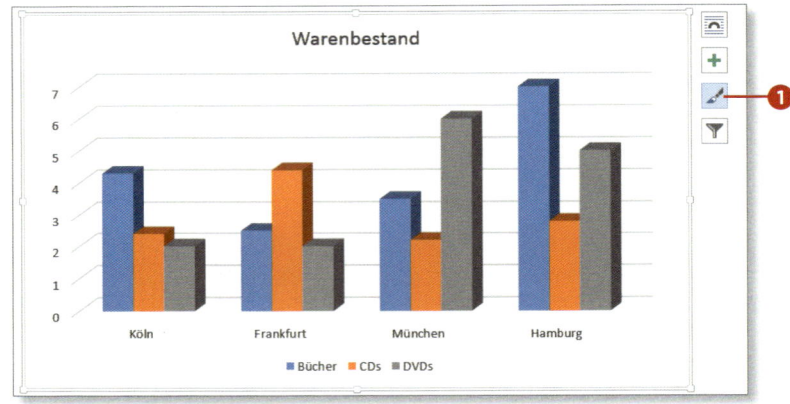

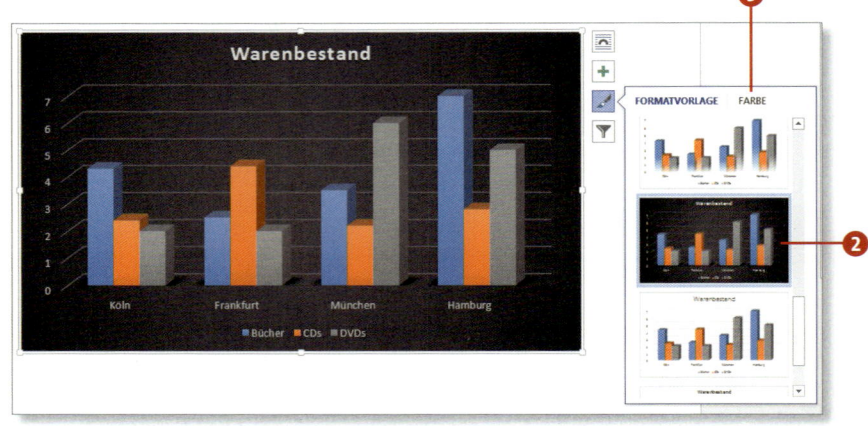

**i**

**Farbe ändern**

Falls Sie andere Farben als die derzeit angezeigten wünschen, wählen Sie im Menü der Schaltfläche **Diagrammformatvorlagen** die Rubrik **Farbe** ❸. Alternativ dazu klicken Sie auf die Schaltfläche **Farben ändern** in der Gruppe **Diagrammformatvorlagen** der Registerkarte **Diagrammtools/Entwurf**.

4. Auf dem Register **Diagrammtools/Entwurf** finden Sie in der Gruppe **Diagrammlayouts** auch die Schaltfläche **Schnelllayout** ❹. Wenn Sie daraufklicken, haben Sie die Möglichkeit, verschiedene Layouts zu wählen. So lassen sich z. B. die Balken etwas voneinander wegbewegen.

5. Darüber hinaus können dem Diagramm weitere Elemente hinzugefügt werden. Dazu klicken Sie auf die kleine Plus-Schaltfläche ❺ rechts neben dem Diagramm. Im zugehörigen Menü **Diagrammelemente** aktivieren Sie dann z. B. den Punkt **Datenbeschriftungen** ❻, damit oberhalb der Balken die entsprechenden Zahlenwerte angezeigt werden.

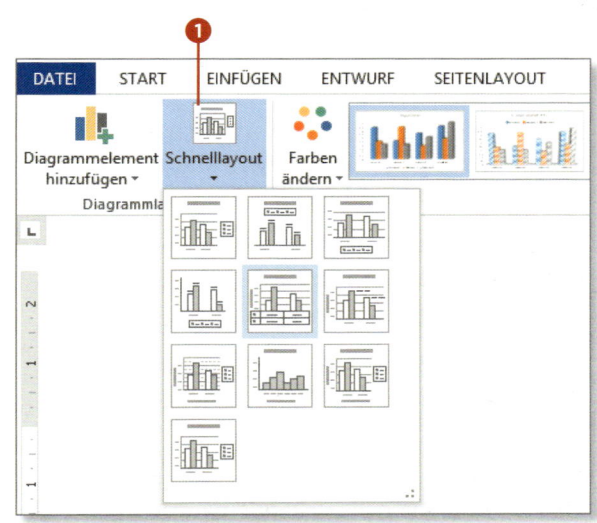

**Den Bearbeitungsmodus ein- und ausschalten**

Das kleine Excel-Fenster, das sich (meist) unterhalb des Diagramms befindet, schließen Sie mit einem Klick auf die Kreuz-Schaltfläche oben rechts. Wann immer Sie die Daten erneut bearbeiten müssen, klicken Sie auf die Schaltfläche **Daten bearbeiten** in der Gruppe **Daten** der Registerkarte **Diagrammtools/Entwurf**.

**Das Diagramm filtern**

Um Ihr Diagramm auf bestimmte Werte zu reduzieren, klicken Sie auf die kleine Trichter-Schaltfläche ❼. Im zugehörigen Menü **Diagrammfilter** lassen sich einzelne Kategorien oder Datenreihen ganz einfach per Checkbox aus- oder abwählen und werden dann entsprechend im Diagramm angezeigt – oder eben nicht.

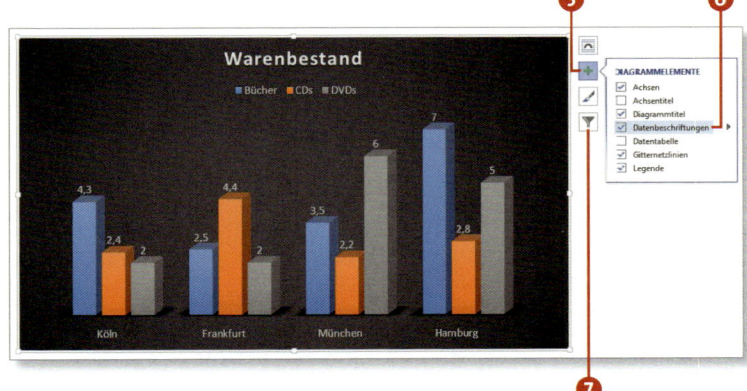

## Zeilen und Spalten umsortieren

Sie haben sicher schon bemerkt, dass sich die Anordnung der einzelnen Elemente manchmal schwierig gestaltet. So lässt sich in unserem Diagramm *Warenbestand* der Balken für die CDs z. B. nicht ohne Weiteres ganz nach rechts verschieben. Wenn Sie das wollen, müssen Sie einen kleinen Umweg gehen.

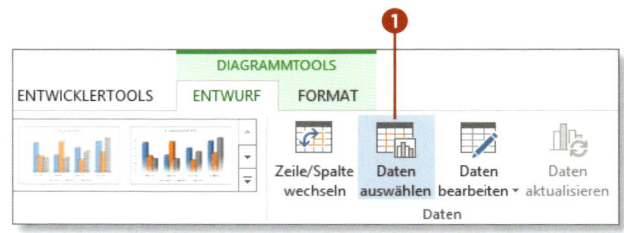

1. Nachdem das Diagramm markiert worden ist, klicken Sie auf der Registerkarte **Diagrammtools/Entwurf** in der Gruppe **Daten** auf die Schaltfläche **Daten auswählen** ❶.

2. Im Dialog **Datenquelle auswählen** markieren Sie das Element, das Sie verschieben wollen (hier: **CDs** ❷), und verändern dessen Position in der Liste mithilfe der Pfeil-Schaltflächen ❸.

3. In diesem Dialog können Sie auch die Sortierung nach Zeilen und Spalten umkehren, indem Sie auf **Zeile/Spalte wechseln** ❹ klicken. Das hätte im konkreten Beispiel zur Folge, dass die Diagrammbalken nicht mehr nach Standorten, sondern nach Waren gruppiert wären. Bestätigen Sie alles mit **OK**.

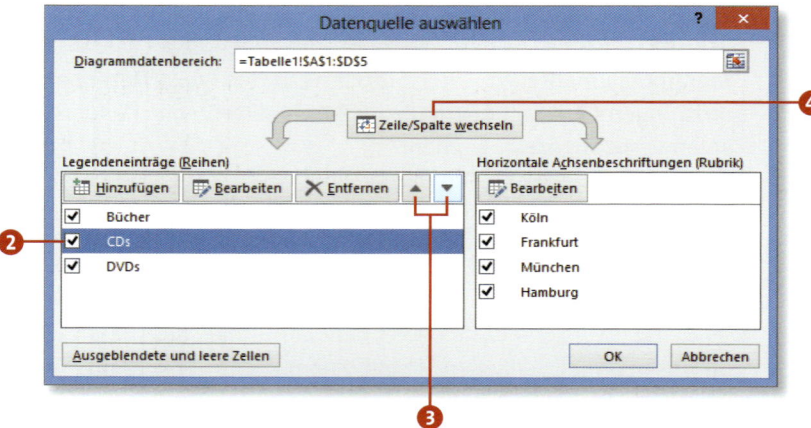

ℹ️ **Legende**

Als *Legende* bezeichnet man die hinweisgebenden Texte zu den einzelnen Diagrammelementen. In unserem Beispiel wird durch die Legende deutlich gemacht, dass die hellblauen Balken den Bestand im Lager Köln wiedergeben, während Hamburg in Gelb erscheint ❺. Sie können die Legende aber auch löschen, indem Sie ihren Rahmen anklicken und anschließend [Entf] drücken. Über die Plus-Schaltfläche **Diagrammelemente** (rechts neben dem Diagramm) kann die Legende reaktiviert werden (siehe Schritt 5 auf Seite 261 im Abschnitt »Das Diagramm formatieren«).

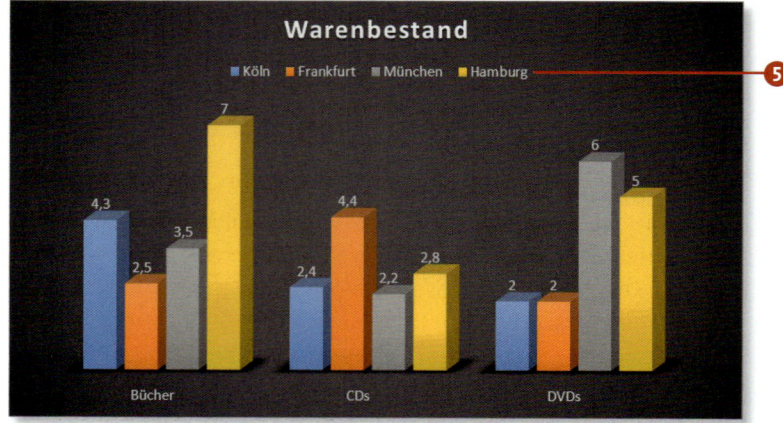

# Den Diagrammtyp ändern

Es ist Freitagnachmittag, und Sie haben Ihrem Chef soeben ein schönes Säulendiagramm vorgelegt. Nun möchte er aber doch lieber ein Balkendiagramm. Ein Grund zum Ärgern? Nicht wirklich. Mit Word ändern Sie den Diagrammtyp im Handumdrehen.

1. Klicken Sie mit der rechten Maustaste auf das Diagramm (nicht auf ein einzelnes Element!), und wählen Sie **Diagrammtyp ändern** ❶ aus dem Kontextmenü.

2. Im Dialog **Diagrammtyp ändern** klicken Sie links auf **Balken** ❷, entscheiden sich für eine Variante ❸ und bestätigen die Änderung mit **OK**.

3. Das Diagramm wird angepasst, die Daten werden dabei beibehalten. Nun ab zum Chef damit, und dann geht's ins wohlverdiente Wochenende.

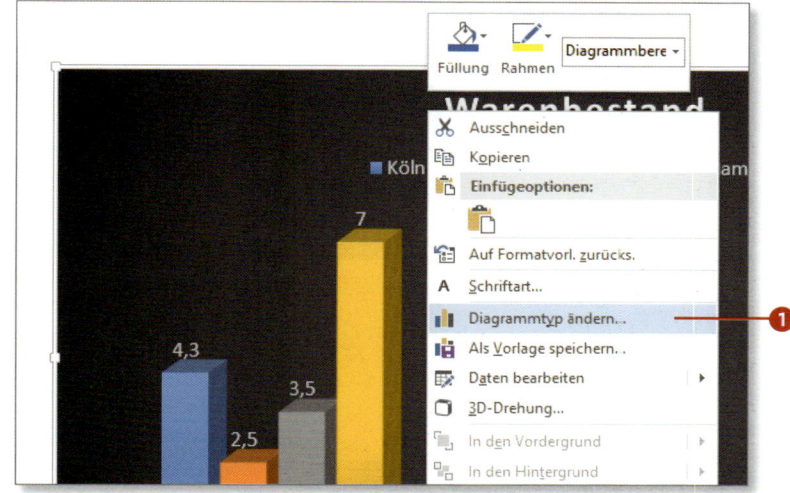

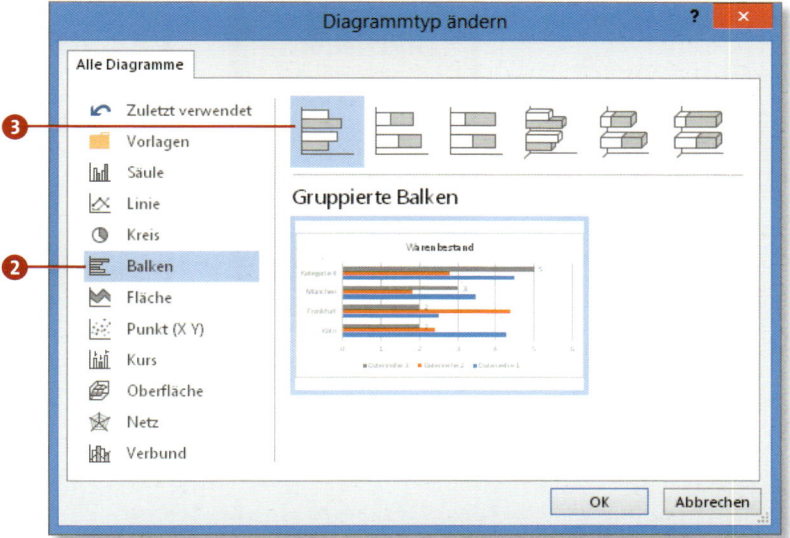

## ℹ Kontextmenü

Je nachdem, an welcher Stelle des Diagramms Sie den Rechtsklick ausführen, enthält das Kontextmenü andere Befehle. Zum Beispiel ist der Befehl **Beschriftung einfügen** nur dann enthalten, wenn Sie nicht auf den Balkenbereich klicken, sondern auf den Kopfbereich. Wenn Sie auf den inneren Bereich des Diagramms klicken, werden Sie ein weniger umfangreiches Kontextmenü vorfinden.

## Organigramme

Organigramme sind u. a. Strukturpläne, Organisationsschaubilder und Baumstrukturen, die auf übersichtliche und verständliche Art und Weise Abläufe, Strukturen und Hierarchien wiedergeben. Das Wort *Organigramm* ist aus den Begriffen *Organisation* und *Diagramm* zusammengesetzt (»Organisationsdiagramm«). Die einzelnen Bausteine eines Organigramms (das in Word auch als *SmartArt-Grafik* bezeichnet wird) sind die sogenannten *Symbole* oder *Formen*. Im Beispielorganigramm in der Abbildung besteht jeder einzelne Schritt aus einer Form. Alle Formen gemeinsam ergeben das Organigramm.

Organigramme werden im Prinzip stets in der folgenden Reihenfolge erzeugt:

1. SmartArt-Grafik einfügen
2. Formen beschriften
3. Organigramm gestalten

Nachdem Sie den ersten Arbeitsschritt, das Einfügen der Grafik, ausgeführt haben, können Sie das Organigramm auch erst formatieren und dann beschriften.

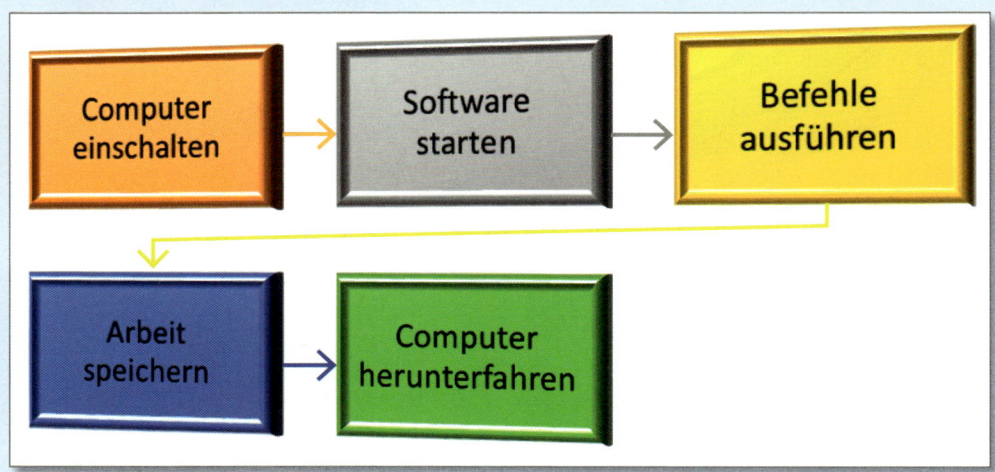

*Ein Organigramm – hier in Form eines Ablaufplans*

# Eine SmartArt-Grafik einfügen

Das Einfügen einer SmartArt-Grafik ist der erste Schritt auf dem Weg zum Organigramm. Word bietet hier zahllose Vorlagen an. Wichtig ist auch hier, dass Sie zunächst die Einfügemarke an der Stelle platzieren, an der das Organigramm im Dokument erscheinen soll.

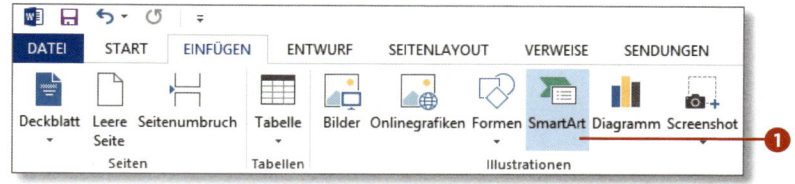

1. Öffnen Sie die Registerkarte **Einfügen**, und wählen Sie in der Gruppe **Illustrationen** die Schaltfläche **SmartArt** ❶.

2. Im Dialog **SmartArt-Grafik auswählen** entscheiden Sie sich in der linken Spalte für eine Kategorie, z. B. **Hierarchie** ❷, und wählen anschließend in der Mitte des Dialogs eine Grafik aus, z. B. **Organigramm mit Name und Titel** ❸.

3. Wenn Sie zum Schluss mit **OK** bestätigen, wird die SmartArt-Grafik in Ihr Dokument eingefügt.

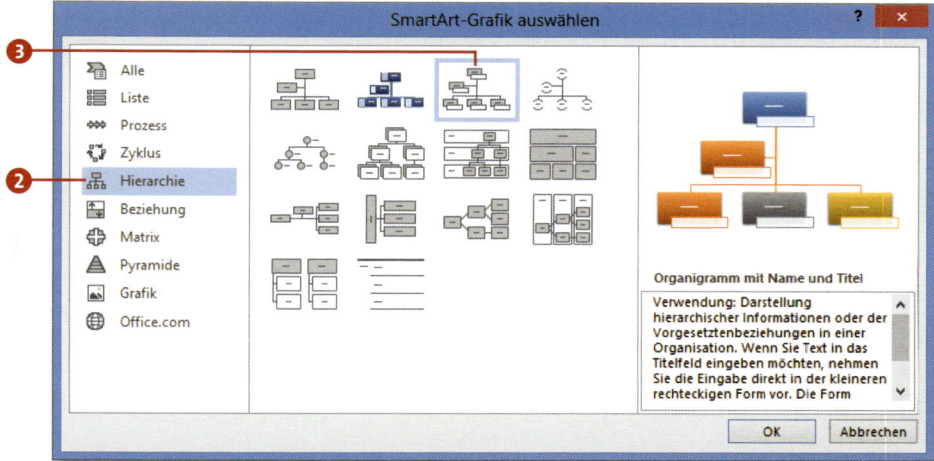

### Grafik ändern

Falls Sie sich später dazu entscheiden, eine andere SmartArt-Grafik zu verwenden, markieren Sie die bereits erstellte mit einem Klick (der Rahmen wird angezeigt), und klicken Sie abermals auf die Schaltfläche **SmartArt**. Der Dialog **SmartArt-Grafik auswählen** öffnet sich, und Sie können das vorhandene Organigramm einfach austauschen. Das hat allerdings zur Folge, dass eventuell vorhandener Text verworfen wird.

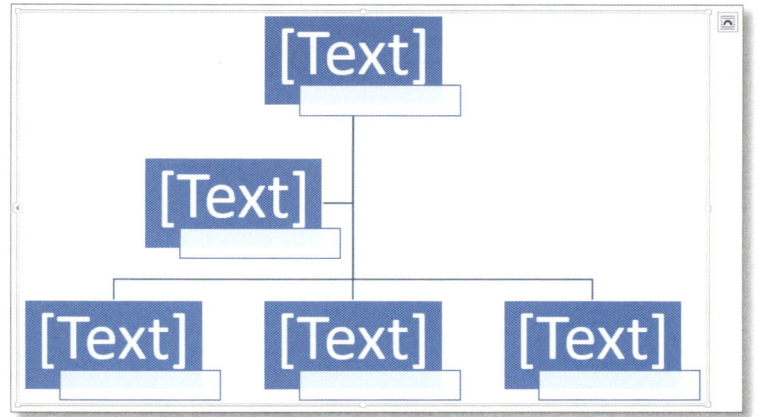

## Die Registerkarte »SmartArt-Tools«

Das Register **SmartArt-Tools** ist nur aktiv, wenn Sie soeben ein Organigramm erstellt haben und es dementsprechend markiert ist oder wenn Sie ein vorhandenes Organigramm selbst mit einem Mausklick markieren. Die Registerkarte **SmartArt-Tools** wartet mit zwei Unterregistern auf: **Entwurf** und **Format**. Während Ersteres vorwiegend

Befehle zur Gestaltung des Organigramms aufweist (eine Ausnahme bildet die Gruppe **Grafik erstellen**), finden Sie auf dem Register **Format** hauptsächlich Steuerelemente zur Gestaltung der jeweils markierten Form (eines einzelnen Bausteins des Organigramms).

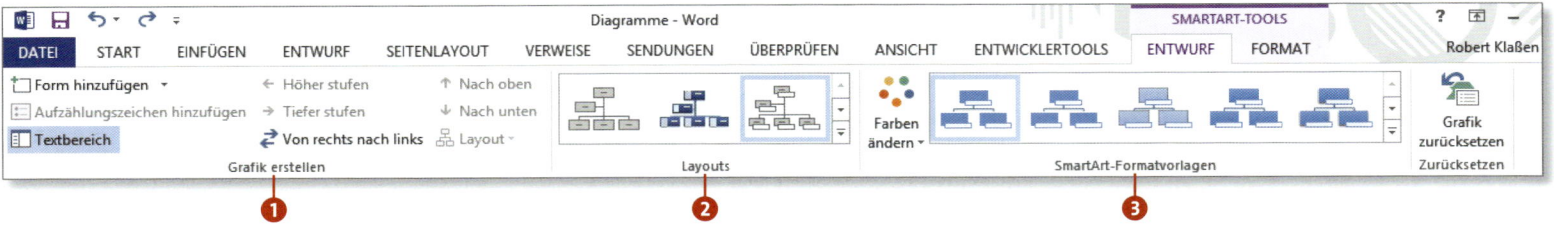

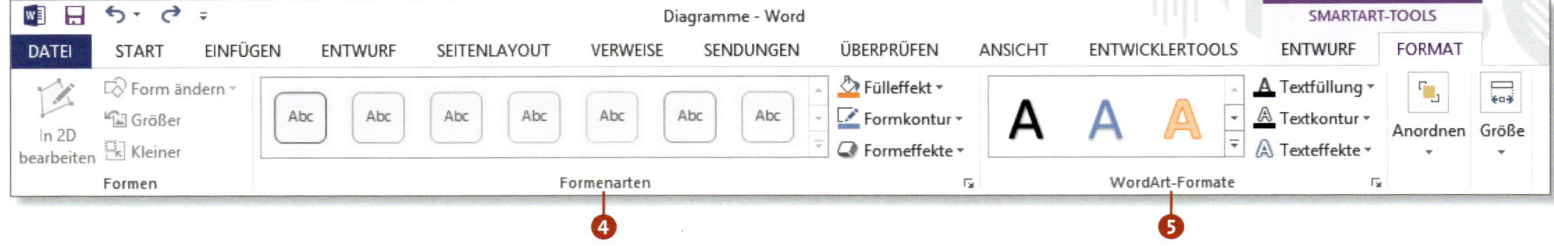

❶ **Grafik erstellen:** Formen hinzufügen und sortieren

❷ **Layouts:** zur Organigrammgruppe gehörende Layouts

❸ **SmartArt-Formatvorlagen:** Darstellungsvarianten für die SmartArt-Grafik

❹ **Formenarten:** die einzelnen Bausteine des Organigramms gestalten

❺ **WordArt-Formate:** den Text innerhalb der SmartArt-Formen gestalten

## SmartArt-Text eingeben

Unmittelbar nach der Erstellung eines Organigramms wollen die einzelnen Formen beschriftet werden. Denn die Bezeichnung *[Text]* ist nur ein Platzhalter. Um die Schriftgröße müssen Sie sich nicht sorgen. Sie wird automatisch so eingestellt, dass alles in die Form hineinpasst.

1. Klicken Sie auf den Platzhalter **[Text]** ❶ in der ersten Form, die es zu beschriften gilt.

2. Tragen Sie Ihren eigenen Text ein ❷.

3. Markieren Sie die nächste Form, indem Sie sie anklicken, und fahren Sie mit der Texteingabe fort. Sie können den Text (zumindest für die Hauptformen) auch im *Textbereich* ❸ links neben der SmartArt-Grafik eingeben.

4. Der Text in den SmartArt-Formen lässt sich wie jeder Text formatieren, indem Sie ihn markieren und die Befehle auf der Registerkarte **Start** nutzen.

ℹ️ **Textbereich ein- und ausschalten**

Bei dem Fenster, das sich links neben dem Organigramm zeigt, handelt es sich um den sogenannten *Textbereich*. Er kann über die Pfeil-Schaltfläche ❹ oder mithilfe der Schaltfläche **Textbereich** in der Gruppe **Grafik erstellen** der Registerkarte **SmartArt-Tools/Entwurf** geöffnet und mit der Kreuz-Schaltfläche ❺ oben rechts geschlossen werden.

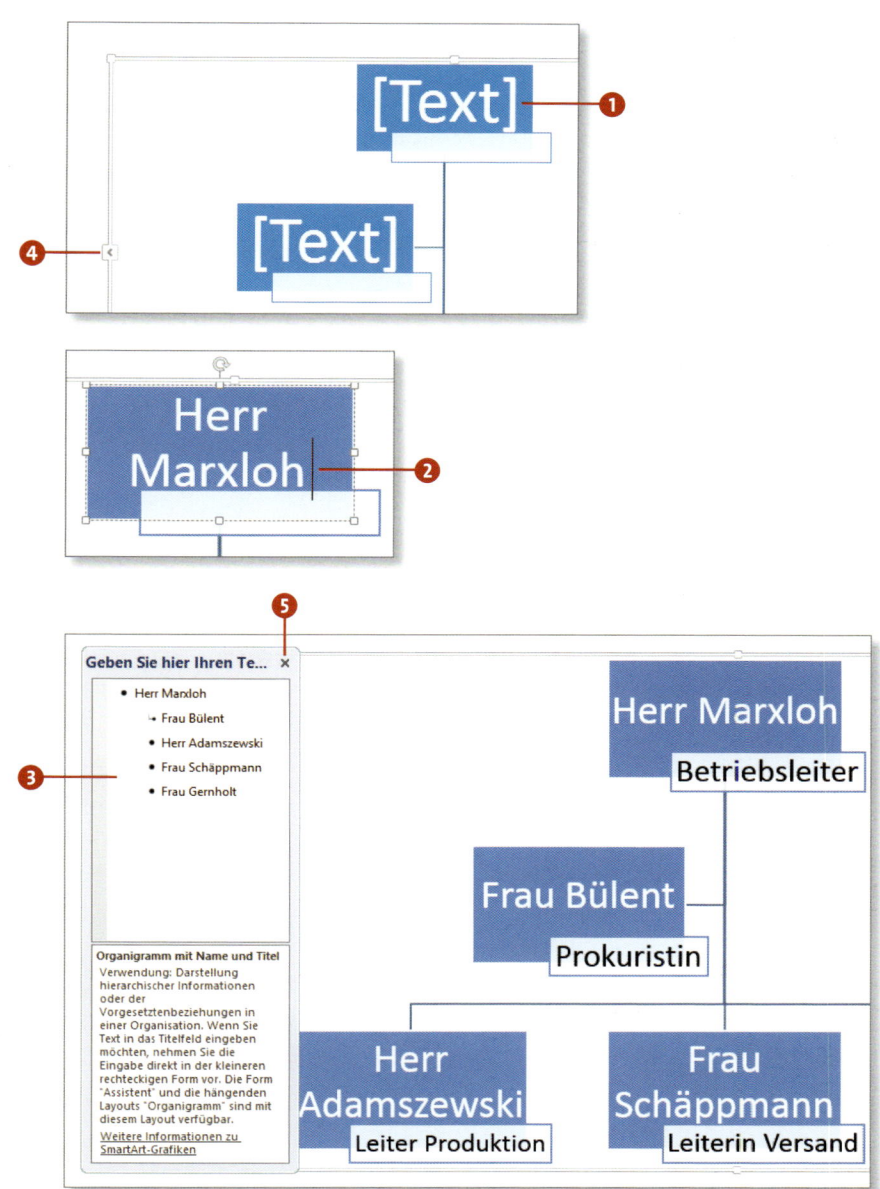

## Die SmartArt-Grafik erweitern

In den seltensten Fällen »passt« eine SmartArt-Grafik von Anfang an. Meist müssen überflüssige Formen entfernt oder weitere hinzugefügt werden. Organigramme werden oft auch erst im Laufe der Zeit erweitert – z. B. wenn ein neuer Mitarbeiter hinzustößt.

1. Um eine Form hinzuzufügen, markieren Sie zunächst eine bereits vorhandene Form.

2. Danach klicken Sie auf der Registerkarte **SmartArt-Tools/Entwurf** in der Gruppe **Grafik erstellen** auf die Schaltfläche **Form hinzufügen** ❶. Eine neue, leere Form wird unten an die SmartArt-Grafik angehängt.

3. Alternativ markieren Sie eine bereits vorhandene Form etwa an der Stelle, wo die neue Form ergänzt werden soll. Dann klicken Sie nicht mitten auf die Schaltfläche **Form hinzufügen**, sondern auf den Pfeil ❷ an der Schaltfläche, und bestimmen die Positionierung der neuen Form über die Auswahl des entsprechenden Eintrags im Menü. Auch so wird eine leere Form ergänzt.

4. Um eine Form zu löschen, klicken Sie sie an und drücken `Entf`.

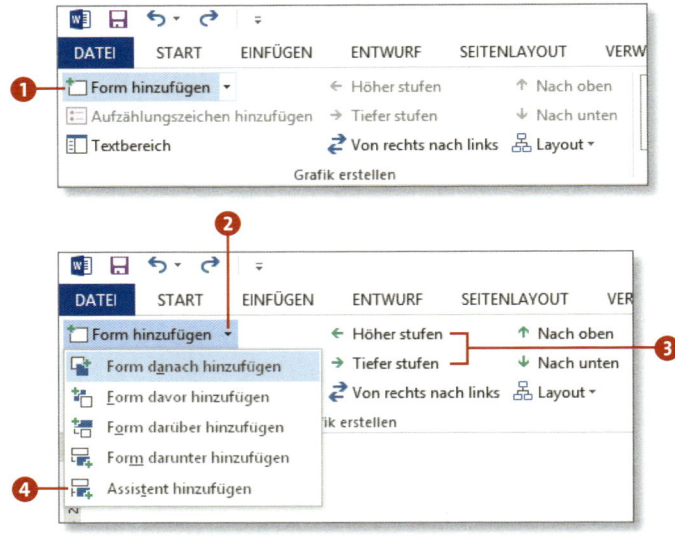

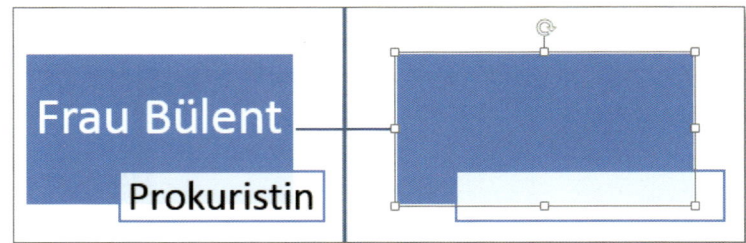

ℹ **Hierarchie nachträglich verändern**

Mit den Schaltflächen **Höher stufen** und **Tiefer stufen** ❸ in der Gruppe **Grafik erstellen** können Sie eine ausgewählte (angeklickte) Form der SmartArt-Grafik nachträglich höher oder tiefer einordnen.

**Assistent hinzufügen**

Wenn Sie im Menü **Form hinzufügen** den untersten Eintrag **Assistent hinzufügen** ❹ auswählen, wird der aktuell markierten Form eine neue Form untergeordnet. Darin könnte dann z. B. der Assistent der Geschäftsleitung o. Ä. genannt werden.

# Die SmartArt-Grafik gestalten

Die hierarchische Gestaltung des Organigramms ist vollzogen. Also wagen wir uns nun an die Optik heran.

1. Die Farben des gesamten Organigramms lassen sich sehr schnell ändern, indem Sie auf der Registerkarte **SmartArt-Tools/Entwurf** ❶ in der Gruppe **SmartArt-Formatvorlagen** auf **Farben ändern** ❷ klicken und eine passende Gestaltung aus dem Menü wählen. Das Organigramm muss vorher angeklickt werden.

2. Die Farben einzelner Formen ändern Sie, indem Sie die jeweilige Form markieren und dann in der Gruppe **Formenarten** der Registerkarte **SmartArt-Tools/Format** auf **Fülleffekt** klicken (siehe dazu auch den Abschnitt »SmartArt-Farben und -Effekte« ab Seite 270). Den Text innerhalb der Formen formatieren Sie mit den bekannten Befehlen auf der Registerkarte **Start**.

3. Richtig interessant wird es aber, wenn Sie im Auswahlfeld der Gruppe **SmartArt-Formatvorlagen** auf der Registerkarte **SmartArt-Tools/Entwurf** eine andere Figur einstellen, z. B. **Vogelperspektiveszene** ❸. Um den Katalog an Vorlagen zu erweitern, klicken Sie auf den unteren Pfeil am Auswahlfeld.

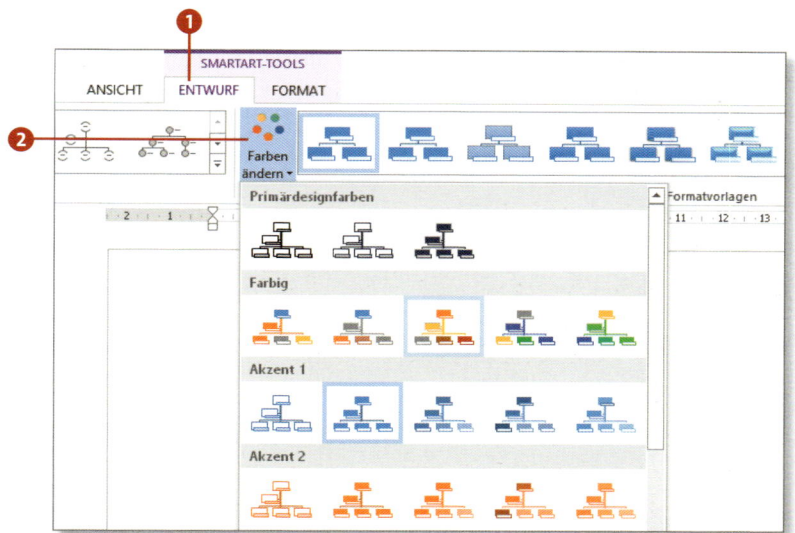

> **ℹ Die Größe des SmartArt-Objekts anpassen**
>
> Die Größe des gesamten Organigramms ändern Sie, indem Sie die Anfasser seines Rahmens mit gedrückter Maustaste verschieben. Manchmal ist es aber auch erforderlich, einzelne Formen ein wenig zu vergrößern – z. B. wenn der Text darin zu sehr an den Rand gequetscht wird. Markieren Sie dazu die Form, und ziehen Sie sie an einem der quadratischen Anfasser größer. Das müssen Sie jedoch vor Schritt 3 tun (zumindest wenn Sie die Vogelperspektive verwenden, denn in dieser Darstellung gibt es keine Anfasser mehr). Falls nötig, ändern Sie die SmartArt-Formatvorlage einfach noch einmal.

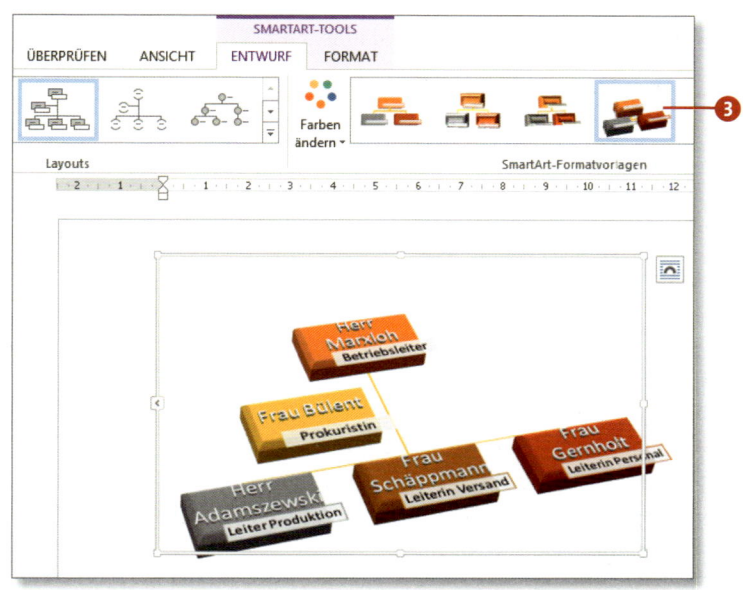

# SmartArt-Farben und -Effekte

Werfen wir abschließend noch einen Blick auf einige interessante Effekte, die das Organigramm zusätzlich aufwerten können. Dabei helfen vor allem die Befehle auf der Registerkarte **SmartArt-Tools/Format** weiter.

1. Um eine einzelne Form mit einer anderen Hintergrundfarbe zu versehen, müssen Sie sie zuerst markieren. Wollen Sie hingegen den Hintergrund des ganzen Organigramms einfärben, achten Sie darauf, dass dessen Rahmen ausgewählt ist, nicht eine der Formen.

2. Danach öffnen Sie das Register **SmartArt-Tools/Format** ❶ und klicken auf die Schaltfläche **Fülleffekt** ❷ in der Gruppe **Formenarten**.

3. Wählen Sie die gewünschte Farbe aus, indem Sie auf ein Farbfeld klicken ❸.

---

**ℹ Formkontur ändern**

Sie möchten zusätzlich noch eine Kontur um das Organigramm legen? Dann wiederholen Sie Schritt 2, wobei Sie jedoch nicht auf **Fülleffekt**, sondern auf die Schaltfläche **Formkontur** darunter klicken.

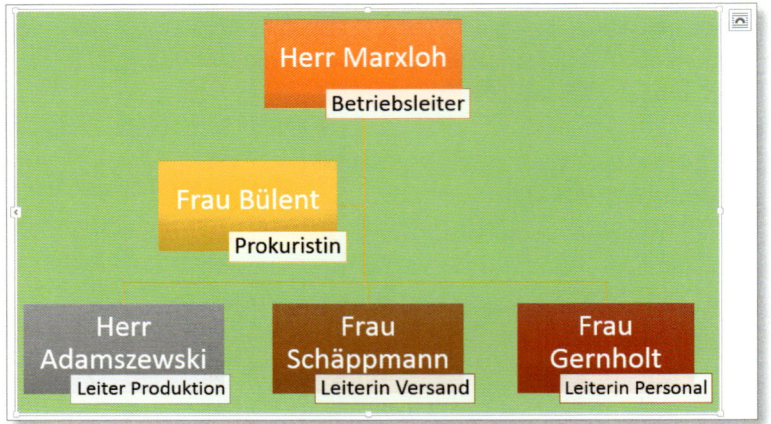

4. Mithilfe der Schaltfläche **Formeffekte** ❹, die Sie ebenfalls auf der Registerkarte **SmartArt-Tools/Format** finden, lassen sich weitere tolle Effekte anwenden. Während die meisten Effekte sich auf die Formen auswirken, können andere (z. B. die Leuchteffekte) auch auf den Rahmen der SmartArt-Grafik angewandt werden.

5. Auch die Vorlagen aus der Gruppe **WordArt-Formate** ❺ lassen sich auf einzelne Formen übertragen. Um sie gleichzeitig auf alle Formen anzuwenden, müssen Sie lediglich den Rahmen des Organigramms anklicken und anschließend das gewünschte WordArt-Format einstellen.

6. Wer am Ende der Meinung ist, dass das alles zu viel war, und mit der Gestaltung des Organigramms noch einmal von vorne beginnen möchte, der klickt in der Gruppe **Zurücksetzen** ganz rechts auf der Registerkarte **SmartArt-Tools/Entwurf** ❻ auf **Grafik zurücksetzen**.

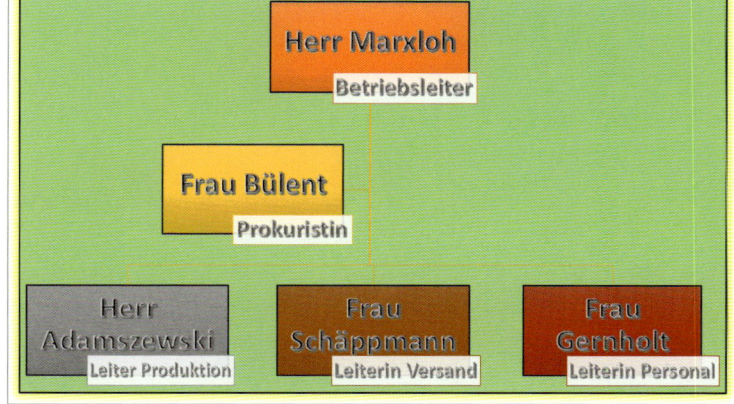

---

**i** **SmartArt-Grafik spiegeln**

Wenn Sie die Formen des Organigramms (nicht die Schrift!) horizontal spiegeln möchten, klicken Sie auf der Registerkarte **SmartArt-Tools/Entwurf** in der Gruppe **Grafik erstellen** auf die Schaltfläche **Von rechts nach links**.

# SmartArt-Grafiken im Text positionieren

Es wird nun Zeit, das Organigramm an der passenden Stelle in den Fließtext zu integrieren. Hier empfiehlt sich eine Einstellung, die verhindert, dass sich links und rechts neben dem Organigramm noch Fließtext zeigen kann.

1. Setzen Sie einen Mausklick auf das Organigramm, damit dieses komplett ausgewählt wird ❶. Klicken Sie dazu auf den Bereich um die Formen oder gleich auf den Rahmen, damit nicht aus Versehen eine einzelne Form ausgewählt wird.

2. Klicken Sie auf die kleine Schaltfläche **Layoutoptionen** ❷ oben rechts neben dem Organigramm.

3. Im zugehörigen Menü entscheiden Sie sich in der Rubrik **Mit Textumbruch** für die Option **Oben und unten** ❸. Sie bewirkt, dass der Fließtext nur ober- und unterhalb der SmartArt-Grafik stehen kann (siehe dazu auch den Abschnitt »Ausrichtung und Drehung« ab Seite 216).

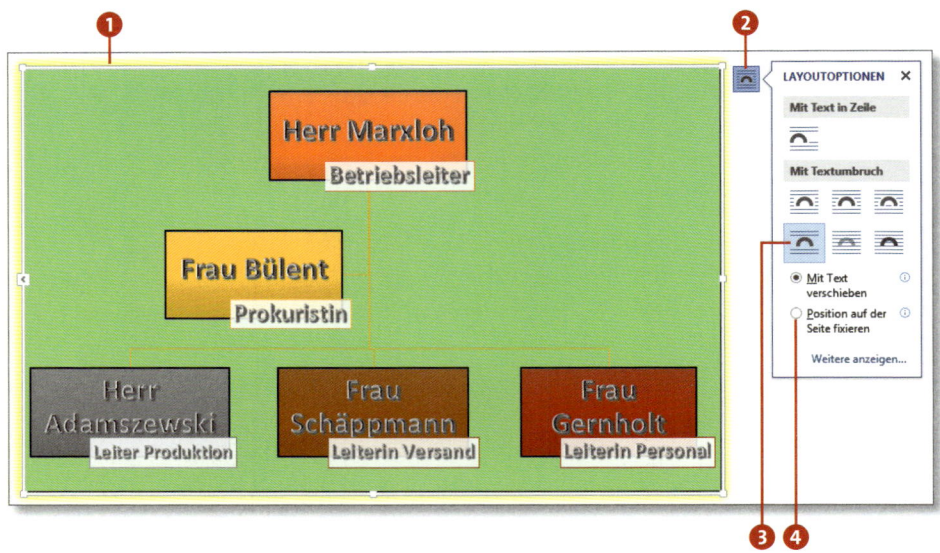

### SmartArt-Grafik auf der Seite fixieren

Möchten Sie, dass das SmartArt-Objekt stets an der gleichen Stelle stehenbleibt und seine Position auch nicht durch einen späteren Textumbruch verändert? Dann aktivieren Sie im Menü **Layoutoptionen** den Radio-Button **Position auf der Seite fixieren** ❹ (siehe dazu auch den Kasten »Position auf der Seite fixieren« auf Seite 219).

**4.** Um das SmartArt-Objekt nun an seinen richtigen Platz im Fließtext zu stellen, gibt es zwei Möglichkeiten. Die erste: Sie ziehen das Objekt mit gedrückter Maustaste zum richtigen Absatz und lassen es dort fallen. Der Text wird an dieser Stelle umbrochen.

**5.** Alternativ drücken Sie ⌈Strg⌉ + ⌈X⌉, während die SmartArt-Grafik markiert ist. So wird sie ausgeschnitten und in der Zwischenablage »geparkt«. Jetzt müssen Sie nur noch eine Zeile innerhalb des Fließtextes frei machen (indem Sie ⌈↵⌉ drücken) und anschließend ⌈Strg⌉ + ⌈V⌉ drücken, um die Grafik dort einzufügen, wo der Cursor steht.

Werfen wir abschließend noch einen Blick auf einige interessante Effekte, die das Organigramm zusätzlich aufwerten können. Dabei hilft vor allem das Register Format der SmartArt-Tools weiter.

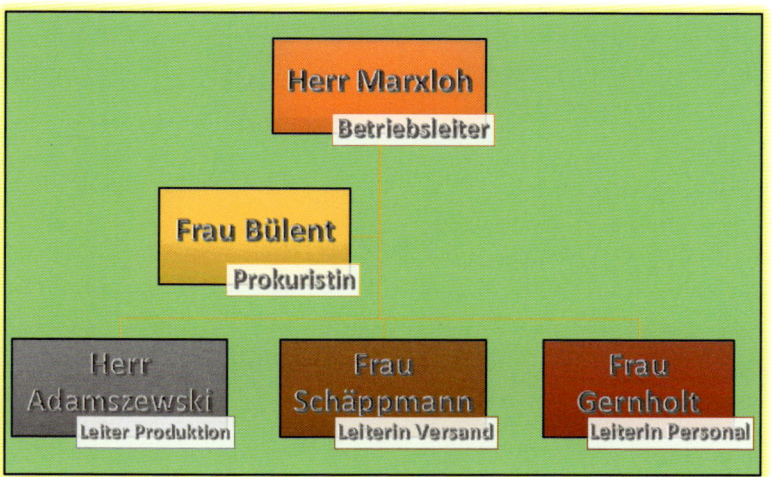

Wollen Sie eine einzelne Form mit einer anderen Hintergrundfarbe ausstatten, müssen Sie diese markieren. Wollen Sie hingegen den Hintergrund des Organigramms einfärben, achten Sie darauf, dass das Organigramm ausgewählt ist, jedoch keine der Formen.

**i SmartArt-Grafik bleibt editierbar**

Die SmartArt-Grafik kann jederzeit überarbeitet werden, auch wenn Sie sie schon im Fließtext eingeordnet haben. Wann immer Sie Änderungen daran durchführen wollen, klicken Sie die Grafik an und nutzen wie beschrieben die Befehle auf der Registerkarte **SmartArt-Tools**. Beachten Sie jedoch, dass Änderungen Auswirkungen auf den nachfolgenden Fließtext haben können (z. B. wenn Sie die Größe der Grafik verändern).

# 11

# Drucken, Exportieren und Freigeben

Dieses Kapitel steht gänzlich im Zeichen der Kommunikation. Klar, wenn Sie ein Dokument erstellt haben, wollen Sie es meistens auch zu Papier bringen. Generell ist aber zu empfehlen, es vorab noch einmal zu prüfen. Word stellt dazu einige interessante Möglichkeiten bereit. So gibt es z. B. die Druckvorschau, die noch einmal einen Überblick gibt, bevor der Drucker seine Arbeit verrichtet.

In diesem Kapitel erfahren Sie außerdem, welche zahlreichen Optionen es fürs Ausdrucken gibt. Denn möglicherweise wollen Sie ja nur einen Teil des Dokuments ausgeben bzw. einzelne Seiten aussparen. Darüber hinaus werden wir uns aber auch mit dem sogenannten *Seriendruck* befassen. Diese Funktion kommt immer dann zum Tragen, wenn es darum geht, zahlreiche Ausdrucke zu produzieren (z. B. Etiketten, Briefumschläge oder Serienbriefe).

Im letzten Teil dieses Kapitels beschäftigen wir uns dann mit den Möglichkeiten, Dokumente für andere zugänglich zu machen. Sie können eine Word-Datei z. B. direkt aus der Anwendung heraus als E-Mail-Anhang versenden, sie im Internet speichern oder in eine sogenannte *Cloud*, also einen Onlinespeicher wie z. B. SkyDrive, hochladen.

# Die Registerkarte »Datei«: Backstage-Ansicht

In der Word-Standardansicht finden Sie ganz oben links das Register **Datei ❶**. Es ist blau eingefärbt, weil ihm ein Sonderstatus zukommt. Es ist nämlich das einzige Register, nach dessen Auswahl die Word-Standardansicht verlassen wird. Sie gelangen dann zur *Backstage-*

*Ansicht*. Diese wird das zentrale Element dieses Kapitels sein, da (mit Ausnahme der Seriendruckfunktion) so ziemlich alle hier beschriebenen Word-Funktionen über diese Seite erreicht werden.

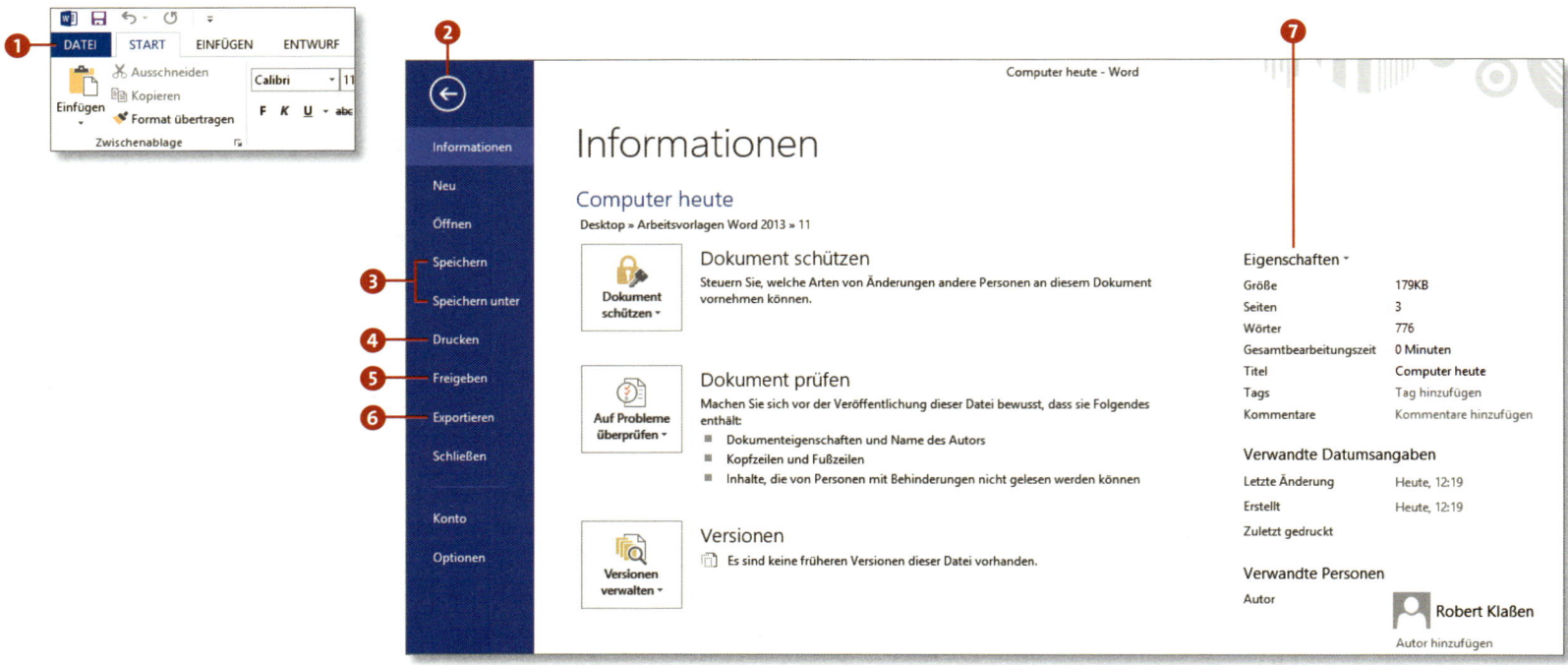

❷  zurück zur Standardansicht

❸  **Speichern** und **Speichern unter:** Sichern des Word-Dokuments auf der Festplatte oder einem Speichermedium oder online auf dem SkyDrive

❹  **Drucken:** das Dokument ausdrucken

❺  **Freigeben:** das Dokument per E-Mail verschicken, als Blog veröffentlichen oder im Internet zeigen

❻  **Exportieren:** Ausgabe als PDF- oder XPS-Datei

❼  **Informationen > Eigenschaften:** Informationen zur Größe des Dokuments, der Anzahl seiner Seiten und Wörter etc.

## Die Druckvorschau

Bevor Sie ein Dokument zu Papier bringen, sollten Sie prüfen, wie es in der ausgedruckten Form aussehen wird. Die Druckvorschau eignet sich bestens dazu, da hier ein Überblick über die gesamte Seite gewährt wird. So sieht man auch, ob Textanordnung, Seitenränder etc. in Ordnung sind.

1. Klicken Sie zunächst auf das Register **Datei**, und wählen Sie in der Backstage-Ansicht die Rubrik **Drucken** ❶. Alternativ können Sie auch [Strg] + [P] drücken, um den Druckdialog aufzurufen.

2. Indem Sie den Scrollbalken ❷ verschieben, können Sie nun von Seite zu Seite springen. Das funktioniert auch, sofern vorhanden, mithilfe des Rädchens an Ihrer Maus, per Klick auf die Pfeil-Schaltflächen ❸ oder indem Sie einfach eine Seitenzahl in das Feld ❹ eintragen.

3. Kontrollieren Sie das Dokument, und zoomen Sie es bei Bedarf mit dem Schieberegler ❺ kleiner oder größer. Wenn Sie auf **Auf Seite zoomen** ❻ klicken, wird die aktuelle Seite wieder formatfüllend dargestellt.

> ℹ **Zurück zur Standardansicht**
>
> Haben Sie einen Fehler entdeckt? Dann brechen Sie die Druckvorschau ab und kehren zurück zur herkömmlichen Dokumentansicht. Das wird mit einem Klick auf den Pfeil oben links ❼ oder durch Drücken von [Esc] erreicht.

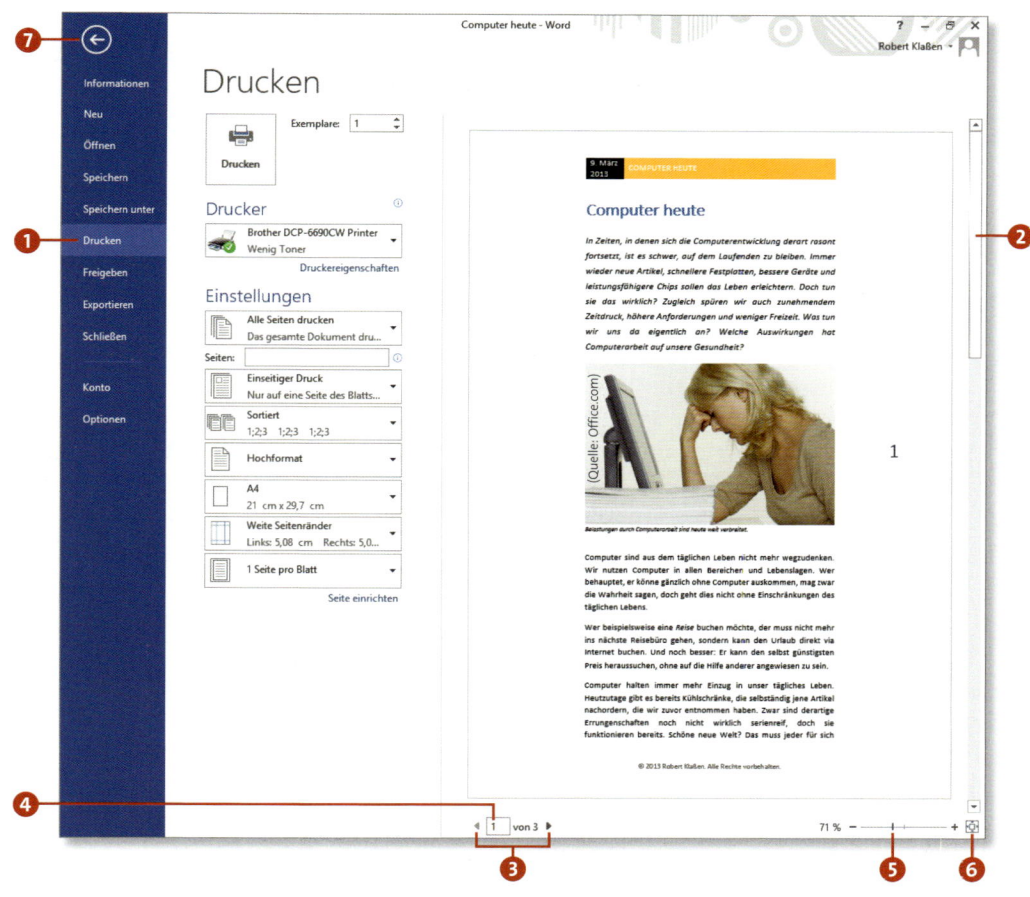

## Alle Seiten oder Einzelseiten drucken

Nicht immer muss das gesamte Dokument gedruckt werden. Oftmals benötigt man nur Auszüge daraus. Manchmal müssen nur einzelne Seiten nachgedruckt werden, deren Inhalt sich zwischenzeitlich verändert hat. Bestimmen Sie also selbst, was ausgegeben wird und was nicht.

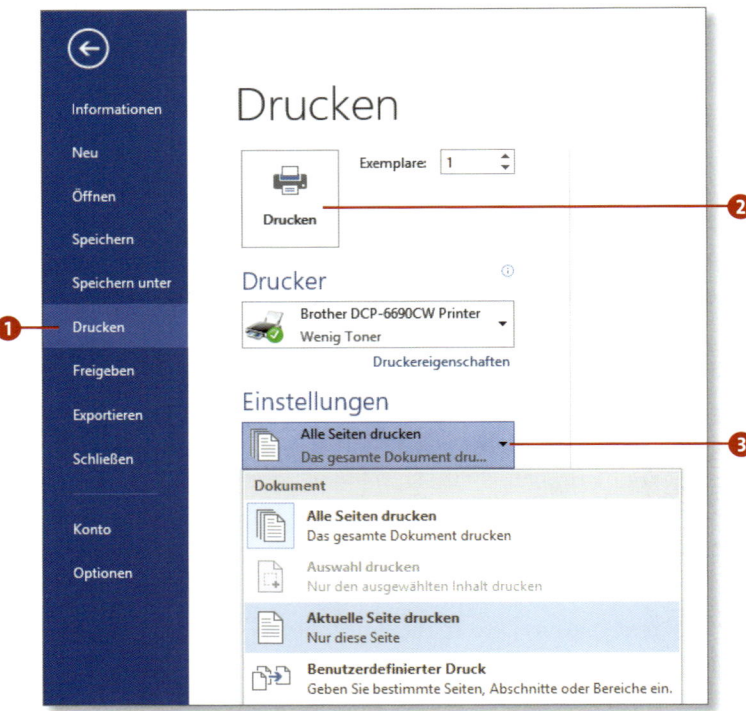

1. Für den Fall, dass alle Seiten ausgegeben werden sollen, müssen Sie nichts anderes tun, als nach der Auswahl von **Datei > Drucken** ❶ auf die Schaltfläche **Drucken** ❷ zu klicken.

2. Sollen nur einzelne Seiten ausgegeben werden, haben Sie zwei Möglichkeiten. Zum einen können Sie im Bereich **Einstellungen** auf den Pfeil an der Schaltfläche **Alle Seiten drucken** ❸ klicken und im Menü z. B. **Aktuelle Seite drucken** auswählen. Das hätte zur Folge, dass nur die gerade in der Vorschau angezeigte Seite zu Papier gebracht würde.

3. Alternativ dazu können Sie die zu druckenden Seiten aber auch im darunter befindlichen Eingabefeld **Seiten** ❹ genau festlegen. Beachten Sie dazu die Hinweise im Kasten »Schreibweise für die Seitenangabe«.

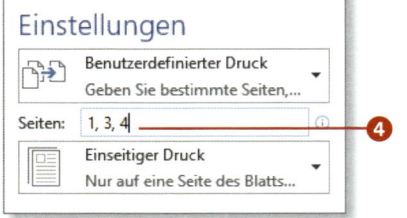

**i**

### Schreibweise für die Seitenangabe

Wenn nur eine bestimmte Seite ausgegeben werden soll, tragen Sie einfach deren Seitenzahl im Feld **Seiten** ein. Sie können aber auch gleich mehrere unzusammenhängende Seiten oder ganze Bereiche angeben: Dann schreiben Sie z. B. *1, 4, 5, 2-5* oder *1, 4-5*.

# Zusätzliche Informationen drucken

Dass man mit **Datei > Drucken > Drucken** den Inhalt eines Word-Dokuments auf Papier ausgeben kann, verwundert nicht sonderlich. Innerhalb des Druckdialogs gibt es aber noch weitere Ausgabemöglichkeiten. So können z. B. auch Dokumentinformationen zu Papier gebracht werden. Das ist immer dann interessant, wenn Sie mehr über das zugrunde liegende Dokument mitteilen wollen. Dazu klicken Sie im Bereich **Einstellungen** des Druckdialogs auf den Pfeil an der obersten Schaltfläche **Alle Seiten drucken** ❶. Im zugehörigen Menü entscheiden Sie sich für den passenden Eintrag, z. B. **Dokumentinformationen** ❷.

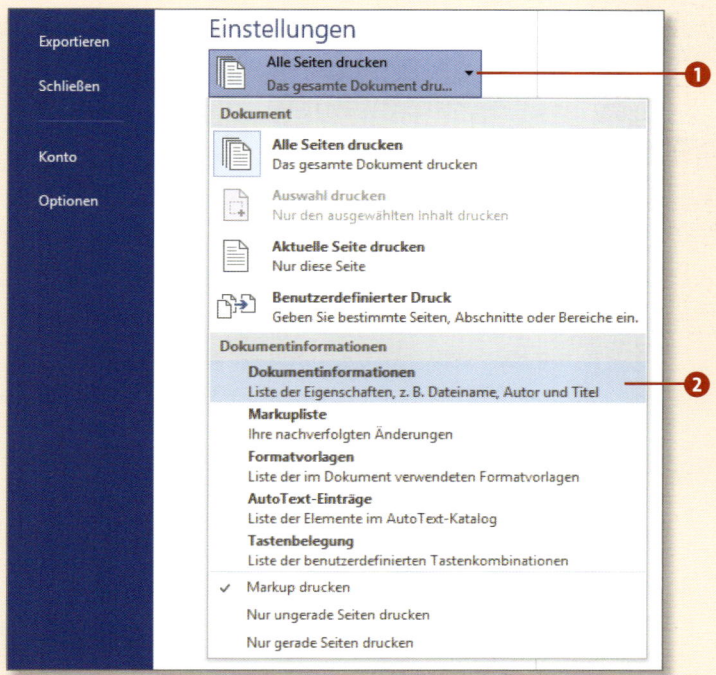

*Drucken Sie bei Bedarf weitere Informationen zum jeweiligen Word-Dokument aus.*

Zum besseren Verständnis stellen wir Ihnen nun einmal kurz sämtliche Möglichkeiten vor:

- **Dokumentinformationen:** Eigenschaften des Dokuments (also die Angaben, die unter **Datei > Informationen** ganz rechts im Bereich **Eigenschaften** aufgeführt sind)

- **Markupliste:** Liste der Änderungen, die in der Gruppe **Nachverfolgung** des Registers **Überprüfen** angelegt sind (siehe dazu auch Kapitel 12, »Im Team arbeiten«, ab Seite 303)

- **Formatvorlagen:** Liste aller im Dokument verwendeten Formatvorlagen

- **AutoText-Einträge:** Liste der AutoText-Schnellbausteine (z. B. Namenskürzel, Bearbeiter etc.)

- **Tastenbelegung:** Liste der individuell für das Dokument vergebenen Tastaturkürzel

- **Markup drucken:** Ausdruck der Kommentare, Sprechblasen und Anmerkungen

- **Nur ungerade Seiten drucken:** Ausdruck der Seiten 1, 3, 5, 7 etc.

- **Nur gerade Seiten drucken:** Ausdruck der Seiten 2, 4, 6, 8 etc.

Selbstverständlich müssen Sie nach der Auswahl eines der genannten Einträge noch auf die Schaltfläche **Drucken** im oberen Teil des Druckdialogs klicken, um den Druckvorgang tatsächlich zu starten.

## Weitere Einstellungen für den Druck

Wer mehr Einfluss auf das Druckergebnis nehmen möchte, der sollte weitere Einstellungen vornehmen, bevor er auf **Drucken** ❶ klickt. So kann z. B. festgelegt werden, wie viele Exemplare des Dokuments ausgegeben werden, ob nur gerade oder ungerade Seiten berücksichtigt werden etc.

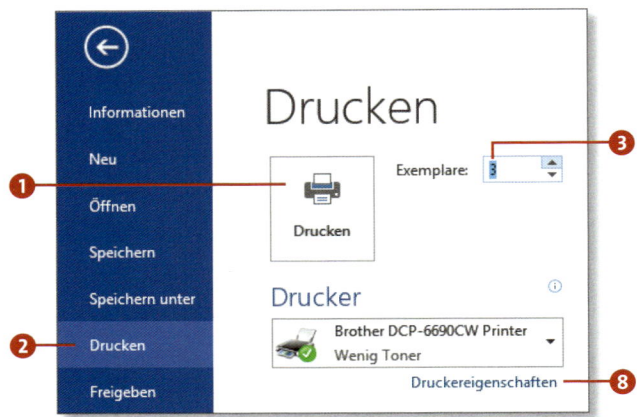

1. Zunächst einmal klicken Sie auf **Datei > Drucken** ❷, oder drücken Sie [Strg] + [P].

2. Neben der Schaltfläche **Drucken** sehen Sie das Feld **Exemplare** ❸. Erhöhen Sie den Standardwert, indem Sie auf die kleine Schaltfläche mit dem nach oben weisenden Pfeil am Feld klicken. (Zum Verringern der Anzahl verwenden Sie die untere Schaltfläche.) Sie können die Anzahl auch direkt in das Feld eintragen.

3. Wenn Sie mehrere Exemplare drucken, können Sie bestimmen, in welcher Reihenfolge der Drucker die Einzelseiten ausgibt. Klicken Sie dazu im Bereich **Einstellungen** auf den Pfeil an der Schaltfläche **Sortiert** ❹. In der Liste entscheiden Sie sich z. B. für **Getrennt**. Beachten Sie dazu die Hinweise im Kasten »Sortiert oder getrennt drucken«.

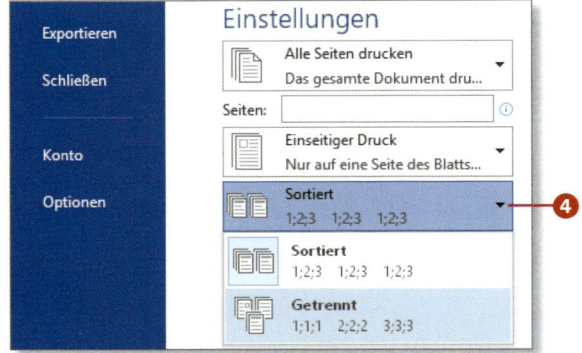

---

**ℹ Sortiert oder getrennt drucken**

Mit der Option **Sortiert** werden alle Seiten des Dokuments einmal nacheinander gedruckt, beim nächsten Exemplar wird von vorne begonnen. Die Einstellung **Getrennt** bewirkt, dass zunächst die Seite 1 so oft gedruckt wird, wie im Feld **Exemplare** angegeben ist, und erst dann die Seite 2 in Angriff genommen wird (ebenfalls so oft, wie angegeben ist) etc. Das ist z. B. dann praktisch, wenn Sie ein Seminar leiten und den Teilnehmern die Einzelseiten erst nach und nach zukommen lassen wollen.

4. Sie können mit einem Klick auf den Pfeil an der Schaltfläche **Einseitiger Druck** ❺ auch entscheiden, ob jeweils nur die Vorderseite des Papiers bedruckt werden soll (**Einseitiger Druck**) oder ob Sie Vorder- und Rückseite nutzen wollen (**Beidseitiger manueller Druck** – hier müssen Sie die Blätter eigenhändig umdrehen; siehe dazu auch den Kasten »Duplex-Druck«). Standardmäßig ist der einseitige Druck vorgesehen.

5. Ob Ihr Dokument im Hoch- oder im Querformat gedruckt werden sollte, »weiß« Word üblicherweise von selbst. Dennoch könnten Sie diese Einstellung ändern, indem Sie auf den Pfeil an der Schaltfläche **Hochformat** ❻ klicken und die entsprechende Ausrichtung im Menü wählen. Doch Vorsicht! Bei einer Seite im Querformat passt unter Umständen Ihr im Hochformat angelegtes Layout nicht mehr.

6. Über die Schaltfläche ganz unten ❼ können Sie zu guter Letzt noch angeben, dass z. B. zwei verkleinerte Seiten pro Blatt gedruckt werden sollen.

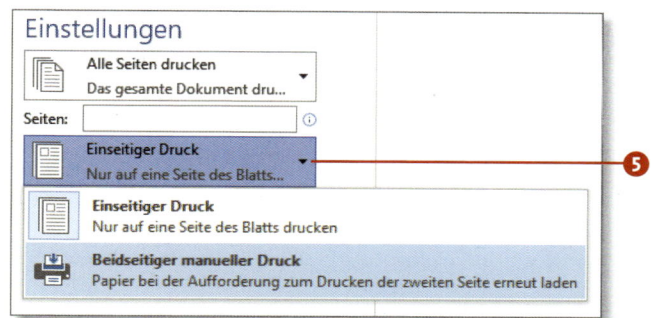

### Duplex-Druck

Einige Drucker sind in der Lage, zweiseitig zu drucken, ohne dass Sie die Blätter von Hand umdrehen. Die entsprechenden Einstellungen müssen Sie im jeweiligen Drucker-Menü vornehmen. Aus Word heraus erreichen Sie dieses mit Klick auf **Druckereigenschaften** (❽ in Bild 1 auf Seite 280).

## Seitenränder einstellen

Die Definition der Seitenränder nehmen Sie standardmäßig über die Schaltfläche **Seitenränder** auf der Registerkarte **Seitenlayout** vor. Sollten Sie kurz vor dem Druck doch noch Änderungen vornehmen wollen, können Sie das jedoch auch im Druckdialog erledigen. Aber Vorsicht: Das hat Auswirkungen auf das gesamte Dokument – also nicht nur auf diesen Ausdruck.

1. Nachdem Sie auf **Datei > Drucken** ❶ geklickt haben, werden die Seitenränder in der Druckvorschau so angezeigt, wie Sie sie im Dokument eingestellt haben.

2. Wenn Sie das ändern wollen, klicken Sie im Bereich **Einstellungen** auf die Schaltfläche **Normale Seitenränder** ❷ (bzw. **Weite Seitenränder** – wie die Schaltfläche heißt, ist abhängig von den zuvor eingestellten Werten). Im Menü können Sie ganz einfach eine andere Einstellung für die Seitenränder wählen.

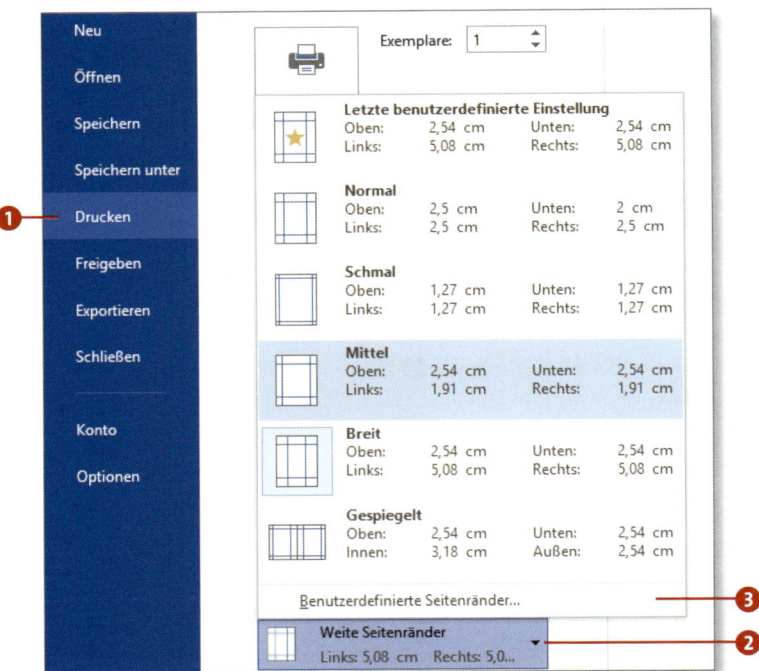

---

**ℹ Seitenränder manuell festlegen**

Wenn Sie die Seitenränder ganz genau angeben möchten, klicken Sie unten im Menü auf **Benutzerdefinierte Seitenränder** ❸. Danach lassen sich die gewünschten Werte im Dialog **Seite einrichten** in den Feldern **Oben**, **Unten**, **Links** und **Rechts** exakt eintragen.

## Einen Drucker auswählen

Haben Sie mehrere Drucker im Einsatz? Wollen Sie einem davon den Vorzug geben? Dann treffen Sie jetzt Ihre Wahl.

1. Klicken Sie auf die Registerkarte **Datei**, gefolgt von **Drucken** ❶ in der blauen Spalte der Backstage-Ansicht.

2. Im Bereich **Drucker** wird der Standarddrucker des Systems angezeigt (siehe dazu auch den Abschnitt »Einen Standarddrucker vorgeben« auf Seite 285). Falls Sie einen anderen Drucker angeben wollen, klicken Sie auf den Pfeil an der Schaltfläche ❷.

3. Wählen Sie aus der Liste einen anderen Drucker aus. Den Druckvorgang starten Sie mit einem Klick auf die Schaltfläche **Drucken** ❸.

ℹ️ **Interne Dokumentdrucker**

Sie können ein Word-Dokument, anstatt es auf Papier auszudrucken, auch in eine Datei ausgeben, z. B. XPS oder PDF. Wenn Sie einen der Einträge zur Ausgabe als Datei verwenden (z. B. **Journalnotizdruck** oder **Microsoft XPS Document Writer** ❹), müssen Sie im Anschluss an den Klick auf **Drucken** noch angeben, wo die ausgegebene Datei abgelegt werden soll. Solche Dateien können übrigens mit der Software *Windows Journal* bzw. *XPS-Viewer* oder mit der Windows-8-App *Reader* geöffnet werden.

## Papierformat

Papierformate sind genormt, d. h., ihre Abmessungen sind nicht zufällig, sondern genau festgelegt. Dies gilt zum einen für die Abmessungen selbst (also Breite und Höhe), zum anderen für das Seitenverhältnis (Breite und Höhe im Verhältnis zueinander). Die einzelnen Formate wurden bereits Anfang des 20. Jahrhunderts festgelegt. Zwar gilt unsere Norm nicht weltweit (die USA z. B. verwenden andere Papierformate), aber hierzulande ist sie zuverlässig und verbindlich. Wenn Sie Druckerpapier kaufen (z. B. im Format DIN A4), hat dieses in München die gleichen Abmessungen wie in Hamburg. Um das Format für Ihren Ausdruck festzulegen, klicken Sie im Bereich **Einstellungen** des Druckdialogs auf den Pfeil an der Schaltfläche **A4** ❶. Natürlich muss der Drucker auch in der Lage sein, das entsprechende Format zu verarbeiten.

noch die Hälfte der Fläche etc. Die gängigsten Formate entnehmen Sie bitte der folgenden Tabelle.

| DIN | Breite in mm | Höhe in mm |
| --- | --- | --- |
| A0 | 841 | 1.189 |
| A1 | 594 | 841 |
| A2 | 420 | 594 |
| A3 | 297 | 420 |
| A4 | 210 | 297 |
| A5 | 148 | 210 |
| A6 | 105 | 148 |
| A7 | 74 | 105 |
| A8 | 52 | 74 |

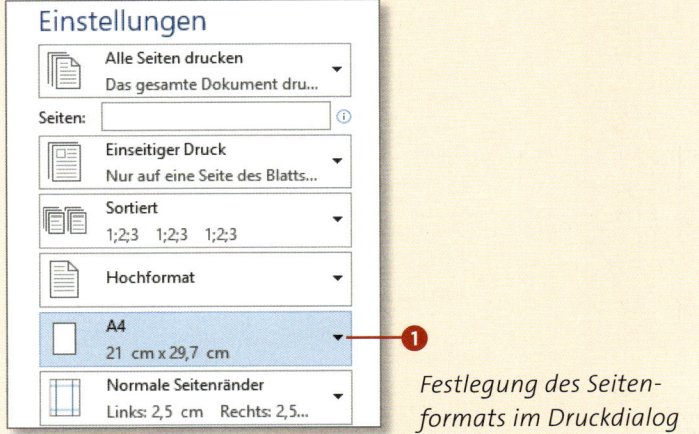

*Festlegung des Seiten-
formats im Druckdialog*

Das *Deutsche Institut für Normung* (DIN) hat die Abmessungen in der Norm 476 festgelegt. Das zugrunde liegende Maß ist 1 m² Papier, das im Seitenverhältnis 1 : √2 (Breite zu Höhe) angelegt ist (das entspricht dann dem Format DIN A0). Das nächstkleinere Format hat nur

# Einen Standarddrucker vorgeben

Wenn Sie den Abschnitt »Einen Drucker auswählen« auf Seite 283 gelesen haben, ist Ihnen sicher aufgefallen, dass einer der Drucker der Liste (falls Sie mehrere Drucker eingerichtet haben) mit einem grünen Häkchen versehen ist ❶. Das ist der Standarddrucker. Sie können ihn selbst vorgeben.

1. Öffnen Sie die Systemsteuerung, indem Sie das Schnellstartmenü mit ⊞ + ⓧ öffnen und darin auf **Systemsteuerung** klicken.

2. In der Systemsteuerung wählen Sie **Geräte und Drucker** ❷ (stellen Sie dafür die Anzeige **Symbole** ❸ ein).

3. Im Abschnitt **Drucker** sind nun alle Geräte aufgelistet. Klicken Sie mit der rechten Maustaste auf den Drucker, den Sie als neuen Standarddrucker verwenden möchten, und wählen Sie **Als Standarddrucker festlegen** ❹ aus dem Kontextmenü. Von nun an werden alle Druckaufträge automatisch an diesen Drucker geschickt, wenn Sie nichts anderes angeben.

ℹ **Einen neuen Drucker installieren**

Windows 8 erkennt einen neuen Drucker meist, sobald Sie ihn anschließen, und installiert die nötigen Treiber. Diese können Sie ggf. auch von der mitgelieferten CD-ROM installieren. Funktioniert beides nicht, öffnen Sie das Schnellstartmenü mit ⊞ + ⓧ und wählen **Systemsteuerung > Geräte und Drucker > Drucker hinzufügen** ❺. Wird der angeschlossene Drucker erkannt, wird er daraufhin aufgeführt. Wenn nicht, klicken Sie auf **Der gesuchte Drucker ist nicht aufgeführt**. Nun müssen Sie passende Angaben machen. Mit **Weiter** geht's jeweils zum nächsten Schritt.

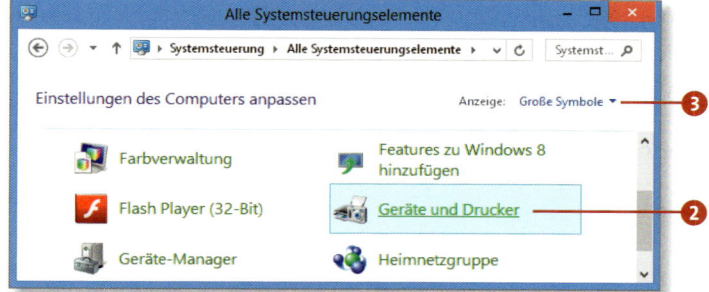

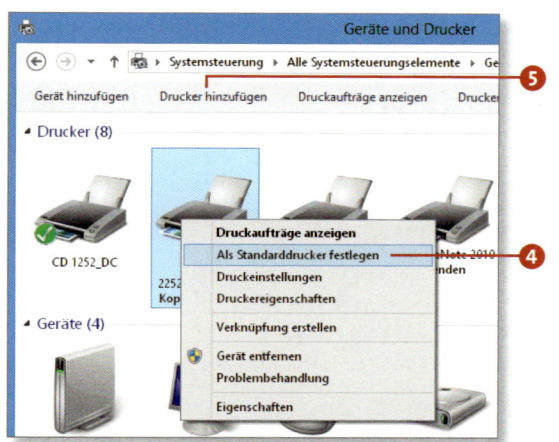

## Druckereigenschaften

Bevor ein Druckauftrag an den installierten Drucker gesendet wird, sollte dieser wunschgemäß eingestellt werden. Einige Druckereigenschaften überschneiden sich mit dem Druckmenü, das wir Ihnen in den vorangegangenen Abschnitten vorgestellt haben. Unterschiedliche Drucker warten mit eigenen Menüs, Begriffen und Darstellungsformen auf. Doch egal, welchen Druckertyp Sie verwenden, Sie werden sich schnell in diesem Menü zurechtfinden.

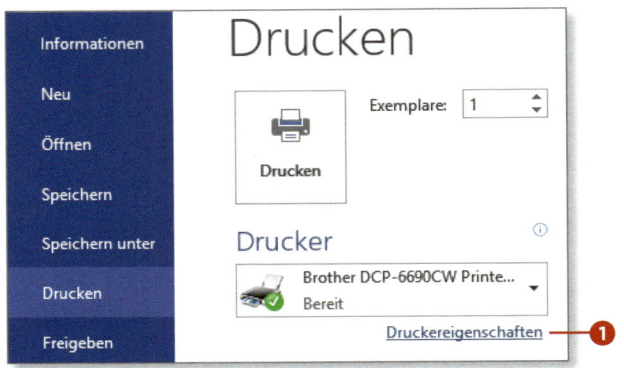

1. Um den Dialog **Eigenschaften von [Druckerbezeichnung]** zu öffnen, klicken Sie auf den Link **Druckereigenschaften** ❶.

2. Eine wichtige Einstellung ist die Art des Papiers (hier im Feld **Druckmedium** ❷). Wenn Sie herkömmliches Druckerpapier (Office-Papier) verwenden, können Sie die Standardeinstellung **Normalpapier** nutzen. Für Bilder sollten Sie lieber spezielles Papier benutzen – zumindest, wenn Sie hohe Anforderungen an die Qualität stellen – und das Feld dann auch auf **Fotopapier** umstellen.

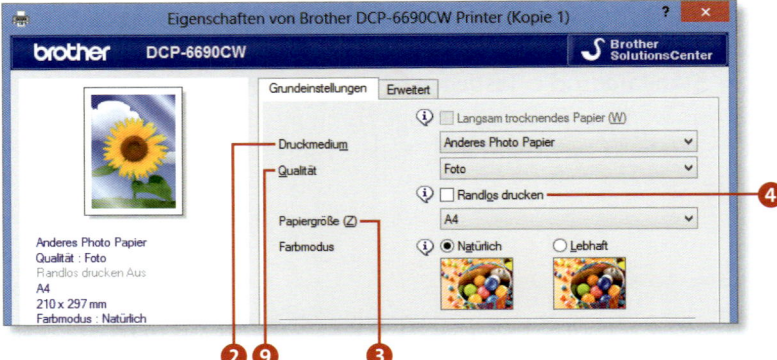

3. Achten Sie darauf, dass der Wert im Feld **Papiergröße** ❸ passend zum verwendeten Papier eingestellt wird. Bei herkömmlichem Office-Papier wählen Sie **A4** aus.

4. Weil viele Drucker heutzutage über die Blattkante hinaus drucken können, steht zumindest bei entsprechenden Fotopapieren die Option **Randlos drucken** ❹ zur Verfügung. Falls gewünscht, aktivieren Sie sie.

### Anderes Fotopapier

Gerade was Fotopapier angeht, geben Druckerhersteller gerne ihre eigenen Papiersorten als empfohlenes Papier an. Sie können aber auch Papier anderer Hersteller verwenden. Suchen Sie in diesem Fall im Menü **Druckmedium** nach dem Eintrag **Anderes**, **Anderes Fotopapier** o. Ä. Falls es keinen solchen Eintrag gibt, stellen Sie das Fotopapier des Herstellers ein.

5. Bei modernen Druckern lassen sich auch die Darstellung der einzelnen Farben und die Intensität des Drucks beeinflussen. Sie sollten jedoch grundsätzlich zunächst einen Ausdruck machen und das Ergebnis begutachten. Falls nötig, können Sie die Farben dann optimieren. Bei den meisten Druckern müssen Sie dazu die Registerkarte **Erweitert** ❺ des Dialogs **Eigenschaften von [Druckerbezeichnung]** öffnen.

6. Dann klicken Sie auf **Farbeinstellungen** ❻. Bei unserem Beispieldrucker muss außerdem noch die Checkbox **Farboptimierung** ❼ aktiviert werden, bevor die einzelnen Farben über Schieberegler verstellt werden können ❽.

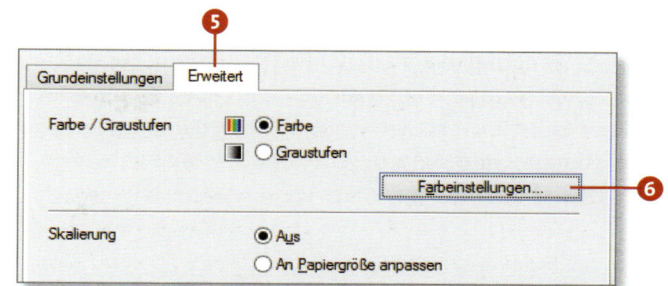

**Dauer und Qualität des Drucks**

Sie können auch die Qualität des Drucks beeinflussen (❾ in Bild 2 auf Seite 286). Wenn Sie z. B. **Foto** einstellen, dauert der Druckvorgang in der Regel erheblich länger, dafür ist die Qualität aber wesentlich besser. Papier und Qualitätseinstellungen müssen allerdings zueinander passen: Wer erwartet, mit Normalpapier ein vergleichbares Ergebnis wie mit Fotopapier zu erzielen, wird enttäuscht.

**Weitere Optionen**

Wie erwähnt, überschneiden sich einige Einstellungen mit denen des Druckmenüs, das wir Ihnen in den vorangegangenen Abschnitten vorgestellt haben. Zum Beispiel können auch hier noch Veränderungen bei der Reihenfolge der zu druckenden Seiten oder beim Seitenformat vorgenommen werden.

## Die Registerkarte »Sendungen«

Die Registerkarte **Sendungen** wird in der Regel nur dann benutzt, wenn Sie ein Word-Dokument auf irgendeine Art verschicken oder Umschläge bzw. Etiketten erstellen wollen. Wirklich interessant werden diese Funktionen, wenn Sie z. B. Serienbriefe schreiben wollen. Dafür wird ein Word-Dokument vorbereitet, das an verschiedene Absender geschickt werden kann, wobei jedes Exemplar eine eigene Empfängeradresse bekommen muss, der weitere Text jedoch in allen Schreiben gleich bleibt. Derartige und ähnliche Aufgaben erledigen Sie mit diesem Register.

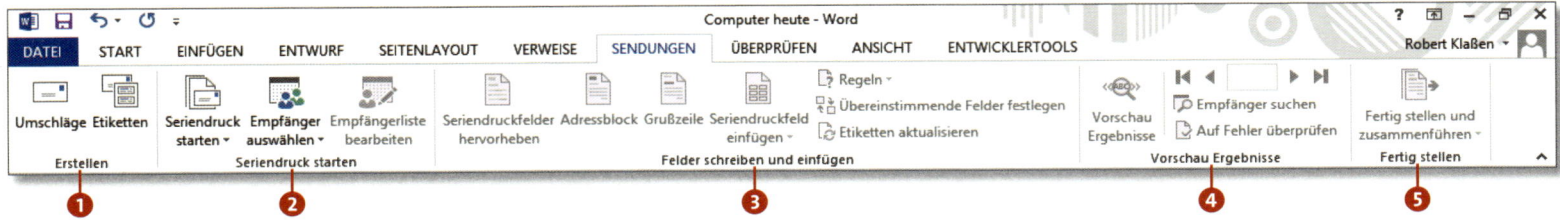

❶ **Erstellen:** Adressen auf Briefumschläge und (Klebe-)Etiketten drucken

❷ **Seriendruck starten:** ein Schreiben automatisiert mit unterschiedlichen Empfängeradressen versehen und ausdrucken

❸ **Felder schreiben und einfügen:** besondere Einstellungen für den Seriendruck

❹ **Vorschau Ergebnisse:** Kontrolle der Einzeldokumente des Serienbriefs vor dem Druck

❺ **Fertig stellen:** das Word-Dokument und die Adressen zusammenführen und drucken

# Den Seriendruck starten

Word unterstützt Sie bei unterschiedlichsten Arten von Seriendrucken. Das können z. B. Briefe, E-Mail-Nachrichten, Umschläge, Etiketten, aber auch Verzeichnisse sein. Grundsätzlich ist zu empfehlen, bei jeder Art von Seriendruck den Word-Assistenten zu benutzen. Damit dauert der Vorgang zwar etwas länger, weil Sie insgesamt sechs Schritte durchlaufen müssen, er ist aber für den Einsteiger weniger fehleranfällig.

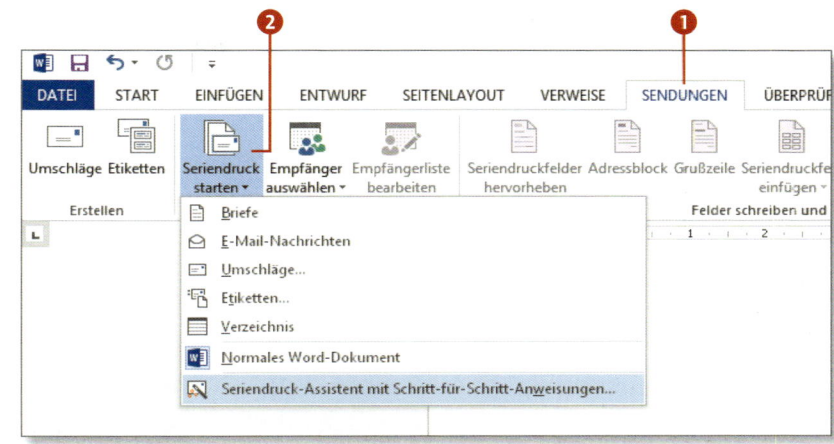

1. Aktivieren Sie das Register **Sendungen** ❶, und klicken Sie anschließend auf die Schaltfläche **Seriendruck starten** ❷.

2. Im zugehörigen Menü wählen Sie den Eintrag **Seriendruck-Assistent mit Schritt-für-Schritt-Anweisungen**.

3. Auf der rechten Seite des Dokuments wird daraufhin der Dialog **Seriendruck** eingeblendet. Hier geben Sie zuerst an, welche Art von Dokument erzeugt werden soll, z. B. **Briefe** ❸. Danach klicken Sie ganz unten auf den Link **Weiter: Dokument wird gestartet** ❹. (Wie es je nach ausgewähltem Dokumenttyp weitergeht, erfahren Sie in den Abschnitten »Serienbriefe«, »Etiketten« und »Umschläge« ab Seite 290.)

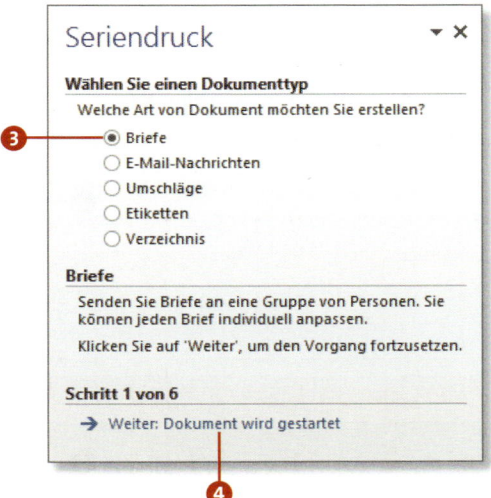

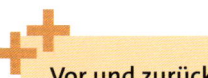

**Vor und zurück**

Sobald Sie zum ersten Mal auf **Weiter: Dokument wird gestartet** geklickt haben, wird fortan zusätzlich auch die Schaltfläche **Zurück** angeboten. Damit gelangen Sie stets zurück zum vorherigen Schritt.

## Serienbriefe

Serienbriefe sind Dokumente, die prinzipiell den gleichen Inhalt haben, die Sie jedoch jeweils mit einer eigenen Empfängeradresse versehen können. So können Sie eine Vielzahl von Briefen schreiben, ohne dafür mühsam jedes Mal ein neues Dokument anlegen zu müssen.

1. Aktivieren Sie das Register **Sendungen**, und klicken Sie dort auf **Seriendruck starten > Seriendruck-Assistent mit Schritt-für-Schritt-Anweisungen** (siehe dazu den Abschnitt »Den Seriendruck starten« auf Seite 289).

2. In der Spalte **Seriendruck** aktivieren Sie den Radio-Button **Briefe** ❶. Anschließend klicken Sie ganz unten auf **Weiter: Dokument wird gestartet** ❷.

3. Im zweiten Schritt des Assistenten müssen Sie nun wählen, welches Dokument verwendet werden soll. Mit **Aktuelles Dokument verwenden** ❸ wird stets die derzeit geöffnete Word-Datei benutzt. Klicken Sie anschließend auf **Weiter: Empfänger wählen** ❹.

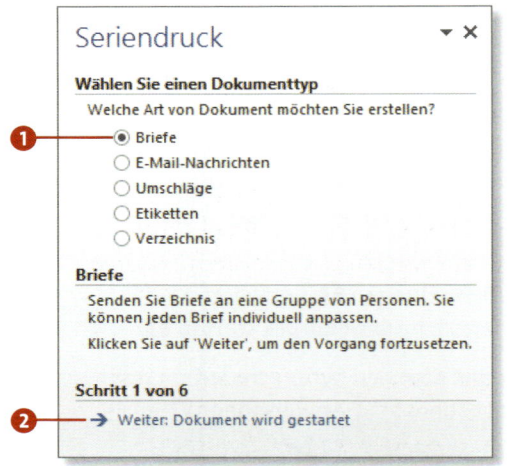

**Seriendruck für Fortgeschrittene**

Alternativ zu der hier beschriebenen Methode können Sie auf der Registerkarte **Sendungen** auch auf **Seriendruck starten > Empfänger auswählen** klicken. Wenn Sie jedoch nie zuvor mit Seriendrucken gearbeitet haben, nutzen Sie der Einfachheit halber lieber den hier beschriebenen Assistenten.

4. In Schritt 3 des Assistenten legen Sie nun eine Empfängerliste an (siehe dazu auch den Kasten »Empfängerliste erzeugen«). Dazu markieren Sie die Option **Neue Liste eingeben** ❺ und klicken anschließend auf **Erstellen** ❻.

5. Nachdem Sie alle Empfänger festgelegt haben, arbeiten Sie die übrigen Schritte des Assistenten durch. In Schritt 4 aktivieren Sie die Option **Adressblock** und klicken auf **OK**, damit die Adressen der Empfängerliste eingesetzt werden können. Um zum nächsten Schritt zu gelangen, klicken Sie jeweils unten auf **Weiter**.

6. Wenn Sie bei Schritt 6 des Assistenten angelangt sind, klicken Sie auf **Drucken** ❼ und dann auf **OK**. Damit wird automatisch das Druckermenü Ihres Standarddruckers geöffnet. Wenn Sie dort ebenfalls auf **OK** klicken, werden die Briefe gedruckt.

**Empfängerliste erzeugen**

Springen Sie mit der [↹]-Taste von Eingabefeld zu Eingabefeld, und machen Sie Ihre Eingaben. Wenn Sie mit dem ersten Empfänger fertig sind, wählen Sie **Neuer Eintrag**. Nachdem alle Einträge fertiggestellt sind, müssen Sie auf **OK** klicken, die Liste benennen und speichern. Den Speicherort dürfen Sie frei wählen. Standardmäßig benutzt Microsoft Office für derartige Listen den Ordner **Meine Datenquellen**, der Bestandteil des Bibliotheksverzeichnisses **Dokumente** ist. Es ist zu empfehlen (jedoch nicht zwingend vorgeschrieben), dieses Verzeichnis ebenfalls zu benutzen.

## Etiketten

Der Etikettendruck bietet sich z. B. dann an, wenn Sie einen Serienbrief in Umschlägen ohne Sichtfenster verschicken wollen. In diesem Fall muss die Adresse ja auf dem Umschlag angebracht werden. Klebeetiketten bekommen Sie im Handel, das Beschriften der Etiketten übernimmt Word.

1. Klicken Sie auf der Registerkarte **Sendungen** auf die Schaltfläche **Seriendruck starten > Seriendruck-Assistent mit Schritt-für-Schritt-Anweisungen** (siehe dazu den Abschnitt »Den Seriendruck starten« auf Seite 289).

2. In der Spalte **Seriendruck** rechts aktivieren Sie den Radio-Button **Etiketten** ❶. Anschließend klicken Sie ganz unten auf **Weiter: Dokument wird gestartet** ❷.

3. Da in der Regel mehrere Etiketten auf einer Seite untergebracht werden sollen, empfiehlt es sich, die Option **Dokumentlayout ändern** ❸ zu aktivieren. Anschließend klicken Sie auf **Etikettenoptionen** ❹ (siehe dazu den Kasten »Optionen für Etiketten festlegen«).

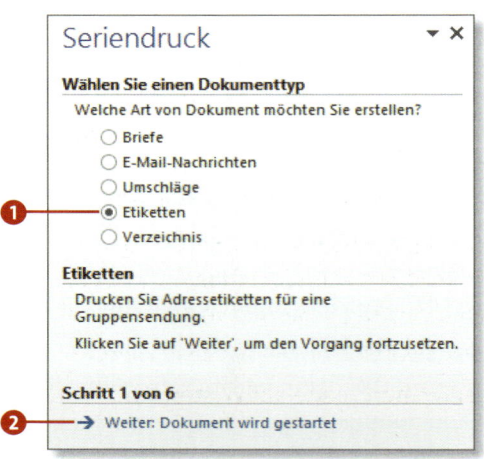

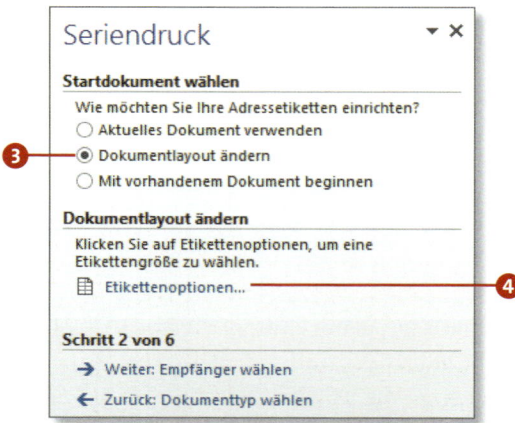

> **i**
>
> **Optionen für Etiketten festlegen**
>
> Im Dialog **Etiketten einrichten**, der sich nach dem Klick auf **Etikettenoptionen** öffnet (Schritt 3), sollte die Option **Seitendrucker** aktiviert sein (um mehrere Etiketten auf einem Blatt zu drucken), es sei denn, Sie arbeiten mit Endlospapier. In der Mitte des Dialogs stellen Sie im Feld **Etikettenlieferanten** den Hersteller der Etiketten ein (z. B. 3M, Avery, Herlitz o. Ä.). Zuletzt wählen Sie die Etikettennummer im Feld unten links aus und klicken auf **OK**. Bestätigen Sie auch den eventuell folgenden Kontrolldialog mit **OK**.

4. Klicken Sie auf **Weiter**, um zu Schritt 3 des Assistenten zu gelangen. Hier können Sie eine neue Kontaktliste anlegen ❺ oder auf eine vorhandene zugreifen ❻. Treffen Sie die gewünschte Einstellung unter **Empfänger wählen**, bevor Sie abermals auf **Weiter** klicken. (Wenn Sie sich für eine vorhandene Liste entscheiden, klicken Sie auf **Durchsuchen** und wählen Ihre Kontaktliste aus.)

5. In Schritt 4 des Assistenten wird es etwas komplizierter. Hier müssen Sie nämlich das erste Etikett selbst erzeugen. Klicken Sie dazu auf **Adressblock** ❼, und bestätigen Sie den Folgedialog mit **OK**. Anschließend klicken Sie auf **Alle Etiketten aktualisieren** ❽.

6. Dann klicken Sie im Fuß der rechten Spalte auf **Weiter: Vorschau auf Ihre Etiketten**.

7. Schritt 5 des Assistenten müssen Sie nur noch per Klick auf **Weiter** bestätigen.

8. In Schritt 6 des Assistenten klicken Sie endlich auf **Drucken** und bestätigen das zweimal mit **OK**.

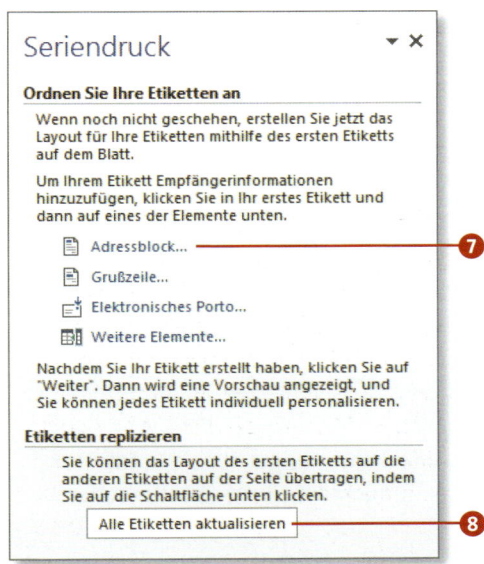

### Etiketten replizieren

Nachdem Sie den ersten Adressblock erzeugt haben, können Sie in der rechten Spalte auf **Alle Etiketten aktualisieren** klicken, wenn Sie die gleichen Datensatz-Elemente (z. B. Vorname, Name, Straße etc.) auch für alle weiteren Etiketten des ausgesuchten Datensatzes nutzen wollen. Wenn Sie nicht auf diese Schaltfläche klicken, kann jeder weitere Datensatz individuell gestaltet werden.

## Umschläge

Wer keine Etiketten verwenden möchte, kann die jeweiligen Adressen auch direkt auf (fensterlose) Umschläge drucken. Einmal mehr führt der Weg über den Assistenten.

1. Klicken Sie auf der Registerkarte **Sendungen** auf die Schaltfläche **Seriendruck starten > Seriendruck-Assistent mit Schritt-für-Schritt-Anweisungen** (siehe dazu den Abschnitt »Den Seriendruck starten« auf Seite 289).

2. In der Spalte **Seriendruck** rechts aktivieren Sie den Radio-Button **Umschläge** ❶. Anschließend klicken Sie ganz unten auf **Weiter: Dokument wird gestartet**.

3. In Schritt 2 des Assistenten aktivieren Sie die Option **Dokumentlayout ändern** ❷ und klicken anschließend auf **Optionen für Umschläge** ❸. Der Dialog **Umschlagoptionen** öffnet sich (siehe dazu den Kasten »Umschlagoptionen«).

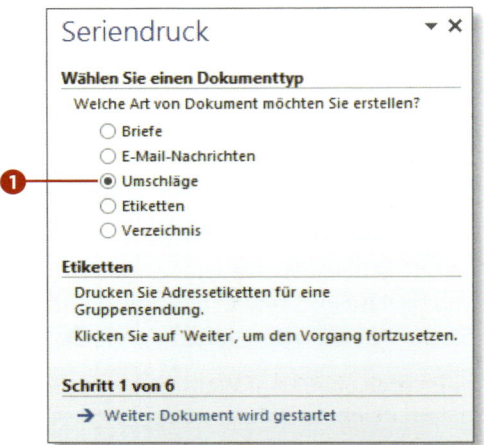

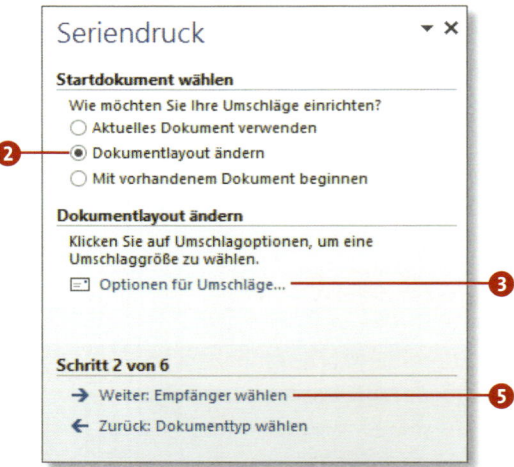

### Umschlagoptionen

Im Dialog **Umschlagoptionen** können Sie z. B. die Position der Empfänger- und Absenderadresse verändern oder die Schriftart individuell anpassen.

**4.** Tragen Sie jetzt die Absenderadresse in das Eingabefeld im Dokument ein **4**. Danach klicken Sie unten rechts auf **Weiter: Empfänger wählen** (**5** in Bild 2 auf Seite 294).

**5.** In Schritt 3 des Assistenten klicken Sie auf **Vorhandene Liste verwenden** und dann auf **Durchsuchen**, wenn Sie auf einen vorhandenen Datenbestand an Empfängern zugreifen wollen. (Anderenfalls entscheiden Sie sich hier für **Neue Liste eingeben**.)

**6.** Nachdem die Liste ausgewählt und Schritt 4 von 6 des Assistenten erreicht ist, markieren Sie das unten rechts im Dokument befindliche Empfängerfeld **6** und klicken auf **Adressblock 7**. Bestätigen Sie den Folgedialog mit **OK**, und durchlaufen Sie die letzten beiden Schritte des Assistenten, indem Sie jeweils auf **Weiter** klicken.

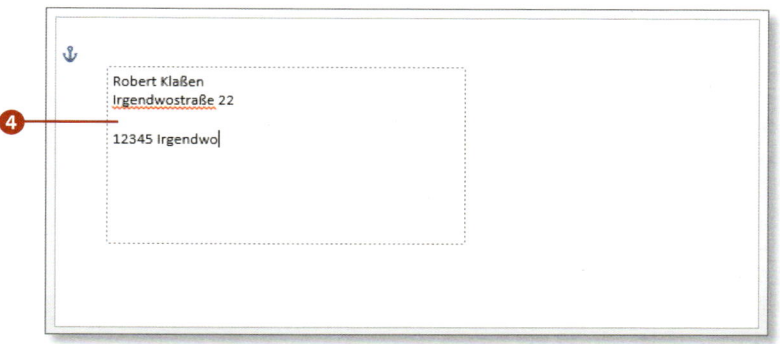

**Empfänger ausschließen**

Sobald Sie sich in Schritt 5 von 6 des Assistenten befinden, können Sie bestimmte Empfänger vom bevorstehenden Druck ausschließen. Dazu klicken Sie entweder auf **Empfängerliste bearbeiten** und wählen die Personen ab, oder Sie springen mit den Doppelpfeil-Schaltflächen (**<<** und **>>**) von Umschlag zu Umschlag. Ist eine Person dabei, die keine Post bekommen soll, klicken Sie auf **Empfänger ausschließen**.

# Dokumente auf dem SkyDrive bereitstellen

SkyDrive ist ein sogenannter *Cloud-Speicher*, also eine virtuelle Festplatte im Netz. Wenn Sie Ihre Dokumente dort abspeichern, können Sie von unterwegs jederzeit auf diesen Speicherort zugreifen – auch mit anderen Geräten als Ihrem PC, z. B. Smartphones, Tablets, Notebooks etc.

1. Um SkyDrive nutzen zu können, muss Ihre Word- bzw. Office-Version angemeldet sein. Kontrollieren Sie das, indem Sie nachsehen, ob oben rechts in Word Ihr Benutzername steht ❶.

2. Ist dort stattdessen **Anmelden** zu lesen, klicken Sie darauf und anschließend auf **Kontoeinstellungen**. Melden Sie sich mit einem gültigen Microsoft-Konto an.

3. Sobald Sie angemeldet sind, können Sie mit dem Speichern beginnen. Dazu wählen Sie wie üblich das Register **Datei**, klicken auf **Speichern unter** ❷ und wählen **[Benutzername]s SkyDrive** ❸ aus. Zuletzt klicken Sie auf **Durchsuchen** ❹.

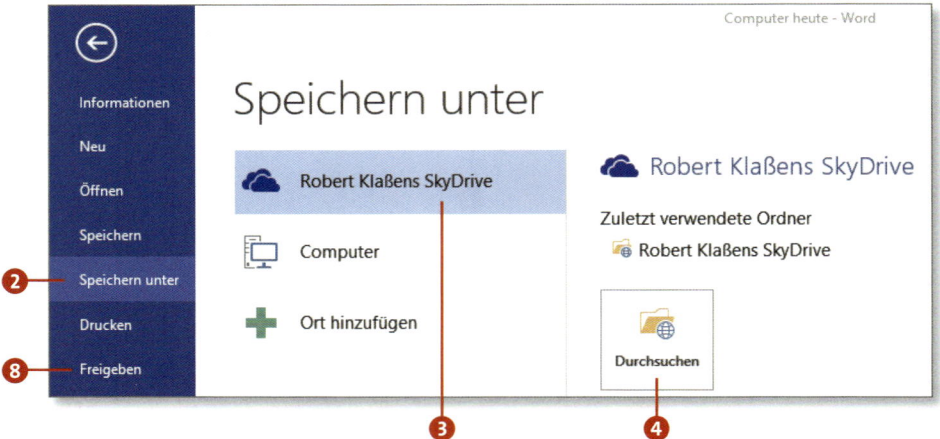

## Warten lohnt sich

Bei der Verbindungsherstellung kann es zu längeren Wartezeiten kommen. Es scheint, als friere der Bildschirm ein. Mitunter wird im Kopf der Anwendung sogar **[Keine Rückmeldung]** angezeigt. Lassen Sie sich davon nicht beirren, sondern warten Sie ab. Es geht weiter.

## SkyDrive installieren

SkyDrive ist von Haus aus in Windows 8 und Windows RT enthalten, kann aber auch auf anderen Betriebssystemen (sogar Mac OS X) genutzt werden. Dazu müssen Sie die App allerdings manuell installieren. Zudem stellt Microsoft kostenlos die sogenannten *Office Web Apps* zur Verfügung. Weitere Infos finden Sie unter *http://www.windows.microsoft.com/skydrive*.

4. Im Dialog **Speichern unter** benennen Sie das Dokument im Eingabefeld **Dateiname** ❺ und klicken anschließend auf **Speichern** ❻.

5. Um auf die auf dem SkyDrive gespeicherten Dateien zugreifen
zu können, müssen Sie die *SkyDrive*-App starten (siehe dazu den
Kasten »SkyDrive installieren« auf Seite 296) und sich mit Ihrem
Microsoft-Konto einloggen. Danach wird das Dokument angezeigt ❼.

6. Wollen Sie anderen die Möglichkeit geben, ebenfalls auf das
Dokument zuzugreifen, klicken Sie in Word auf **Datei > Freigeben**
(❽ in Bild 2 auf Seite 296). Nutzen Sie eine der angebotenen
Möglichkeiten (wohlgemerkt *nachdem* Sie das Dokument auf
dem SkyDrive gespeichert haben).

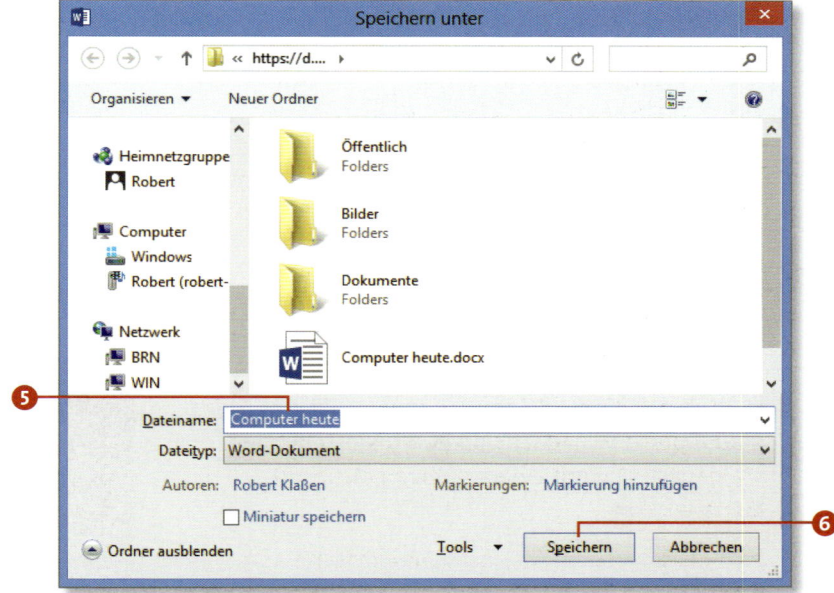

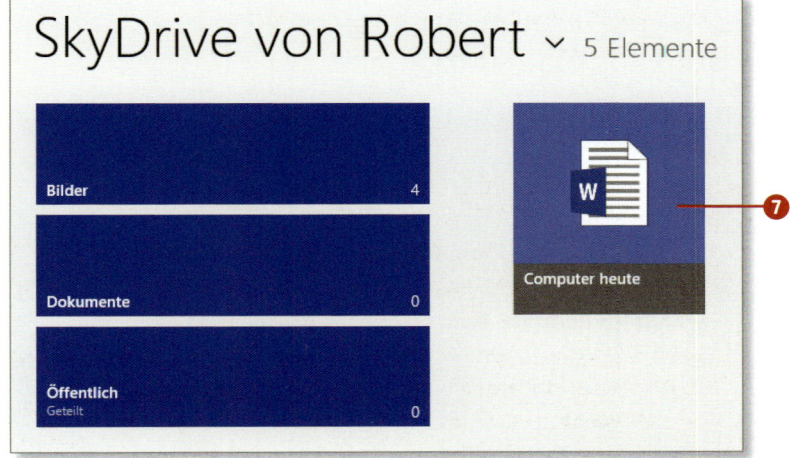

ℹ **Nachträgliche Übertragung**

Sollten Sie gerade nicht mit dem Internet verbunden sein, wird
das Dokument trotzdem gespeichert – und zwar auf Ihrer Festplatte. Sobald Sie wieder online sind, wird es automatisch (und
im Hintergrund) an seinen virtuellen Speicherort übertragen.

## Eine E-Mail-Anlage erstellen

Ihr Word-Dokument kann im Anschluss an seine Fertigstellung gespeichert und dann direkt per E-Mail weitergeleitet werden. Dazu müssen Sie die Word-Umgebung noch nicht einmal verlassen.

1. Klicken Sie auf die Registerkarte **Datei**, und wählen Sie in der Spalte ganz links die Rubrik **Freigeben** ❶.

2. Dann lassen Sie einen Mausklick auf den Eintrag **E-Mail** ❷ folgen und klicken anschließend auf die Schaltfläche **Als Anlage senden** ❸.

3. Nicht verzagen, wenn Sie jetzt in die gewohnte Word-Umgebung zurückgeführt werden. Gedulden Sie sich einen Augenblick, bevor sich Ihr Standard-Mail-Programm öffnet (in unserem Beispiel ist das die Windows-8-App *Mail*). Das Word-Dokument ist dort bereits als Anlage eingefügt ❹. Sie müssen lediglich noch den Empfänger angeben, einen Begleittext schreiben und die E-Mail abschicken ❺.

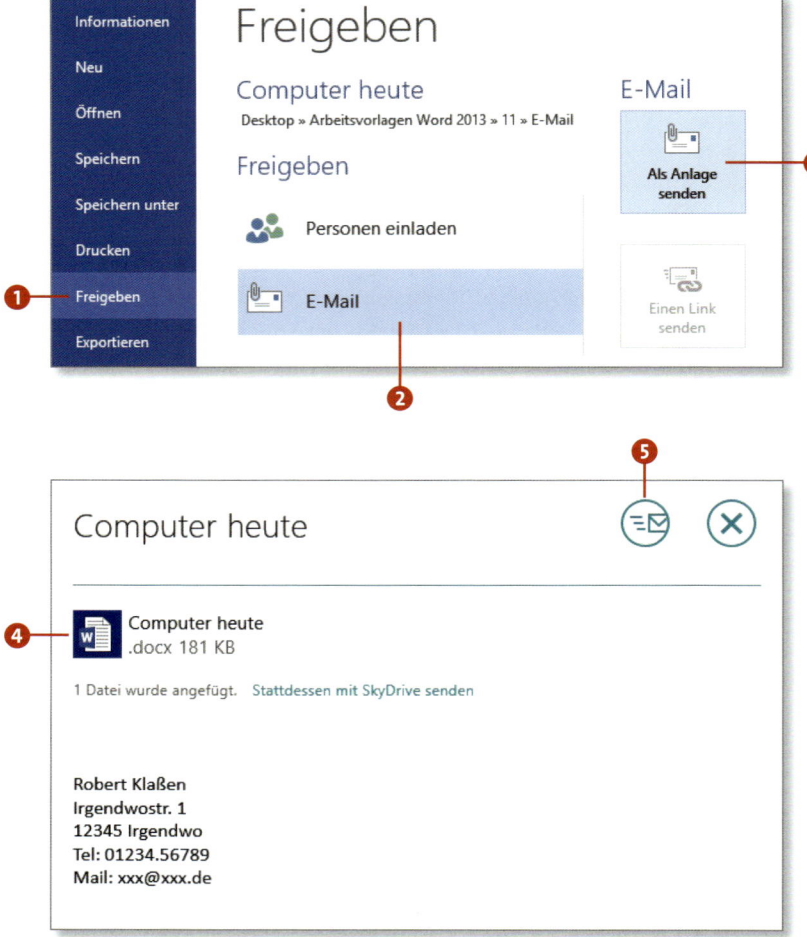

**ℹ Internetfax**

Das gute alte Fax gibt es auch heute noch. Wer sein Schreiben auf diese Art übertragen möchte, klickt auf das Register **Datei** und wählt anschließend **Freigeben > E-Mail > Als Internetfax senden**. Falls Sie noch keinen Fax-Dienstanbieter haben (der wird dafür nämlich zwingend benötigt), reagiert Word mit einem Dialog, den Sie mit **OK** bestätigen müssen. Daraufhin öffnet sich die Internetseite **Verfügbare Faxdienste**, über die Sie alles Weitere veranlassen können.

## Dokumente online vorführen

Sie möchten Ihr Word-Dokument präsentieren? Dann nutzen Sie die Möglichkeit der Onlinevorführung, die Word Ihnen bietet. Damit können Sie das Dokument sogar solchen interessierten Menschen zeigen, die gar nicht in Ihrer Nähe sind. Diese müssen lediglich über einen Internetzugang verfügen.

1. Um das Dokument im Internet bereitzustellen, klicken Sie auf die Registerkarte **Datei**, dann in der linken Spalte auf die Rubrik **Freigeben** und dann auf **Online vorführen** ❶.

2. Im Bereich **Online vorführen** entscheiden Sie, ob Ihre Zuschauer das Dokument nicht nur ansehen, sondern auch herunterladen dürfen ❷. Dann klicken Sie auf die Schaltfläche **Online vorführen** ❸.

3. Nach einiger Zeit öffnet sich ein Dialog, der einen markierten (blau hinterlegten Link) zur Verfügung stellt ❹. Um Zuschauer einzuladen, verschicken Sie zunächst diesen Link (siehe dazu den Kasten »Teilnehmer einladen«), dann klicken Sie auf **Präsentation starten** ❺.

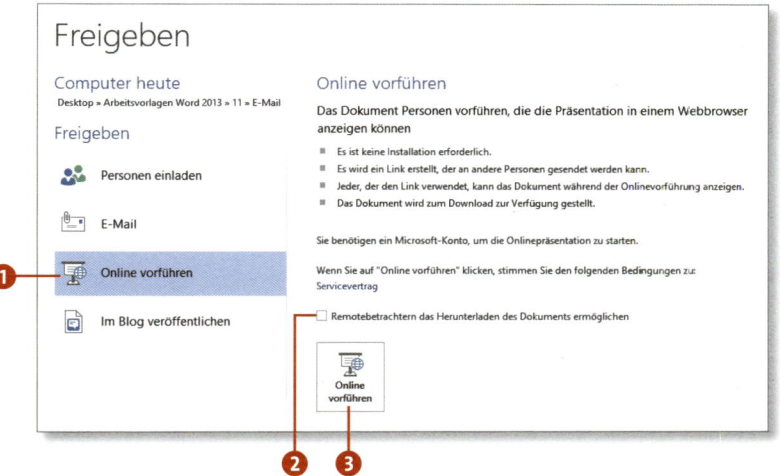

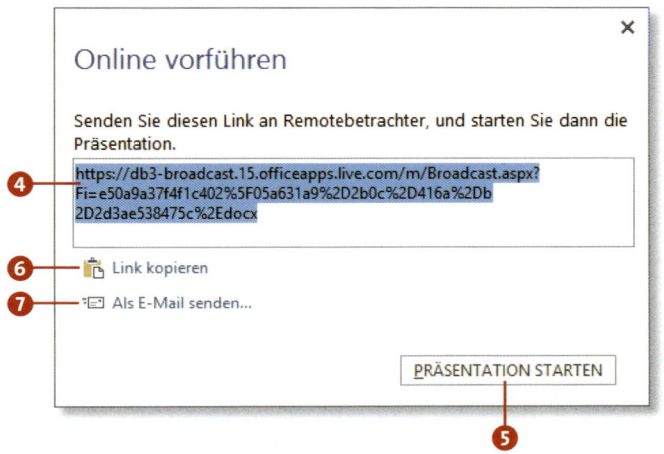

---

**ℹ Teilnehmer einladen**

Damit die Zuschauer Ihre Präsentation ansehen können, müssen Sie den angezeigten Link verschicken. Dazu klicken Sie zunächst auf **Link kopieren** ❻ und dann darunter auf **Als E-Mail senden** ❼. Die Standard-Mail-App öffnet sich, in die der Link bereits eingefügt ist. Geben Sie alle Empfänger ein, die den Link bekommen sollen, und verschicken Sie die Mail. Die Empfänger müssen nun nur noch auf diesen Link klicken, um die Präsentation zu starten.

# Einen Blogeintrag erstellen

Sie möchten in Word zusammengestellte Inhalte in einem Internetblog bereitstellen? Auch dafür bietet Word von Haus aus eine spezielle Veröffentlichungsform.

1. Öffnen Sie die Registerkarte **Datei**, wählen Sie in der Backstage-Ansicht in der linken Spalte die Rubrik **Freigeben**, und klicken Sie auf den Eintrag **Im Blog veröffentlichen** ❶. Anschließend wählen Sie die Schaltfläche **Im Blog veröffentlichen** ❷ ganz rechts.

2. Wenn Sie diesen Schritt zum ersten Mal ausführen, werden Sie aufgefordert, sich für ein Blogkonto zu registrieren (siehe dazu den Kasten »Ein Blogkonto anlegen«). Falls Sie das gerade nicht möchten, klicken Sie im Dialog auf **Später registrieren** ❸.

3. Jetzt wird ein neues Dokument für den Blogbeitrag erzeugt (das Original-Word-Dokument liegt darunter und ist ebenfalls noch geöffnet). Beachten Sie das veränderte Menüband ❹, über das Sie den Blogbeitrag weiterbearbeiten und schließlich veröffentlichen können.

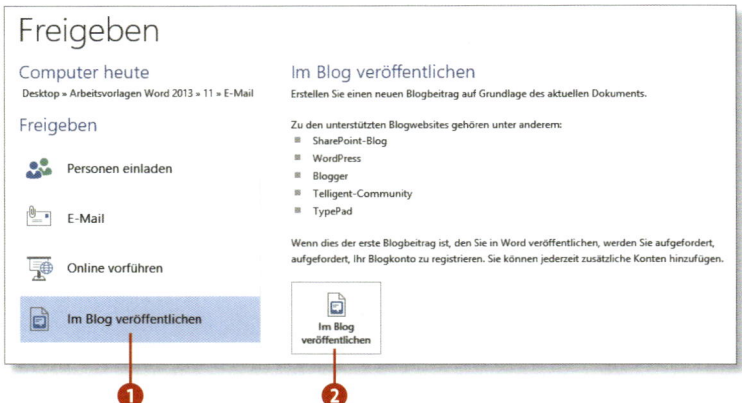

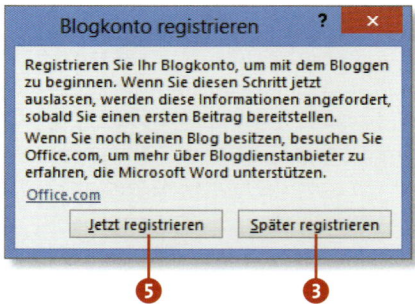

**i**

**Ein Blogkonto anlegen**

Sie müssen sich registrieren, um ein Blog anlegen und Beiträge hochladen zu können. Dazu klicken Sie im Dialog **Blogkonto registrieren** (Schritt 2) auf die Schaltfläche **Jetzt registrieren** (❺ in Bild 2). Anschließend müssen Sie einen Blogdienstanbieter auswählen (z. B. WordPress) und eine URL (einen Internetlink) für Ihr Blog angeben. Sie dürfen aber mit Word auch Blogbeiträge wie beschrieben erzeugen, ohne sich zu registrieren. Diese können dann allerdings nicht ins Netz gestellt, sondern nur am Computer angesehen und gespeichert werden.

## Als PDF oder XPS exportieren

Wenn Sie sichergehen möchten, dass Ihre Word-Dokumente beim Empfänger genauso angezeigt werden, wie Sie sie angelegt haben, verwenden Sie beim Weitergeben am besten das Format PDF (oder alternativ XPS). Auf diese Weise werden auch Schriften angezeigt, die der Empfänger nicht installiert hat, und Sie können gewährleisten, dass das Dokument nicht absichtlich oder aus Versehen verändert werden kann.

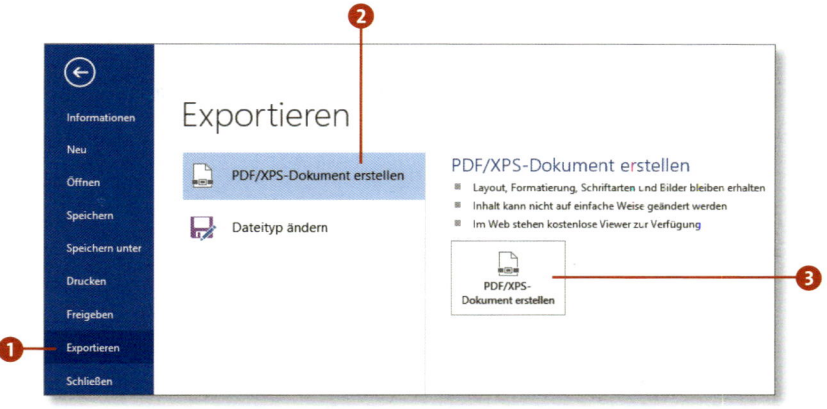

1. Zuerst sollten Sie das Word-Dokument speichern. Danach wählen Sie **Datei > Exportieren** ❶. Achten Sie darauf, dass in der mittleren Spalte **PDF/XPS-Dokument erstellen** ❷ ausgewählt ist, und klicken Sie anschließend auf die gleichnamige Schaltfläche ganz rechts ❸.

2. Im Dialog **Als PDF oder XPS veröffentlichen** legen Sie den gewünschten Speicherort fest ❹ und entscheiden sich im Feld **Dateityp** ❺ entweder für **PDF** oder **XPS-Dokument**. Zuletzt folgt ein Klick auf **Veröffentlichen** ❻.

3. Das fertige Dokument kann mit der *Reader*-App (Windows 8) gelesen werden. Alternativ verwenden Sie den *Adobe Reader*, der unter *http://www.get.adobe.com/de/reader* kostenlos zum Download bereitsteht.

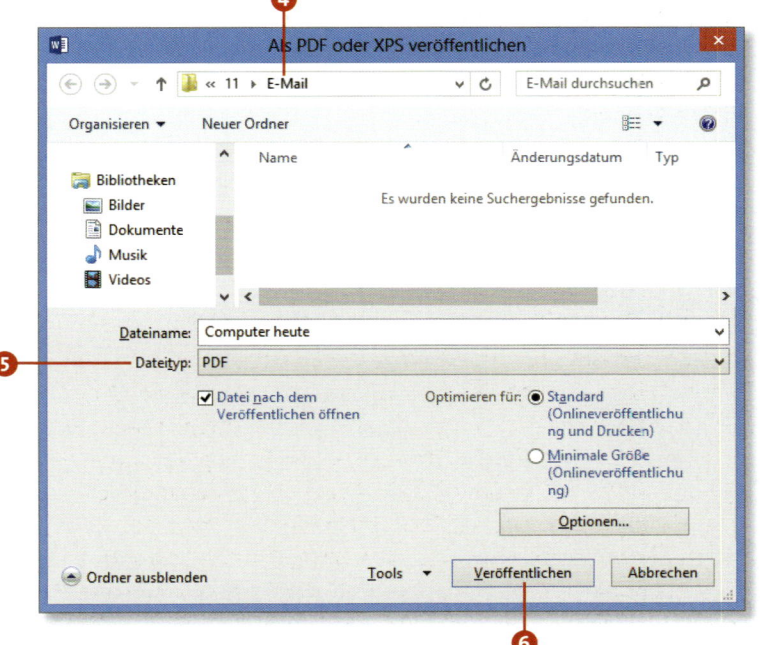

### PDFs bearbeiten

Neu in Word 2013 ist, dass sich PDF-Dokumente direkt in Word bearbeiten und speichern lassen. Wenn Sie eine PDF mit Word öffnen, wird die Datei zunächst in ein Word-Dokument konvertiert (wodurch das Layout allerdings beeinträchtigt werden kann). Der Vorgang kann einen Moment dauern. Danach lässt sich die Datei individuell bearbeiten.

# 12

# Im Team arbeiten

Bis hierhin haben Sie allein (also unabhängig von allen Kollegen) an einem Word-Dokument gearbeitet. Das wird sich in diesem Kapitel ändern. Ab jetzt steht Teamarbeit auf dem Programm. Sie werden erfahren, wie sich die Dokumente mit anderen austauschen und vom Empfänger mit Änderungsvorschlägen versehen lassen. Danach stellt sich die Frage, ob die von den Kollegen gemachten Änderungsvorschläge für Sie akzeptabel sind oder ob Sie doch lieber zum Original zurückkehren wollen.

Zudem wird es darum gehen, wie Kommentare in ein Dokument eingefügt werden. Diese Kommentare sind nicht Bestandteil des eigentlichen Dokumenttextes, sondern Zusätze, die dem Empfänger Ihre Ansichten, Ideen und Meinungen zu bestimmten Stellen innerhalb des Dokuments vermitteln.

Im hinteren Teil dieses Kapitels erfahren Sie, wie Word-Dokumente z. B. gegen unbeabsichtigtes Öffnen oder vor einer Nachbearbeitung geschützt werden können. Sie können außerdem Berechtigungen vergeben, also genau bestimmen, wer welche Art von Änderungen am Dokument vornehmen darf.

Ganz zum Schluss geht es dann noch darum, mehrere Word-Dokumente zu einem einzelnen, zentralen Dokument zusammenzufassen. Hier ist besonders interessant, dass die einzelnen Dateien trotz der Zusammenführung autonom bleiben. Änderungen an den Einzeldateien werden automatisch in das Zentraldokument übernommen. Praktisch, oder?

## Im Änderungsmodus arbeiten

Wenn mehrere Personen an einem Word-Dokument arbeiten, ist es schwierig, den Überblick zu behalten. Sicher wollen Sie wissen, welche Änderungen der Kollege vorgenommen hat, oder? Dann sollten Sie im Änderungsmodus arbeiten.

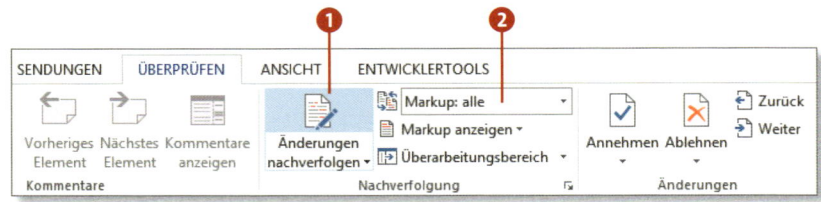

1. Damit Sie nicht den Überblick verlieren, sollten Sie den Änderungsmodus einschalten. Öffnen Sie dazu das Register **Überprüfen**, und klicken Sie hier direkt auf die Schaltfläche **Änderungen nachverfolgen** ❶. Speichern Sie das Dokument.

2. Wenn Sie das Dokument nun weitergeben, erhält es der Empfänger mit aktiviertem Änderungsmodus. Er kann Änderungen vornehmen, wobei diese im Text farbig gekennzeichnet werden. Außerdem öffnet sich links ein Überarbeitungsbereich (siehe dazu den Abschnitt »Der Überarbeitungsbereich« ab Seite 310). Sollte sich das Fenster **Überarbeitungsbereich** auf der linken Seite der Anwendung nicht öffnen, lässt es sich über die gleichnamige Schaltfläche in der Gruppe **Nachverfolgung** des Registers **Überprüfen** manuell einschalten.

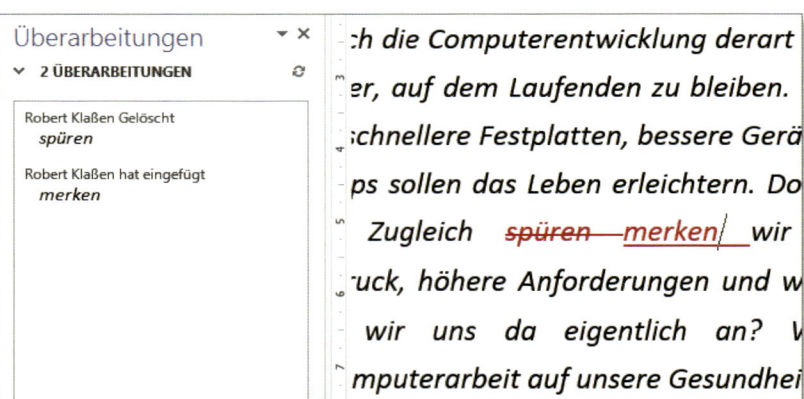

3. Wenn die rote Schrift die Nachbearbeitung stört, können Sie sie in der Gruppe **Nachverfolgung** der Registerkarte **Überprüfen** abschalten, indem Sie im Feld **Für Überarbeitung anzeigen** von **Markup: alle** ❷ auf **Markup: keine** umschalten (siehe dazu auch den Abschnitt »Optionen für die Änderungsanzeige« ab Seite 306).

**i**

### Nachverfolgung sperren

Wenn Sie in Schritt 1 auf den Pfeil an der Schaltfläche **Änderungen nachverfolgen** klicken, wird im Menü der Punkt **Nachverfolgung sperren** angeboten. Wenn Sie daraufklicken und dann ein Kennwort vergeben, kann der Empfänger des Dokuments den Nachverfolgungsmodus nur deaktivieren, wenn ihm das Kennwort bekannt ist. So wird das unbeabsichtigte Ausschalten der Nachverfolgung wirkungsvoll unterbunden.

# Änderungen prüfen, übernehmen, ablehnen

Nachdem der Kollege das Dokument im Änderungsmodus bearbeitet und es mit seinen Korrekturen gespeichert und an Sie zurückgegeben hat, können Sie diese Änderungen überprüfen. Sie entscheiden, welche Änderungen Sie übernehmen oder verwerfen wollen.

1. Kontrollieren Sie in der Gruppe **Nachverfolgung** der Registerkarte **Überprüfen**, ob die Funktion **Änderungen nachverfolgen** aktiv ist ❶. Außerdem muss im Feld rechts oben die Option **Markup: alle** ausgewählt sein ❷, sonst sind einige Änderungen möglicherweise nicht zu sehen (siehe dazu den Abschnitt »Markups ein- und ausblenden« auf Seite 307).

2. Wichtig sind nun die Schaltflächen in der Gruppe **Änderungen**. Gefällt Ihnen die Korrektur Ihres Kollegen? Dann klicken Sie auf **Annehmen** ❸, anderenfalls auf **Ablehnen** ❹.

3. Mit einem Klick auf **Weiter** ❺ springen Sie zur nächsten und mit **Zurück** ❻ zur vorangegangenen Änderung.

4. Änderungen lassen sich aber auch direkt im Text prüfen. Klicken Sie mit rechts auf eine farbig gekennzeichnete Änderung. Im Kontextmenü wählen Sie entweder **Einfügen annehmen** oder **Einfügen ablehnen** ❼.

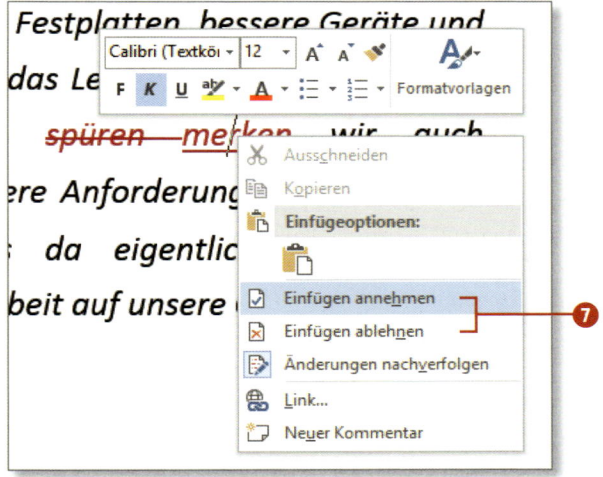

> **ℹ Einfaches Markup**
>
> Wenn Sie in Schritt 1 die Option **Einfaches Markup** wählen, werden die Veränderungen im Text ausgeblendet und nur durch rote Striche am linken Seitenrand gekennzeichnet. Auf diese Weise verschaffen Sie sich mehr Übersicht.

# Optionen für die Änderungsanzeige

Sie können selbst bestimmen, welche Arten von Änderungen im Text angezeigt werden sollen. Standardmäßig werden sämtliche möglichen Änderungen angezeigt, z. B. Kommentare, Einfügungen, gelöschter Text und Änderungen des Formats. Wenn Sie nur noch eine inhaltliche Kontrolle des Textes durchführen wollen, brauchen Sie die Änderungen an der Formatierung gar nicht zu sehen; diese irritieren sogar vielleicht nur. In diesem Fall klicken Sie in der Gruppe **Nachverfolgung** der Registerkarte **Überprüfen** auf den Pfeil an der Schaltfläche **Markup anzeigen** ❶.

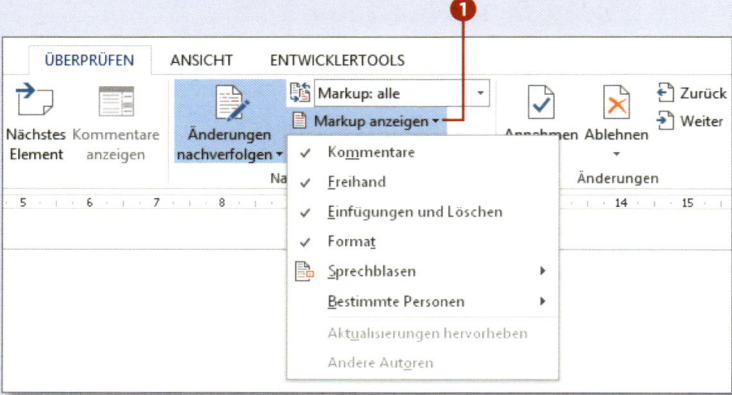

*Dieses Menü erlaubt Einstellungen zur Änderungsanzeige.*

Im zugehörigen Menü sind alle diejenigen Bereiche, die aktuell als Änderungen angezeigt werden, mit einem Häkchen gekennzeichnet. Wenn Sie einen aktivierten Eintrag anklicken, verschwindet das Häkchen, und Änderungen dieses Typs werden im Dokument nicht mehr gekennzeichnet. (Sie sind natürlich immer noch vorhanden und können leicht wieder sichtbar gemacht werden, indem Sie das Häkchen mit einem erneuten Klick wieder setzen.) Die Änderungen sind in folgende Kategorien aufgeteilt:

- **Kommentare:** Wenn dieser Eintrag mit einem Häkchen versehen ist, werden die über **Neuer Kommentar** hinzugefügten Sprechblasen angezeigt.

- **Freihand:** Zeigt handschriftlich verfasste Kommentare an, die z. B. mit dem Finger oder dem Zeichenstift-Werkzeug hinzugefügt worden sind. Um solche handschriftlichen Kommentare einfügen zu können, bedarf es eines Tablet-PCs. Fügen Sie mit einem Klick oder durch Tippen auf **Neuer Kommentar** eine herkömmliche Kommentar-Sprechblase ein. Danach schreiben Sie den Kommentar mit dem Finger oder dem Eingabestift in die Sprechblase.

- **Einfügungen und Löschen:** Macht die vorgenommenen Einfügungen oder Löschungen sichtbar.

- **Format:** Zeigt sämtliche Änderungen an der Formatierung an, z. B. Kursivsetzung oder Überschriftenformate.

- **Sprechblasen:** Sie entscheiden, welche Änderungen in Form von Sprechblasen angezeigt werden.

- **Bestimmte Personen:** Änderungen einzelner Überarbeiter anzeigen oder ausblenden

# Markups ein- und ausblenden

Nachdem das bearbeitete Dokument zu Ihnen zurückgelangt ist, können Sie festlegen, auf welche Art und Weise die darin enthaltenen Änderungen dargestellt werden sollen. Sie lassen sich ein- und ausblenden.

1. Aktivieren Sie zunächst die Registerkarte **Überprüfen**. Zudem muss sichergestellt sein, dass die Funktion **Änderungen nachverfolgen ❶** aktiv ist.

2. Klicken Sie auf den Pfeil am Feld **Für Überarbeitung anzeigen ❷** ganz oben rechts in der Gruppe **Nachverfolgung**.

3. Im Menü wählen Sie per Klick eine Option aus. **Einfaches Markup** bedeutet, dass an einer Änderung lediglich eine senkrechte rote Linie links neben dem Text erscheint ❸. Mit **Markup: alle** werden alle Änderungen angezeigt. **Markup: keine** bedeutet, dass das Dokument so angezeigt wird, als hätten Sie alle Änderungen angenommen. **Original** hingegen heißt, dass das Dokument in seiner ursprünglichen Form (ohne Änderungen) präsentiert wird.

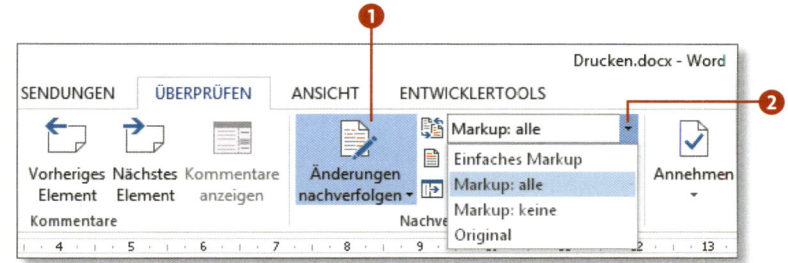

### Mehr Übersicht mit der Markup-Anzeige

Die ohne Zweifel sinnvollste Einstellung ist **Markup: alle**. Denn hier wird auf den ersten Blick ersichtlich, wo Änderungen vorgenommen worden sind. Dennoch ist manchmal schwer zu erkennen, was denn nun im Einzelnen korrigiert worden ist. Zum direkten Vergleich eignet sich daher die mehrfache Umstellung zwischen **Markup: keine** und **Original**.

# Kommentare

Neben den bisher beschriebenen Änderungen direkt am Text können Bearbeiter auch Kommentare verfassen. Diese wirken sich nicht direkt auf den Text aus, sondern sind als Anmerkungen, Hinweise oder Nachfragen zu verstehen.

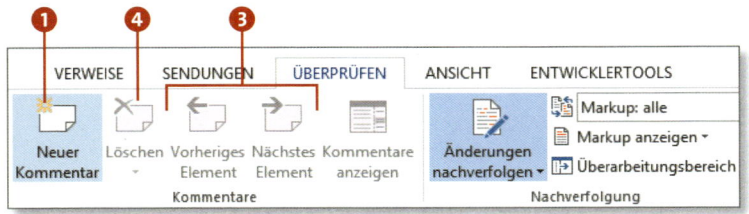

1. Platzieren Sie den Cursor an der Position im Dokument, an der ein Kommentar eingefügt werden soll (setzen Sie ihn entweder in ein Wort, oder markieren Sie die ganze Textstelle, die es betrifft). Aktivieren Sie das Register **Überprüfen**, und klicken Sie auf die Schaltfläche **Neuer Kommentar ❶** in der Gruppe **Kommentare**.

2. Daraufhin wird am Seitenrand eine Sprechblase mit dem Namen des Verfassers eingefügt ❷. Beginnen Sie mit der Eingabe des Hinweistextes. Sobald Sie einen Kommentar eingefügt haben, werden auch die Schaltflächen **Vorheriges Element** und **Nächstes Element ❸** aktiv, mit deren Hilfe Sie durch die Kommentare navigieren können.

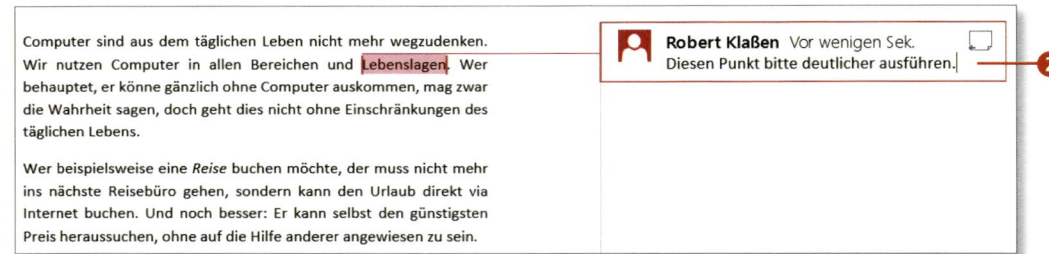

**Kommentare beantworten**

Kommentare selbst können auch wieder kommentiert werden. Dazu klicken Sie auf einen bereits vorhandenen Kommentar und dann wie gehabt auf die Schaltfläche **Neuer Kommentar**. Dies hat zur Folge, dass ein untergeordneter (eingerückter) Kommentar unterhalb der ursprünglichen Anmerkung erscheint. So können Sie gewissermaßen einen Kommentar kommentieren.

3. Der Verfasser des kommentierten Word-Dokuments kann nun mit den Kommentaren arbeiten. Dazu führt er z. B. die gewünschten Korrekturen am Text durch und löscht den Kommentar anschließend. Dazu wird der Kommentar angeklickt und in der Gruppe **Kommentare** auf **Löschen** geklickt (❹ in Bild 1 auf Seite 308; auch diese Schaltfläche ist erst aktiv, wenn das Dokument Kommentare enthält).

4. Das Löschen eines Kommentars kann noch auf zwei andere Arten erfolgen. Entweder klicken Sie mit der rechten Maustaste auf die im Fließtext markierte Stelle oder auf den Kommentar am Rand. In beiden Fällen öffnet sich ein Kontextmenü, in dem Sie nur noch den Eintrag **Kommentar löschen** ❺ anklicken müssen.

5. Sie wollen den Kommentar zur besseren Nachverfolgung im Dokument belassen und ihn als erledigt kennzeichnen? Dann klicken Sie wieder mit rechts auf den markierten Text oder auf die Kommentarblase und entscheiden sich im Kontextmenü für **Kommentar als erledigt markieren** ❻.

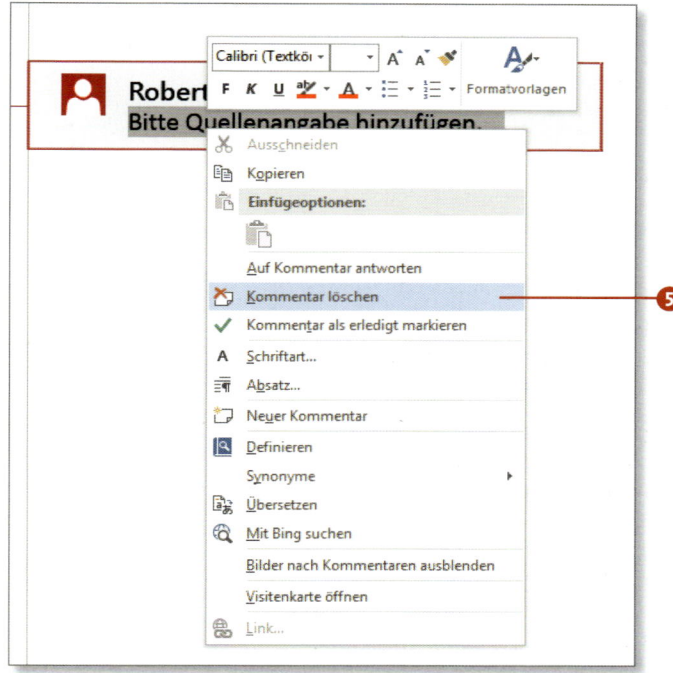

ℹ️ **Alle Kommentare löschen**

Wer die Kommentare des Kollegen alle auf einmal »entsorgen« oder das Dokument nach der Bearbeitung »kommentarfrei« haben möchte, der klickt auf den kleinen Pfeil an der Schaltfläche **Löschen** in der Gruppe **Kommentare** und wählt im zugehörigen Menü den Eintrag **Alle Kommentare im Dokument löschen**.

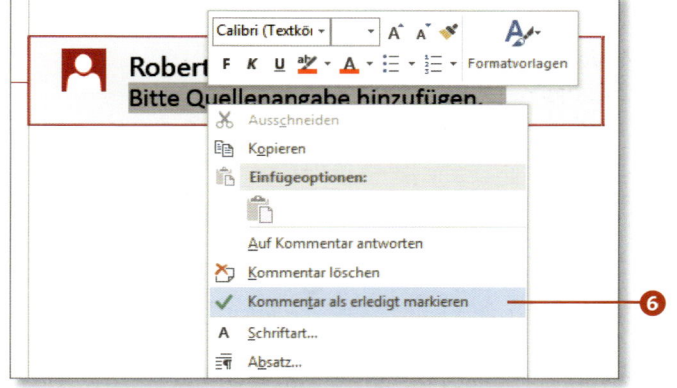

## Der Überarbeitungsbereich

Beim *Überarbeitungsbereich* handelt es sich um ein Fenster, das
alle Änderungen und Markups getrennt vom Fließtext anzeigt.
So wird es noch einfacher, bestimmte Korrekturen zu finden und
Änderungen vorzunehmen.

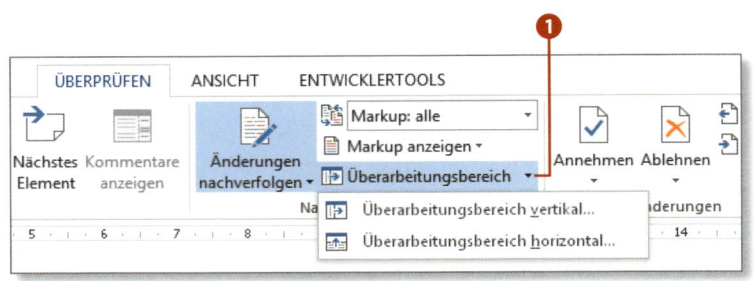

1. Zunächst öffnen Sie die Registerkarte **Überprüfen**. Danach
   klicken Sie in der Gruppe **Nachverfolgung** auf die Schaltfläche
   **Überarbeitungsbereich ❶**, um die Spalte auf der linken Seite des
   Fensters ein- oder auszublenden.

2. Wenn Sie auf den kleinen Pfeil an der Schaltfläche klicken,
   können Sie im zugehörigen Menü bestimmen, wie der Überarbeitungsbereich aussehen soll: links in Form einer Spalte
   (**Überarbeitungsbereich vertikal**) oder unterhalb des Dokuments
   (**Überarbeitungsbereich horizontal**).

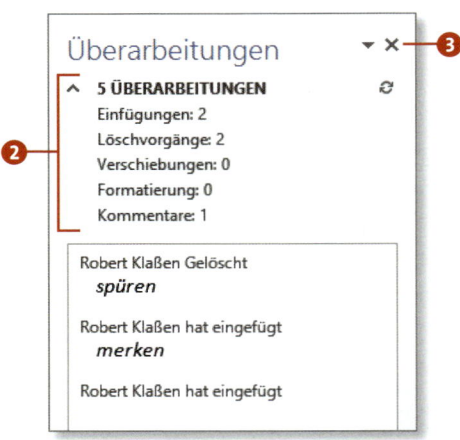

3. Im Überarbeitungsbereich können Sie sehen, wie viel überhaupt
   am Dokument geändert wurde ❷. Darunter sind die Änderungen im Einzelnen aufgelistet, wobei angegeben wird, wer was
   gemacht hat. Diese Änderungen können im Überarbeitungsbereich sogar bearbeitet werden. Das Überschreiben bzw. Hinzufügen von Text ist genauso möglich wie z. B. das Annehmen oder
   Ablehnen einer Änderung.

**Überarbeitungsbereich schließen**

Mit Klick auf die Kreuz-Schaltfläche ❸ kann der Überarbeitungsbereich jederzeit geschlossen werden. Für seine Reakti-
vierung führen Sie Schritt 1 erneut aus.

**4.** Klicken Sie eine Änderung mit der rechten Maustaste an. Danach lässt sich aus dem Kontextmenü eine Aktion auswählen, z. B. **Löschen annehmen**, **Einfügen ablehnen** ❹ etc.

**5.** Falls Sie Texte hinzufügen wollen, können Sie das, wie gesagt, auch innerhalb des Überarbeitungsbereichs tun ❺. Wie Sie sehen, erscheint der Text synchron auch im Dokument (farbig ausgezeichnet, weil er ja ebenfalls eine Änderung im Vergleich zum Original bedeutet).

**6.** In Schritt 3 haben wir bereits erwähnt, dass im Überarbeitungsbereich auch aufgeführt wird, wie viele Einfügungen, Löschungen, Verschiebungen oder Kommentare Ihr Dokument insgesamt enthält. Um diese Information aus- oder einzublenden, klicken Sie auf den kleinen Pfeil oben links ❻.

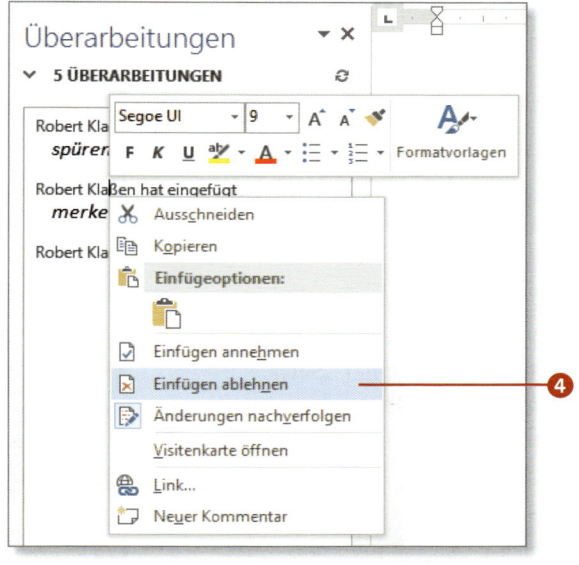

### Überarbeitungsbereich verschieben

Wenn Sie auf das Dreieck ❼ neben dem Schließen-Kreuz klicken, erscheint ein kleines Menü, das auch den Eintrag **Verschieben** beinhaltet. Nach dessen Auswahl lässt sich der Überarbeitungsbereich mit gedrückter Maustaste aus seiner Verankerung herauslösen und als separates Fenster frei auf der Programmoberfläche positionieren. Auf die gleiche Weise kann der Bereich auch an seine ursprüngliche Position zurückgeschoben werden.

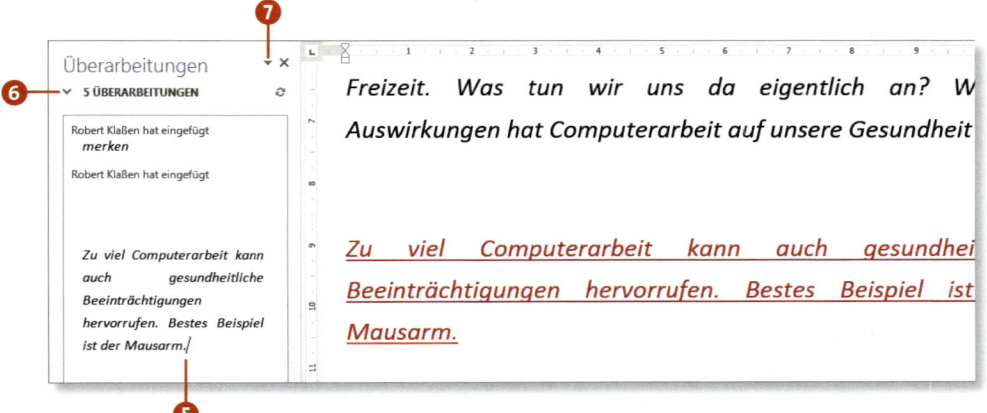

## Schreibschutz

Sie als Urheber eines Word-Dokuments sollten Ihr Dokument vor der unberechtigten oder versehentlichen Bearbeitung schützen. Zu diesem Zweck kann z. B. ein genereller Schreibschutz aktiviert oder die Datei mit einem Kennwort gesichert werden.

1. Der erste Schritt zum Schutz Ihres Dokuments geht über die Registerkarte **Datei**. In der Backstage-Ansicht aktivieren Sie links die Rubrik **Informationen** ❶ und klicken dann auf die Schaltfläche **Dokument schützen** ❷.

2. Im Menü entscheiden Sie sich für die Option **Als abgeschlossen kennzeichnen**, wenn Sie weitere Überarbeitungen unterbinden wollen. Danach klicken Sie zur Bestätigung zweimal auf **OK**. Das Dokument bekommt im Menüband den Hinweis **Als abgeschlossen gekennzeichnet** ❸, und die Bearbeitungsbefehle des Menübands sind ausgegraut (also nicht anwählbar). (Zur Option **Bearbeitung einschränken** ❹ siehe den Abschnitt »Die Bearbeitung einschränken« auf Seite 313.)

3. Um den Dokumentschutz wieder aufzuheben, wiederholen Sie die Schritte 1 und 2.

### ⓘ Kennwort vergeben

Wer sein Dokument vor unberechtigtem Zugriff schützen möchte, kann in Schritt 2 auch **Mit Kennwort verschlüsseln** (❺ in Bild 1) wählen. Doch Vorsicht: Word kann die Kennwörter nicht offenlegen! Merken Sie sich das Passwort also gut, denn anderenfalls wird auch Ihnen der Zugriff verwehrt bleiben.

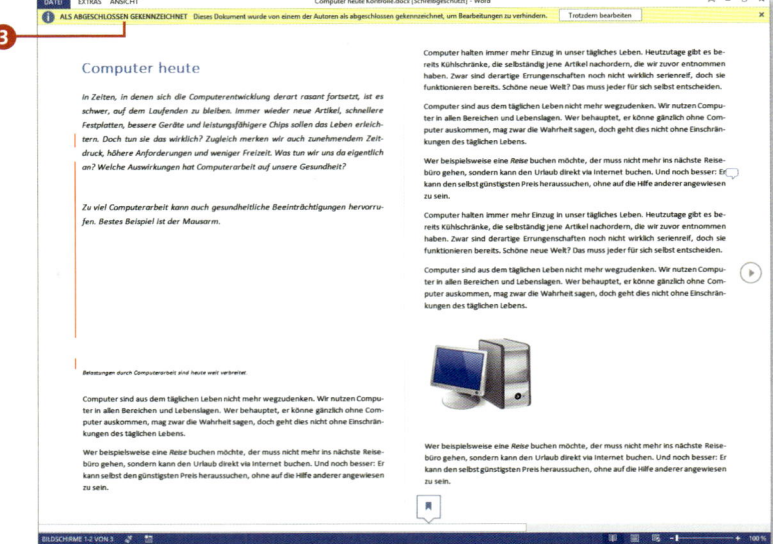

# Die Bearbeitung einschränken

Neben der Möglichkeit, Dokumente komplett zu schützen (siehe den Abschnitt »Schreibschutz« auf Seite 312), können Sie auch bestimmen, welche Bereiche bearbeitet werden dürfen und welche nicht.

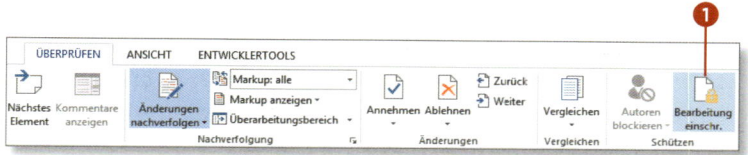

1. Um den Arbeitsbereich **Bearbeitung einschränken** aufzurufen, gibt es zwei Wege. Öffnen Sie das Register **Überprüfen**, und klicken Sie in der Gruppe **Schützen** auf die Schaltfläche **Bearbeitung einschr. ❶**, oder wählen Sie **Datei > Informationen > Dokument schützen > Bearbeitung einschränken**.

2. Auf der rechten Seite des Dokuments öffnet sich der Arbeitsbereich **Bearbeitung einschränken**. Wenn Sie z. B. festlegen wollen, dass nur bestimmte Formatvorlagen im Dokument verwendet werden können, aktivieren Sie die erste Checkbox ❷ und klicken anschließend auf **Einstellungen ❸**.

3. Mit **Nur diese Bearbeitungen im Dokument zulassen ❹** können Sie genau festlegen, welche Art von Änderungen im Dokument vorgenommen werden dürfen. Aktivieren Sie die Checkbox, und wählen Sie aus der Liste darunter den Änderungstyp ❺.

4. Nachdem Sie sämtliche Einstellungen vorgenommen haben, klicken Sie auf **Ja, Schutz jetzt anwenden ❻**. Wenn Sie kein Kennwort vergeben wollen, bestätigen Sie das Ganze lediglich mit **OK**.

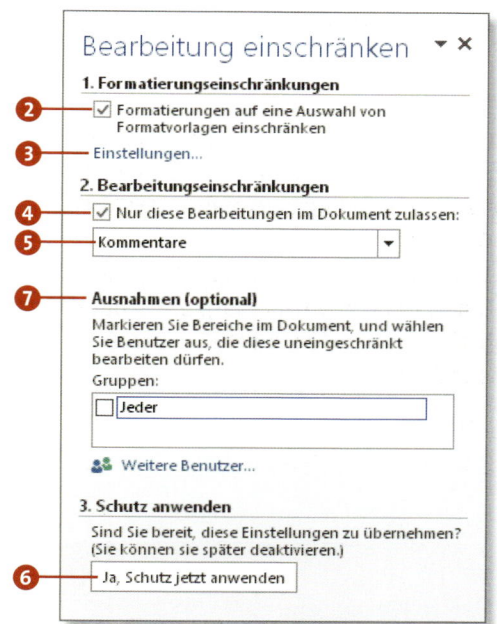

## Erlaubnis für bestimmte Personen

Im Bereich **Ausnahmen ❼** können Sie außerdem festlegen, ob alle oder nur bestimmte Personen Bereiche Ihres Dokuments bearbeiten können. Diese Option steht nur zur Verfügung, wenn Sie die Option **Nur diese Bearbeitungen im Dokument zulassen** angeklickt haben (Schritt 3).

## Einschränkungen aufheben

Sobald Sie Schritt 4 erledigt haben, ist das Dokument geschützt. Geben Sie das Dokument bei Bedarf wieder frei, indem Sie im Arbeitsbereich **Bearbeitung einschränken** auf die Schaltfläche **Schutz aufheben** klicken.

## Dokumente vergleichen

Der Dokumentvergleich wird immer dann interessant, wenn es mehrere Versionen eines Dokuments gibt, an denen nicht synchron gearbeitet wurde. Damit Sie schnell feststellen können, in welchen Bereichen die beiden Dokumente nicht identisch sind, sollten Sie sie miteinander vergleichen.

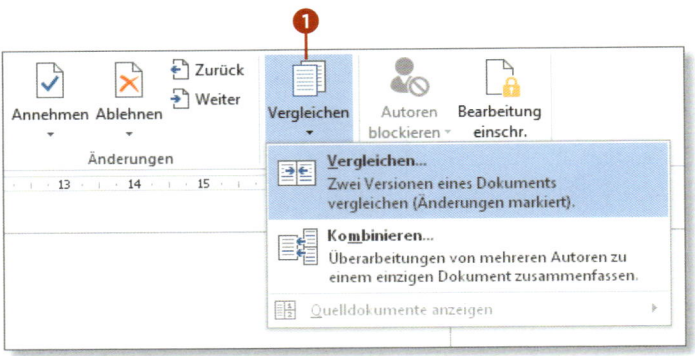

1. Nachdem Sie die Schaltfläche **Vergleichen** ❶ in der gleichnamigen Gruppe der Registerkarte **Überprüfen** angeklickt haben, wählen Sie im zugehörigen Menü den obersten Eintrag **Vergleichen**.

2. Im Dialog **Dokumente vergleichen** klicken Sie auf das Ordner-Symbol ❷ am linken Feld, um das Originaldokument auszuwählen.

3. Danach klicken Sie auf das rechte Ordner-Symbol ❸ und legen im zugehörigen Feld jenes Dokument fest, das mit dem Original verglichen werden soll.

4. Bitte klicken Sie jetzt noch nicht auf **OK**, sondern vergrößern Sie das Dialogfenster mit einem Klick auf **Erweitern** ❹.

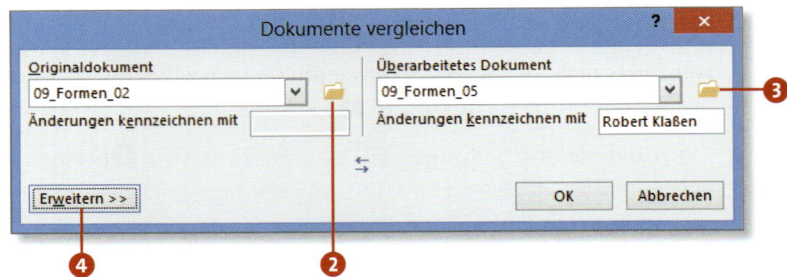

**Beliebige Dokumente**

Für den Vergleich zweier Dokumente muss keines der beiden geöffnet sein. Es reicht, wenn Sie zwei auf Ihrem Rechner befindliche Dateien auswählen.

5. Im Bereich **Vergleichseinstellungen** legen Sie nun fest, welche Kriterien für den Vergleich herangezogen werden sollen. Möchten Sie z. B. darauf verzichten, dass Kommentare miteinander verglichen werden, wählen Sie die entsprechende Checkbox mit einem Klick ab ❺.

6. Zuletzt entscheiden Sie im Bereich **Änderungen anzeigen in**, in welchem Dokument die Änderungen dargestellt werden sollen ❻: im Original, im überarbeiteten Dokument oder in einer dritten, komplett neuen Datei.

7. Nach einem Klick auf **OK** können Sie die Änderungen deutlich erkennen. Wenn Sie in Schritt 6 die Option **Neuem Dokument** gewählt haben, wird in der neuen Datei all das in Violett angezeigt, was nicht in beiden Dokumenten vorkommt.

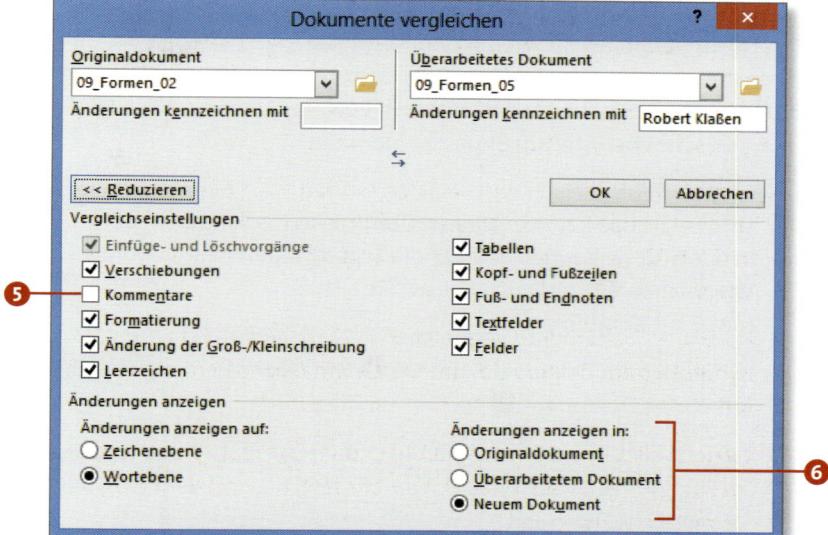

ℹ️ **Quelldokumente anzeigen**

Im Menü der Schaltfläche **Vergleichen** sehen Sie ganz unten den Eintrag **Quelldokumente anzeigen**, der nicht mehr ausgegraut dargestellt wird, nachdem Sie zwei Dokumente verglichen haben. Wenn Sie diese Option anklicken, können Sie z. B. **Beide anzeigen** auswählen. Beide Dokumente werden dann für eine bessere Übersicht nebeneinander präsentiert.

Ein weiterer Teil dieses Kapitels beschäftigt sich mit Textfeldern. Diese unterscheiden sich von normalem Fließtext dahingehend, dass sie sich innerhalb eines Rahmens befinden und beliebig auf dem Dokument angeordnet werden können. Auch hier bringt Word übrigens tolle Vorlagen mit. Freuen Sie sich auf die folgenden Seiten, denn jetzt werden schmucklose Texte richtig schön verziert.

Von Haus aus bringt Word bereits vordefinierte und gestaltete Textformate mit. Diese können mit nur wenigen Mausklicks hinzugefügt und anschließend entsprechend bearbeitet werden.

## Dokumente zusammenführen

Das Zusammenführen von Dokumenten ist immer dann angesagt, wenn mehrere Personen an einem Großprojekt arbeiten. So können die einzelnen Bearbeiter z. B. unterschiedliche Kapitel schreiben, die am Ende zu einem Buch verschmolzen werden.

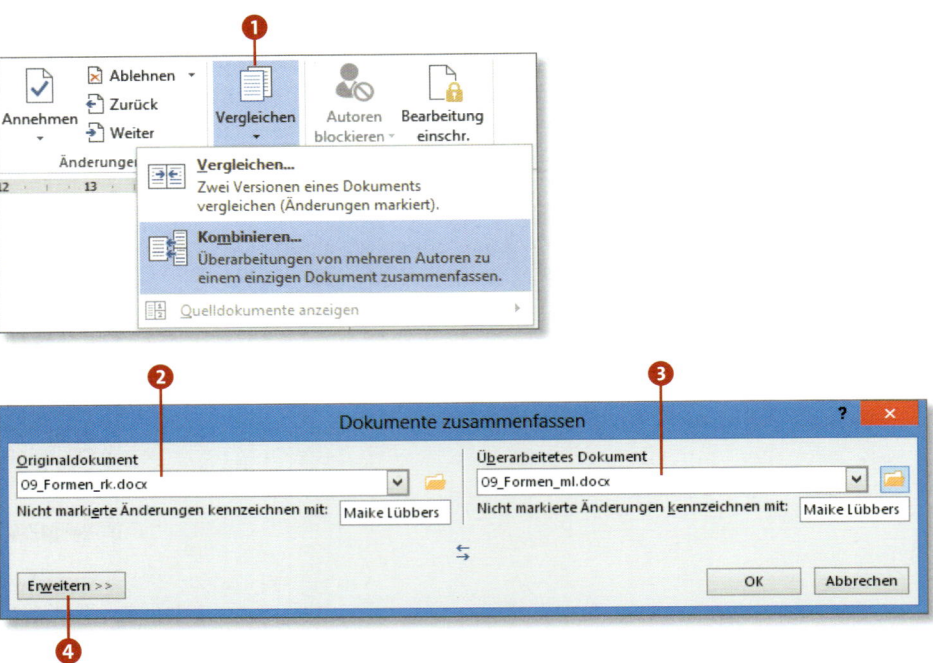

1. Öffnen Sie das Register **Überprüfen**. Klicken Sie in der Gruppe **Vergleichen** auf die Schaltfläche **Vergleichen** ❶, und entscheiden Sie sich im Menü für **Kombinieren**.

2. In den Feldern **Originaldokument** ❷ und **Überarbeitetes Dokument** ❸ suchen Sie mit einem Mausklick auf das jeweilige Ordner-Symbol die beiden Dokumente aus, die zusammengeführt werden sollen.

3. Anschließend vergrößern Sie den Dialog mit einem Klick auf **Erweitern** ❹.

---

**Mehr als zwei Dokumente zusammenführen**

Leider lassen sich auf diese Art immer nur zwei Dokumente kombinieren. Wollen Sie drei oder mehr Dokumente miteinander verbinden, müssen Sie die erste Kombination zunächst speichern. Dann scrollen Sie im Feld **Originaldokument** ganz nach unten. Dort wird das kombinierte Dokument gelistet. Sie können es also als Original auswählen und ihm über das Feld **Überarbeitetes Dokument** auf der rechten Seite ein weiteres Dokument hinzufügen.

4.  Im Bereich **Änderungen anzeigen** des Dialogs **Dokumente zu-sammenführen** legen Sie fest, dass ein neues Dokument erzeugt werden soll ❺. Bestätigen Sie das Ganze mit **OK** ❻.

5.  Daraufhin werden im Word-Fenster drei Dokumentfenster ange-zeigt. Auf der linken Seite finden Sie die Zusammenführung ❼, während rechts die beiden Originaldokumente zu sehen sind.

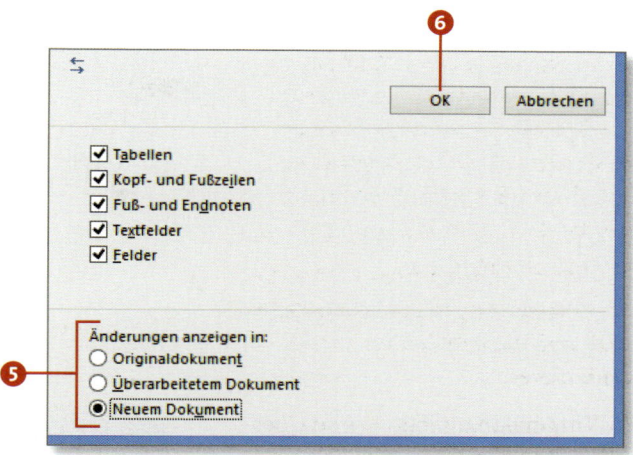

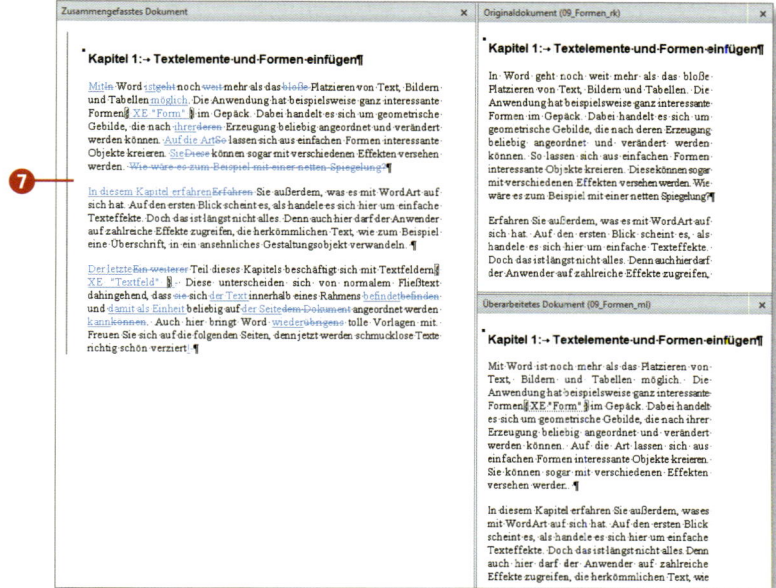

> ℹ️ **Hinweis zu Formatierungsänderungen**
>
> Falls sich nach Schritt 4 ein Dialogfeld öffnet, das Sie darüber in Kenntnis setzt, dass es Formatierungsänderungen gibt, heißt das, dass in den zusammengeführten Dokumenten un-terschiedliche Formatdefinitionen vorhanden sind. Sie müssen sich entscheiden, aus welchem Dokument die Formatierungen übernommen werden sollen. Bestätigen Sie Ihre Auswahl mit einem Klick auf **Zusammenführung fortsetzen**.

# Mit Zentral- und Filialdokumenten arbeiten

*Filialdokumente* sind einzelne Word-Dokumente. Diese einzelnen Dateien können zu einem *Zentraldokument* zusammengefügt werden. Der Vorteil: Die Filialdokumente bleiben auch außerhalb des Zentraldokuments editierbar, Änderungen an Filialdokumenten werden aber automatisch ins Zentraldokument übernommen.

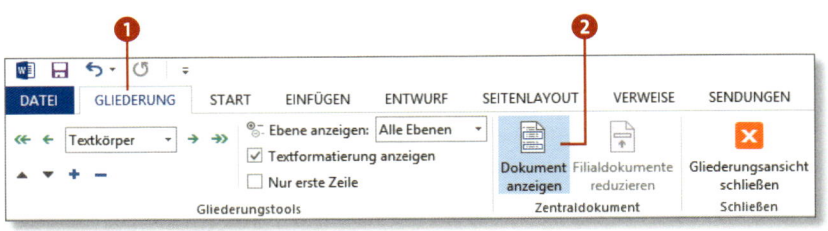

1. Um Zentral- und Filialdokumente anzeigen zu können, müssen Sie zunächst einmal in die Gliederungsansicht gehen. Dazu klicken Sie auf der Registerkarte **Ansicht** in der Gruppe **Ansichten** auf **Gliederung**.

2. Sobald dies erledigt ist, finden Sie eine neue Registerkarte namens **Gliederung** ❶ vor. Klicken Sie darin auf die Schaltfläche **Dokument anzeigen** ❷, um das Register zu erweitern.

3. Platzieren Sie die Einfügemarke hinter einer Überschrift, und klicken Sie auf **Erstellen** ❸. Das bewirkt, dass unterhalb dieser Überschrift Raum geschaffen wird ❹, in dem später ein Filialdokument integriert werden kann.

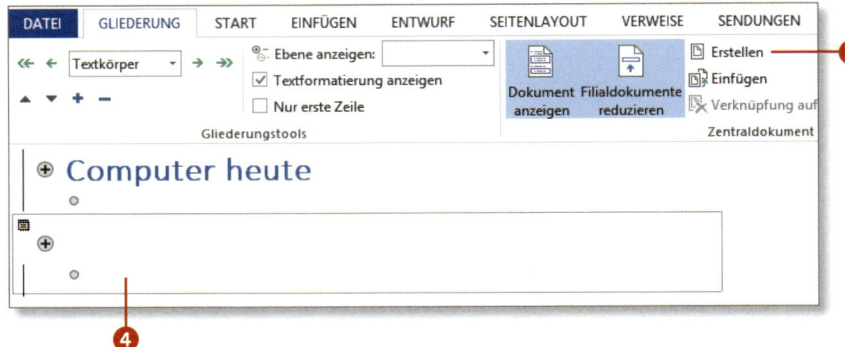

**Zentraldokument teilen**

Ein Zentraldokument kann auch in separate Dokumente unterteilt werden. Das geht so: Setzen Sie die Einfügemarke an die Position, an der eine Teilung erfolgen soll. Anschließend klicken Sie in der Gruppe **Zentraldokument** des Registers **Gliederung** auf **Teilen**.

**4.** Setzen Sie die Einfügemarke in das soeben erzeugte Feld (oder an eine beliebige andere Stelle, an der ein Filialdokument eingefügt werden soll), und klicken Sie auf die Schaltfläche **Einfügen** ❺.

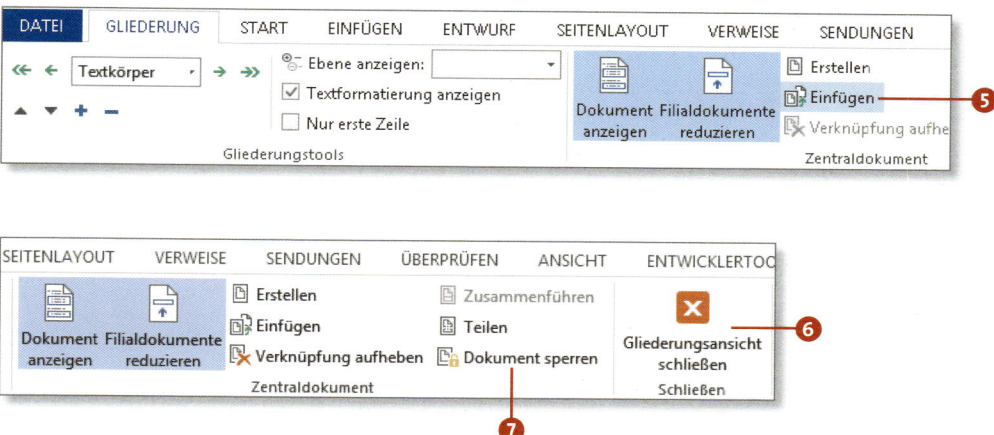

**5.** Etwaige Kontrollabfragen bestätigen Sie bzw. beantworten Sie wunschgemäß. Sie sind insbesondere dann zu erwarten, wenn innerhalb der einzelnen Filialdokumente unterschiedliche Format- und/oder Dokumentvorlagen verwendet worden sind.

**6.** Auf die gleiche Art und Weise können weitere Filialdokumente integriert werden. Wenn alles erledigt ist, klicken Sie auf **Gliederungsansicht schließen** ❻ und speichern das Zentraldokument.

> **ℹ Änderungen unterbinden**
>
> Das Herausragende an der Arbeit mit Filialdokumenten ist, dass diese stets aktuell bleiben. Wenn Sie später Änderungen an einem Filialdokument vornehmen und sie speichern, werden sie automatisch auch im Zentraldokument wirksam. So bleibt das Zentraldokument immer auf dem aktuellen Bearbeitungsstand. Wenn Sie die automatische Aktualisierung unterbinden wollen, klicken Sie auf der Registerkarte **Gliederung** auf **Dokument sperren** ❼.

# 13

# Tipps für die tägliche Arbeit

Zum Ende dieses schönen Buches greifen wir noch einmal etwas in die Trickkiste. Einige nützliche Funktionen sind bislang noch nicht ange-sprochen worden, können aber den täglichen Arbeitsablauf erheblich erleichtern. Ganz oben links in der Ecke des Word-Fensters finden Sie z. B. die Symbolleiste für den Schnellzugriff, die Sie mit den Befehlen versehen können, die Sie besonders häufig brauchen.

Aber auch das Menüband, das aus mehreren Registern besteht und zahlreiche Schaltflächen beinhaltet, kann verändert und sogar mit neuen Befehlen versehen werden. Sie werden sehen, das ist gar nicht so schwer. In diesem Kapitel erfahren Sie außerdem, wie häufig benötigte Befehle mit Tastaturbefehlen verknüpft werden können, damit die Arbeit mit Word noch schneller von der Hand geht.

Zuletzt geht es dann noch um die Überprüfung und Kompatibilität von Dokumenten sowie um Sprach-, Sicherheits- und Kontoeinstellungen. Die-se Funktionen sollten Sie auf jeden Fall kennenlernen, da sich nicht zuletzt damit auch Ihre persönlichen Daten schützen lassen.

## Die Symbolleiste für den Schnellzugriff

Ganz oben links in der Ecke der Word-Anwendung finden Sie einige kleine Symbole. Standardmäßig lassen sich Dokumente hier schließen ❶ oder speichern ❷, außerdem können einzelne Schritte rückgängig gemacht ❸ oder wiederholt werden ❹. Praktisch, oder? Bei Bedarf können Sie ganz leicht weitere Ein-Klick-Steuerelemente hinzufügen.

1. Klicken Sie auf die kleine Pfeil-Schaltfläche ❺ rechts an der Symbolleiste.

2. Suchen Sie in der Liste eine Funktion aus, die der Symbolleiste für den Schnellzugriff hinzugefügt werden soll, z. B. **Seitenansicht und Drucken**. Die entsprechende Schaltfläche wird in der Leiste ergänzt ❻.

3. Wenn der gewünschte Befehl nicht in der Liste steht, klicken Sie auf **Weitere Befehle** ❼ (siehe dazu den Kasten »Weitere Befehle hinzufügen«).

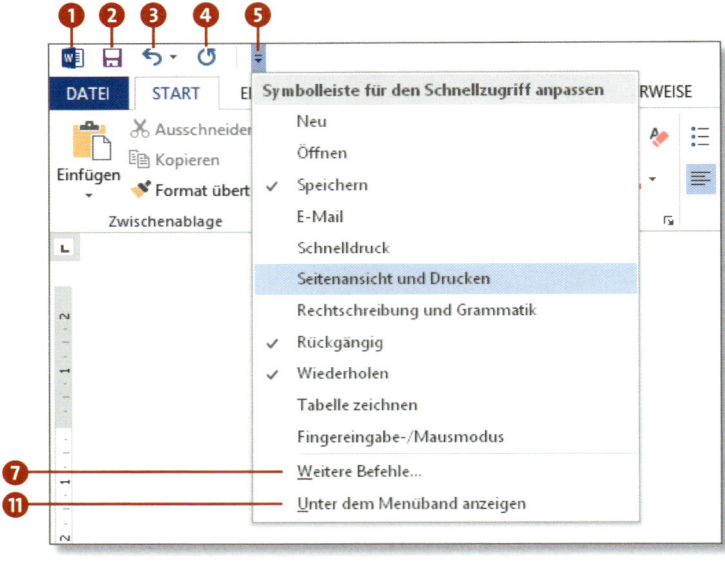

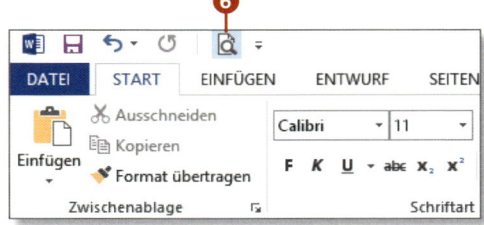

---

**ℹ Weitere Befehle hinzufügen**

Damit die Symbolleiste um einen Befehl erweitert werden kann, der nicht im Menü aufgeführt ist, klicken Sie zunächst auf **Weitere Befehle**. Im Dialogfenster **Word-Optionen** markieren Sie in der linken Spalte **Befehle auswählen** per Mausklick den Befehl, den Sie hinzufügen wollen. Danach klicken Sie in der Mitte auf **Hinzufügen**, gefolgt von **OK**.

4. Sie können auch Befehle des Menübands in die Symbolleiste für den Schnellzugriff integrieren. Dadurch ersparen Sie sich in Zukunft die Aktivierung der passenden Registerkarte und das Suchen nach der Schaltfläche. Klicken Sie mit der rechten Maustaste auf den Befehl im Menüband, z. B. auf **Neuer Kommentar**.

5. Im Kontextmenü wählen Sie **Zu Symbolleiste für den Schnellzugriff hinzufügen** ❽. Die entsprechende Schaltfläche erscheint in der Symbolleiste ❾.

6. Natürlich lässt sich eine Schaltfläche auch wieder aus der Symbolleiste entfernen. Dazu klicken Sie sie mit der rechten Maustaste an und klicken im Menü auf **Aus Symbolleiste für den Schnellzugriff entfernen**.

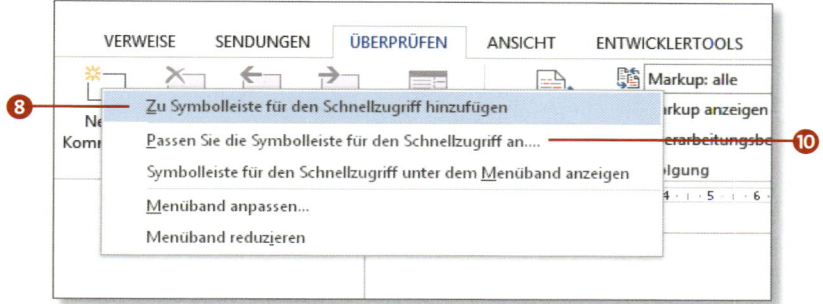

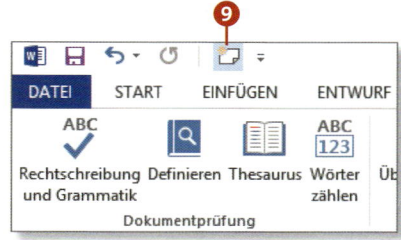

**Symbolleiste anpassen**

Wenn Sie die Symbolleiste umgestalten wollen, klicken Sie mit der rechten Maustaste auf eine Schaltfläche und wählen **Passen Sie die Symbolleiste für den Schnellzugriff an** (❿ in Bild 1 auf dieser Seite) aus dem Menü. Nun können Sie z. B. die Reihenfolge der Schaltflächen verändern, indem Sie in der rechten Spalte **Symbolleiste für den Schnellzugriff anpassen** eine Schaltfläche markieren und ihre Position dann mithilfe der beiden kleinen Pfeile ( und ) verändern. Zum Schluss klicken Sie auf **OK**.

**Symbolleiste nach unten stellen**

Wenn Sie nach einem Klick auf die Pfeil-Schaltfläche neben der Symbolleiste im Menü den Eintrag **Unter dem Menüband anzeigen** wählen (⓫ in Bild 1 auf Seite 322), wird die Symbolleiste automatisch nach unten verschoben. Sie befindet sich nun zwischen dem Menüband und dem Dokument. Durch einen Klick auf **Über dem Menüband anzeigen** kann sie wieder nach oben gebracht werden.

## Das Menüband anpassen

Kein Zweifel: Das Menüband ist optimal angelegt. Registerkarten sorgen für Übersichtlichkeit und zeigen die Befehlsschaltflächen in Gruppen geordnet an. Dennoch können Sie Ihr Menüband in der Ansicht optimieren und sogar Ihr ganz persönliches Register erstellen. Anschließend bestücken Sie es mit den Schaltflächen Ihrer Wahl.

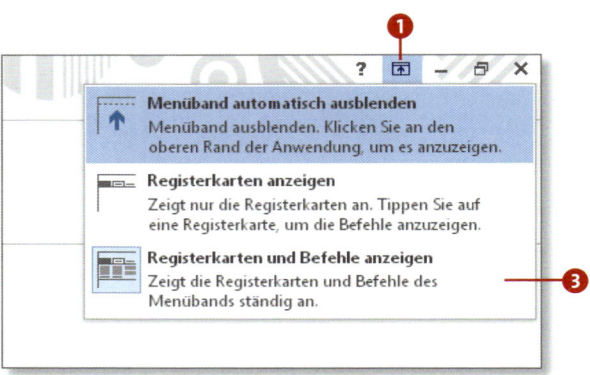

1. Ganz oben rechts finden Sie die Schaltfläche **Menüband-Anzeigeoptionen** ❶. Klicken Sie darauf, und wählen Sie **Menüband automatisch ausblenden**, um das Menüband zu verkleinern und damit Platz für die Anzeige des Dokuments zu schaffen.

2. Um das Menüband zwischenzeitlich wieder zugänglich zu machen, fahren Sie mit dem Mauszeiger an den oberen Bildrand. Dort zeigt sich dann eine blaue Leiste ❷. Wenn Sie daraufklicken, wird das Menüband eingeblendet.

3. Es lässt sich jedoch auch dauerhaft wiederherstellen, indem Sie im Menü der Schaltfläche **Menüband-Anzeigeoptionen** auf **Registerkarten und Befehle anzeigen** ❸ klicken.

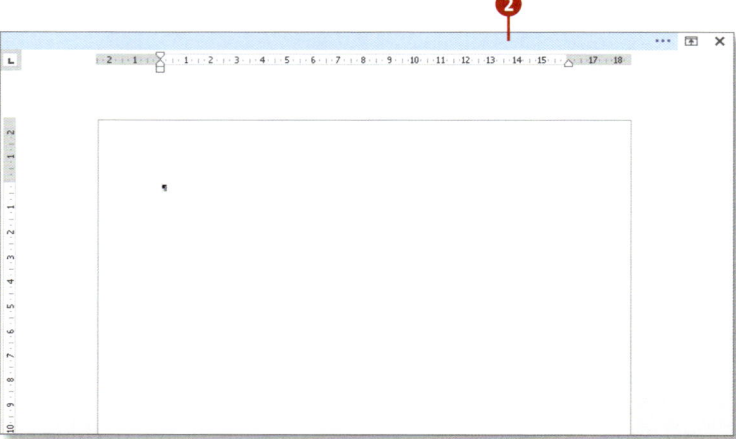

### Menüband lösen

Wer auf seiner Oberfläche mehr Platz benötigt und sich deshalb nur die Registerkartennamen anzeigen lassen möchte, drückt bei eingeblendetem Menüband ⌊Strg⌋ + ⌊F1⌋. Fortan wird das Menüband nur nach dem Mausklick auf eins der Register eingeblendet. Sobald Sie in das Dokument klicken, wird das Menüband wieder geschlossen. Indem Sie abermals ⌊Strg⌋ + ⌊F1⌋ drücken, kehren Sie zur Standardansicht zurück.

4. Um eine eigene Registerkarte mit Ihren Lieblings-
funktionen anzulegen, öffnen Sie das Register
**Datei** und klicken dort auf die Rubrik **Optionen**.
Im Dialogfenster **Word-Optionen** stellen Sie links
die Kategorie **Menüband anpassen** ❹ ein.

5. Markieren Sie in der rechten Spalte das Register,
neben dem Ihr neues Register erscheinen soll,
z. B. **Sendungen** ❺. Danach klicken Sie auf **Neue
Registerkarte** ❻.

6. Markieren Sie den Eintrag **Neue Registerkarte** ❼,
und klicken Sie unten auf **Umbenennen** (❽ in
Bild 1 auf dieser Seite). Geben Sie dem Register
einen Namen, z. B. »Meine Tools«.

7. Legen Sie Befehlsgruppen an, indem Sie auf **Neue
Gruppe** ❾ klicken, den Eintrag markieren, auf
**Umbenennen** klicken und einen Namen vergeben,
z. B. »Lieblingswerkzeuge« und »Kontrolle« ❿.
Wenn Sie auf **OK** ⓫ klicken, wird die neue Regis-
terkarte samt Gruppen angelegt.

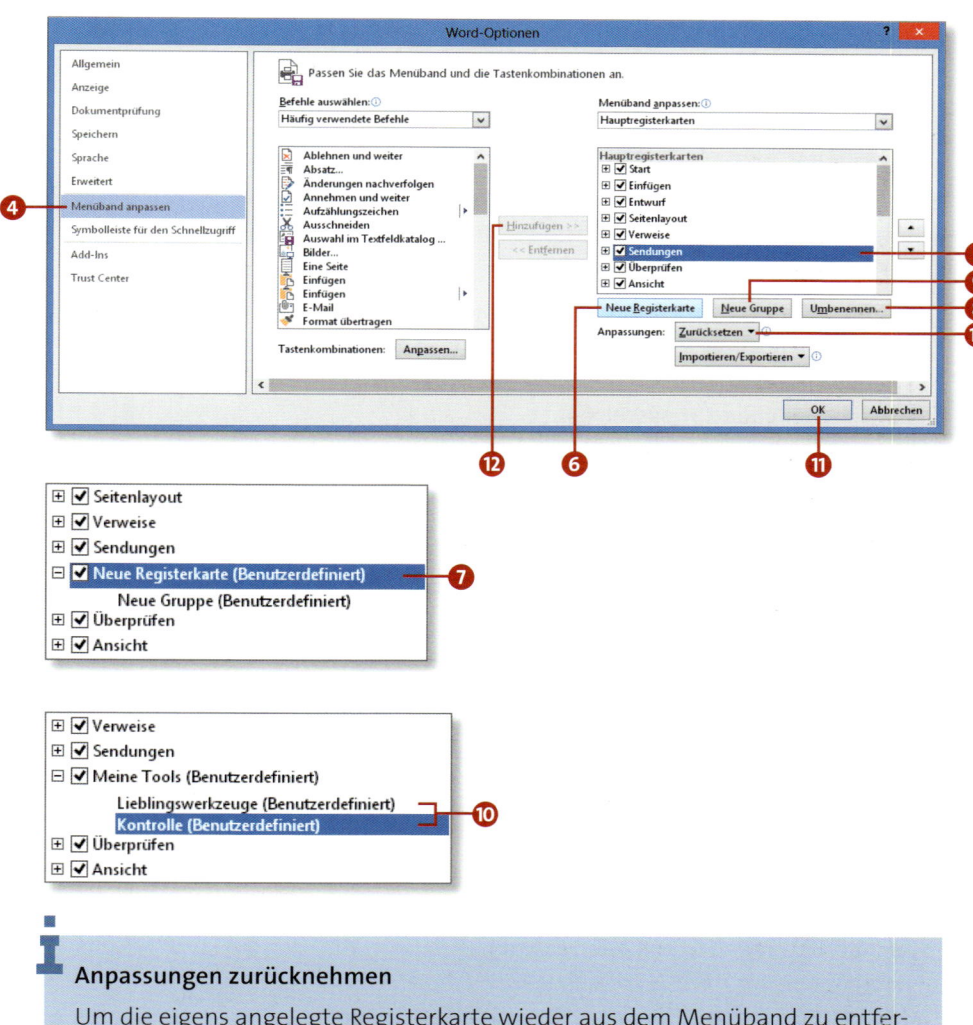

**i**

**Schaltflächen hinzufügen**

Zuletzt müssen noch Schaltflächen in die Gruppe aufgenommen werden. Dazu markieren Sie
rechts die Gruppe und wählen den Befehl in der
linken Spalte des Dialogs **Word-Optionen** aus.
Klicken Sie anschließend auf die Schaltfläche
**Hinzufügen** (⓬ in Bild 1 auf dieser Seite) zwischen den beiden Spalten.

**i**

**Anpassungen zurücknehmen**

Um die eigens angelegte Registerkarte wieder aus dem Menüband zu entfernen, klicken Sie im Dialog **Word-Optionen** auf die Schaltfläche **Zurücksetzen**
(⓭ in Bild 1 auf dieser Seite).

# Bestimmten Befehlen eigene Tastaturkürzel zuweisen

Sie wissen ja: Wenn Sie den Mauszeiger kurz auf eine Schaltfläche halten, erscheint eine QuickInfo, die u. a. Aufschluss über das Tastaturkürzel gibt, mit dem die Funktion ebenfalls aktiviert werden kann. Doch leider sind nicht alle Elemente mit solchen *Shortcuts* versehen. Am Beispiel des Befehls **Durchstreichen** aus der Gruppe **Schriftart** der Registerkarte **Start** zeigen wir Ihnen, wie Sie ein solches Kürzel selbst einrichten können.

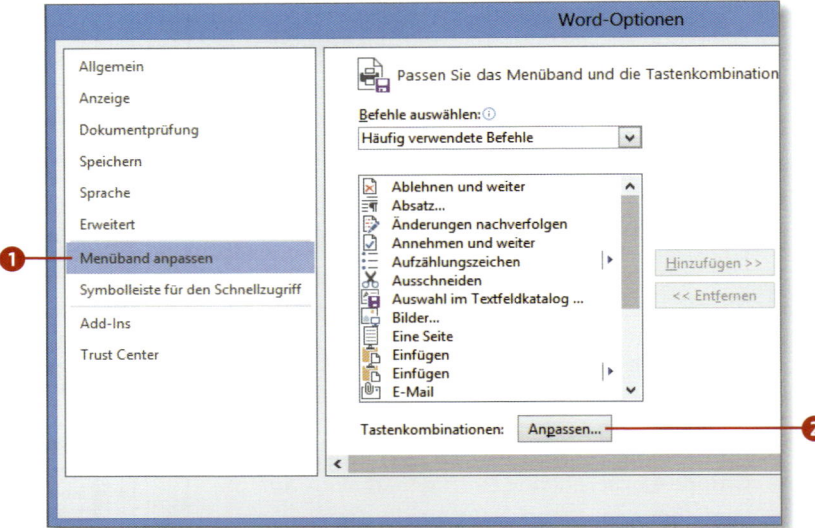

1. Öffnen Sie die Backstage-Ansicht, indem Sie auf **Datei** klicken. Wählen Sie links die Rubrik **Optionen** aus, und entscheiden Sie sich anschließend im Dialogfenster **Word-Optionen** für den Bereich **Menüband anpassen** ❶.

2. Danach klicken Sie unten links neben **Tastenkombinationen** auf **Anpassen** ❷.

3. Im Dialog **Tastatur anpassen** müssen Sie zunächst im Feld **Kategorien** die Registerkarte mit einem Klick markieren, auf der sich der gesuchte Befehl befindet, z. B. **Registerkarte Start** ❸.

## Nicht angezeigte Befehle verwenden

Tastaturkürzel können nicht nur für Schaltflächen vergeben werden, sondern auch für Befehle, die sich gar nicht im Menüband befinden. In diesem Fall müssen Sie in der Liste **Kategorien** ganz nach unten scrollen und den Listeneintrag **Alle Befehle** aktivieren. In der rechten Spalte (**Befehle**) werden daraufhin alle Funktionen aufgelistet, die mit Tastenkombinationen versehen werden dürfen.

4. Nun muss der gewünschte Befehl ausgesucht werden. Markieren Sie im rechten Feld **Befehle** also z. B. den Eintrag **Durchgestrichen** ❹ mit einem Klick. Falls er nicht direkt zu sehen ist, scrollen Sie ein wenig nach unten.

5. Klicken Sie dann in das Eingabefeld **Neue Tastenkombination** ❺, und drücken Sie die Tastenkombination, die Ihnen zusagt, z. B. `Strg` + `Alt` + `-`, weil diese Kombination noch frei ist. Sie wird direkt ins Feld übernommen. (Beachten Sie auch die Hinweise im Kasten »Besetzte Tastenkombinationen«.)

6. Zuletzt klicken Sie auf **Zuordnen** ❻ und danach auf **Schließen** ❼. Den ersten Dialog verlassen Sie mit **OK**.

7. Wenn Sie nun den Mauszeiger auf die Schaltfläche **Durchstreichen** halten, steht in der QuickInfo Ihre neue Tastenkombination ❽.

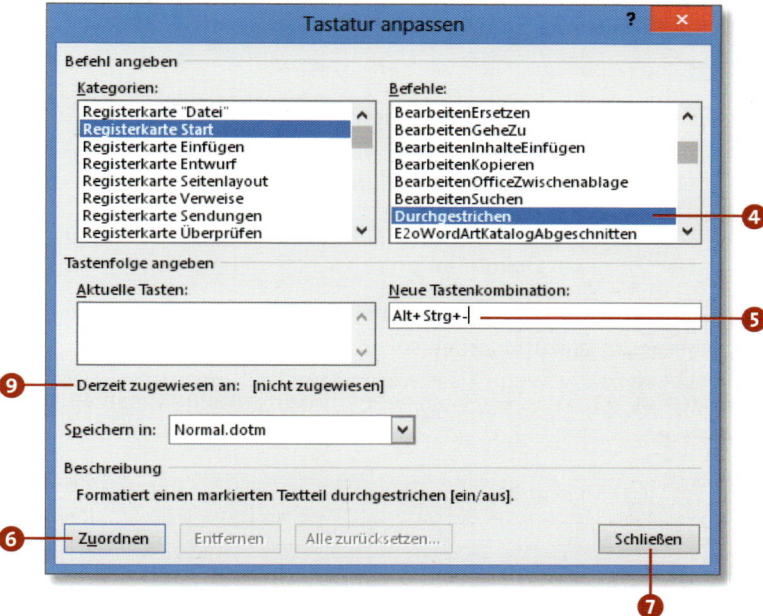

**Besetzte Tastenkombinationen**

Achten Sie bei Vergabe der Tastenkombinationen auf die Angabe bei **Derzeit zugewiesen an** (❾ in Bild 1 auf dieser Seite). Hier steht, ob das Tastaturkürzel noch frei **[nicht zugewiesen]** oder bereits belegt ist. Wenn Sie auf **Zuordnen** klicken, obwohl der Shortcut bereits belegt ist, wird die Kombination dem Befehl zugewiesen, den Sie gerade bearbeiten. Logischerweise steht der Shortcut dann für den alten Befehl nicht mehr zur Verfügung.

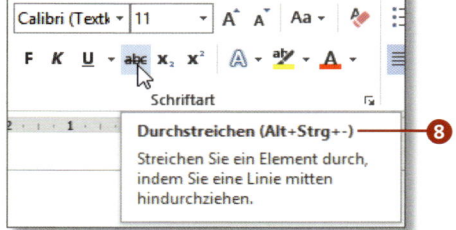

## Dokumente prüfen

Bevor ein Dokument weitergegeben wird, sollte es vom Verfasser geprüft werden. Dabei geht es u. a. auch darum, dass ein Dokument persönliche Daten enthalten kann, die dem Empfänger in bestimmten Fällen nicht preisgegeben werden sollen.

1. Speichern Sie das aktuelle Dokument, und wechseln Sie in die Backstage-Ansicht (mit einem Klick auf die Registerkarte **Datei**). Bleiben Sie in der Rubrik **Informationen**.

2. Klicken Sie auf die Schaltfläche **Auf Probleme überprüfen** ❶ und in deren Menü auf **Dokument prüfen**.

3. Im Dialog **Dokumentprüfung** können Sie nun entscheiden, welche Elemente geprüft werden sollen. Standardmäßig sind alle Checkboxen aktiv. Wenn Sie etwas von der Prüfung ausschließen wollen, müssen Sie die entsprechende Checkbox explizit deaktivieren.

4. Zuletzt klicken Sie auf **Prüfen** ❷.

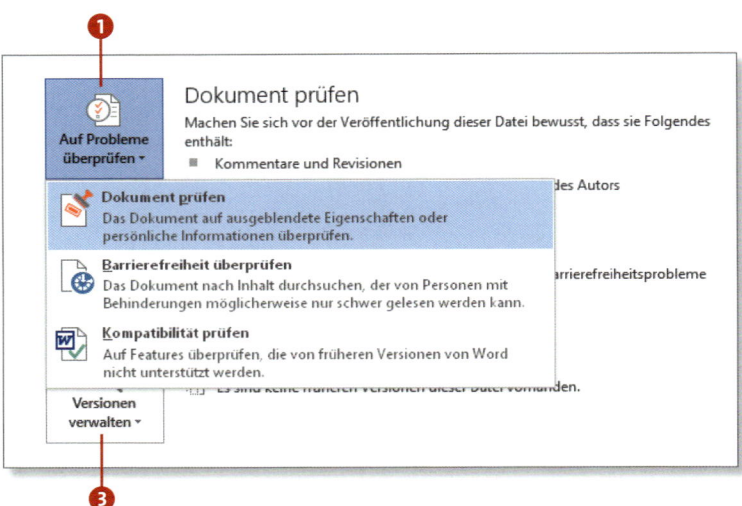

> ℹ️ **Versionen verwalten**
>
> Die Funktion **Versionen verwalten** (❸ in Bild 1 auf dieser Seite) erlaubt es, zu einer zuvor automatisch gespeicherten Version des Dokuments zurückzukehren. Dazu wählen Sie entweder eines der Dokumente aus, die in der Backstage-Ansicht unterhalb von **Versionen** aufgeführt sind, oder Sie klicken auf die Schaltfläche **Versionen verwalten** und im Menü auf **Nicht gespeicherte Dokumente wiederherstellen**. Damit erhalten Sie Zugriff auf den Ordner **Unsaved Files**, der alle noch nicht gespeicherten Dokumente enthält.

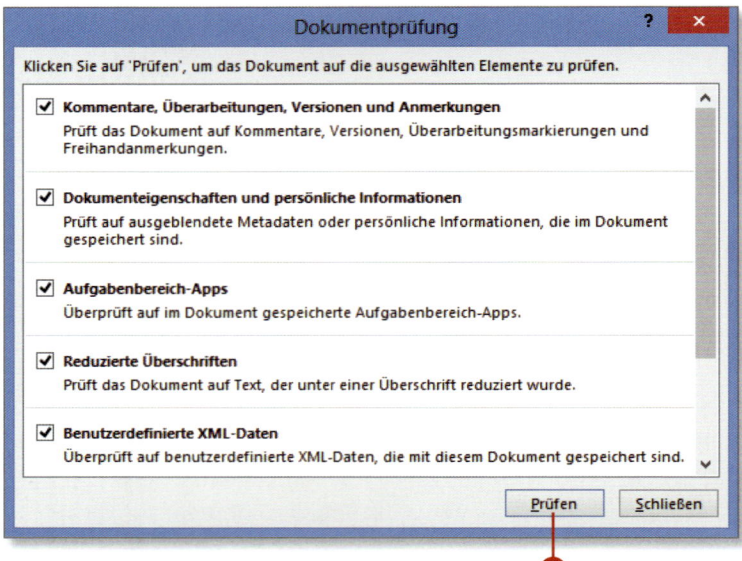

5. Sollte technisch mit dem Dokument etwas nicht in Ordnung sein oder wurden persönliche Daten in das Dokument integriert, wird das (mit einem Ausrufezeichen versehen) im Dialog **Dokumentprüfung** angezeigt **4**.

6. Wenn Sie nicht damit einverstanden sind, dass Sie als Verfasser im Dokument genannt werden, sollten Sie auf **Alle entfernen 5** klicken. Das ist v. a. zu empfehlen, wenn das Dokument später frei im Internet veröffentlicht wird. Sie wissen ja nie, wer dieses Dokument einmal in Händen hält.

7. Klicken Sie zuletzt auf **Schließen 6**.

8. Falls Sie später weitere Änderungen am Dokument vornehmen, sollten Sie die Dokumentprüfung abermals durchlaufen. Word registriert, dass bereits eine Prüfung stattgefunden hat, und bietet deshalb jetzt die Schaltfläche **Erneut prüfen 7** an.

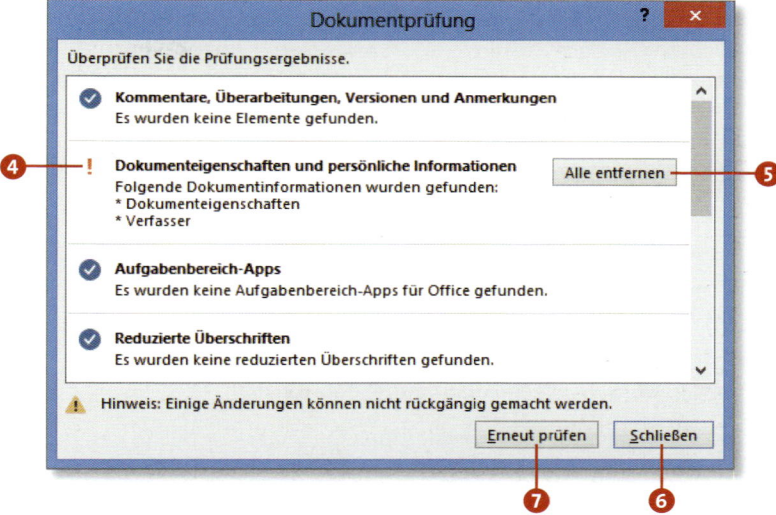

**Barrierefreiheit überprüfen**

Wenn Sie in Schritt 2 den Eintrag **Barrierefreiheit überprüfen** auswählen, findet Word heraus, ob sich in Ihrem Dokument Bereiche befinden, die von Personen mit Behinderungen nur schlecht wahrgenommen werden können. Kehren Sie nach Aktivierung dieser Option zurück zur Standardansicht, in der nun der Dialogbereich **Barrierefreiheitsprüfung** geöffnet wurde. Ganz oben unter **Prüfungsergebnisse** wird angezeigt, welche Probleme gefunden worden sind, während weiter unten bei **Weitere Informationen** Lösungsvorschläge angeboten werden.

## Kompatibilität

Ältere Dokumente sind nicht grundsätzlich mit neueren Versionen des Programms Word kompatibel. Sie lassen sich darin zwar öffnen, jedoch sind in (zu) alten Dokumenten dann nicht alle 2013er-Funktionen nutzbar (z. B. das Menü **Texteffekte und Typografie** in der Gruppe **Schriftart** auf der Registerkarte **Start**).

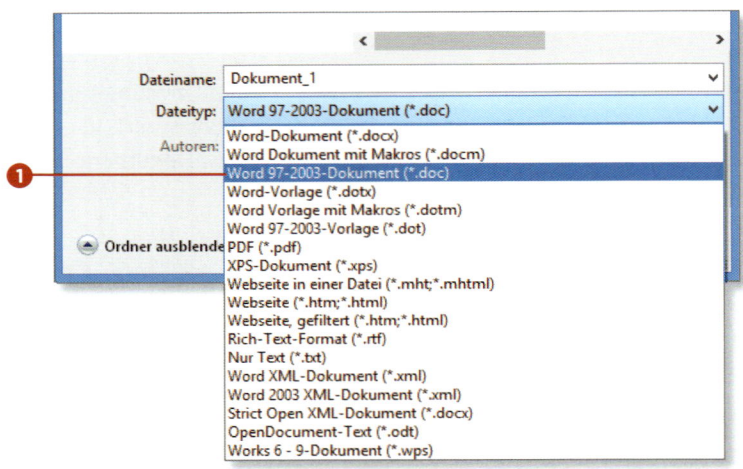

1. Öffnen Sie in Word 2013 ein Dokument, das in einem älteren Format abgespeichert worden ist (zu erkennen an der Dateiendung *.doc* – neuere Dateien, die in Word 2007 oder höher erstellt wurden, erhalten die Endung *.docx*). Wenn Sie kein derartiges Dokument zur Verfügung haben, können Sie auch selbst eins erzeugen. Wählen Sie beim Speichern im Feld **Dateityp** den Eintrag **Word 97-2003-Dokument (*.doc)** ❶ aus.

2. Nach dem Klick auf **Speichern** finden Sie in der Kopfleiste den Hinweis **[Kompatibilitätsmodus]** vor ❷ – das Indiz dafür, dass in diesem Dokument möglicherweise nicht mehr alle Word-Features verwendet werden können.

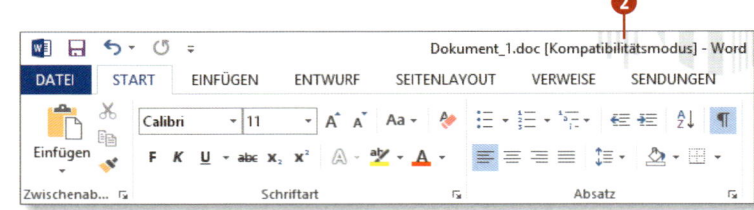

3. Öffnen Sie das Register **Datei**, und klicken Sie in der Backstage-Ansicht auf **Auf Probleme überprüfen** ❸ > **Kompatibilität prüfen**.

4. Im zugehörigen Dialogfenster werden, wenn welche vorhanden sind, alle Probleme gemeldet. Aktivieren Sie die Option **Kompatibilität beim Speichern von Dokumenten prüfen**, bevor Sie auf **OK** klicken, damit die Prüfung künftig automatisch erfolgt.

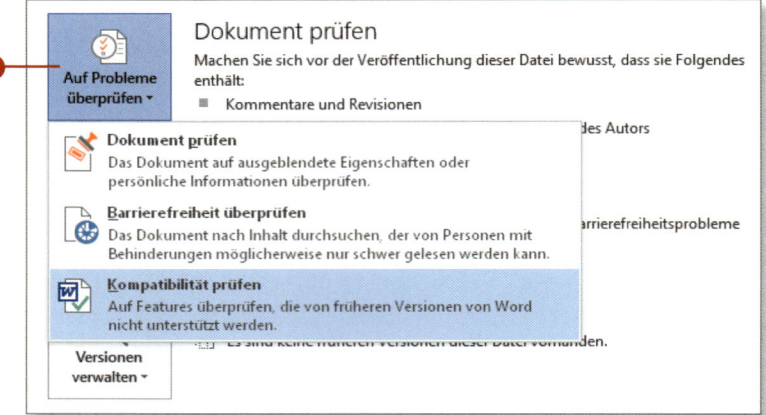

### Kompatibel speichern

Speichern Sie Ihre Dokumente nur mit dem Dateityp **Word 97-2003-Dokument (*.doc)**, wenn der Empfänger dieses Format bevorzugt, weil er z. B. eine ältere Word-Version benutzt. Haben Sie die Wahl, sollten Sie immer den zeitgemäßen Dateityp **Word-Dokument (*.docx)** verwenden.

# Sprache

Die sprachbezogenen Einstellungen werden standardmäßig in den Word-Optionen in der Kategorie **Sprache** eingestellt (zu erreichen über **Datei > Optionen > Sprache**). Wenn Sie schnell mal einen fremdsprachlichen Textabschnitt korrigieren wollen, können Sie die Rechtschreibprüfung aber auch kurzzeitig umstellen.

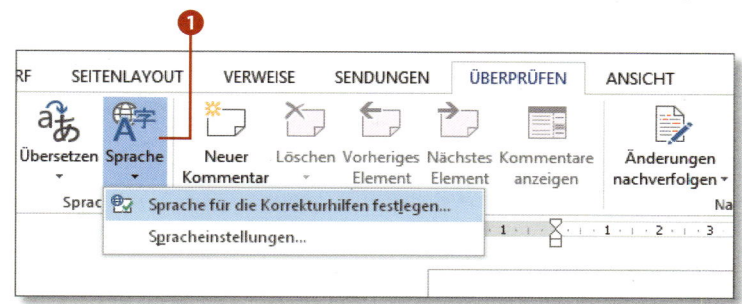

1. Markieren Sie den Text, den es zu überprüfen gilt, und öffnen Sie das Register **Überprüfen**. Klicken Sie in der Gruppe **Sprache** auf die gleichnamige Schaltfläche ❶.

2. Entscheiden Sie sich für den Menüeintrag **Sprache für die Korrekturhilfen festlegen**.

3. Im Dialogfenster **Sprache** wählen Sie die gewünschte Sprache aus, z. B. **Englisch (USA)** ❷, und bestätigen sie mit **OK**. Der markierte Text wird hinsichtlich Rechtschreibung und Grammatik überprüft.

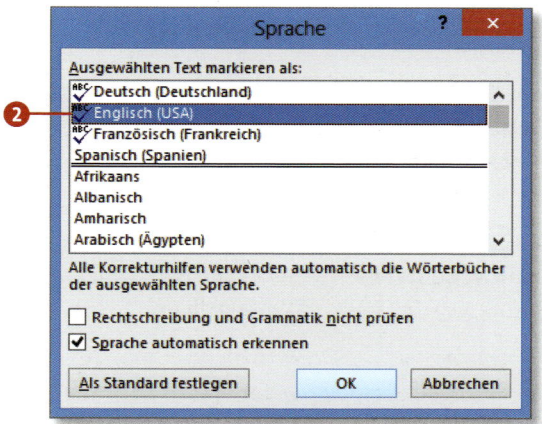

4. Nach der Korrektur schalten Sie die Sprache auf die hier beschriebene Weise wieder auf **Deutsch (Deutschland)** bzw. auf die Standardsprache um, die Sie verwenden.

## Tastaturbelegung wechseln

Deutsche und amerikanische Tastaturen unterscheiden sich in ihrer Belegung. Zum Beispiel sind die Zeichen Y und Z miteinander vertauscht. Mit anderen Tasten erreichen Sie bei einer auf Englisch (Amerikanisch) eingestellten Tastatur etwas anderes als bei einer deutschen Tastatur (wenn Sie z. B. Ä drücken, erhalten Sie das @-Zeichen). Die eingestellte Sprache entnehmen Sie der Taskleiste am Fuß des Word-Fensters. Mit Alt + ⇧ wechseln Sie zwischen Deutsch und Englisch (USA).

## Sicherheit

Das Thema Sicherheit ist erheblich wichtiger, als mancher glaubt. Denn wer einfach nur drauflosarbeitet und Sicherheitsvorkehrungen vernachlässigt, riskiert, dass sein Rechner Schaden nimmt. Nehmen Sie sich also einen Augenblick Zeit, um die wichtigsten Sicherheitseinstellungen kennenzulernen.

1. Wechseln Sie in die Backstage-Ansicht (auf dem Register **Datei**), und aktivieren Sie links die Rubrik **Optionen**.

2. Im Dialogfenster **Word-Optionen** klicken Sie in der linken Spalte auf **Trust Center** ❶, um zu den relevanten Einstellungen zu gelangen.

3. Dann klicken Sie auf die Schaltfläche **Einstellungen für das Trust Center** ❷.

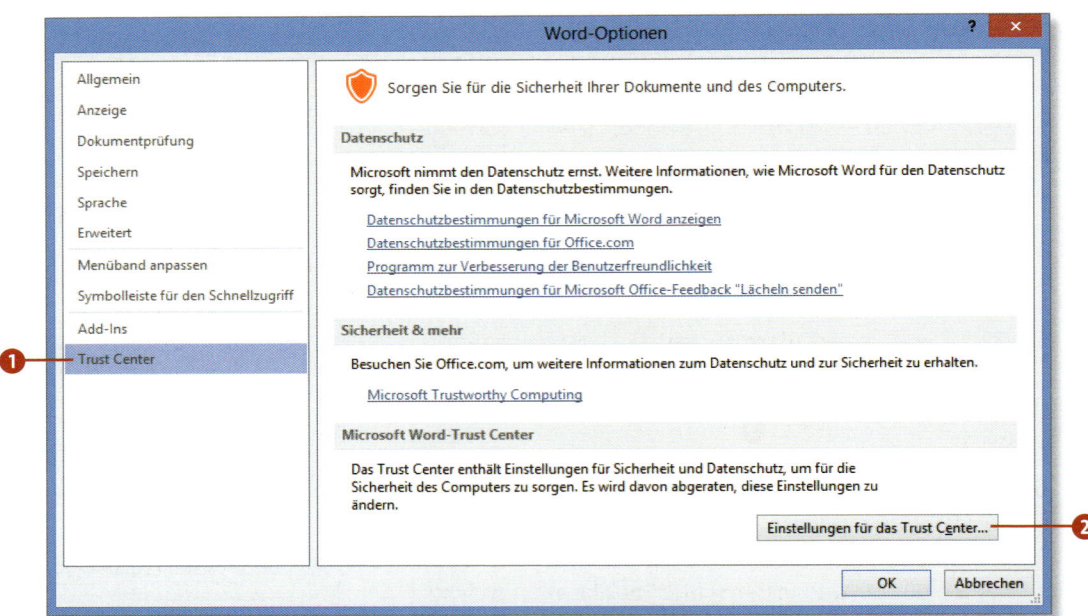

**Trust Center**

Das Trust Center soll die Sicherheit des Computers gewährleisten und Ihre persönlichen Daten schützen. Von Haus aus sind die dortigen Einstellungen gut gewählt, aber möglicherweise sind einige Punkte für Sie persönlich nicht sicher genug. In diesem Fall können Sie sie ändern, wie hier beschrieben.

**4.** Der Dialog **Trust Center** öffnet sich. Standardmäßig ist der Bereich **Makroeinstellungen** ❸ vorausgewählt. Makros können Schadcode ausführen und sind daher mit besonderer Vorsicht zu genießen, insbesondere dann, wenn sie unbekannten Quellen entstammen. In der Standardeinstellung werden Makros automatisch deaktiviert ❹. Wenn Sie ein Dokument mit Makros öffnen, werden Sie entsprechend informiert. Dies ist eine gute und sichere Einstellung.

**5.** Wenn Sie auf **Geschützte Ansicht** ❺ klicken, können Sie festlegen, welche Dokumente in eingeschränktem und daher sicherem Modus von Word geöffnet werden sollen.

**6.** Mit den Optionen in der Rubrik **Einstellungen für den Zugriffsschutz** ❻ legen Sie in der Spalte **Öffnen** ❼ fest, welche Dokumentarten nur geschützt geöffnet werden dürfen, und in der Spalte **Speichern** ❽, welche Formate beim Speichern eines Dokuments sicherheitshalber nicht berücksichtigt werden. Zum Schluss klicken Sie auf **OK**.

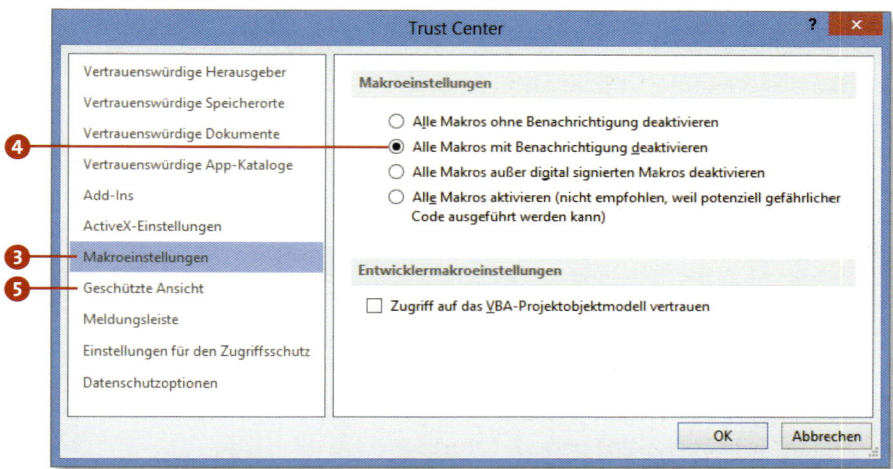

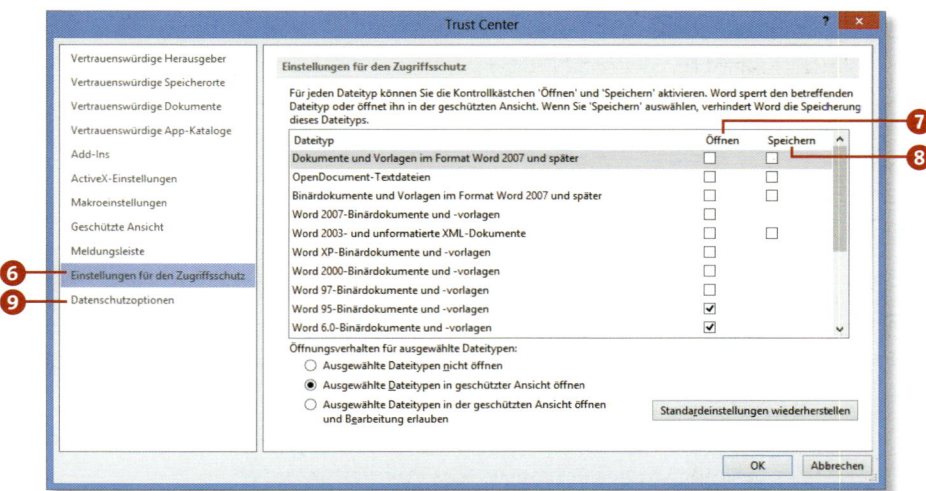

**ℹ Datenschutzoptionen**

Weitere nützliche Einstellungen verbergen sich hinter der Rubrik **Datenschutzoptionen** ❾. Hier lässt sich u. a. festlegen, ob Ihrer Word-Anwendung die Verbindung zum Internet generell erlaubt bleiben soll, und Sie können z. B. Office-Dokumente, die von verdächtigen Websites stammen oder dorthin verlinken, automatisch überprüfen lassen.

## Kontoeinstellungen

Zu guter Letzt wollen wir noch einen Blick auf die Kontoeinstellungen werfen. Denn Sie können Word noch mehr personalisieren und individualisieren. (Die in diesem Abschnitt beschriebenen Einstellungen sind übrigens dokumentübergreifend wirksam, gelten also für Word insgesamt.)

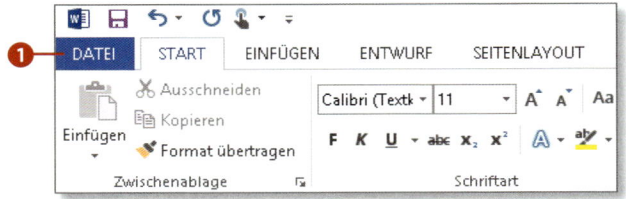

1. Wechseln Sie mit einem Klick auf die Registerkarte **Datei** ❶ in die Backstage-Ansicht. Dort wählen Sie die Rubrik **Konto** ❷.

2. Falls Sie mehrere Microsoft-Konten besitzen, können Sie hier zwischen den Konten wechseln. Dazu klicken Sie auf den Link **Konto wechseln** ❸ und folgen den weiteren Anweisungen.

3. Gefallen Ihnen die Formen und Farben nicht, die im Rahmen des Programmfensters angezeigt werden? Dann ändern Sie die Gestaltung, indem Sie in den Feldern **Office-Hintergrund** ❹ und **Office-Design** ❺ neue Einstellungen wählen.

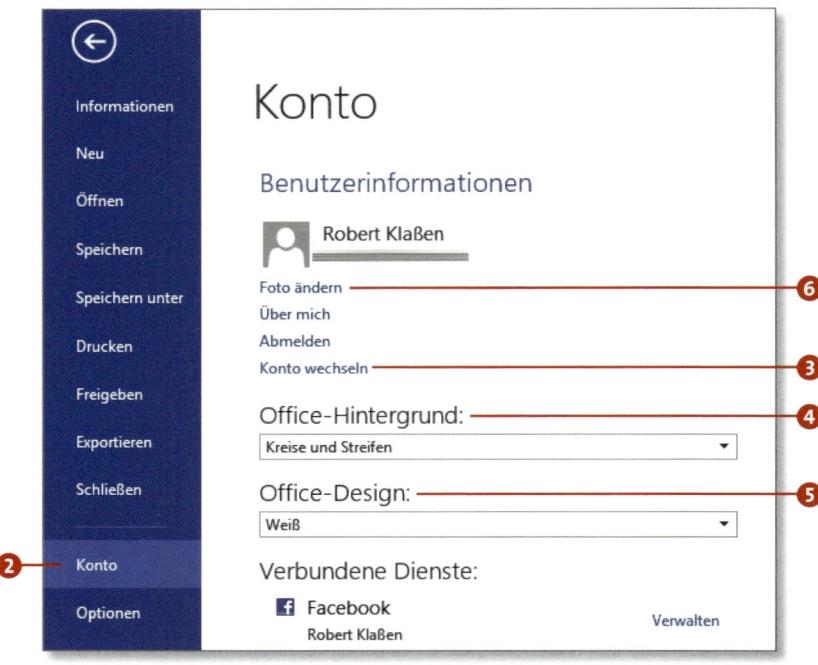

**ℹ Foto ändern**

Wenn Sie auf den Eintrag **Foto ändern** ❻ klicken, erhalten Sie Zugriff auf Ihr Microsoft-Konto. Nach einem Login können Sie ein Bild für Ihr Profil auswählen, indem Sie auf **Durchsuchen** klicken. Auf diese Weise haben Sie auch Zugriff auf die Bilder Ihrer Festplatte.

4. Wenn Sie Bilder und/oder Videos in Ihr Word-Dokument einbinden wollen, können Sie das auch über die Dienste Facebook, Flickr und YouTube tun. Klicken Sie dazu unten links auf **Dienst hinzufügen** ❼ und im Menü auf **Bilder und Videos**. Dann wählen Sie einen Dienst aus.

5. Um Ihre Dokumente über Twitter oder LinkedIn direkt mit Freunden und Kollegen zu teilen, klicken Sie abermals auf **Dienst hinzufügen** und anschließend auf **Freigeben**. Das bringt eine Auswahl möglicher Dienste hervor ❽.

6. Wer grundsätzliche Informationen zu Word benötigt (z. B. die Versionsnummer für den technischen Support, die Produkt-ID oder bestimmte Copyright-Infos), der klickt rechts im Bereich **Produktinformationen** auf die Schaltfläche **Info zu Word** ❾.

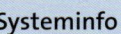

**Systeminfo**

Nach einem Klick auf **Info zu Word** öffnet sich ein Dialogfenster, das auch die Schaltfläche **Systeminfo** enthält. Ein Klick darauf liefert Ihnen eine ausführliche Übersicht über Ihr System.

# Nützliche Tastenkürzel

| Fenster, Dialoge, Dokumente und Menüs öffnen | |
| --- | --- |
| ⊞ + D | den Desktop aufrufen |
| Alt + F4 | – Word schließen (wenn nur ein Dokument geöffnet ist)<br>– das aktuelle Dokument schließen (wenn mehrere geöffnet sind)<br>– die Word-Hilfe schließen |
| Strg + F1 | das Menüband ein- und ausblenden |
| Alt + ⇆ | zwischen Fenstern wechseln |
| ▤ | das Kontextmenü öffnen |
| F1 | die Word-Hilfe öffnen |
| F12 | den Dialog **Speichern unter** öffnen |
| Alt + ⇆ | zwischen Fenstern wechseln |
| ▤ | das Kontextmenü öffnen |
| Strg + Alt + I | die Druckvorschau aufrufen |
| Strg + ⇧ + I | den Dialog **Wörter zählen** aufrufen |
| F7 | den Arbeitsbereich **Rechtschreibung** öffnen<br>(wenn der Cursor in einem Wort steht) |
| Strg + G | den Dialog **Gehe zu** öffnen |
| Strg + P | den Druckdialog aufrufen |
| Strg + ⇧ + P | den Dialog **Schriftart** aufrufen |
| Strg + O | ein neues Dokument öffnen |

**Fenster, Dialoge, Dokumente und Menüs öffnen (Forts.)**

| | |
|---|---|
| `Strg` + `N` | ein neues Dokument mit derselben Dokumentvorlage öffnen |
| `↵` | Eingaben übernehmen (z. B. in Dialogen) |
| `Esc` | Abbrechen |

**Ansichten**

| | |
|---|---|
| `Esc` | den Lesemodus beenden |
| `Alt` + `F` + `U` (`Alt` gedrückt halten und `F` und `U` nacheinander drücken) | die Entwurfsansicht aktivieren |
| `Strg` + `Alt` + `L` | in die Ansicht **Seitenlayout** schalten |
| `Strg` + `Alt` + `G` | in die Gliederungsansicht schalten |
| `←` und `→` | im Lesemodus blättern |
| `Strg` + `⇧` + `+`, also `Strg` + `*` | Steuerzeichen ein- und ausblenden |

**Den Text bearbeiten**

| | |
|---|---|
| `Strg` + `S` | Speichern |
| `Strg` + `K` | einen Hyperlink einfügen |
| `Strg` + `⇧` + Leertaste | ein geschütztes Leerzeichen einfügen (um einen Umbruch zu verhindern) |
| `Strg` + `S` | Speichern |
| `⇧` | – Großbuchstaben erzeugen (im geöffneten Word-Dokument) <br> – zweite Tastaturbelegung erreichen |
| `AltGr` | dritte Tastaturbelegung erreichen |
| `↵` | einen Absatz erzeugen (im geöffneten Word-Dokument) |
| `←` | Zeichen links vom Cursor löschen |
| `Entf` | Zeichen rechts vom Cursor löschen |
| `Strg` + `Z` | Schritt rückgängig machen |

| Den Text bearbeiten (Forts.) | |
|---|---|
| Strg + Y | die letzte Aktion wiederholen bzw. einen rückgängig gemachten Schritt wiederherstellen |
| Strg + - | eine bedingte Trennung einfügen |
| AltGr + E | €-Zeichen erzeugen |
| AltGr + Q | @-Zeichen erzeugen |
| Alt | – ein Wort übersetzen (die Taste beim Anklicken des Wortes im Word-Dokument gedrückt halten)<br>– einen Satz übersetzen (den Satz im Word-Dokument markieren, Taste gedrückt halten und auf die Markierung klicken) |
| Strg + F | Suchen |
| Strg + Alt + Y | Suche wiederholen |
| Strg + H | Suchen und Ersetzen |
| Strg + Ziehen | ein Element kopieren |
| Strg + C | den markierten Bereich in die Zwischenablage kopieren |
| Strg + X | den markierten Bereich ausschneiden (über Zwischenablage) |
| Strg + V | ein kopiertes oder ausgeschnittenes Element aus der Zwischenablage einfügen |
| Strg + ⇧ + F | fett formatieren |
| Strg + ⇧ + K | kursiv formatieren |
| Strg + ⇧ + U | unterstreichen |
| Strg + # | markiertes Zeichen tiefstellen |
| Strg + + | markiertes Zeichen hochstellen |
| Strg + L | linksbündig ausrichten |
| Strg + R | rechtsbündig ausrichten |
| Strg + E | zentrieren |

| Den Text bearbeiten (Forts.) | |
|---|---|
| `Strg` + `B` | Blocksatz |
| `Strg` + `Alt` + `F` | eine Fußnote einfügen |
| `Strg` + `Alt` + `D` | eine Endnote einfügen |
| `Alt` + `⇧` + `X` | ein markiertes Wort als Indexeintrag festlegen |
| `Alt` + `⇧` | die Tastatursprache umstellen (von Deutsch auf Englisch und umgekehrt) |
| `Strg` + `↵` | einen Seitenumbruch einfügen |
| `Strg` + `⇧` + `↵` | einen Spaltenumbruch einfügen |
| `⇧` + `↵` | einen weichen Zeilenumbruch erzeugen |
| `Strg` + `⇧` + `<` oder `Strg` + `9` | Schriftgrad um 1 Pt. vergrößern |
| `Strg` + `<` oder `Strg` + `8` | Schriftgrad um 1 Pt. verkleinern |
| `Strg` + `⇧` + `E` | den Änderungsmodus ein- und ausschalten |
| **Markieren** | |
| `⇧` + `←`, `→`, `↑` oder `↓` | – Zeichen markieren<br>– Objekte markieren<br>– Tabellenzellen markieren |
| `Strg` + Klick | mehrere einzelne Elemente nacheinander markieren |
| `⇧` + Klick | mehrere nebeneinanderliegende Elemente auf einmal markieren (vom ersten Element an, das angeklickt war) |
| `Strg` + `A` | alles markieren |
| **Bilder und Grafiken** | |
| `Druck` | den Bildschirm abfotografieren (Screenshot) |
| `Alt` + `Druck` | das aktive Fenster abfotografieren |
| `⇧` + Drehen | ein Objekt in 15°-Schritten drehen |
| `⇧` + Aufziehen | die Proportionen (Seitenverhältnisse) beim Aufziehen einer Form oder beim Vergrößern eines Objekts erhalten |

| Navigation | |
|---|---|
| `Bild ↑` | eine Seite weiter oben anzeigen |
| `Bild ↓` | eine Seite weiter unten anzeigen |
| `Pos1` | an den Anfang einer Zeile springen |
| `Ende` | ans Ende einer Zeile springen |
| `Strg` + `Pos1` | an den Anfang eines Dokuments springen |
| `Strg` + `Ende` | ans Ende eines Dokuments springen |
| `Strg` + Klick | – aus dem Inhaltsverzeichnis zur angeklickten Überschrift springen<br>– aus dem Abbildungsverzeichnis zur angeklickten Abbildung springen<br>– über einen Link zur zugehörigen Webseite gelangen |
| `⇆` | von Feld zu Feld springen |
| `←`, `→`, `↑` oder `↓` | zeilen- bzw. zeichenweise im Dokument navigieren |
| **Tabellen** | |
| `⇆` | – von Zelle zu Zelle springen<br>– eine weitere Zeile hinzufügen (wenn der Cursor in der untersten Zelle steht) |
| `⇧` + `⇆` | eine Zelle zurückspringen |
| `←`, `→`, `↑` oder `↓` | von Zelle zu Zelle (bzw. – bei Zellen mit mehreren Zeilen – von Zeile zu Zeile) springen |
| `Strg` + `⇆` | in einer Tabelle einen Tab setzen |
| **Aufzählungen und Nummerierung** | |
| `⇆` | – Ebene zur Nummerierung hinzufügen<br>– markierte Texte nachträglich der zweiten Nummerierungsebene zuordnen |
| `⇧` + `⇆` | – zur nächsthöheren Ebene der Nummerierung zurückkehren<br>– markierten Text nachträglich der nächsthöheren Nummerierungsebene zuordnen |
| 2 × `⇆` | markierte Texte nachträglich der dritten Nummerierungsebene zuordnen |

# Index

Christine Peyton

# Word 2013
## Die Anleitung in Bildern

- Gekonnt mit Word 2013 arbeiten
- Schritt für Schritt und leicht verständlich
- Mit anpassbaren Vorlagen für Briefe, Bewerbungen, Flyer, Rechnungen u.v.m.

Christine Peyton zeigt Ihnen, wie Sie Texte schreiben und gestalten, problemlos drucken oder Ihren Text mit Bildern interessanter machen. Und das Beste: Sie tut dies anhand von kompletten Praxisbeispielen, z.B. der Erstellung eines Briefes oder eines Flyers. So kommen Sie im Handumdrehen zu ansehnlichen Ergebnissen.

300 Seiten, 2013, komplett in Farbe, **9,90 €**
ISBN 978-3-8421-0077-0

Helmut Vonhoegen

# Excel 2013
## Das Handbuch zur Software

- Grundlagen, Praxistipps, Profiwissen
- Datentabellen, VBA, Diagramme,
  Schnellanalyse u.v.m.
- Alle Neuerungen von Excel 2013

Umfassendes Excel-Wissen für den beruflichen und den privaten Einsatz! Dieses Buch leitet Sie Schritt für Schritt an, dient Ihnen als Einführung, unterstützt Sie beim Umstieg von einer älteren Version und eignet sich bestens als Nachschlagwerk.

1.145 Seiten, 2013, DVD, **24,90 €**
ISBN 978-3-8421-0073-2

Petra Bilke, Ulrike Sprung

## Excel 2013
### Die Anleitung in Bildern

- **Berechnen, Auswerten, Präsentieren**
- **Leicht verständlich, Bild für Bild erklärt**
- **Mit zahlreichen Excel-Vorlagen**

Sie möchten Excel im Büro oder privat nutzen, wissen aber nicht, wie? Mit diesem Buch lernen Sie, wie Sie Daten in Excel eingeben, Formeln und Funktionen nutzen, Diagramme gestalten oder Tabellenblätter ausdrucken. Jeder Schritt wird an einem Bild verdeutlicht, sodass Sie Excel auch ohne Vorkenntnisse sicher nutzen können.

358 Seiten, 2013, komplett in Farbe, **9,90 €**
ISBN 978-3-8421-0074-9

Sabine Drasnin

# PowerPoint 2013
## Die Anleitung in Bildern

- Leicht verständlich, Bild für Bild erklärt
- Schritt für Schritt zu eindrucksvollen Präsentationen
- Ohne Vorwissen sofort loslegen

Schritt für Schritt zeigt Ihnen Sabine Drasnin, wie Sie PowerPoint 2013 richtig einsetzen. Ohne mühsames Herumprobieren werden Sie verständliche und vorzeigbare Folien anfertigen, Texte sinnvoll gestalten, Ergebnisse anschaulich präsentieren und Musik und Videos einbinden.

325 Seiten, 2013, komplett in Farbe, **9,90 €**
ISBN 978-3-8421-0087-9

Frank Möller

# Office 2013
## Die Anleitung in Bildern

- Word: Texte schreiben und gestalten
- Excel: Rechnen und Diagramme erstellen
- Outlook: E-Mails und Termine verwalten
- PowerPoint: Beeindruckende Präsentationen gestalten

Briefe schreiben mit Word, rechnen mit Excel, E-Mails mit Outlook verwalten oder Präsentationen mit PowerPoint erstellen – in diesem Buch sehen Sie Schritt für Schritt, wie Sie Office 2013 gekonnt für sich nutzen.

350 Seiten, 2013, komplett in Farbe, **14,90 €**
ISBN 978-3-8421-0076-3